SABER HACER contigo

W0357503

ESO 2

Física y Química

SERIE **INVESTIGA**

El libro Física y Química 2, para segundo curso de ESO, es una obra colectiva concebida, diseñada y creada en el Departamento de Ediciones Educativas de Grazalema, S. L. / Santillana Educación, S. L. U., dirigido por **Maite López-Sáez Rodríguez-Piñero** y **Teresa Grence Ruiz**.

En su elaboración ha participado el siguiente equipo:
María del Carmen Vidal Fernández
David Sánchez Gómez

EDICIÓN
Bárbara Braña Borja
Vicente Camacho Díaz

EDITOR EJECUTIVO
David Sánchez Gómez

DIRECCIÓN DEL PROYECTO
Antonio Brandi Fernández

Las actividades de este libro no deben ser realizadas en ningún caso en el propio libro. Las tablas, esquemas y otros recursos que se incluyen son modelos para que el alumnado los traslade a su cuaderno.

SANTILLANA
GRAZALEMA

1 La materia y la medida

2 Estados de la materia

3 Diversidad de la materia

4 Cambios en la materia

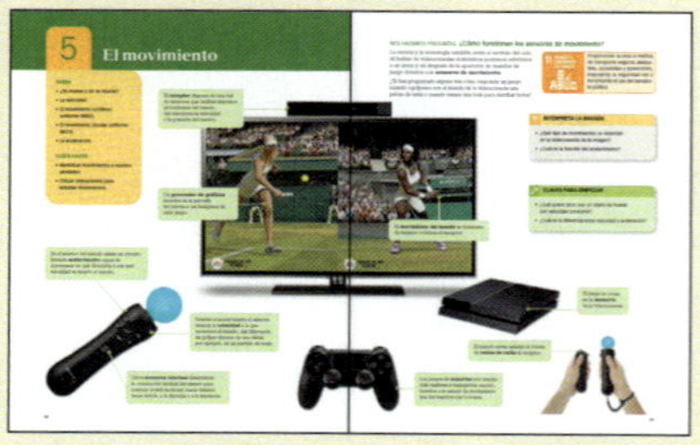
5 El movimiento

6
Las fuerzas

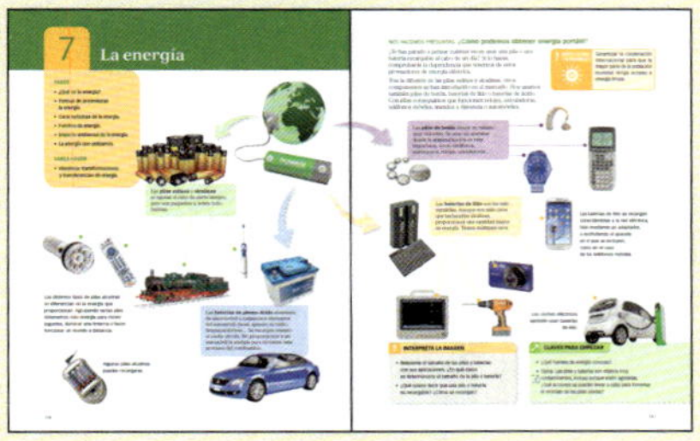
7
La energía

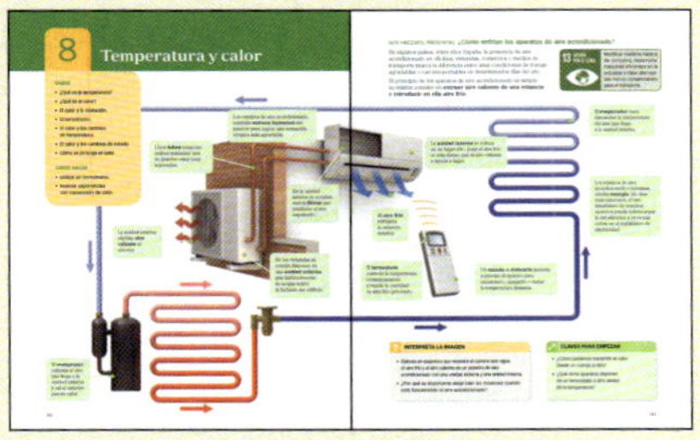
8
Temperatura y calor

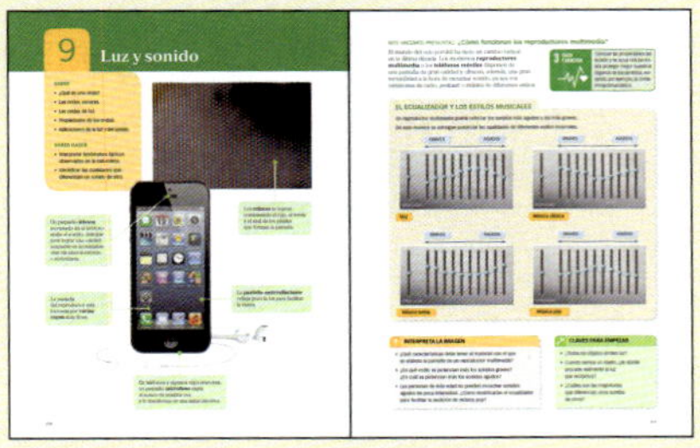
9
Luz y sonido

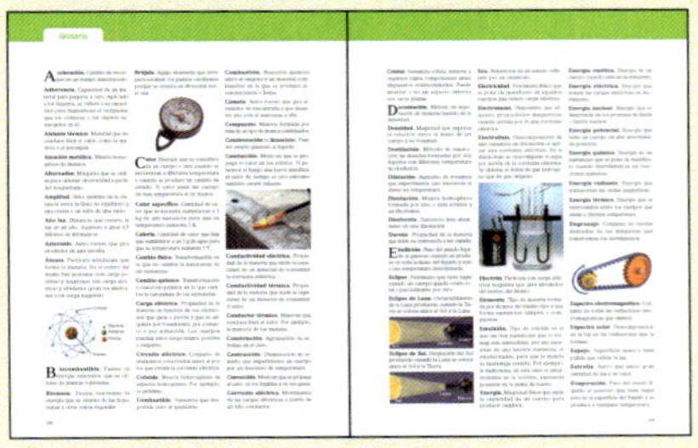

Te encantará SABER HACER CONTIGO porque:

1 La doble página inicial presenta de manera gráfica una **aplicación** de los contenidos de la unidad que usamos prácticamente a diario.

2 Cada unidad se relaciona con uno de los **Objetivos de Desarrollo Sostenible (ODS) de la ONU**. Así el conocimiento contribuye a mejorar el mundo en que vivimos.

3 **Recuerda.** Aquí se incluyen contenidos de otros cursos o estudiados en unidades anteriores.

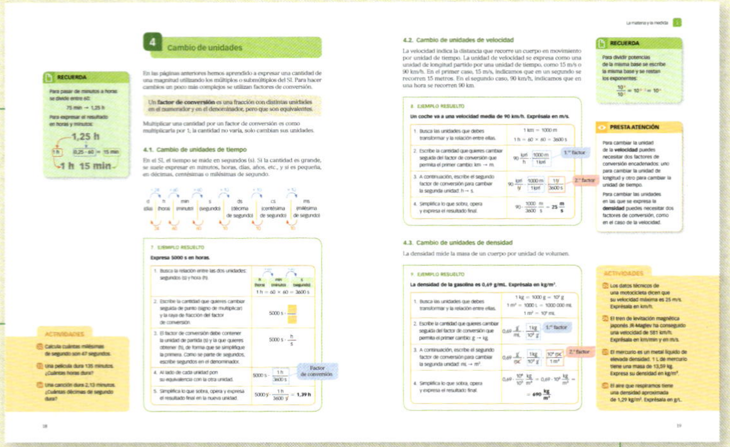

4 A lo largo de todas las unidades ofrece numerosos **ejemplos resueltos**, numéricos o no, que ayudarán a resolver los problemas propuestos.

5 La sección **Presta atención** recoge contenidos esenciales para el estudio de la unidad.

Competencias

A lo largo del libro, diferentes iconos señalan e identifican la competencia concreta que se trabaja en cada actividad o apartado.

- Competencia matemática, científica y tecnológica
- Comunicación lingüística
- Competencia social y cívica
- Competencia digital
- Conciencia y expresión artística
- Aprender a aprender
- Iniciativa y emprendimiento

6 En la sección **Saber hacer** se muestran procedimientos sencillos que te ayudarán a asimilar los contenidos de cada unidad.

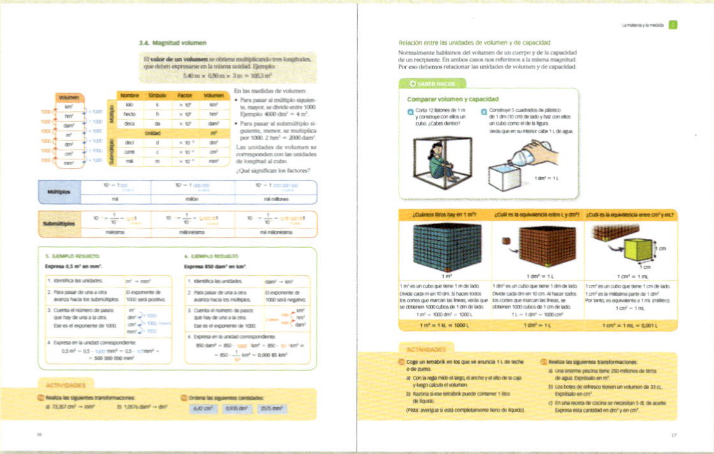

7 Incluye numerosas **actividades** para afianzar los contenidos esenciales de cada unidad. Hay cuestiones teóricas y problemas numéricos, así como ejemplos resueltos y actividades de ampliación que barren los contenidos de la unidad.

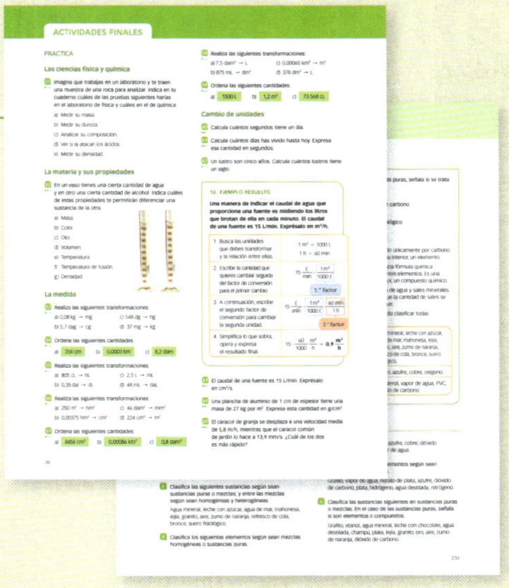

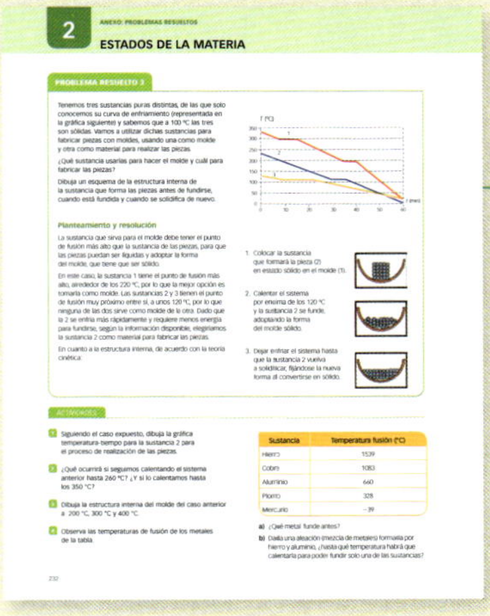

8 El anexo recoge numerosos **ejemplos resueltos y actividades** para facilitar el estudio.

9 La sección **Competencia científica** presenta información variada (texto, tablas, gráficos...) e incluye actividades sobre la información presentada.

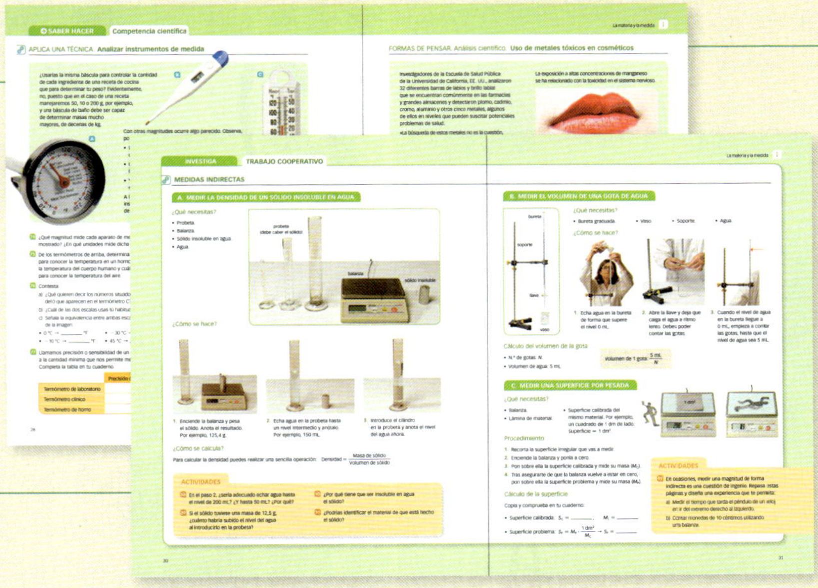

10 En la sección **Formas de pensar** hay documentos y actividades que fomentan la reflexión, para interrelacionar los contenidos de la unidad con las opiniones propias.

11 Incluye interesantes **Experiencias de laboratorio** descritas paso a paso, con abundantes ilustraciones.

Grandes personalidades de la ciencia presenta el trabajo de hombres y mujeres cuyas aportaciones han permitido muchos de los descubrimientos y avances recogidos en este libro.

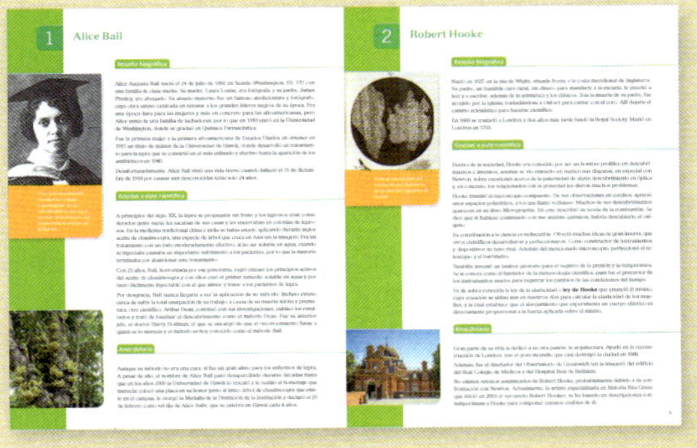

1 La materia y la medida

SABER

- Las ciencias física y química.
- La materia y sus propiedades.
- La medida.
- Cambio de unidades.
- Instrumentos de medida.
- Medidas indirectas.

SABER HACER

- Manejar instrumentos de medida.
- Medir la densidad.

El aluminio es el metal más **abundante** en la corteza terrestre. Se extrae de minerales como la bauxita. Con 4 kg de bauxita se obtiene 1 kg de aluminio.

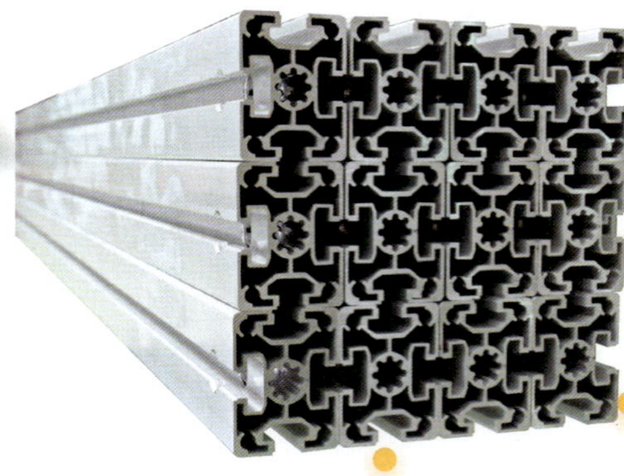

Como es **buen conductor de la electricidad** y es más ligero que el cobre, el aluminio se usa en los tendidos eléctricos de alta tensión.

Se emplea en envases para alimentos: es **impermeable**, **no deja pasar los olores** y **no es tóxico** como otros metales. Con una tonelada de aluminio pueden fabricarse 60 000 latas para bebida.

NOS HACEMOS PREGUNTAS. ¿Por qué es tan útil el aluminio?

¿Papel elaborado con metal? Puede parecer una incoherencia, pero lo cierto es que usamos el papel de aluminio casi a diario. Las **propiedades** de los materiales determinan sus usos, y en el caso del aluminio, un metal muy resistente y ligero, sus aplicaciones son muy variadas, como puedes ver en estas páginas.

12 PRODUCCIÓN Y CONSUMO RESPONSABLES

Reducir el consumo de materiales, sustituir materiales más escasos por otros con propiedades similares, reutilizar los materiales en la medida de lo posible y reciclarlos.

Se usa en puertas y ventanas: **es muy resistente** y **soporta bien la corrosión**.

Su **densidad** es tres veces menor que la del acero. Por eso los automóviles con chasis de aluminio son más ligeros y consumen menos combustible.

Refleja bien la luz, por lo que se emplea como reflector en lámparas y focos.

Puede extenderse en láminas y formar rollos de papel.

? INTERPRETA LA IMAGEN

- ¿Se usa el aluminio tal y como se obtiene de la naturaleza?
- ¿Qué objetos de aluminio usas habitualmente? ¿Por qué crees que están elaborados con aluminio?

CLAVES PARA EMPEZAR

- ¿Se puede reciclar el aluminio? ¿Te parece una buena idea reciclarlo aunque sea un metal abundante y relativamente barato?
- ¿Por qué se usa la madera para elaborar embarcaciones, si otros materiales, como el acero, son más resistentes?

1 Las ciencias física y química

¿De qué está hecha el agua?

Cuando el **agua** se enfría, se convierte en **hielo**. El hielo y el agua, ¿son la misma sustancia?

Cuando el **agua** se calienta, se convierte en **vapor**. El vapor y el agua, ¿son la misma sustancia?

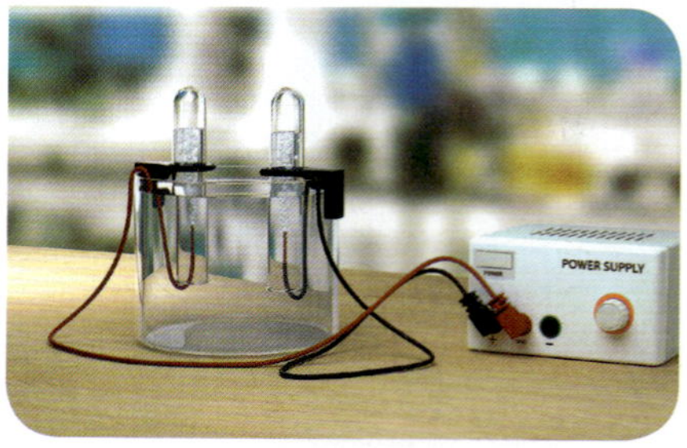

Si introducimos en un vaso de **agua** cables conectados a una pila, aparecen burbujas de **gas** alrededor de cada cable. El agua y esos gases, ¿son la misma sustancia?

La ciencia trata de dar una explicación racional a lo que sucede en el mundo. Se divide en ramas que estudian distintos tipos de problemas.

La **química** estudia cómo está constituida la materia y los cambios que la transforman en una materia diferente.

La química nos dirá de qué está hecha el agua, qué elementos la forman y cómo se unen. También estudia lo que sucede cuando hacemos pasar una corriente eléctrica a través del agua: los gases que aparecen son hidrógeno y oxígeno, dos sustancias diferentes.

La **física** estudia los cambios que sufre la materia que no la transforman en una materia diferente.

Cuando el agua se transforma en hielo, sigue siendo agua, aunque en un estado físico diferente. Si metes un vaso de agua en el congelador, se transformará en hielo, y si lo sacas y esperas a que se caliente, volverás a tener el agua inicial. Si calientas el agua en un cazo y dejas que se convierta en vapor, verás que sobre los azulejos o los cristales aparecen gotas de agua: es el vapor que se transforma de nuevo en agua al enfriarse.

ACTIVIDADES

1 Indica cuál de los siguientes problemas estudia la química y cuál la física.

a) Lo que se estira una goma cuando se tira de ella.

b) La composición de un medicamento.

c) Si se oxida un metal al dejarlo al aire.

d) La capacidad de un metal para conducir la electricidad.

e) Si un objeto flota o no en el agua.

2 A veces, un problema es tan complejo que debe ser estudiado por la física y la química. Piensa en los combustibles y explica qué ciencia estudiaría:

a) Si son sólidos, líquidos o gases.

b) Los gases que se desprenden cuando arden.

c) La cantidad de calor que proporciona 1 kg de combustible.

d) Si los combustibles son densos o ligeros.

2 La materia y sus propiedades

La física y la química estudian distintos aspectos de la materia. Pero ¿a qué llamamos materia?

Materia es todo lo que ocupa un lugar en el espacio y tiene masa.

La mesa y la silla que utilizas, el libro que lees y tu propio cuerpo son materia. También son materia el agua, la madera, el aire, etc.

- Cuando la materia forma objetos con límites definidos, como la mesa o el libro, la denominamos **cuerpo**.
- Cuando la materia no forma objetos con límites definidos, como el agua o el aire, la denominamos **sistema material**.

Con algunos sistemas materiales se pueden hacer cuerpos, pero con otros no es posible construir objetos que tengan límites propios.

El objeto de **madera** tiene límites propios.

El **aire** tiene los límites del globo.

SABER HACER

Detectar el aire

Necesitas un frutero y un vaso transparentes.

? INTERPRETA LA IMAGEN

- ¿Cómo puedes saber qué volumen de aire había en el interior del vaso?

1. Echa agua en el frutero de forma que su nivel sea un poco superior a la altura del vaso apoyado sobre un lado. Con un rotulador, marca el nivel.
2. Pon el vaso vacío boca abajo e introdúcelo en el frutero. Tendrás que aguantarlo para que no voltee. Marca el nivel de agua en el frutero.
3. Con cuidado, y sin sacarlo del frutero, inclina el vaso y deja que vayan saliendo burbujas. Observa el nivel del agua en el frutero a medida que sale el aire.
4. Pon el vaso horizontal hasta que quede lleno e inviértelo. Súbelo poco a poco hasta que sus bordes lleguen casi al nivel del agua (sin sacarlos). Anota el nivel del agua en el frutero.

ACTIVIDADES

3 Indica si los siguientes elementos son materia.

a) Lápiz.
b) Música.
c) Archivo mp3.
d) Gas carbónico.
e) Escritura.
f) Gato.
g) Río.
h) Luz.
i) Arena.
j) Algodón.

4 Clasifica los siguientes elementos como cuerpo o sistema material.

a) Libro.
b) Zumo.
c) Botella de agua.
d) Teléfono.
e) Aire.
f) Pájaro.
g) Mercurio.
h) Atmósfera.
i) Avión.
j) Luna.

2.1. Las propiedades de la materia

¿Cómo describirías la materia que se muestra en estas imágenes?

A

B

C

La materia se puede detectar y describir por medio de sus propiedades.

Por ejemplo, la goma (A) puede borrar marcas de lápiz, es blanda, de color naranja, tiene una masa de 20 gramos, mide 4 cm × 1,5 cm × 1 cm y está en una habitación cuya temperatura es de 18 °C.

Propiedades de la materia son aquellos aspectos de la misma que podemos valorar.

Dependiendo de la valoración, tenemos:

Propiedades cuantitativas	Propiedades cualitativas
Se valoran con un número y una unidad: tiene masa de 20 g, su temperatura es de 18 °C.	Se describen con palabras: es blanda, es de color naranja.

Algunas propiedades de la goma dependen de su tamaño; si cortamos un trozo, la masa y dimensiones de la goma varían, pero otras propiedades no varían; por ejemplo, su color o temperatura.

Dependiendo de su relación con el tamaño, tenemos:

Propiedades extensivas	Propiedades intensivas
Dependen del tamaño del objeto. Por ejemplo, la masa o la longitud.	No dependen del tamaño. Por ejemplo, el color o la densidad.

De todas las propiedades que citamos para describir la goma, solo su capacidad de borrar marcas de lápiz es característica del objeto. La masa, las dimensiones, el color o la temperatura pueden estar presentes en muchos objetos que no sean gomas de borrar.

Según su importancia para identificar la materia, tenemos:

Propiedades generales	Propiedades características o específicas
Están presentes en cualquier materia y pueden tener cualquier valor, como la masa, el volumen o la temperatura. No permiten identificar la materia.	Tienen un valor propio y característico para cada tipo de materia, lo que permite identificarla. Su valor no depende de la cantidad. Ejemplos: la densidad o la dureza.

ACTIVIDADES

5 **Copia el texto siguiente en tu cuaderno y marca las propiedades de la materia mencionadas en él.**

«El aceite es un líquido amarillo insoluble en agua. Flota sobre el agua porque su densidad (0,9 g/cm^3) es menor que la del agua (1 g/cm^3). Echamos 10 cm^3 de aceite en un vaso que contiene 150 cm^3 de agua y la temperatura del conjunto es 20 °C».

6 **Haz en tu cuaderno una tabla con seis columnas encabezadas por:**

- Cuantitativas.
- Cualitativas.
- Extensivas.
- Intensivas.
- Generales.
- Características.

Coloca cada propiedad en la columna adecuada. Algunas propiedades pueden estar en más de una.

PROPIEDADES CARACTERÍSTICAS DE LA MATERIA

Densidad

Indica la cantidad de masa por unidad de volumen:

$$d = \frac{m}{V}$$

Los tres cilindros tienen la misma masa.

El hierro y el latón tienen densidades similares; el aluminio es menos denso.

El plomo es un material muy denso, el agua es menos densa, y el aire, muy poco denso.

Temperatura de fusión

Es la temperatura a la que un sólido se convierte en líquido. A la presión de 1 atmósfera, el agua funde a 0 °C.

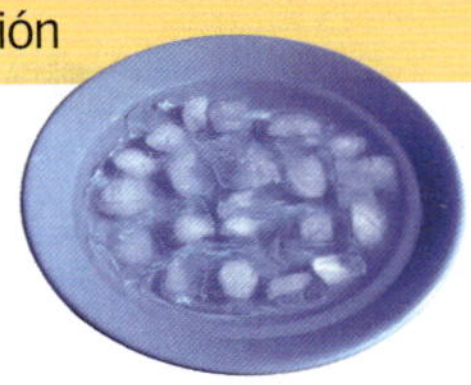

Temperatura de ebullición

Es la temperatura a la cual hierve un líquido. A la presión de 1 atmósfera, el agua hierve a 100 °C.

Solubilidad en agua

Es la cantidad de sustancia que se puede disolver en 100 g de agua.

En 100 g de agua se pueden disolver 200 g de azúcar.

El aceite no se disuelve en agua.

El azúcar es muy soluble en agua, mientras que el aceite es insoluble.

Dureza

La dureza de un material mide su resistencia a ser rayado. Se mide en una escala que va de 1 a 10.

El talco es el material más blando, se raya con la uña. Su dureza es 1.

El diamante es el más duro, puede rayar cualquier otro. Su dureza es 10.

La pirita tiene dureza 6,5 porque raya la ortoclasa (dureza 6) y a ella la raya el cuarzo (dureza 7).

Conductividad térmica

Mide la capacidad de un material para propagar calor.

Los metales son buenos conductores del calor.

La madera y el plástico son malos conductores.

Conductividad eléctrica

Mide la capacidad de un material para transmitir la corriente eléctrica.

Los metales son buenos conductores de la corriente eléctrica.

La madera y el plástico son malos conductores.

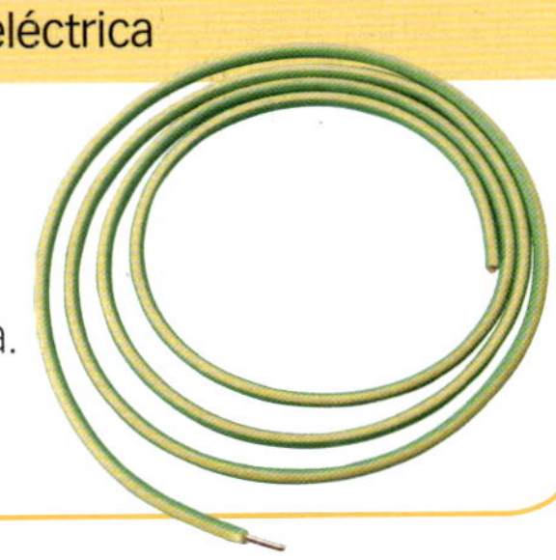

ACTIVIDADES

7 Repasa esta lista de propiedades de la materia y señala:

- Si son cualitativas o cuantitativas.
- Si son extensivas o intensivas.
- Si son generales o características.

a) Temperatura.
b) Color.
c) Suavidad.
d) Temperatura de ebullición.
e) Dureza.
f) Densidad.
g) Volumen.
h) Solubilidad en agua.

8 Una muestra de materia tiene una densidad de 0,8 g/cm^3 y hierve a 78 °C. Lee la tabla y razona de qué material se trata.

Material	Densidad (g/cm^3)	Temperatura de ebullición (°C)
Agua	1	100
Alcohol	0,8	78
Aceite	0,9	220
Helio	0,13	−269

¿Cuánto debe medir la línea dibujada si su diagonal es 1?

3 La medida

Muchas de las propiedades de un cuerpo o un sistema material son cuantitativas, es decir, las valoramos con un número y una unidad. Así, las dimensiones de la goma eran 4 cm × 1,5 cm × 1 cm, su masa era 20 g, etc. Podemos obtener estos valores midiéndolos con el instrumento adecuado: las dimensiones, con una regla; la masa, con una balanza; etc.

Magnitud es cualquier propiedad de la materia que se puede medir, es decir, que se puede expresar con un número y una unidad.

Para medir una magnitud necesitamos una unidad. Por ejemplo, para medir la longitud necesitamos una regla que mida centímetros.

Una **unidad** es una cantidad de una magnitud que tomamos como referencia para medir esa magnitud.

Medir una magnitud es compararla con una unidad para ver cuántas veces la contiene.

El resultado lo expresamos con un número seguido de la unidad.

¿Podrías utilizar la goma para medir la mesa? ¿Sería útil? A lo largo de la historia se han empleado distintas **unidades** para medir longitudes: metro, kilómetro, milla, pie, yarda, pulgada, etc.

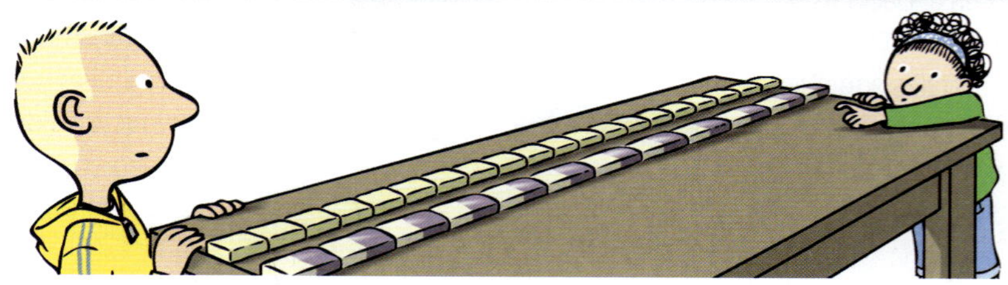

3.1. El Sistema Internacional de unidades

Emplear diferentes unidades hace que resulte difícil comparar valores. Por eso, el organismo internacional Conferencia General de Pesas y Medidas ha establecido un conjunto de unidades llamado **Sistema Internacional (SI)**. Muchos países, entre ellos España, han adoptado este sistema.

Para expresar cantidades muy grandes o muy pequeñas, el SI también ha establecido múltiplos y submúltiplos de esas unidades.

El **Sistema Internacional (SI) de unidades** es el conjunto de unidades base para expresar cada magnitud, junto con sus múltiplos y submúltiplos.

PRESTA ATENCIÓN

El SI fija el símbolo de las unidades, los múltiplos y submúltiplos, y establece normas para su escritura.

- El **símbolo de las unidades** se escribe en minúscula salvo que se refiera al nombre de una persona: m (metro), J (julio).
- El **símbolo de los múltiplos y submúltiplos** va antes de la unidad: km, cL, etc.
- Los símbolos nunca llevan la «s» del plural. Así, para escribir ocho kilómetros, ponemos 8 km, y no 8 kms.

3.2. Masa, longitud y capacidad

La masa y la longitud son magnitudes fundamentales del Sistema Internacional. Sus unidades son el kg y el m. Tradicionalmente, la masa, la longitud y la capacidad se miden en las unidades de esta tabla.

Magnitud	Masa	Longitud	Capacidad
Unidad base	Gramo	Metro	Litro
Símbolo	g	m	L

En la tabla siguiente se muestran además los múltiplos y submúltiplos que utilizaremos este curso. Observa cómo se escribe cada símbolo.

	Nombre	Símbolo	Factor	Masa	Longitud	Capacidad
Múltiplo	kilo	k	$\times 10^3$	kg	km	kL
Múltiplo	hecto	h	$\times 10^2$	hg	hm	hL
Múltiplo	deca	da	$\times 10$	dag	dam	daL
	Unidad			g	m	L
Submúltiplo	deci	d	$\times 10^{-1}$	dg	dm	dL
Submúltiplo	centi	c	$\times 10^{-2}$	cg	cm	cL
Submúltiplo	mili	m	$\times 10^{-3}$	mg	mm	mL

El factor representa la relación entre el múltiplo o el submúltiplo y la unidad. ¿Qué significan las potencias de diez?

Múltiplos	$10^1 = 10$ (1 cero)	$10^2 = 100$ (2 ceros)	$10^3 = 1000$ (3 ceros)
	diez	cien	mil

Submúltiplos	$10^{-1} = \frac{1}{10} = 0{,}1$ (1 cero)	$10^{-2} = \frac{1}{10^2} = \frac{1}{100} = 0{,}01$ (2 ceros)	$10^{-3} = \frac{1}{10^3} = \frac{1}{1000} = 0{,}001$ (3 ceros)
	décima	centésima	milésima

RECUERDA

Las **potencias** representan una operación matemática en la que un número se multiplica por sí mismo varias veces.

La potencia 8^3 se lee ocho elevado a tres y representa:

$$\underbrace{8}_{\text{base}}{}^{\overbrace{3}^{\text{exponente}}} = \underbrace{8 \times 8 \times 8}_{3\ \text{veces}}$$

Las potencias de exponente negativo son la inversa de esa potencia con exponente positivo.

$$8^{-3} = \frac{1}{8^3} = \frac{1}{\underbrace{8 \times 8 \times 8}_{3\ \text{veces}}}$$

ACTIVIDADES

9 Razona cuáles de las siguientes características de la materia son magnitudes y cuáles no:

a) La altura.
b) El precio en euros.
c) La belleza.
d) El peso.
e) El sabor.

10 Completa la tabla en tu cuaderno:

Símbolo	Unidad	Símbolo	Unidad
	miligramo		decilitro
	kilómetro		milímetro
	centímetro	hg	
mL			decagramo

11 El pie es una medida de longitud basada en el pie humano. Utilizando como unidad de medida tu pie, mide la longitud del encerado y anota el resultado.

a) Si hubieses hecho esta medida el curso anterior, ¿habrías obtenido el mismo resultado? ¿Y si la haces el curso próximo?

b) ¿Obtendrás el mismo resultado con y sin zapatos?

c) Busca información: ¿a qué distancia equivale un pie? ¿Ha sido la misma a lo largo de la historia?

d) ¿A qué longitud equivale actualmente «un pie»?

e) ¿Es adecuado utilizar el pie como unidad de medida? Compáralo con el metro.

RECUERDA

Operaciones con potencias

Para multiplicar potencias de la misma base se escribe la misma base y se suman los exponentes:

- $10^3 \cdot 10^2 = 10^{3+2} = 10^5$
- $10^{-3} \cdot 10^2 = 10^{-3+2} = 10^{-1}$

Para elevar una potencia a otra potencia se escribe la misma base y se multiplican los exponentes:

- $(10^2)^3 = 10^{2 \cdot 3} = 10^6$
- $(10^2)^{-3} = 10^{2 \cdot (-3)} = 10^{-6}$

Transformación de cantidades

En las medidas de masa, longitud y capacidad:

- Para convertir una cantidad en el múltiplo siguiente, más grande, se divide entre 10. Ejemplo: 20 hg = 2 kg.
- Para convertir una cantidad en el submúltiplo siguiente, más pequeño, se multiplica por 10. Ejemplo: 5 g = 50 dg.

Masa	Longitud	Capacidad
kg	km	kL
hg	hm	hL
dag	dam	daL
g	m	L
dg	dm	dL
cg	cm	cL
mg	mm	mL

(Hacia arriba, entre cada unidad y la siguiente: : 10. Hacia abajo: × 10.)

1. EJEMPLO RESUELTO

Expresa 0,5 daL en mL.

1. Localiza la unidad de partida y la de llegada.	daL → mL
2. Para pasar de una a otra avanza hacia el extremo de los submúltiplos.	El exponente de 10 será positivo.
3. Cuenta el número de pasos que hay de una unidad a la otra. Ese es el exponente de 10.	daL → L → dL → cL → mL (× 10, × 10, × 10, × 10): 4 pasos
4. Expresa en la unidad correspondiente. $0,5 \text{ daL} = 0,5 \cdot 10^4 \text{ mL} = \mathbf{5000 \text{ mL}}$	

2. EJEMPLO RESUELTO

Expresa 850 dg en hg.

1. Localiza la unidad de partida y la de llegada.	dg → hg
2. Para pasar de una a otra avanza hacia el extremo de los múltiplos.	El exponente de 10 será negativo.
3. Cuenta el número de pasos que hay de una a la otra. Ese es el exponente de 10.	dg → g → dag → hg (: 10, : 10, : 10): 3 pasos
4. Expresa en la unidad correspondiente. $850 \text{ dg} = 850 \cdot 10^{-3} \text{ hg} = 850 \cdot \frac{1}{10^3} \text{ hg} = \mathbf{0,85 \text{ hg}}$	

ACTIVIDADES

12 Realiza las siguientes transformaciones:

a) 25,8 g → cg
b) 0,05 hg → dg
c) 3,5 dag → kg
d) 450 mg → dag

13 Realiza las siguientes transformaciones:

a) 8,15 km → dam
b) 1,45 dam → dm
c) 0,04 hm → m
d) 59 mm → cm

14 Realiza las siguientes transformaciones:

a) 16 L → hL
b) 0,25 daL → mL
c) 7,5 kL → cL
d) 50 dL → hL

15 Ordena estas cantidades de mayor a menor:

a) 0,015 kg — 2765 dg — 2,54 dag
b) 75 cm — 0,65 dm — 1,25 m
c) 0,05 hL — 350 daL — 3672 mL

3.3. Magnitud superficie

El **valor de una superficie** se obtiene multiplicando dos longitudes, que deben expresarse en la misma unidad. Ejemplo:

$$5{,}40\ \text{m} \times 6{,}50\ \text{m} = 35{,}10\ \text{m}^2$$

En las medidas de superficie:

- Para pasar al múltiplo siguiente, mayor, se divide entre 100. Ejemplo: $500\ \text{cm}^2 = 5\ \text{dm}^2$.
- Para pasar al submúltiplo siguiente, menor, se multiplica por 100. Ejemplo: $3\ \text{m}^2 = 300\ \text{dm}^2$.

Las unidades de superficie se corresponden con las unidades de longitud al cuadrado.

¿Qué significan los factores?

	Superficie	
	km^2	
: 100 ↑	hm^2	↓ × 100
: 100 ↑	dam^2	↓ × 100
: 100 ↑	m^2	↓ × 100
: 100 ↑	dm^2	↓ × 100
: 100 ↑	cm^2	↓ × 100
: 100 ↑	mm^2	↓ × 100

	Nombre	Símbolo	Factor	Superficie
Múltiplo	kilo	k	$\times 10^6$	km^2
	hecto	h	$\times 10^4$	hm^2
	deca	da	$\times 10^2$	dam^2
	Unidad			m^2
Submúltiplo	deci	d	$\times 10^{-2}$	dm^2
	centi	c	$\times 10^{-4}$	cm^2
	mili	m	$\times 10^{-6}$	mm^2

Múltiplos	$10^2 = 100$ (2 ceros)	$10^4 = 10\,000$ (4 ceros)	$10^6 = 1\,000\,000$ (6 ceros)
	cien	diez mil	millón

Submúltiplos	$10^{-2} = \frac{1}{10^2} = \frac{1}{100} = 0{,}01$ (2 ceros)	$10^{-4} = \frac{1}{10^4} = \frac{1}{10\,000} = 0{,}0001$ (4 ceros)	$10^{-6} = \frac{1}{10^6} = \frac{1}{1\,000\,000} = 0{,}00\,0001$ (6 ceros)
	centésima	diez milésima	millonésima

3. EJEMPLO RESUELTO

Expresa 0,5 dam² en dm².

1. Identifica las unidades.	$dam^2 \rightarrow dm^2$
2. Para pasar de una a otra avanza hacia los submúltiplos.	El exponente de 10 será positivo.
3. Cuenta el número de pasos que hay de una a la otra. Ese es el exponente de 100.	dam^2 → × 100 → m^2 → × 100 → dm^2 (2 pasos)

4. Expresa en la unidad correspondiente.

$0{,}5\ \text{dam}^2 = 0{,}5 \cdot 100^2\ \text{dm}^2 = 0{,}5 \cdot 10^4\ \text{dm}^2 = \mathbf{5000\ dm^2}$

4. EJEMPLO RESUELTO

Expresa 85 cm² en m².

1. Identifica las unidades.	$cm^2 \rightarrow m^2$
2. Para pasar de una a otra avanza hacia los múltiplos.	El exponente de 10 será negativo.
3. Cuenta el número de pasos que hay de una a la otra. Ese es el exponente de 100.	cm^2 → : 100 → dm^2 → : 100 → m^2 (2 pasos)

4. Expresa en la unidad correspondiente.

$85\ \text{cm}^2 = 85 \cdot 100^{-2}\ \text{m}^2 = 85 \cdot 10^{-4}\ \text{m}^2 = 85 \cdot \frac{1}{10^4}\ \text{m}^2 = \mathbf{0{,}0085\ m^2}$

ACTIVIDADES

16 Realiza las siguientes transformaciones:

a) $1{,}25\ m^2 \rightarrow cm^2$

b) $0{,}082\ km^2 \rightarrow dm^2$

c) $1{,}007\ dam^2 \rightarrow mm^2$

d) $500\ cm^2 \rightarrow dm^2$

17 Ordena las siguientes cantidades de mayor a menor:

a) $1432\ cm^2$ $\quad 347\ dam^2$ $\quad 0{,}0005\ km^2$

b) $0{,}000\,564\ hm^2$ $\quad 657\,892\ cm^2$ $\quad 4{,}5\ m^2$

3.4. Magnitud volumen

El **valor de un volumen** se obtiene multiplicando tres longitudes, que deben expresarse en la misma unidad. Ejemplo:

$$5{,}40\ \text{m} \times 6{,}50\ \text{m} \times 3\ \text{m} = 105{,}3\ \text{m}^3$$

	Volumen	
	km^3	
: 1000 ↑	hm^3	↓ × 1000
: 1000 ↑	dam^3	↓ × 1000
: 1000 ↑	m^3	↓ × 1000
: 1000 ↑	dm^3	↓ × 1000
: 1000 ↑	cm^3	↓ × 1000
: 1000 ↑	mm^3	↓ × 1000

	Nombre	Símbolo	Factor	Volumen
Múltiplo	kilo	k	$\times 10^9$	km^3
Múltiplo	hecto	h	$\times 10^6$	hm^3
Múltiplo	deca	da	$\times 10^3$	dam^3
	Unidad			m^3
Submúltiplo	deci	d	$\times 10^{-3}$	dm^3
Submúltiplo	centi	c	$\times 10^{-6}$	cm^3
Submúltiplo	mili	m	$\times 10^{-9}$	mm^3

En las medidas de volumen:

- Para pasar al múltiplo siguiente, mayor, se divide entre 1000. Ejemplo: 4000 dm^3 = 4 m^3.
- Para pasar al submúltiplo siguiente, menor, se multiplica por 1000. 2 hm^3 = 2000 dam^3.

Las unidades de volumen se corresponden con las unidades de longitud al cubo.

¿Qué significan los factores?

Múltiplos	$10^3 = 1000$ (3 ceros)	$10^6 = 1\,000\,000$ (6 ceros)	$10^9 = 1\,000\,000\,000$ (9 ceros)
	mil	millón	mil millones

Submúltiplos	$10^{-3} = \frac{1}{10^3} = 0{,}001$ (3 ceros)	$10^{-6} = \frac{1}{10^6} = 0{,}000\,001$ (6 ceros)	$10^{-9} = \frac{1}{10^9} = 0{,}000\,000\,001$ (9 ceros)
	milésima	millonésima	mil millonésima

5. EJEMPLO RESUELTO

Expresa 0,5 m^3 en mm^3.

1. Identifica las unidades.	$m^3 \rightarrow mm^3$
2. Para pasar de una a otra avanza hacia los submúltiplos.	El exponente de 1000 será positivo.
3. Cuenta el número de pasos que hay de una a la otra. Ese es el exponente de 1000.	m^3 → dm^3 × 1000 → cm^3 × 1000 → mm^3 × 1000 (3 pasos)

4. Expresa en la unidad correspondiente.

$$0{,}5\ m^3 = 0{,}5 \cdot 1000^3\ mm^3 = 0{,}5 \cdot 10^9\ mm^3 =$$
$$= \mathbf{500\,000\,000\ mm^3}$$

6. EJEMPLO RESUELTO

Expresa 850 dam^3 en km^3.

1. Identifica las unidades.	$dam^3 \rightarrow km^3$
2. Para pasar de una a otra avanza hacia los múltiplos.	El exponente de 1000 será negativo.
3. Cuenta el número de pasos que hay de una a la otra. Ese es el exponente de 1000.	dam^3 : 1000 → hm^3 : 1000 → km^3 (2 pasos)

4. Expresa en la unidad correspondiente.

$$850\ dam^3 = 850 \cdot 1000^{-2}\ km^3 = 850 \cdot 10^{-6}\ km^3 =$$
$$= 850 \cdot \frac{1}{10^6}\ km^3 = \mathbf{0{,}000\,85\ km^3}$$

ACTIVIDADES

18 Realiza las siguientes transformaciones:

a) 73,357 $cm^3 \rightarrow mm^3$

b) 1,0576 $dam^3 \rightarrow dm^3$

19 Ordena las siguientes cantidades:

6,42 cm^3 0,935 dm^3 2575 mm^3

Relación entre las unidades de volumen y de capacidad

Normalmente hablamos del volumen de un cuerpo y de la capacidad de un recipiente. En ambos casos nos referimos a la misma magnitud. Por eso debemos relacionar las unidades de volumen y de capacidad.

SABER HACER

Comparar volumen y capacidad

A Corta 12 listones de 1 m y construye con ellos un cubo. ¿Cabes dentro?

B Construye 5 cuadrados de plástico de 1 dm (10 cm) de lado y haz con ellos un cubo como el de la figura.

Verás que en su interior cabe 1 L de agua.

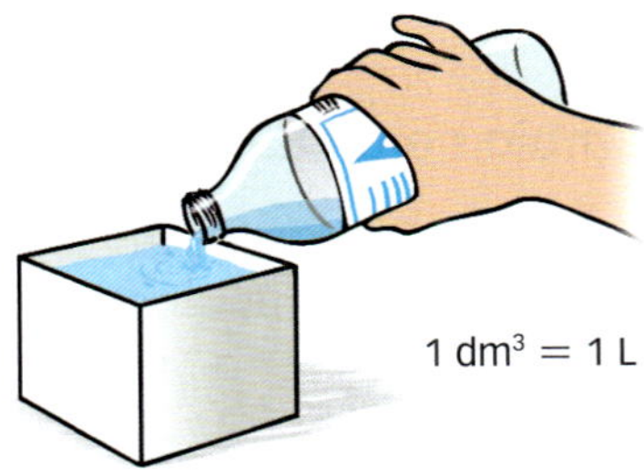

$1\ dm^3 = 1\ L$

¿Cuántos litros hay en 1 m³?	¿Cuál es la equivalencia entre L y dm³?	¿Cuál es la equivalencia entre cm³ y mL?
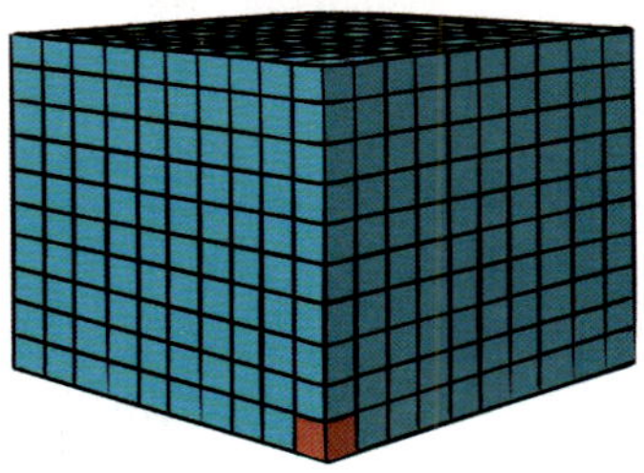	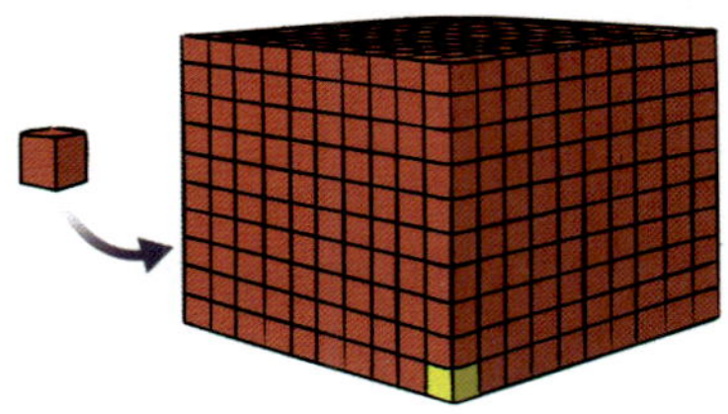	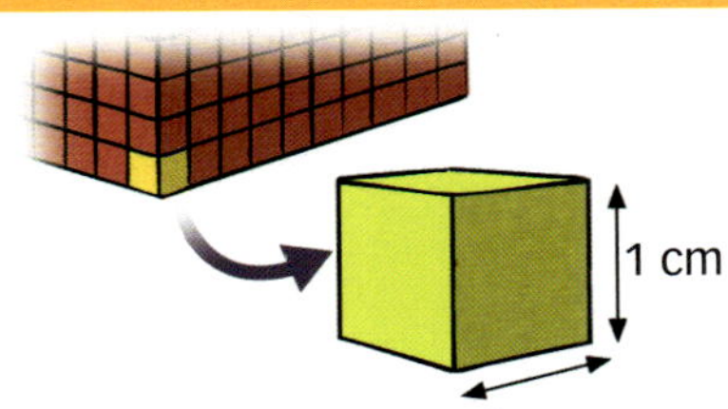
$1\ m^3$	$1\ dm^3 = 1\ L$	$1\ cm^3 = 1\ mL$
$1\ m^3$ es un cubo que tiene 1 m de lado. Divide cada m en 10 dm. Si haces todos los cortes que marcan las líneas, verás que se obtienen 1000 cubos de 1 dm de lado. $1\ m^3 = 1000\ dm^3 = 1000\ L$	$1\ dm^3$ es un cubo que tiene 1 dm de lado. Divide cada dm en 10 cm. Al hacer todos los cortes que marcan las líneas, se obtienen 1000 cubos de 1 cm de lado. $1\ L = 1\ dm^3 = 1000\ cm^3$	$1\ cm^3$ es un cubo que tiene 1 cm de lado. $1\ cm^3$ es la milésima parte de $1\ dm^3$. Por tanto, es equivalente a 1 mL (mililitro). $1\ cm^3 = 1\ mL$
$1\ m^3 = 1\ kL = 1000\ L$	**$1\ dm^3 = 1\ L$**	**$1\ cm^3 = 1\ mL = 0{,}001\ L$**

ACTIVIDADES

20 **Coge un tetrabrik en los que se anuncia 1 L de leche o de zumo.**

a) Con la regla mide el largo, el ancho y el alto de la caja y luego calcula el volumen.

b) Razona si ese tetrabrik puede contener un litro de líquido.

(Pista: averigua si está completamente lleno de líquido).

21 **Realiza las siguientes transformaciones:**

a) Una enorme piscina tiene 250 millones de litros de agua. Exprésalo en m^3.

b) Los botes de refresco tienen un volumen de 33 cL. Exprésalo en cm^3.

c) En una receta de cocina se necesitan 5 dL de aceite. Expresa esta cantidad en dm^3 y en cm^3.

4 Cambio de unidades

RECUERDA

Para pasar de minutos a horas se divide entre 60:

75 min → 1,25 h

Para expresar el resultado en horas y minutos:

1,25 h

1 h | 0,25 · 60 = 15 min

1 h 15 min

En las páginas anteriores hemos aprendido a expresar una cantidad de una magnitud utilizando los múltiplos o submúltiplos del SI. Para hacer cambios un poco más complejos se utilizan factores de conversión.

Un **factor de conversión** es una fracción con distintas unidades en el numerador y en el denominador, pero que son equivalentes.

Multiplicar una cantidad por un factor de conversión es como multiplicarla por 1; la cantidad no varía, solo cambian sus unidades.

4.1. Cambio de unidades de tiempo

En el SI, el tiempo se mide en segundos (s). Si la cantidad es grande, se suele expresar en minutos, horas, días, años, etc., y si es pequeña, en décimas, centésimas o milésimas de segundo.

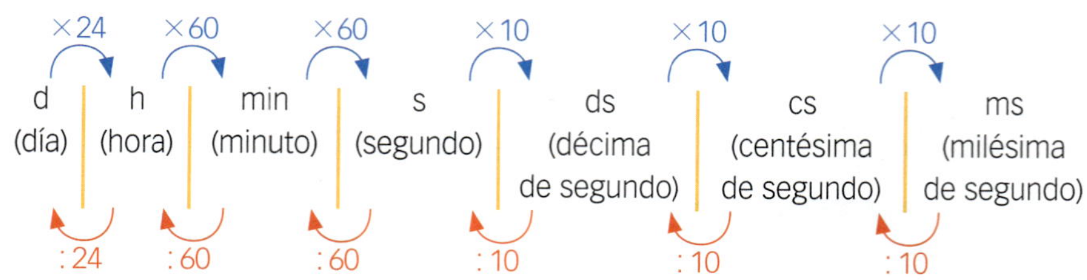

7. EJEMPLO RESUELTO

Expresa 5000 s en horas.

1. Busca la relación entre las dos unidades: segundos (s) y hora (h).	h (hora) →×60→ min (minuto) →×60→ s (segundo) 1 h = 60 × 60 = 3600 s
2. Escribe la cantidad que quieres cambiar seguida de punto (signo de multiplicar) y la raya de fracción del factor de conversión.	$5000\ s \cdot \frac{\square}{\square}$
3. El factor de conversión debe contener la unidad de partida (s) y la que quieres obtener (h), de forma que se simplifique la primera. Como se parte de segundos, escribe segundos en el denominador.	$5000\ s \cdot \frac{h}{s}$
4. Al lado de cada unidad pon su equivalencia con la otra unidad.	$5000\ s \cdot \frac{1\ h}{3600\ s}$ (Factor de conversión)
5. Simplifica lo que sobra, opera y expresa el resultado final en la nueva unidad.	$5000\ \cancel{s} \cdot \frac{1\ h}{3600\ \cancel{s}} = \mathbf{1{,}39\ h}$

ACTIVIDADES

22 Calcula cuántas milésimas de segundo son 47 segundos.

23 Una película dura 135 minutos. ¿Cuántas horas dura?

24 Una canción dura 2,13 minutos. ¿Cuántas décimas de segundo dura?

4.2. Cambio de unidades de velocidad

La velocidad indica la distancia que recorre un cuerpo en movimiento por unidad de tiempo. La unidad de velocidad se expresa como una unidad de longitud partido por una unidad de tiempo, como 15 m/s o 90 km/h. En el primer caso, 15 m/s, indicamos que en un segundo se recorren 15 metros. En el segundo caso, 90 km/h, indicamos que en una hora se recorren 90 km.

RECUERDA

Para dividir potencias de la misma base se escribe la misma base y se restan los exponentes:

$$\frac{10^8}{10^2} = 10^{8-2} = 10^6$$

8. EJEMPLO RESUELTO

Un coche va a una velocidad media de 90 km/h. Exprésala en m/s.

1. Busca las unidades que debes transformar y la relación entre ellas.	1 km = 1000 m 1 h = 60 × 60 = 3600 s
2. Escribe la cantidad que quieres cambiar seguida del factor de conversión que permita el primer cambio: km → m.	$90\ \frac{\cancel{km}}{h} \cdot \frac{1000\ m}{1\ \cancel{km}}$ (1.er factor)
3. A continuación, escribe el segundo factor de conversión para cambiar la segunda unidad: h → s.	$90\ \frac{\cancel{km}}{\cancel{h}} \cdot \frac{1000\ m}{1\ \cancel{km}} \cdot \frac{1\ \cancel{h}}{3600\ s}$ (2.º factor)
4. Simplifica lo que sobra, opera y expresa el resultado final.	$90 \cdot \frac{1000}{3600}\ \frac{m}{s} = \mathbf{25\ \frac{m}{s}}$

PRESTA ATENCIÓN

Para cambiar la unidad de la **velocidad** puedes necesitar dos factores de conversión encadenados: uno para cambiar la unidad de longitud y otro para cambiar la unidad de tiempo.

Para cambiar las unidades en las que se expresa la **densidad** puedes necesitar dos factores de conversión, como en el caso de la velocidad.

4.3. Cambio de unidades de densidad

La densidad mide la masa de un cuerpo por unidad de volumen.

9. EJEMPLO RESUELTO

La densidad de la gasolina es 0,69 g/mL. Exprésala en kg/m³.

1. Busca las unidades que debes transformar y la relación entre ellas.	$1\ kg = 1000\ g = 10^3\ g$ $1\ m^3 = 1000\ L = 1000\,000\ mL$ $1\ m^3 = 10^6\ mL$
2. Escribe la cantidad que quieres cambiar seguida del factor de conversión que permita el primer cambio: g → kg.	$0{,}69\ \frac{\cancel{g}}{mL} \cdot \frac{1\ kg}{10^3\ \cancel{g}}$ (1.er factor)
3. A continuación, escribe el segundo factor de conversión para cambiar la segunda unidad: mL → m³.	$0{,}69\ \frac{\cancel{g}}{\cancel{mL}} \cdot \frac{1\ kg}{10^3\ \cancel{g}} \cdot \frac{10^6\ \cancel{mL}}{1\ m^3}$ (2.º factor)
4. Simplifica lo que sobra, opera y expresa el resultado final.	$0{,}69 \cdot \frac{10^6}{10^3}\ \frac{kg}{m^3} = 0{,}69 \cdot 10^3\ \frac{kg}{m^3} = \mathbf{690\ \frac{kg}{m^3}}$

ACTIVIDADES

25 Los datos técnicos de una motocicleta dicen que su velocidad máxima es 25 m/s. Exprésala en km/h.

26 El tren de levitación magnética japonés JR-Maglev ha conseguido una velocidad de 581 km/h. Exprésala en km/min y en m/s.

27 El mercurio es un metal líquido de elevada densidad. 1 L de mercurio tiene una masa de 13,59 kg. Expresa su densidad en kg/m³.

28 El aire que respiramos tiene una densidad aproximada de 1,29 kg/m³. Exprésala en g/L.

5 Instrumentos de medida

Para medir una magnitud debemos utilizar un instrumento adecuado. Por ejemplo, utilizamos una regla para medir la longitud de una mesa, un cronómetro para medir el tiempo que tarda en caer una pelota y un termómetro para medir la temperatura del agua.

PRESTA ATENCIÓN

Masa y peso

Aunque se suelen utilizar indistintamente, masa y peso son dos conceptos diferentes.

La masa de un cuerpo es su cantidad de materia, mientras que el peso es la fuerza con que es atraído por la Tierra o el planeta o satélite en que se encuentre.

Así, el peso de un cuerpo en la Tierra es distinto que en la Luna, aunque su masa es siempre la misma.

Cuando decimos que un objeto pesa un kilogramo en la superficie de la Tierra, eso quiere decir que tiene 1 kg de masa.

5.1. Medida de la masa

La **masa** de un cuerpo es la cantidad de materia que contiene. Se mide con una balanza.

TIPOS DE BALANZAS

Balanza granataria

1. En el platillo se coloca el cuerpo cuya masa se quiere medir.
2. Se mueven las pesas en cada brazo hasta que la marca de su extremo coincide con la marca del 0.

Balanza de precisión o de platos

1. Con la balanza en reposo, se pone en un platillo el objeto cuya masa se quiere medir y en el otro se colocan las pesas.
2. Se gira la rueda o la palanca liberadora para que se eleve la cruz. Cuando la aguja del fiel marca el cero, la masa del cuerpo es equivalente a la suma de las pesas.

El juego de pesas está calibrado.

Las pesas menores que 1 g se manejan con unas pinzas.

Balanza electrónica

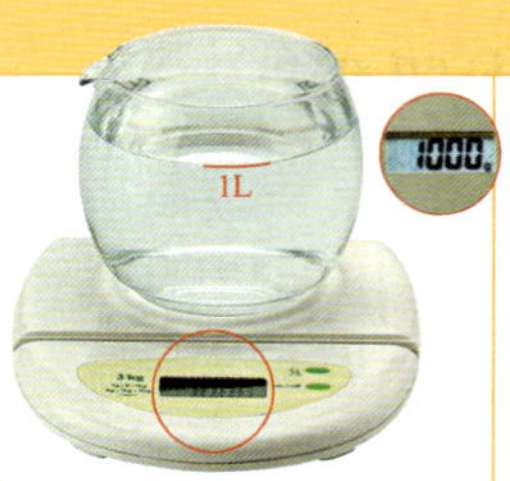

1. Se enciende y se espera a que marque cero.
2. Se coloca el objeto sobre el platillo y nos muestra su masa.

Suelen tener un botón de **Tara** que permite descontar el peso del recipiente. Es muy útil cuando se pesan líquidos o sólidos que hay que manejar en un recipiente, como los productos químicos.

ACTIVIDADES

29 Si colocas este objeto en uno de los platillos de una balanza de precisión, indica qué pesas debes poner en el otro para que, cuando se libere la balanza, el fiel marque cero.

30 Una balanza de platos se equilibra cuando ponemos en un platillo una goma y en el otro estas pesas:

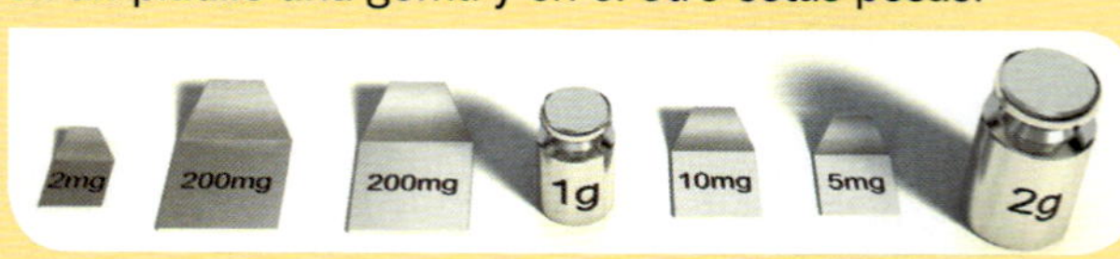

2 g + 1 g + 200 mg + 200 mg + 10 mg + 5 mg + 2 mg

- ¿Cuál es la masa de la goma?

5.2. Medida del volumen

El **volumen** de un cuerpo es una medida del espacio que ocupa.

Para objetos que tienen forma regular, como el cubo, la esfera, el prisma o el cilindro, se puede calcular el volumen midiendo algunas longitudes y haciendo un cálculo.

Si el objeto es irregular (como una piedra) o es un líquido, utilizamos instrumentos de medida de líquidos, como la **probeta**.

La probeta es un cilindro estrecho graduado. Su graduación depende del tamaño y del fabricante.

RECUERDA

Volumen de la esfera:

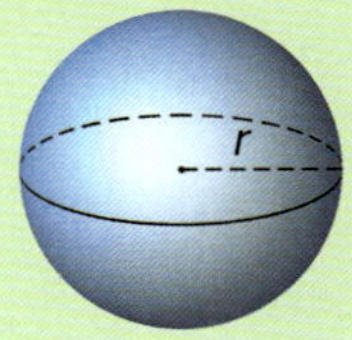

$$V = \frac{4}{3}\pi \cdot r^3$$

Probeta de 25 mL. Permite medir 0,5 mL.

Probeta de 50 mL. Permite medir 1 mL.

Probeta de 250 mL. Permite medir 5 mL.

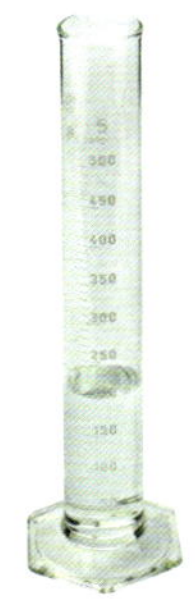

Probeta de 500 mL. Permite medir 5 mL.

Cuando echamos un líquido en un tubo estrecho, la adherencia a las paredes hace que el extremo forme una curva llamada **menisco**. En la mayoría de los casos, el menisco está curvado hacia abajo.

Las probetas están calibradas para que la medida sea la que indica la parte inferior del menisco. Para evitar errores en la medida, la probeta debe estar horizontal, y nuestros ojos, a la altura de la medida.

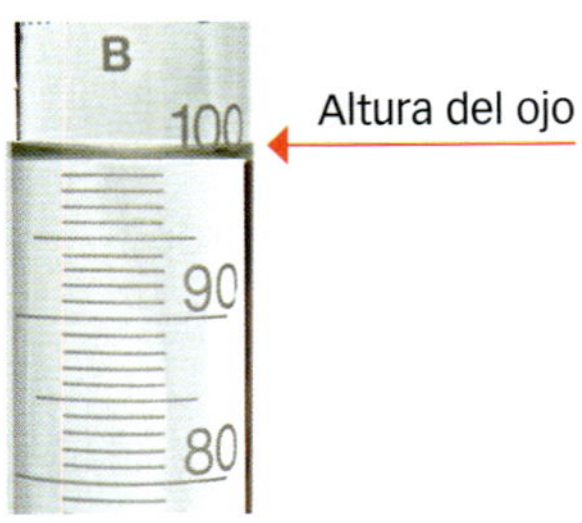

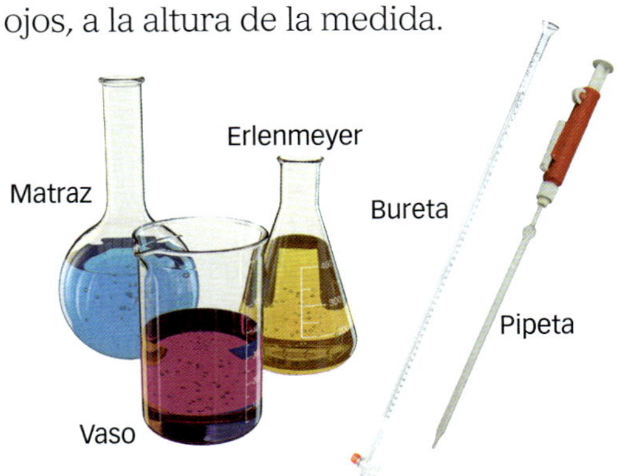

Para medir el volumen de líquidos con exactitud también se utilizan **pipetas**, **buretas** y **matraces aforados**.

Los **vasos de precipitados** y los **Erlenmeyer** solo dan medidas aproximadas.

ACTIVIDADES

31 Indica en tu cuaderno qué cantidad de líquido hay en las siguientes probetas.

a) b) c)

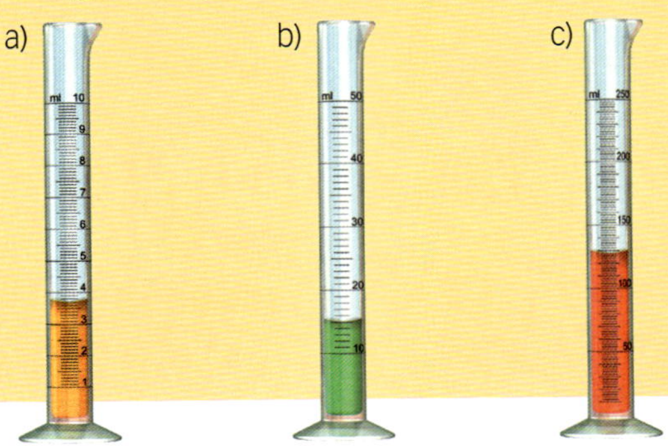

32 Marca en tu cuaderno cómo estaría el líquido en estas probetas para que su volumen fuese:

a) 5,2 mL.

b) 27 mL.

c) 180 mL.

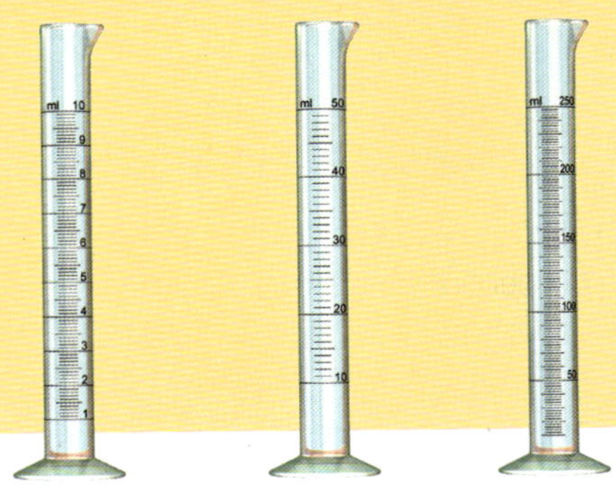

6 Medidas indirectas

Para medir la masa de un cuerpo utilizamos una balanza que nos indica directamente su valor. Pero esto no se puede hacer con otras magnitudes como la superficie o la densidad.

Medidas indirectas son aquellas que se obtienen realizando una operación matemática sobre otras medidas directas.

6.1. Medida de la densidad

La **densidad** mide la relación entre la masa y el volumen de un cuerpo.

$$d = \frac{m}{V}$$

La densidad es una propiedad intensiva, característica de la materia.

SABER HACER

A. Medir la densidad de un líquido

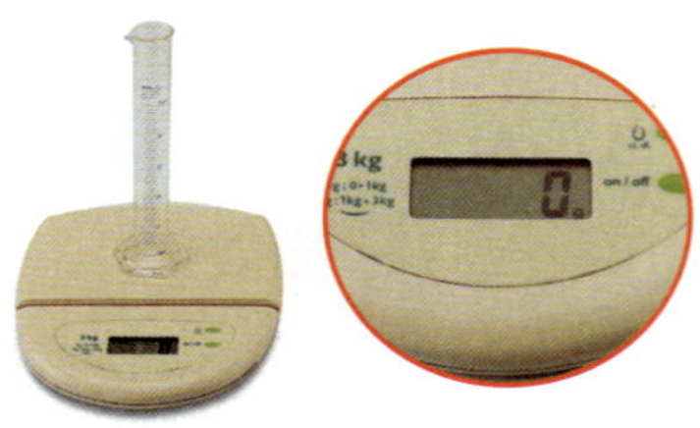

1. Enciende la balanza, coloca la probeta vacía sobre ella y tárala (ponla a cero).

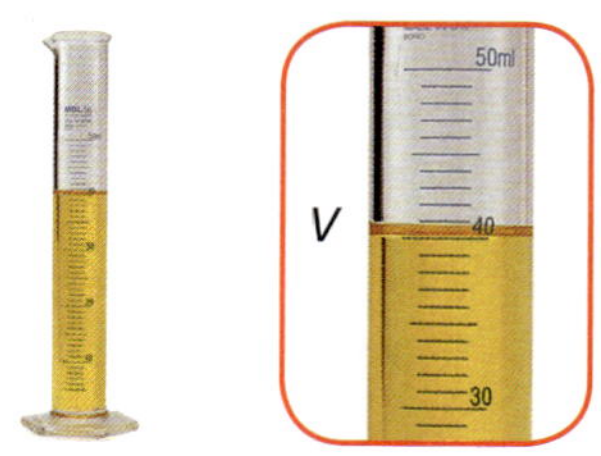

2. Echa en su interior una determinada cantidad de líquido y mide el volumen.

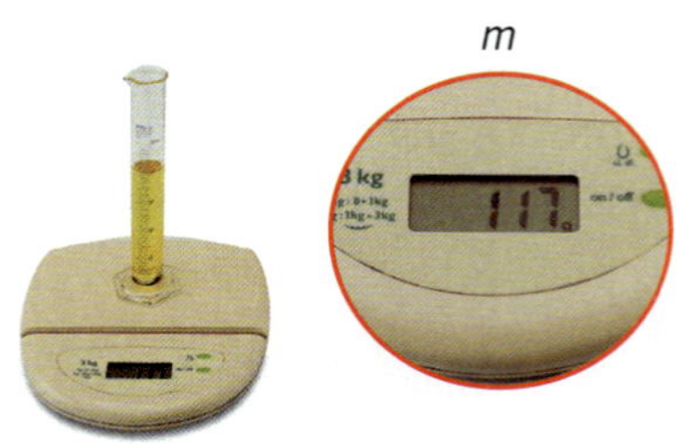

3. Coloca la probeta con el líquido sobre la balanza y mide su masa.

Nota: debes utilizar la misma balanza y tenerla encendida en todo el proceso.

La densidad se obtiene dividiendo la masa entre el volumen: $d = \frac{m}{V}$.

B. Medir la densidad de un sólido insoluble en agua

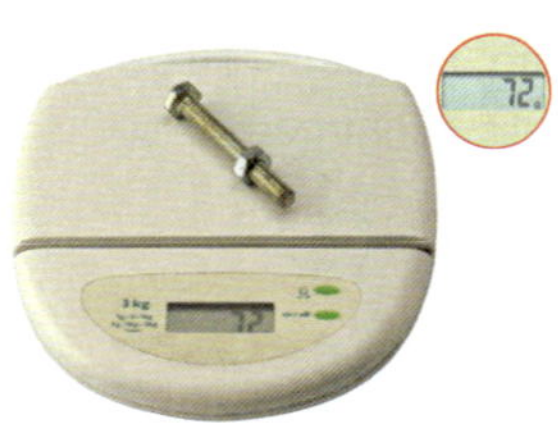

1. Enciende la balanza, espera a que marque cero y pesa el sólido.

2. Coge una probeta en la que quepa el sólido. Echa agua en su interior hasta un determinado nivel y mídelo.

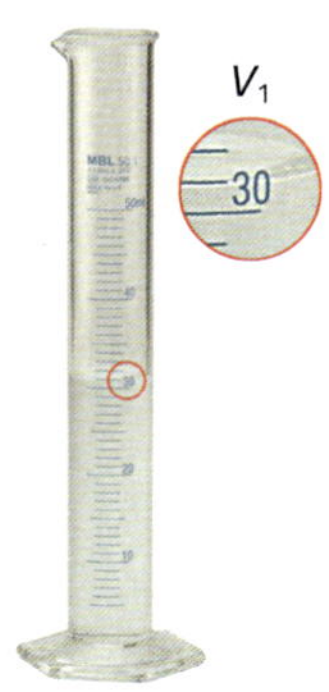

3. Introduce el sólido y mide el nivel que tiene ahora el agua.

$V_{sólido} = V_2 - V_1$

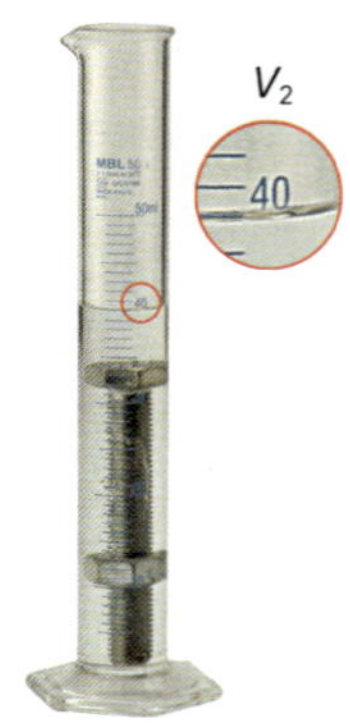

ACTIVIDADES

33 Para medir la densidad de un bloque de plastilina hicimos la siguiente experiencia:

- La pesamos en una balanza: 27,6 g.
- La introdujimos en una probeta que contenía 120 mL de agua. El nivel llegó a: 140 mL.

a) Calcula la densidad de la plastilina.

b) Indica los resultados que obtendrías en la pesada y en la probeta si el bloque de plastilina fuese justo la mitad de grande que el anterior. ¿Cuál sería ahora la densidad de la plastilina?

34 En una experiencia para medir la densidad del azúcar obtuvimos:

- Peso de la probeta vacía: 130 g.
- Peso de la probeta con el azúcar: 198,5 g.

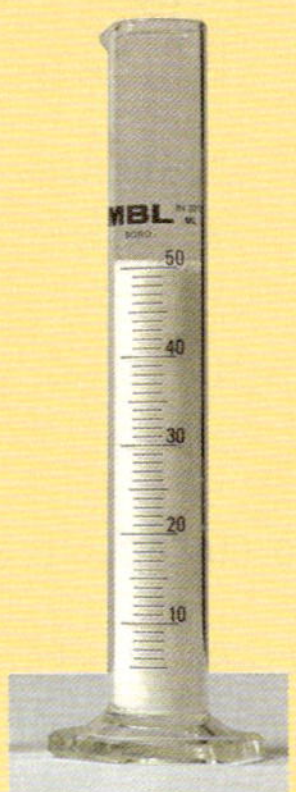

a) ¿Cuál es la densidad del azúcar?

b) Compara este procedimiento con el del ejercicio anterior. ¿Por qué no seguimos los mismos pasos si el azúcar también es sólido?

35 Observa la imagen y completa la frase en tu cuaderno eligiendo en cada caso la palabra adecuada.

- Las dos bolas tienen *igual/diferente* volumen. La bola de aluminio tiene una masa *mayor/menor*, porque el aluminio es *más/menos* denso.

36 Observa esta otra imagen y completa la frase en tu cuaderno eligiendo la palabra adecuada.

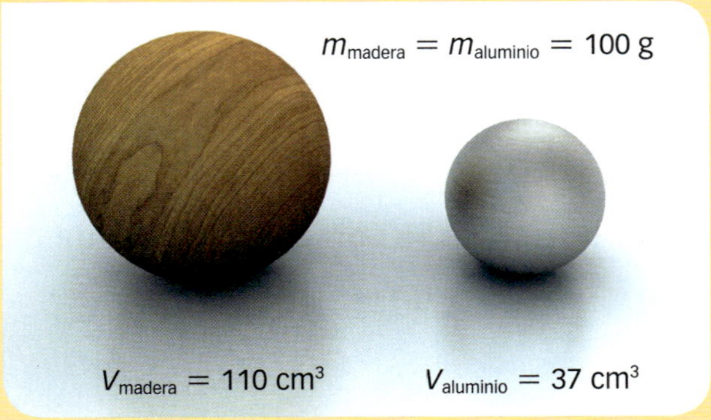

- Las dos bolas tienen *igual/diferente* masa. La bola de madera tiene un volumen *mayor/menor*, porque la madera es *más/menos* densa.

37 Los objetos se hunden en un líquido que tenga menos densidad que ellos y flotan sobre un líquido cuya densidad sea mayor. El aceite es menos denso que el agua. El líquido más denso se va al fondo.

- Ordena la vela, el corcho, la goma, el agua y el aceite del menos denso al más denso.

38 A continuación se indica la densidad de la leche, el agua y el aceite. Calcula la masa de 1 L de cada uno y completa la tabla en tu cuaderno:

	Densidad (g/mL)	Masa de 1 L
Leche	1,04	
Agua	1,00	
Aceite	0,92	

39 El acero es un material mucho más denso que el agua; si echamos un tornillo en un vaso de agua, se va al fondo. Los barcos tienen una estructura de acero y surcan los mares. Escribe en tu cuaderno qué afirmación explica este hecho:

a) El agua del mar es mucho más densa que el agua «normal».

b) El agua del mar es más densa que el barco en su conjunto.

c) En movimiento, el barco es poco denso.

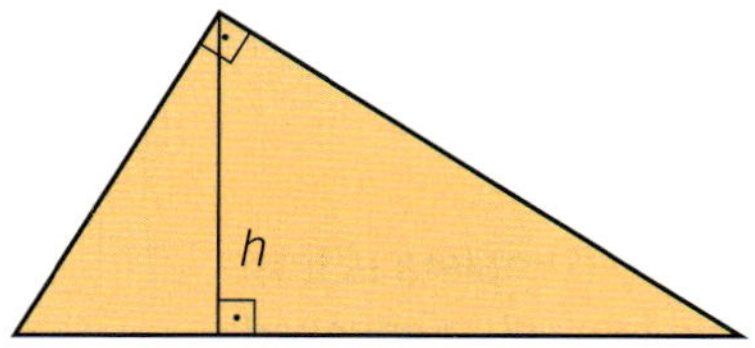

b

$$S = \frac{1}{2}\, b \cdot h$$

6.2. Medida de superficies

Para conocer la superficie de un cuerpo regular podemos medir la longitud de sus lados y/o sus ángulos y aplicar una fórmula matemática, como en el triángulo de la imagen. Pero ¿qué ocurre si el cuerpo es irregular?

Observa una manera de calcular la superficie de un cuerpo irregular.

SABER HACER

Medir la superficie con una plantilla de papel milimetrado

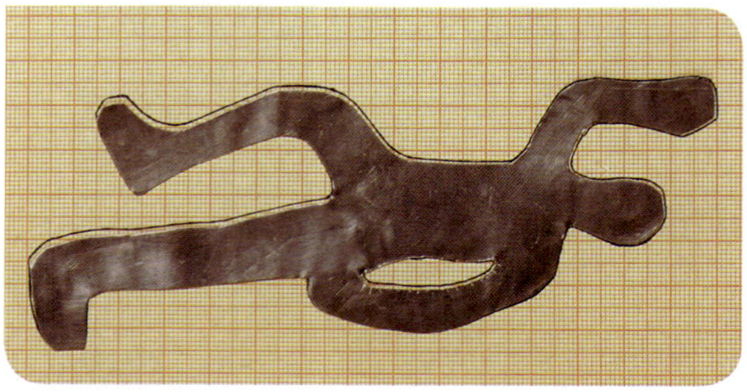

1. Coloca el objeto sobre un papel milimetrado y dibuja el contorno.

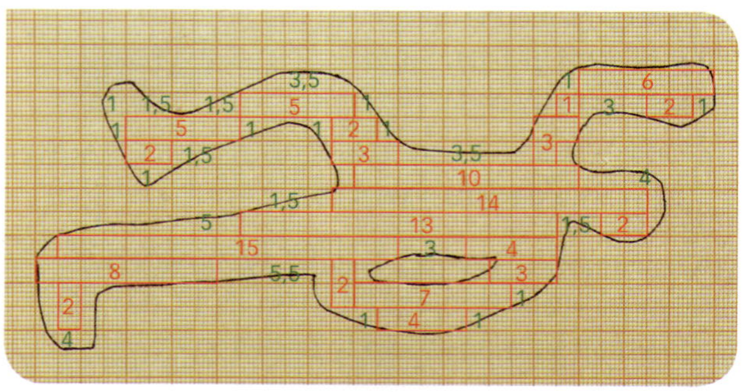

- Se han marcado y contado en rojo los cuadros completos de 5 mm de lado que están dentro de la silueta.
- Se han valorado los cuadros que están parcialmente ocupados. Se han compensado los que están casi ocupados con los que están casi libres. El número se ha marcado en verde.

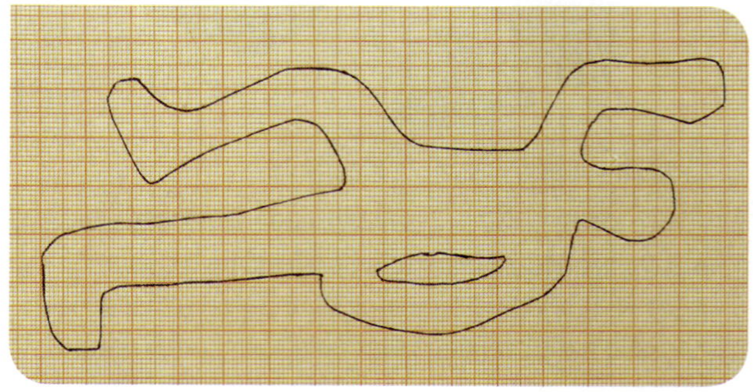

2. Cuenta los cuadros que ocupa la silueta. Observa que las líneas de la cuadrícula tienen una separación de 1 mm. Cada 5 mm las líneas son un poco más gruesas. Puedes contar cuadros que tengan 5 mm de lado.

Cálculo de la superficie:

- Cuadros enteros: 113.
- Cuadros parciales: 50.
- Total de cuadros: 163.

Superficie de un cuadro:

$$0{,}5 \text{ cm} \cdot 0{,}5 \text{ cm} = 0{,}25 \text{ cm}^2$$

Superficie de la silueta:

$$163 \cdot 0{,}25 \text{ cm}^2 = \mathbf{40{,}75 \text{ cm}^2}$$

Nota: en la experiencia final de esta unidad se muestra cómo se puede calcular esta superficie por pesada. Halla el valor de la superficie con los datos que allí aparecen y compara el resultado con el que acabamos de obtener. ¿Qué valor te parece más exacto?

ACTIVIDADES

40 Observa la imagen e idea un método para medir el grosor de un folio.

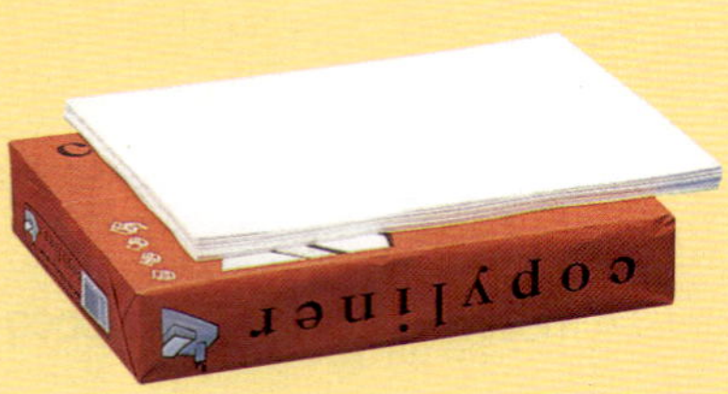

41 Diseña un método para averiguar cuántos tornillos hay en un cajón sin contarlos, utilizando una balanza.

REPASA LO ESENCIAL

42 **Indica en tu cuaderno cuáles de los siguientes problemas estudia la física y cuáles la química.**

a) Cómo está constituida la materia.

b) Cambios que sufre la materia que no la transforman en otra diferente.

c) Cambios que sufre la materia que la transforman en otra diferente.

43 **Coloca estas palabras en el orden adecuado en tu cuaderno para obtener una definición de materia.**

ocupa - el - espacio - masa - lugar - tiene - es - todo - lo - que - Materia - un - y - en

44 **Empareja en tu cuaderno cada tipo de propiedad de la materia con la definición adecuada.**

a) Depende de la cantidad de materia. ☐ Cuantitativa

b) La tiene todo tipo de materia y puede tener cualquier valor. ☐ Cualitativa

c) No se puede expresar con números. ☐ Intensiva

d) Tiene un valor característico para cada materia. ☐ Extensiva

e) No depende de la cantidad de materia. ☐ General

f) Se expresa mediante un número y una unidad. ☐ Característica

45 **Completa en tu cuaderno las palabras que faltan en las siguientes definiciones.**

a) Magnitud es ________ de la materia que se puede ________.

b) ________: cantidad de una magnitud que tomamos ________ para medir ________.

c) ________ es comparar una magnitud con una ________ para ver cuántas veces la contiene.

46 **Completa el esquema en tu cuaderno.**

Propiedades de la materia

- según su valoración
  - cuantitativas — Ej.: ________
  - ________ — Ej.: color
- sirven para identificar la materia
  - ________ — Ej.: masa
  - características — Ej.: ________
- en relación con el tamaño
  - extensivas — Ej.: ________
  - ________ — Ej.: temperatura

47 **Relaciona en tu cuaderno cada unidad con la magnitud adecuada.**

a) m ☐ Masa

b) L ☐ Tiempo

c) kg ☐ Longitud

d) m^2 ☐ Volumen

e) h ☐ Superficie

f) cm^3 ☐ Capacidad

48 **Completa la tabla en tu cuaderno indicando en unos casos el nombre y en otros el símbolo de cada unidad.**

Símbolo	Nombre
dL	
	kilómetro
hm^3	
	milisegundo
cg	
	decámetro cuadrado

49 **Completa las siguientes igualdades en tu cuaderno:**

a) $1\ m^3 =$ ________ L

b) $1\ L =$ ________ cm^3

c) $1\ dm^3 = 1$ ________

d) $1\ cm^3 = 1$ ________

50 **Indica en tu cuaderno cómo se llaman estos instrumentos y qué magnitud se mide con cada uno de ellos:**

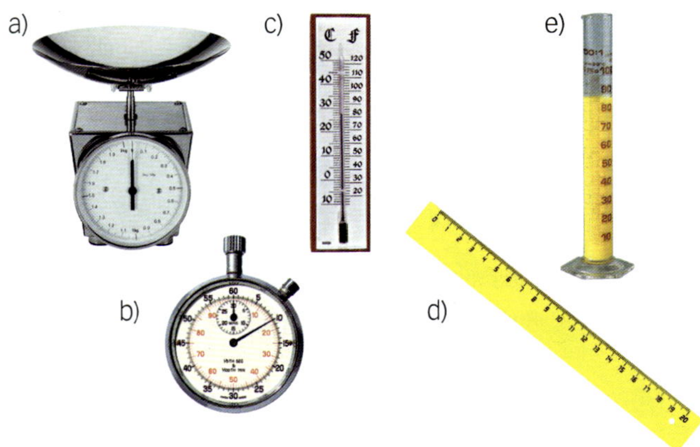

Instrumento	Magnitud

ACTIVIDADES FINALES

PRACTICA

Las ciencias física y química

51 Imagina que trabajas en un laboratorio y te traen una muestra de una roca para analizar. Indica en tu cuaderno cuáles de las pruebas siguientes harías en el laboratorio de física y cuáles en el de química:

a) Medir su masa.

b) Medir su dureza.

c) Analizar su composición.

d) Ver si la atacan los ácidos.

e) Medir su densidad.

La materia y sus propiedades

52 En un vaso tienes una cierta cantidad de agua y en otro una cierta cantidad de alcohol. Indica cuáles de estas propiedades te permitirán diferenciar una sustancia de la otra.

a) Masa.

b) Color.

c) Olor.

d) Volumen.

e) Temperatura.

f) Temperatura de fusión.

g) Densidad.

La medida

53 Realiza las siguientes transformaciones:

a) 0,08 kg → mg

b) 5,7 dag → cg

c) 548 dg → hg

d) 37 mg → kg

54 Ordena las siguientes cantidades:

a) 254 cm b) 0,0003 km c) 8,2 dam

55 Realiza las siguientes transformaciones:

a) 805 cL → hL

b) 0,35 daL → dL

c) 2,5 L → mL

d) 48 mL → daL

56 Realiza las siguientes transformaciones:

a) 250 m^2 → hm^2

b) 0,00375 hm^2 → cm^2

c) 46 dam^2 → mm^2

d) 224 cm^2 → m^2

57 Ordena las siguientes cantidades:

a) 8456 cm^2 b) 0,00086 km^2 c) 0,8 dam^2

58 Realiza las siguientes transformaciones:

a) 7,5 dam^3 → L

b) 875 mL → dm^3

c) 0,00065 km^3 → m^3

d) 378 dm^3 → L

59 Ordena las siguientes cantidades:

a) 1500 L b) 1,2 m^3 c) 73 568 cL

Cambio de unidades

60 Calcula cuántos segundos tiene un día.

61 Calcula cuántos días has vivido hasta hoy. Expresa esa cantidad en segundos.

62 Un lustro son cinco años. Calcula cuántos lustros tiene un siglo.

10. EJEMPLO RESUELTO

Una manera de indicar el caudal de agua que proporciona una fuente es midiendo los litros que brotan de ella en cada minuto. El caudal de una fuente es 15 L/min. Exprésalo en m^3/h.

1. Busca las unidades que debes transformar y la relación entre ellas.	$1\ m^3 = 1000\ L$ $1\ h = 60\ min$
2. Escribe la cantidad que quieres cambiar seguida del factor de conversión para el primer cambio.	$15\,\frac{\cancel{L}}{min}\cdot\frac{1\ m^3}{1000\ \cancel{L}}$ 1.er factor
3. A continuación, escribe el segundo factor de conversión para cambiar la segunda unidad.	$15\,\frac{\cancel{L}}{\cancel{min}}\cdot\frac{1\ m^3}{1000\ \cancel{L}}\cdot\frac{60\ \cancel{min}}{1\ h}$ 2.º factor
4. Simplifica lo que sobra, opera y expresa el resultado final.	$15\cdot\frac{60}{1000}\,\frac{m^3}{h}=\mathbf{0{,}9\ \frac{m^3}{h}}$

63 El caudal de una fuente es 15 L/min. Exprésalo en cm^3/s.

64 Una plancha de aluminio de 1 cm de espesor tiene una masa de 27 kg por m^2. Expresa esta cantidad en g/cm^2.

65 El caracol de granja se desplaza a una velocidad media de 5,8 m/h, mientras que el caracol común de jardín lo hace a 13,9 mm/s. ¿Cuál de los dos es más rápido?

Instrumentos de medida

66 El cronómetro de la imagen muestra la duración de una canción. Razona cuál de estas afirmaciones es cierta.

a) Duró 6 minutos.

b) Duró 409 s.

c) Duró más de 409 s.

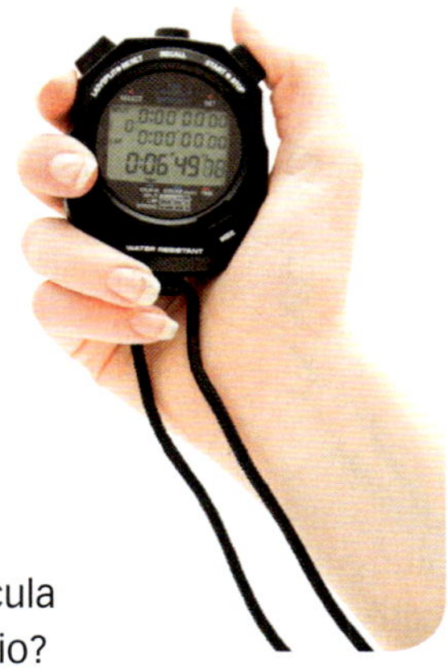

67 ¿Cuál sería la indicación del cronómetro para una película que durase 52 minutos y medio?

68 Las pipetas se utilizan para medir cantidades pequeñas de líquido. Observa la ampliación de la pipeta de la imagen y di si la cantidad de líquido que ha caído es:

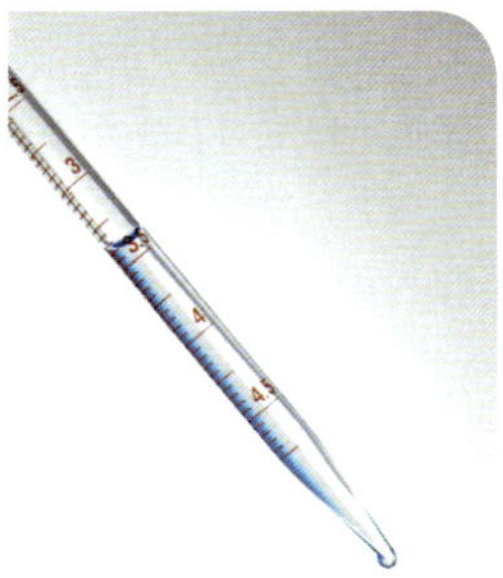

a) 3,5 mL.

b) 3,75 mL.

c) Entre 3,25 y 3,50 mL.

Medidas indirectas

69 En este papel milimetrado cada cuadrito es 1 mm^2. Mide la superficie de la estrella dibujada en él.

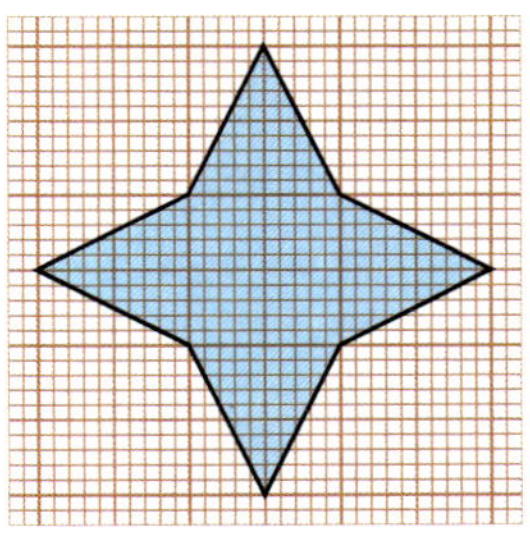

70 En el laboratorio de tecnología tenemos una bobina de alambre de cobre de 1 mm de diámetro. Para poder averiguar su longitud nos dicen que debemos cortar 50 cm de cable y pesarlos. El resultado es 3,5 g.

Luego debemos pesar toda la bobina. El resultado es 68 g. ¿Cuántos metros de cobre tenemos entonces en la bobina?

AMPLÍA

71 Las tortugas son animales muy longevos. Charles Darwin, coautor de la teoría de la evolución, tenía una tortuga llamada Harriet que nació en 1830 y murió el 25 de junio de 2006. Suponiendo que su cumpleaños era el 1 de enero y que murió a las 12 de la noche, calcula cuántos años y cuántas horas vivió Harriet.

11. EJEMPLO RESUELTO

El límite de velocidad en una autopista de Estados Unidos es 85 millas por hora. Exprésalo en m/s. Dato: 1 milla = 1,609 km.

1. Identifica las unidades y la relación entre ellas.	1 milla = 1,609 km = 1609 m 1 h = 60 × 60 = 3600 s
2. Escribe la cantidad seguida del factor de conversión para el primer cambio.	$85\,\dfrac{\cancel{\text{milla}}}{\text{h}} \cdot \dfrac{1609\text{ m}}{1\,\cancel{\text{milla}}}$ (1.er factor)
3. Escribe el segundo factor de conversión para la segunda unidad.	$85\,\dfrac{\cancel{\text{milla}}}{\cancel{\text{h}}} \cdot \dfrac{1609\text{ m}}{1\,\cancel{\text{milla}}} \cdot \dfrac{1\,\cancel{\text{h}}}{3600\text{ s}}$ (2.º factor)
4. Simplifica, opera y expresa el resultado.	$85 \cdot \dfrac{1069}{3600}\,\dfrac{\text{m}}{\text{s}} = \mathbf{38}\,\dfrac{\mathbf{m}}{\mathbf{s}}$

72 En una autopista el límite de velocidad es 120 km/h. Exprésalo en m/s y en millas/h. Dato: 1 milla = 1609 m.

12. EJEMPLO RESUELTO

Un coche se mueve a 90 km/h. Utiliza los factores de conversión para calcular cuánto tiempo tarda en recorrer 200 m a esa velocidad.

Como la distancia está en m, conviene expresar la velocidad en m/s:

$$90\,\frac{\cancel{\text{km}}}{\cancel{\text{h}}} \cdot \frac{1000\text{ m}}{1\,\cancel{\text{km}}} \cdot \frac{1\,\cancel{\text{h}}}{3600\text{ s}} = 25\,\frac{\text{m}}{\text{s}}$$

El coche recorre 25 m cada s. Con esta información construimos el factor de conversión:

$$200\,\cancel{\text{m}} \cdot \frac{1\text{ s}}{25\,\cancel{\text{m}}} = \mathbf{8\text{ s}}$$

73 Un grifo vierte 80 L/min. Usa factores de conversión para saber cuánto tiempo tardará en llenar una piscina de 500 m^3. Calcúlalo en horas y en días.

APLICA UNA TÉCNICA. **Analizar instrumentos de medida**

¿Usarías la misma báscula para controlar la cantidad de cada ingrediente de una receta de cocina que para determinar tu peso? Evidentemente, no, puesto que en el caso de una receta manejaremos 50, 10 o 200 g, por ejemplo, y una báscula de baño debe ser capaz de determinar masas mucho mayores, de decenas de kg.

B

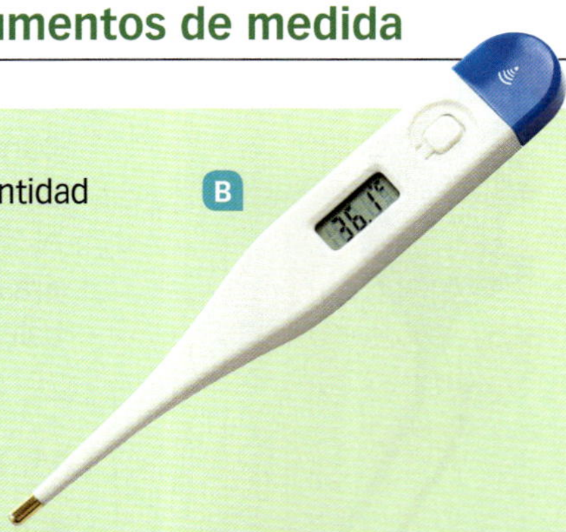

C

A

Con otras magnitudes ocurre algo parecido. Observa, por ejemplo, los termómetros de las fotografías.

- Uno de ellos se emplea para determinar la temperatura del aire.
- Otro se utiliza para conocer la temperatura del cuerpo humano.
- Y otro se usa para determinar la temperatura en un horno.

A la hora de realizar un experimento es importante elegir instrumentos de medida capaces de trabajar en el rango de temperaturas en el que nos movemos.

74 ¿Qué magnitud mide cada aparato de medida mostrado? ¿En qué unidades mide dicha magnitud?

75 De los termómetros de arriba, determina cuál se usa para conocer la temperatura en un horno, cuál mide la temperatura del cuerpo humano y cuál sirve para conocer la temperatura del aire.

76 Contesta:

a) ¿Qué quieren decir los números situados por debajo del 0 que aparecen en el termómetro C?

b) ¿Cuál de las dos escalas usas tú habitualmente?

c) Señala la equivalencia entre ambas escalas a partir de la imagen:

- 0 °C → ________ °F
- −30 °C → ________ °F
- −10 °C → ________ °F
- 45 °C → ________ °F

77 Llamamos precisión o sensibilidad de un aparato a la cantidad mínima que nos permite medir. Completa la tabla en tu cuaderno.

	Precisión o sensibilidad
Termómetro de laboratorio	
Termómetro clínico	
Termómetro de horno	

78 Contesta:

a) ¿Cuál es la distancia entre dos marcas consecutivas en el termómetro A?

b) ¿Y en el termómetro C?

c) ¿Cuál sería la escala del termómetro A expresada en °C?

d) ¿Qué valores se emplean para calibrar el punto 0 y el punto 100 de la escala Celsius?

79 Pon ahora ejemplos de diferentes aparatos de medida empleados para medir una misma magnitud. En cada caso, indica cuál de ellos puede medir una mayor cantidad y cuál es más sensible.

a) Para medir la masa.

b) Para medir la longitud.

c) Para medir el tiempo.

80 Indica la equivalencia entre las unidades manejadas en cada uno de los apartados de la actividad anterior. Por ejemplo, 1 m equivale a 100 cm.

81 ¿Crees que entre dos instrumentos siempre será mejor utilizar aquel que sea más sensible? ¿Por qué? Pon algún ejemplo para apoyar tu respuesta.

FORMAS DE PENSAR. Análisis científico. **Plomo en un huerto urbano**

Un equipo del Instituto de Recursos Naturales y Agrobiología de Sevilla (IRNAS), centro del Consejo Superior de Investigaciones Científicas (CSIC), ha detectado que tanto en los suelos como en algunas verduras y legumbres obtenidas en el huerto urbano localizado dentro del Parque de Miraflores, en el Distrito Norte de la ciudad de Sevilla, está presente una concentración de plomo por encima del Nivel Genérico de Referencia (NGR) indicado por la Junta de Andalucía y también por normativas europeas.

Los cultivos analizados fueron los de lechuga y haba, ya que son bastante comunes en huertos urbanos de la provincia. Apunta Rafael López, investigador del IRNAS y autor principal del estudio, que el decreto autonómico estima como valor genérico de referencia máximo de concentración de plomo en suelo urbano los 275 miligramos por cada kilo; en promedio, las muestras de suelo de los huertos urbanos del Parque de Miraflores alcanzaron la concentración de 292 miligramos por kilo.

No obstante, enfatiza el investigador que «no debe cundir el pánico. La toxicidad en humanos por metales pesados requiere de un consumo continuado de productos contaminados durante un periodo de tiempo largo». Además, las concentraciones más altas de plomo se han hallado en el suelo y no tanto en los alimentos. Por otro lado, la utilización de estiércol y compost como abono ha limitado la absorción de plomo por las plantas.

Una de las posibles explicaciones a la presencia de plomo es que antiguamente el espacio que hoy ocupan los huertos sirvió como depósito de escombros, y muchos de esos restos podrían contener pintura blanca en cuya composición se usaban productos con plomo, hoy en día prohibidos.

Como recomendaciones para los agricultores de estas parcelas y los consumidores de sus productos, los investigadores proponen desechar las hojas exteriores en el caso de lechugas y acelgas, o pelar bien hortalizas como las zanahorias y remolachas, además de la consabida limpieza con abundante agua de todos los géneros antes de su consumo. «En las parcelas que estuvieran más contaminadas, cultivar en parterres elevados e incorporar una nueva capa de suelo no contaminado podrían permitir que se siguiera manteniendo el cultivo», concluyó López.

FUENTE: www.d-andalucia.csic.es, 28 de marzo de 2019 (Adaptación)

82 EXPRESIÓN ESCRITA. Resume el texto en unas pocas líneas.

83 COMPRENSIÓN LECTORA. Explica las siguientes frases.

a) Tanto en los suelos como en algunas verduras y legumbres [...] está presente una concentración de plomo por encima del Nivel Genérico de Referencia (NGR).

b) No obstante, enfatiza el investigador que «no debe cundir el pánico».

c) La utilización de estiércol y compost como abono ha limitado la absorción de plomo por las plantas.

84 Explica con datos por qué el suelo y las verduras analizados contienen una alta cantidad de plomo.

85 ¿Crees que las personas que han consumido productos de este huerto están en peligro? ¿Por qué? Razona tu respuesta.

86 Según el texto, ¿cuál puede ser la razón de la alta concentración de plomo en este huerto?

a) El empleo de estiércol y compost como abono.

b) El uso en el pasado de ese espacio como depósito de escombros.

c) El cultivo de las plantas en parterres elevados.

87 TOMA LA INICIATIVA. Contesta: ¿qué medidas propondrías tú a la hora de comprar verduras para evitar adquirir productos que puedan resultar perjudiciales para la salud?

INVESTIGA | TRABAJO COOPERATIVO

MEDIDAS INDIRECTAS

A. MEDIR LA DENSIDAD DE UN SÓLIDO INSOLUBLE EN AGUA

¿Qué necesitas?

- Probeta.
- Balanza.
- Sólido insoluble en agua.
- Agua.

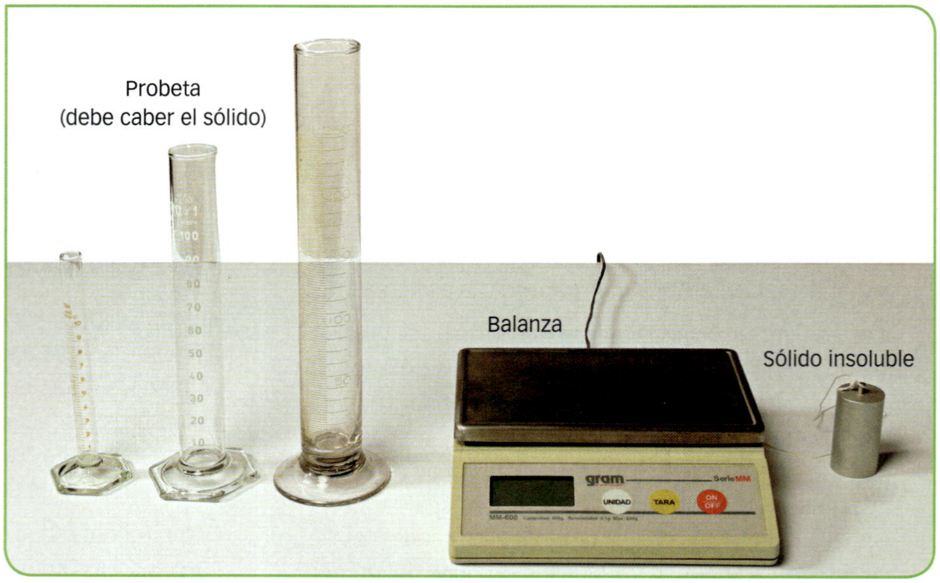

¿Cómo se hace?

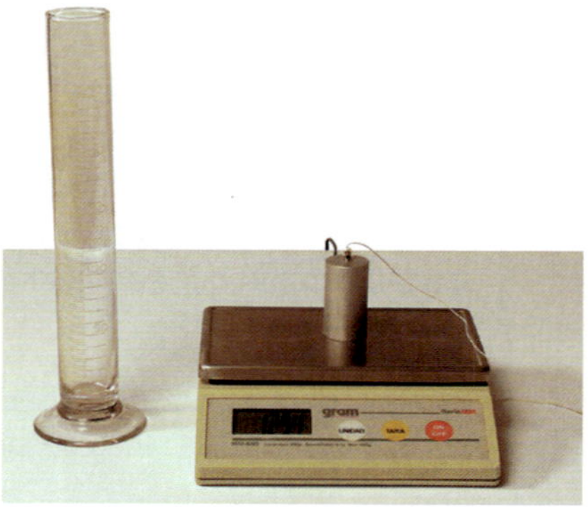

1. Enciende la balanza y pesa el sólido. Anota el resultado. Por ejemplo, 125,4 g.

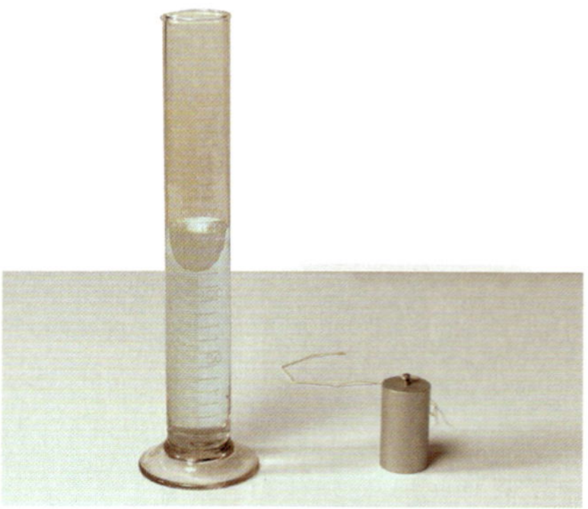

2. Echa agua en la probeta hasta un nivel intermedio y anótalo. Por ejemplo, 150 mL.

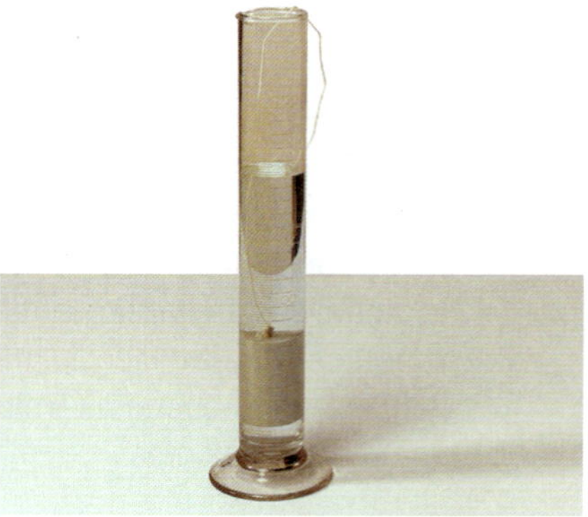

3. Introduce el cilindro en la probeta y anota el nivel del agua ahora.

¿Cómo se calcula?

Para calcular la densidad puedes realizar una sencilla operación: $\text{Densidad} = \dfrac{\text{Masa de sólido}}{\text{Volumen de sólido}}$

ACTIVIDADES

88 En el paso 2, ¿sería adecuado echar agua hasta el nivel de 200 mL? ¿Y hasta 50 mL? ¿Por qué?

89 Si el sólido tuviese una masa de 12,5 g, ¿cuánto habría subido el nivel del agua al introducirlo en la probeta?

90 ¿Por qué tiene que ser insoluble en agua el sólido?

91 ¿Podrías identificar el material de que está hecho el sólido?

B. MEDIR EL VOLUMEN DE UNA GOTA DE AGUA

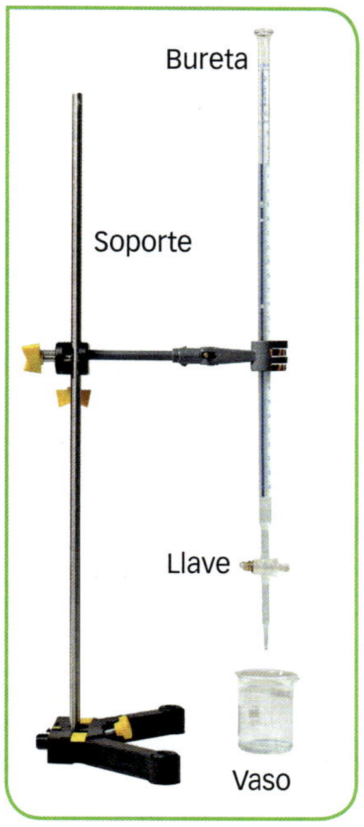

¿Qué necesitas?

- Bureta graduada.
- Vaso.
- Soporte.
- Agua.

¿Cómo se hace?

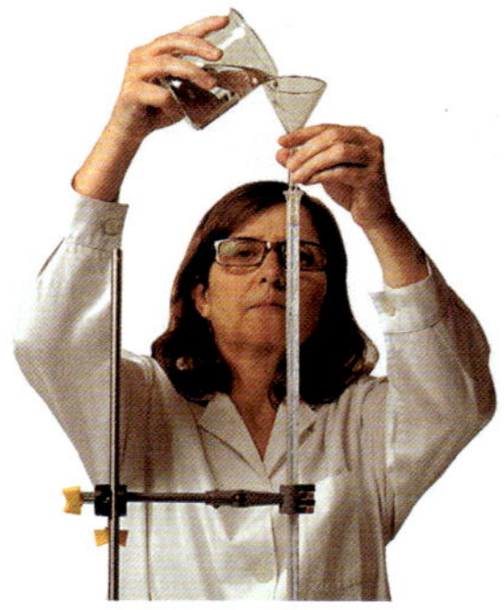

1. Echa agua en la bureta de forma que supere el nivel 0 mL.

2. Abre la llave y deja que caiga el agua a ritmo lento. Debes poder contar las gotas.

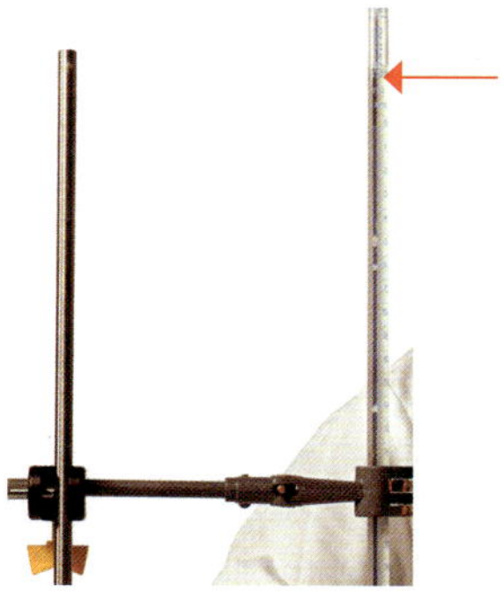

3. Cuando el nivel de agua en la bureta llegue a 0 mL, empieza a contar las gotas, hasta que el nivel de agua sea 5 mL.

Cálculo del volumen de la gota

- N.º de gotas: N.
- Volumen de agua: 5 mL.

$$\text{Volumen de 1 gota: } \frac{5\text{ mL}}{N}$$

C. MEDIR UNA SUPERFICIE POR PESADA

¿Qué necesitas?

- Balanza.
- Lámina de metal u otro material.
- Superficie calibrada del mismo material. Por ejemplo, un cuadrado de 1 dm de lado. Superficie = 1 dm^2.

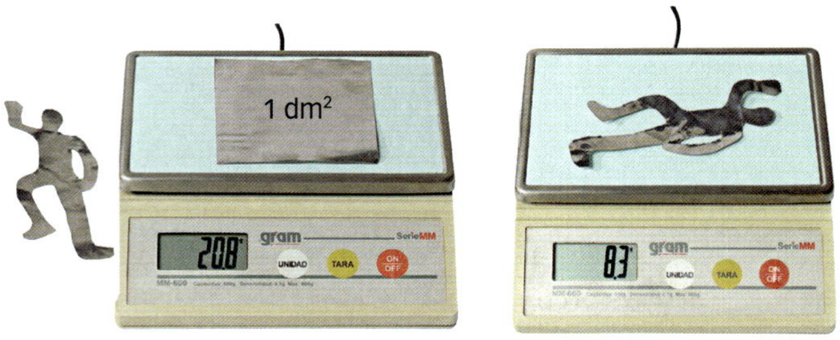

Procedimiento

1. Recorta la superficie irregular que vas a medir.
2. Enciende la balanza y ponla a cero.
3. Pon sobre ella la superficie calibrada y mide su masa (M_C).
4. Tras asegurarte de que la balanza vuelve a estar en cero, pon sobre ella la superficie problema y mide su masa (M_P).

Cálculo de la superficie

Copia y comprueba en tu cuaderno:

- Superficie calibrada: $S_C =$ ______; $M_C =$ ______
- Superficie problema: $S_P = M_P \cdot \dfrac{1\text{ dm}^2}{M_C} \rightarrow S_P =$ ______

ACTIVIDADES

92 En ocasiones, medir una magnitud de forma indirecta es una cuestión de ingenio. Repasa estas páginas y diseña una experiencia que te permita:

a) Medir el tiempo que tarda el péndulo de un reloj en ir del extremo derecho al izquierdo.

b) Contar monedas de 10 céntimos utilizando una balanza.

2 Estados de la materia

SABER

- Los estados físicos de la materia.
- La teoría cinética y los estados de la materia.
- Las leyes de los gases.
- Los cambios de estado.
- La teoría cinética y los cambios de estado.

SABER HACER

- Resolver problemas.
- Interpretar los datos de un experimento.

Algunas pantallas LCD tienen un **pequeño ángulo de visión**. Esto resulta útil cuando se desea mantener la intimidad del usuario, como en un cajero automático.

Algunas pantallas LCD son **táctiles**.

Las pantallas LCD pueden mostrar **colores**. La sensación de color se logra a partir de la mezcla de rojo, verde y azul (RGB por las siglas en inglés de *Red*, *Green* y *Blue*). Los tres colores iluminados producen el blanco.

El **reducido consumo energético** de las pantallas LCD y su **pequeño grosor** hacen que sean idóneas para los dispositivos portátiles.

PANTALLAS LCD POR TODAS PARTES

NOS HACEMOS PREGUNTAS. **¿Cómo se iluminan las pantallas LCD?**

¿Te has fijado en cuántas pantallas observas al cabo de un día? Relojes, teléfonos, televisores, reproductores mp3, cámaras, ordenadores, calculadoras…

Muchas de ellas incluyen un **cristal líquido**, materia en un estado físico a medio camino entre el sólido y el líquido con unas propiedades sorprendentes. Por eso estas pantallas se llaman **pantallas LCD** (*Liquid Crystal Display*).

13 ACCIÓN POR EL CLIMA Regular nuestras actividades para evitar el aumento de la temperatura global del planeta y mantener así una mayor cantidad de hielo en los casquetes polares.

2. Las partículas del **cristal líquido** están orientadas de tal manera que cambian la dirección de polarización de la luz que las atraviesa.

4. Un polarizador vertical solo deja pasar la luz «que ha girado».

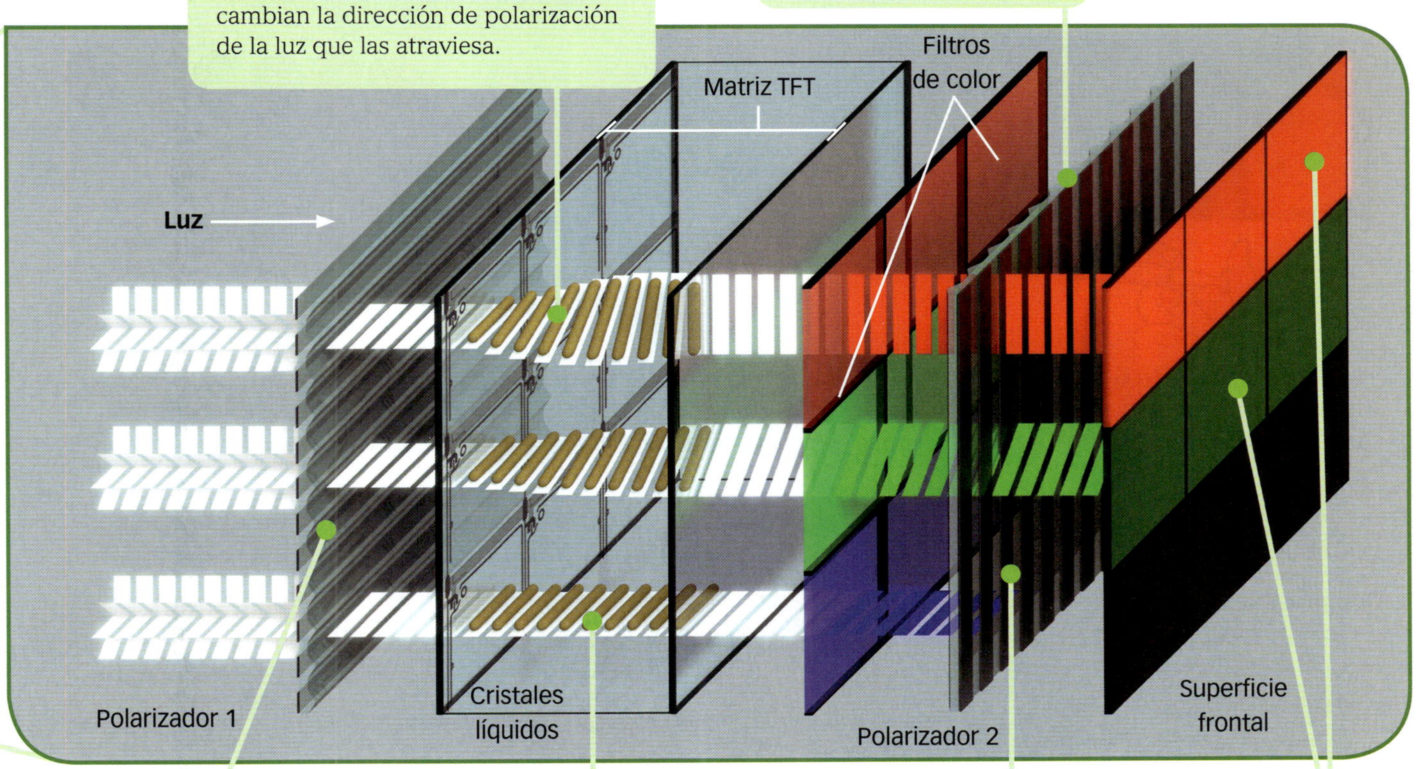

1. El primer **polarizador**, una especie de filtro, solo deja pasar una parte de la luz, la que vibra en una dirección.

3. Cuando pasa la corriente eléctrica, las partículas del cristal líquido **se orientan** todas de la misma manera. A veces, esa orientación permite el paso de la luz «sin girar».

5. La luz azul, que no ha girado, no pasa a través del segundo polarizador: **píxel sin iluminar**.

6. La luz roja y la luz verde pasan a través del segundo polarizador: **píxeles iluminados**.

? INTERPRETA LA IMAGEN

- ¿Cómo se orientan las partículas del cristal líquido cuando no les llega la corriente eléctrica? ¿Y cuando les llega?
- ¿Cómo se obtienen en una pantalla colores diferentes al rojo, al verde o al azul?

CLAVES PARA EMPEZAR

- Pon ejemplos de cambios de estado (sólido a líquido o líquido a gas) que puedes observar un día cualquiera.
- Opina. Muchas personas creen que las videoconsolas han limitado las relaciones interpersonales, pues ya no se necesita interactuar. ¿Qué opinas tú?

1 Los estados físicos de la materia

Si observas la materia que hay a tu alrededor, te darás cuenta de que puedes clasificar casi toda en alguno de los siguientes tipos:

Materia sólida	Materia líquida	Materia gas
Materia que puedes coger y llevar de un sitio a otro sin que cambie su forma ni su tamaño.	Materia cuya forma cambia al pasar de un recipiente a otro, aunque siempre ocupa el mismo volumen.	Materia cuya forma y volumen puedes cambiar; basta con que aprietes o calientes el recipiente.

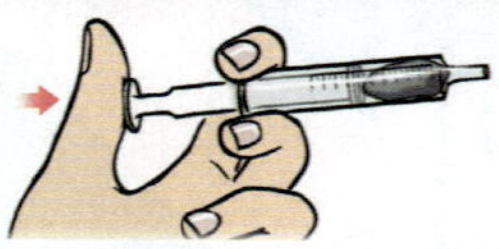 Pon una jeringuilla con la piedra dentro y trata de comprimirla. Aunque presionemos el émbolo, el sólido no se comprime.	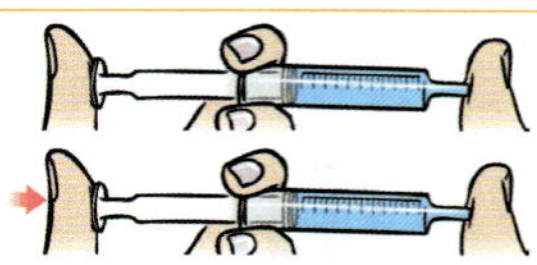 Mete en la jeringuilla un líquido. Aunque presionemos el émbolo, el líquido no se comprime.	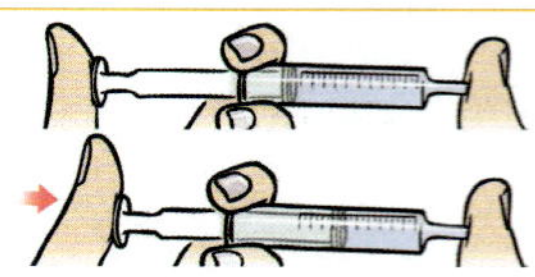 Pon en la jeringuilla un gas. Al apretar el émbolo, el gas se comprime; al soltarlo, se expande.

La mayoría de las veces, la materia se presenta en uno de estos tres estados físicos: **sólido**, **líquido** y **gas**.

Materia	Sólidos	Líquidos	Gases
Características	Forma constante.	Forma variable.	Forma variable.
	Volumen constante.	Volumen constante.	Volumen variable.
	No se expanden.	No se expanden.	Se expanden.
	No se comprimen.	Se comprimen poco.	Se comprimen.
Ejemplos	• Hielo. • Azúcar. • Metales.	• Agua. • Aceite. • Alcohol.	• Vapor de agua. • Butano.

VOCABULARIO

Compresible: que se puede comprimir, es decir, que puede ocupar menos espacio. Una esponja o un gas son compresibles.

No confundas esta palabra con el adjetivo *comprensible*, cuyo significado es que se puede comprender.

ACTIVIDADES

1 Completa esta tabla en tu cuaderno indicando cuáles de las siguientes características se presentan en todos los sólidos, en alguno (pon un ejemplo) o no se presentan nunca. Haz lo mismo para los líquidos y los gases.

	Sólido			Líquido			Gas		
	Todos	Alguno	Ninguno	Todos	Alguno	Ninguno	Todos	Alguno	Ninguno
Su forma no cambia									
Son transparentes									
No dejan pasar la luz									
No se pueden comprimir									
Su volumen cambia									

SABER MÁS

Algunos sólidos con propiedades peculiares

 La arena, ¿es un líquido?	  La arena es un sólido formado por partículas muy pequeñas. Si la arena es muy fina, parece que se comporta como un líquido; pero, observada con detalle, podemos comprobar que la forma y el tamaño de los granos de arena no cambian.
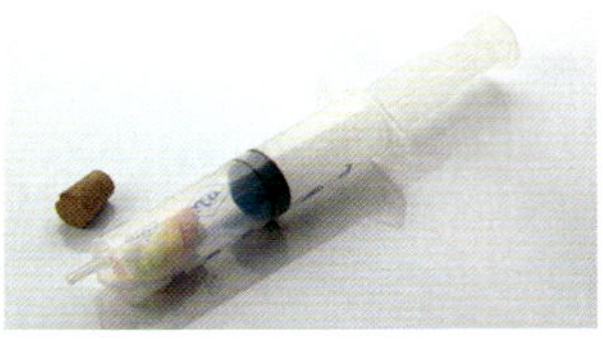 Se comprimen y se expanden, ¿son gases?	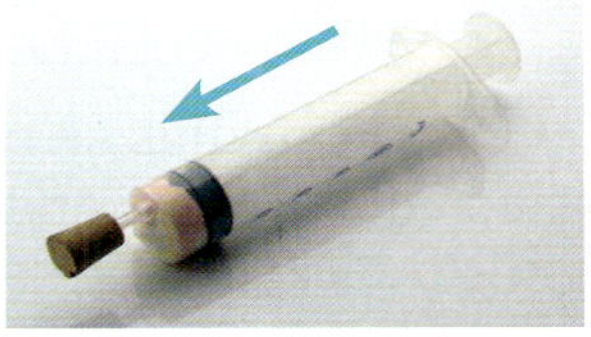 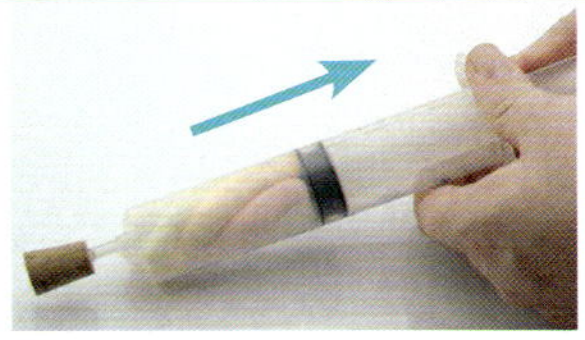 Una esponja o una nube de azúcar son sólidos muy porosos, por eso se pueden comprimir y hacer que ocupen un volumen menor. Como están hechas de material elástico, cuando dejamos de comprimirlas se expanden y recuperan su forma.

1.1. Otros estados de la materia

- **Plasma.** Es similar al estado gas, pero las partículas que forman la materia tienen carga eléctrica. Es el estado en que se encuentra la materia en las estrellas.

  También es el estado en que se encuentran los gases en una pantalla de televisor de plasma.

- **Cristal líquido.** Algunas sustancias líquidas están formadas por partículas ordenadas, como si fuesen sólidos cristalinos. La orientación de esas partículas cambia cuando varían la temperatura o la corriente eléctrica que les llega, lo que puede hacer que dicha sustancia muestre un color diferente.

  Estas sustancias se utilizan para fabricar las pantallas LCD de teléfonos móviles, calculadoras, cámaras digitales…

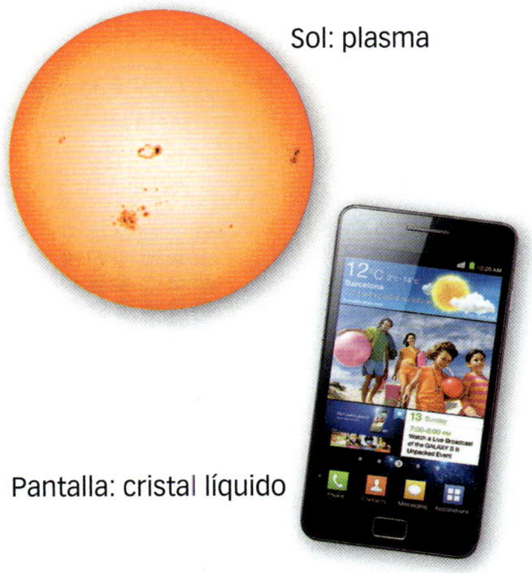

Otros estados de la materia.

ACTIVIDADES

2 Busca información que te permita conocer el estado en que se encuentra la materia en cada caso.

a) Bombona de butano.
b) Magma de un volcán.
c) Miel.
d) Nieve carbónica.
e) Aurora boreal.
f) Arena del desierto.
g) Resina (ámbar).
h) Pantalla.

3 Pon un ejemplo de un sólido que, como la arena, tenga un comportamiento parecido a los líquidos. Indica cómo podrías demostrar que es un sólido.

4 Busca en el diccionario el significado de «fluir». Teniendo en cuenta ese significado, razona a qué dos estados de la materia se les llama fluidos.

5 Una esponja o una nube de azúcar son sólidos, aunque se comportan como los gases. Indica qué prueba realizarías para demostrar que son sólidos.

6 Busca en el diccionario el significado de las palabras «compresión» y «comprensión». Escribe con cada una de ellas una frase que tenga sentido.

2 La teoría cinética y los estados de la materia

RECUERDA

Los estados físicos se llaman **estados de agregación** porque se diferencian en la forma en que se encuentran (están «agregadas») las partículas que forman la materia.

Ya sabes que las propiedades de los sólidos son diferentes de las propiedades de los líquidos o las de los gases. Para explicar por qué la materia tiene estas características en sus distintos estados la comunidad científica ideó la **teoría cinética**.

Según la teoría cinética:

- La materia está formada por **partículas muy pequeñas** que se hallan más o menos unidas dependiendo del estado en que se encuentre.
- **Las partículas se mueven.** Cuanto mayor es la rapidez con que se mueven, mayor es la temperatura de la materia. Esto sucede siempre, incluso en los objetos que están «en reposo».

Con esta teoría vamos a explicar algunas de las propiedades de los sólidos, los líquidos y los gases.

2.1. La teoría cinética y los sólidos

Estructura interna	Propiedades
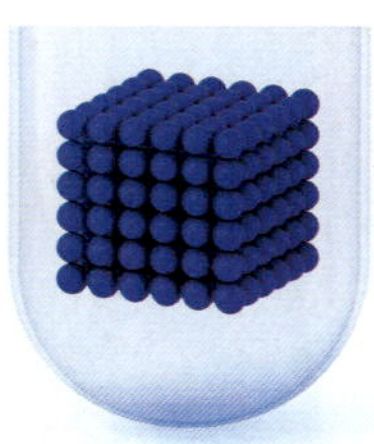 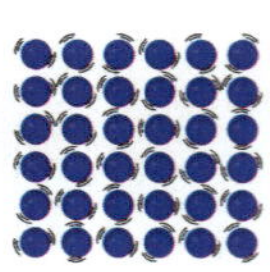 Frío 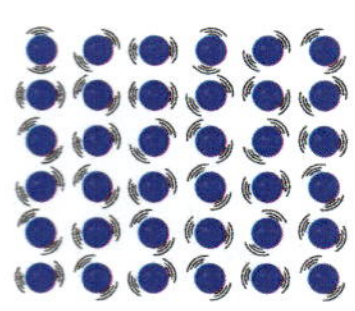 Caliente En los sólidos las partículas están fuertemente unidas, formando una estructura rígida. Solo tienen un pequeño movimiento de vibración, que aumenta cuando el cuerpo se calienta y disminuye cuando el cuerpo se enfría.	• Forma y volumen constantes. Las fuerzas existentes entre las partículas hacen que mantengan su posición. Por eso no cambia la forma ni el volumen aunque llevemos el sólido de un sitio a otro. • No se expanden ni se comprimen. Las fuerzas entre las partículas impiden que se separen (por eso no se expanden). Hay poco espacio entre las partículas; por eso es difícil que se aproximen (no se comprimen). • La densidad de los sólidos suele ser mayor que la de los líquidos y los gases porque sus partículas están más próximas. • Los sólidos se dilatan al aumentar la temperatura. Al aumentar el movimiento de vibración, aumenta la distancia entre las partículas y, en consecuencia, el tamaño del sólido. Cuando disminuye la temperatura, ocurre lo contrario. Se dice que el cuerpo se contrae.

? INTERPRETA LA IMAGEN

- ¿Qué diferencia existe en relación con el movimiento de las partículas entre un objeto sólido frío y el mismo objeto a mayor temperatura?

ACTIVIDADES

7 La palabra *cinética* se refiere a movimiento. Razona por qué se llama entonces *teoría cinética* a la que estudiamos en este apartado.

8 Explica: ¿por qué no se contraen ni se expanden los sólidos?

9 Explica: ¿por qué se dilatan los sólidos cuando los calentamos?

2.2. La teoría cinética y los líquidos

Estructura interna

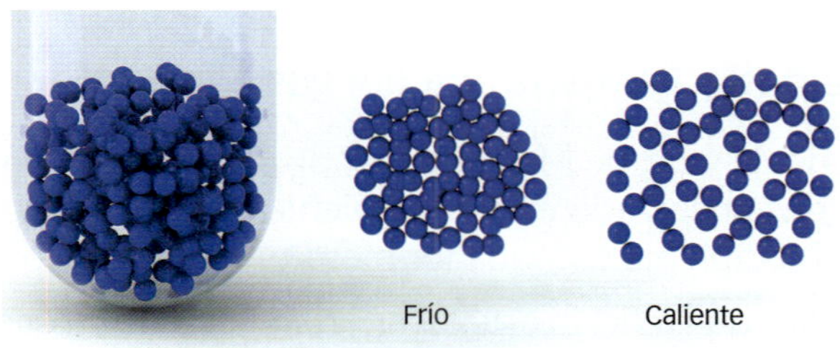

En los líquidos las partículas están unidas formando pequeños grupos que pueden deslizar unos sobre otros. Las partículas tienen un movimiento de vibración mayor que las de los sólidos. Esta vibración aumenta cuando el cuerpo se calienta y disminuye cuando el cuerpo se enfría.

Propiedades

- Forma variable. Los pequeños grupos de partículas pueden deslizar unos sobre otros y adaptarse a la forma del recipiente.
- Volumen constante. Las partículas no están libres. Las uniones entre ellas mantienen el volumen total, aunque pueda cambiar la forma.
- No se expanden y apenas se comprimen. Las fuerzas que existen entre las partículas impiden que se separen (por eso no se expanden). Como la estructura no es rígida, las partículas se pueden aproximar un poco si se hace mucha presión (apenas se comprimen).
- La densidad de los líquidos suele ser menor que la de los sólidos porque sus partículas están más separadas.
- Los líquidos se dilatan al aumentar la temperatura. Al aumentar el movimiento de vibración, aumenta la distancia entre las partículas y el líquido se dilata. Cuando disminuye la temperatura, ocurre lo contrario y el líquido se contrae.

2.3. La teoría cinética y los gases

Estructura interna

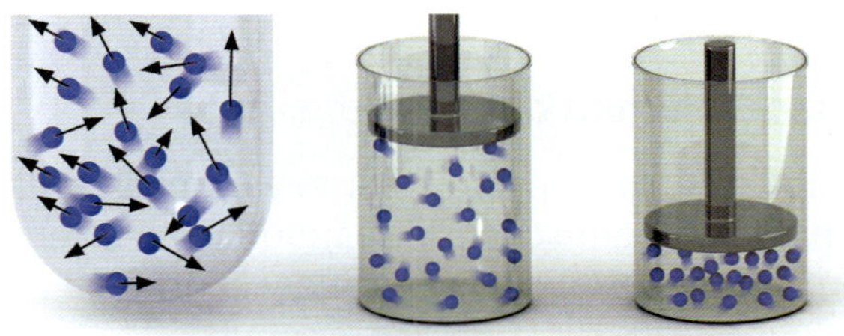

En el estado gas las fuerzas entre las partículas son tan débiles que se mueven con total libertad por todo el recipiente.

Propiedades

- Forma y volumen variables. Como las fuerzas entre sus partículas son muy débiles, las partículas se mueven por todo el recipiente. Si cambian la forma o el volumen del recipiente, también cambian la forma y el volumen del gas.
- Se expanden y se comprimen. Si aumenta el volumen del recipiente, los gases tendrán más espacio para moverse, por eso se expanden. Si se reduce el volumen, las partículas se pueden acercar más y se comprimen.
- La densidad de los gases suele ser muy baja porque sus partículas están mucho más separadas que en los sólidos o los líquidos.

ACTIVIDADES

10 **Teniendo en cuenta la estructura interna de las partículas que los forman, explica los siguientes hechos.**

a) Los líquidos y los gases siempre tienen que estar en un recipiente, pero los sólidos no.

b) Los gases siempre tienen que estar en un recipiente cerrado; los líquidos, no.

c) Los líquidos y los gases se adaptan a la forma del recipiente; los sólidos, no.

11 **La materia está formada por partículas que están muy próximas en los sólidos y bastante más separadas en los gases. ¿Qué hay entonces en el espacio que separa unas partículas de otras en un gas?**

12 **El tarro A muestra aceite que acaba de ser utilizado en la sartén. En B el aceite ya se ha enfriado.**

Explica lo que ha sucedido teniendo en cuenta el movimiento de las partículas que forman el aceite.

3 Las leyes de los gases

PRESTA ATENCIÓN

En todas las leyes de los gases debes utilizar temperaturas absolutas (medidas en K).

3.1. Ley de Boyle-Mariotte. Temperatura del gas constante

Los científicos Robert Boyle y Edme Mariotte comprobaron cómo variaba la presión de un gas encerrado en un recipiente cuando se modificaba el volumen del recipiente con una temperatura constante.

Observa la tabla y la gráfica que reflejan este comportamiento de un gas.

- Al aumentar el volumen disminuye la presión.
- Al disminuir el volumen aumenta la presión.

La presión y el volumen son inversamente proporcionales.

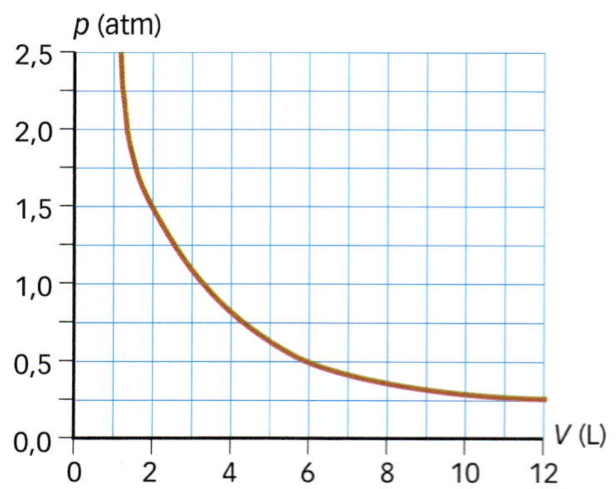

V (L)	**p (atm)**	**p · V**
6	0,5	3
3	1,0	3
2	1,5	3
1,5	2,0	3
1,2	2,5	3

Ley de Boyle-Mariotte. Cuando un gas permanece a temperatura constante, el producto de la presión por el volumen permanece constante.

$$p \cdot V = \text{cte.} \rightarrow p_1 \cdot V_1 = p_2 \cdot V_2$$

1. EJEMPLO RESUELTO

En un recipiente de 2 L tenemos un gas que ejerce una presión de 2 atm cuando su temperatura es 60 °C. ¿Cuál será su volumen si la presión es de 1,25 atm y no varía la temperatura?

Representa los dos estados del gas:

Estado 1		Estado 2
$p_1 = 2$ atm	$T =$ cte. →	$p_2 = 1{,}25$ atm
$T_1 = 60$ °C; $V_1 = 2$ L		$T_2 = 60$ °C; $V_2 = ?$

Transformación a $T =$ cte. → ley de Boyle-Mariotte.

$$p_1 \cdot V_1 = p_2 \cdot V_2 \rightarrow V_2 = \frac{p_1}{p_2} \cdot V_1 \rightarrow$$

$$\rightarrow V_2 = \frac{2\ \text{atm} \cdot 2\ \text{L}}{1{,}25\ \text{atm}} = \mathbf{3{,}2\ L}$$

3.2. Ley de Gay-Lussac. Volumen del gas constante

El químico Joseph Louis Gay-Lussac estudió cómo variaba la presión de un gas encerrado en un recipiente cuando se modificaba la temperatura con un volumen constante. Observa la tabla y la gráfica.

- Al aumentar la temperatura aumenta la presión.
- Al disminuir la temperatura disminuye la presión.

La presión y la temperatura son directamente proporcionales.

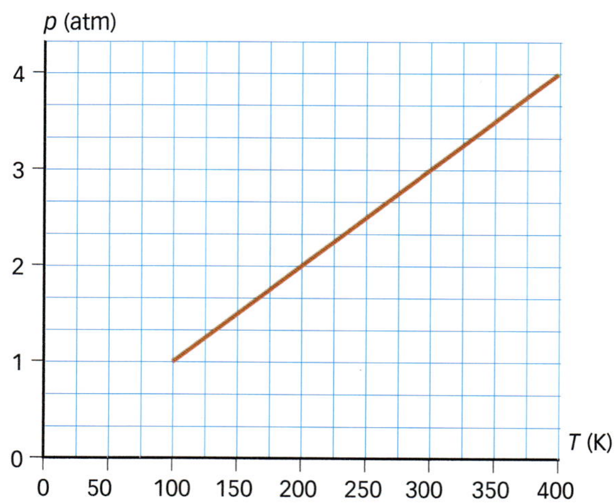

p (atm)	**T (K)**	**p/T**
0,5	50	0,01
1,0	100	0,01
1,5	150	0,01
2,0	200	0,01
2,5	250	0,01
3,0	300	0,01
3,5	350	0,01
4,0	400	0,01

Ley de Gay-Lussac. Cuando el volumen de un gas no varía, el cociente entre la presión y la temperatura permanece constante.

$$\frac{p}{T} = \text{cte.} \rightarrow \frac{p_1}{T_1} = \frac{p_2}{T_2}$$

2. EJEMPLO RESUELTO

En un recipiente de 2 L tenemos un gas que ejerce una presión de 2 atm cuando su temperatura es 60 °C. ¿Cuál será su temperatura si la presión es de 2,5 atm y no varía el volumen?

Representa los dos estados del gas:

Estado 1		Estado 2
$p_1 = 2$ atm	$V =$ cte. →	$p_2 = 1$ atm
$T_1 = 60$ °C; $V_1 = 2$ L		$T_2 = ?$; $V_2 = 2$ L

Expresa la temperatura en kelvin:

- T_1 (K) $= T_1$ (°C) $+ 273 = 60$ °C $+ 273 = 333$ K

Transformación a $V =$ cte. → ley de Gay-Lussac:

$$\frac{p_1}{T_1} = \frac{p_2}{T_2} \rightarrow p_1 \cdot T_2 = p_2 \cdot T_1 \rightarrow$$

$$\rightarrow T_2 = \frac{p_2}{p_1} \cdot T_1 = \frac{2{,}5\ \cancel{\text{atm}}}{2\ \cancel{\text{atm}}} \cdot 333\ \text{K} = 416\ \text{K} = \mathbf{143\ °C}$$

3.3. Ley de Charles. Presión del gas constante

Jacques Alexandre Charles estudió cómo variaba el volumen de un gas al modificar la temperatura manteniendo la presión constante.

- Al aumentar la temperatura aumenta el volumen.
- Al disminuir la temperatura disminuye el volumen.

El volumen y la temperatura son directamente proporcionales.

Ley de Charles. Cuando la presión de un gas no varía, el cociente entre el volumen y la temperatura permanece constante.

$$\frac{V}{T} = \text{cte.} \rightarrow \frac{V_1}{T_1} = \frac{V_2}{T_2}$$

V (L)	*T* (K)	*V*/*T*
5	200	…
10	400	…
15	600	…
20	800	…

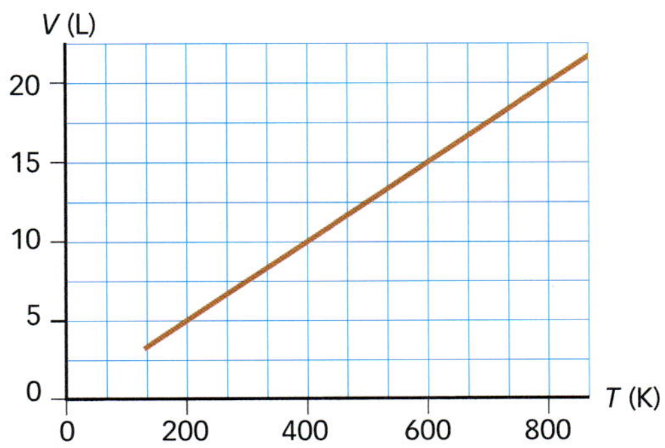

3. EJEMPLO RESUELTO

En un recipiente de 2 L tenemos un gas que ejerce una presión de 2 atm a 60 °C. ¿Cuál será su temperatura si la presión no varía y el volumen llega a ser de 5 L?

Representa los dos estados del gas:

Estado 1		Estado 2
$p_1 = 2$ atm	$p =$ cte. →	$p_2 = 2$ atm
$T_1 = 60$ °C; $V_1 = 2$ L		$T_2 = ?$; $V_2 = 5$ L

- T_1 (K) $= T_1$ (°C) $+ 273 = 60$ °C $+ 273 = 333$ K

Transformación a $p =$ cte. → ley de Charles.

$$\frac{V_1}{T_1} = \frac{V_2}{T_2} \rightarrow T_2 = \frac{V_2}{V_1} \cdot T_1 = \frac{5\ \cancel{\text{L}} \cdot 333\ \text{K}}{2\ \cancel{\text{L}}} = 832\ \text{K} = \mathbf{559\ °C}$$

ACTIVIDADES

13 En un recipiente de 3 L se introduce gas nitrógeno a 4 atm de presión. ¿Qué presión ejercerá si el volumen se amplía hasta 6 L sin variar la temperatura?

14 Se introduce gas oxígeno en un recipiente de 10 L a 4 atm y 20 °C. ¿Cuál será su presión si la temperatura pasa a ser de 40 °C sin variar el volumen?

15 Un gas a una presión de 2 atm ocupa 5 L y su temperatura es 15 °C. ¿Qué volumen ocupará a −10 °C si la presión no se modifica?

16 Un gas ocupa 5 L a 0 °C. ¿Cuál será su temperatura si el volumen del recipiente llega a ser de 20 L sin variar la presión?

4 Los cambios de estado

El agua que está en nuestros grifos o en nuestros ríos se encuentra habitualmente en estado líquido, pero también se puede encontrar en otros estados. ¿Qué ocurre si la calentamos? ¿Y si la enfriamos?

SABER HACER

Observar los cambios de estado del agua

1. Al calentar el **hielo**...

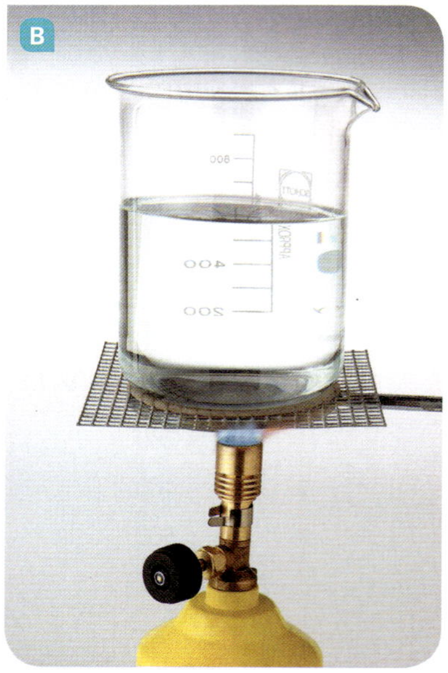

2. ... obtenemos **agua** que, si se sigue calentando...

3. ... hierve y se convierte en **vapor de agua**.

El estado físico en el que se presenta un cuerpo o un sistema material depende de las condiciones en que se encuentre. Podemos conseguir que un cuerpo cambie de estado calentándolo o enfriándolo.

El **estaño** (**A**) es un material sólido a temperatura ambiente. Cuando calentamos estaño a 232 °C, se convierte en líquido, y cuando vuelve a enfriarse, se solidifica de nuevo. Por eso se usa para soldar componentes en circuitos (**B**).

4.1. De sólido a líquido y viceversa

SABER HACER

Analizar un cambio de estado en el agua: de sólido a líquido

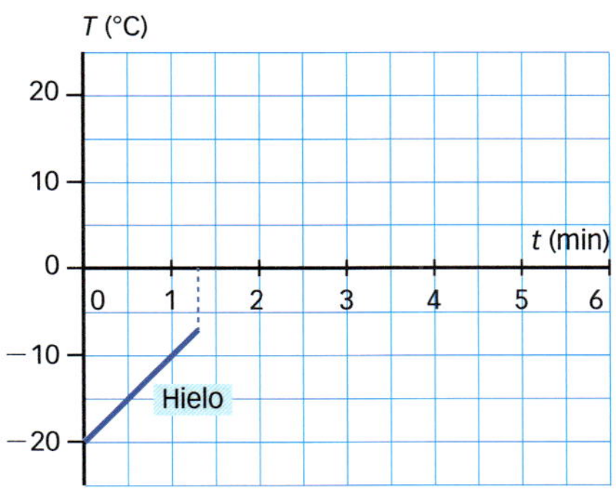

1. Al calentar el hielo, aumenta su temperatura.

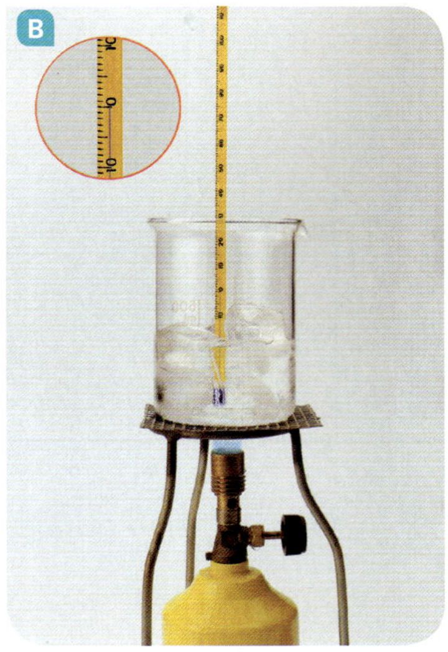

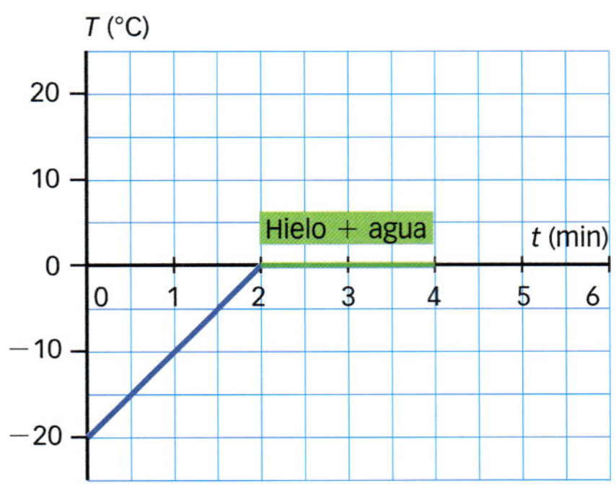

2. A 0 °C el hielo empieza a convertirse en líquido. Mientras se produce el cambio de estado la temperatura no varía, aunque sigamos calentando.

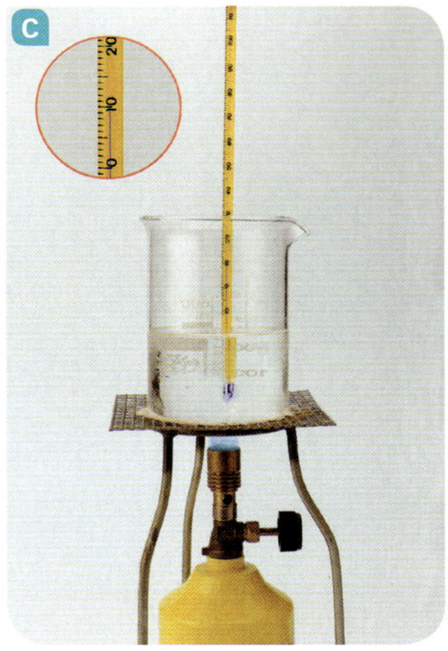

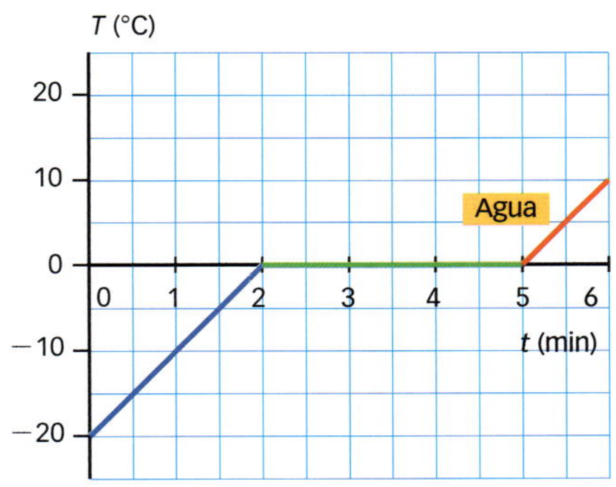

3. Cuando todo el hielo se ha convertido en agua, la temperatura sigue subiendo si continuamos calentando.

El cambio de estado de sólido a líquido se llama **fusión**, y el cambio de estado inverso, **solidificación**. Para una sustancia pura ambos cambios se producen a la misma temperatura, denominada **temperatura** o **punto de fusión**.

PRESTA ATENCIÓN

El punto de fusión es una propiedad característica de las sustancias. Para el agua es 0 °C a la presión exterior de una atmósfera.

ACTIVIDADES

17 Reflexiona sobre los cambios de estado y nombra los que se producen en los siguientes casos:

a) ¿Qué ocurre cuando se enfría el vapor?

b) ¿Y si metemos agua en el congelador?

18 Supón que tienes un vaso con agua a 20 °C y lo metes en el congelador, cuyo indicador de temperatura marca −18 °C. Elabora la gráfica correspondiente. ¿Cuál es el punto de solidificación del agua?

4.2. De líquido a gas y viceversa

SABER HACER

Analizar un cambio de estado: de líquido a gas

A

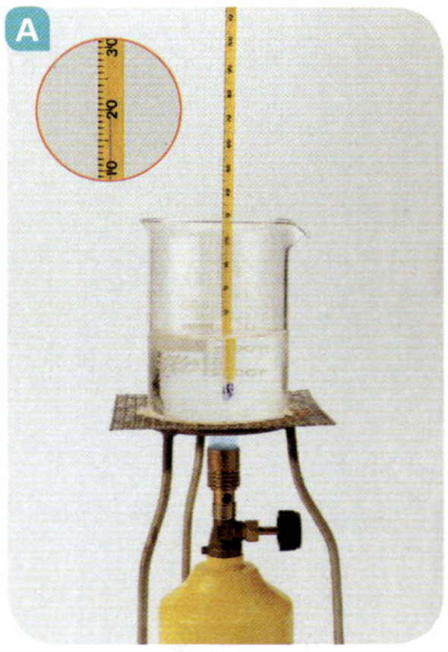

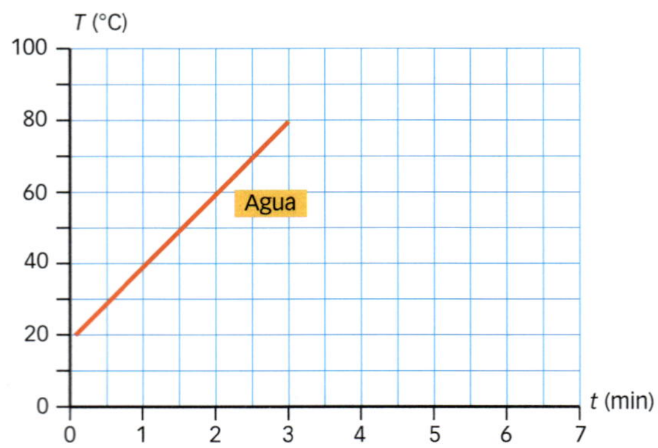

1. Al calentar el agua, aumenta su temperatura.

B

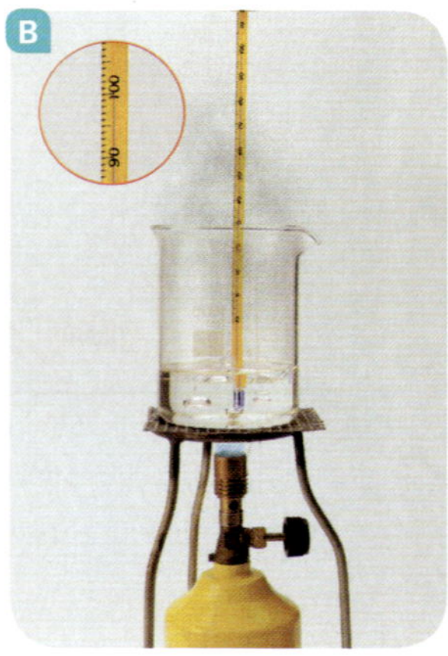

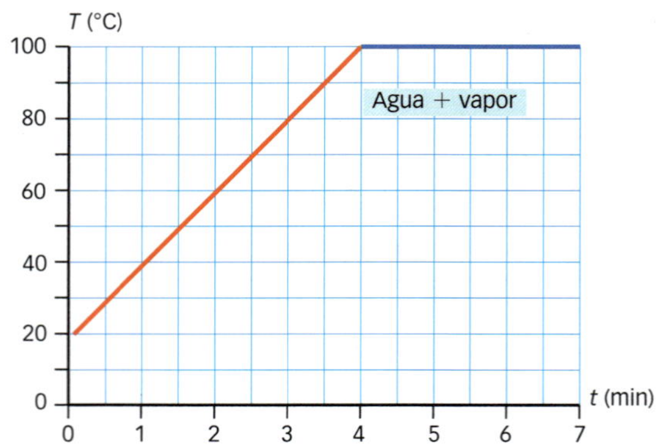

2. A 100 °C el agua empieza a convertirse en vapor. Mientras se produce el cambio de estado la temperatura no varía, aunque sigamos calentando.

PRESTA ATENCIÓN

El punto de ebullición es una propiedad característica de las sustancias. Para el agua es 100 °C a la presión exterior de una atmósfera.

El cambio de estado de líquido a gas se llama **vaporización**. Cuando tiene lugar en toda la masa del líquido, hablamos de **ebullición**.

El cambio de estado inverso, de gas a líquido, se llama **condensación**. Para una sustancia pura ambos cambios se producen a la misma temperatura, denominada **temperatura** o **punto de ebullición**.

ACTIVIDADES

19 Simula una experiencia similar a la que se describe arriba. Imagina que tienes vapor de agua en un recipiente cerrado a 110 °C y dejas que se enfríe hasta 20 °C. Elabora la gráfica correspondiente. ¿Cuál es el punto de condensación del agua?

20 Observa las experiencias comentadas en este apartado y explica:

a) ¿Siempre que se calienta un cuerpo aumenta su temperatura?

b) ¿Y siempre que se enfría disminuye su temperatura?

Diferencia entre ebullición y evaporación

En ambos casos la materia cambia de estado líquido a gas.

Evaporación

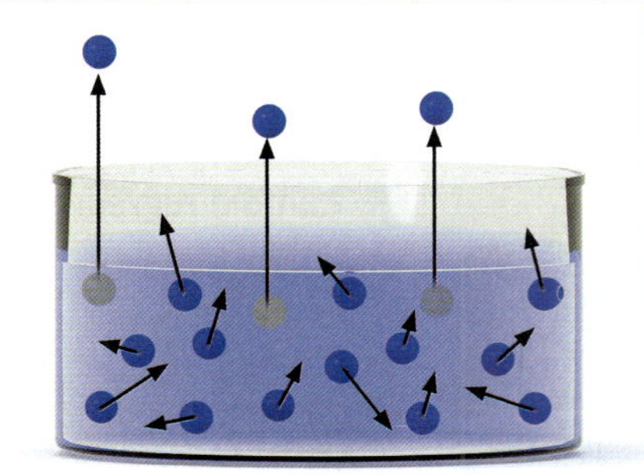

Tiene lugar **solo en la superficie del líquido** y a cualquier temperatura.
Se aumenta la evaporación:

- Elevando la temperatura.
- Aumentando la superficie del líquido.
- Favoreciendo que las partículas del gas se alejen del líquido.

Ebullición

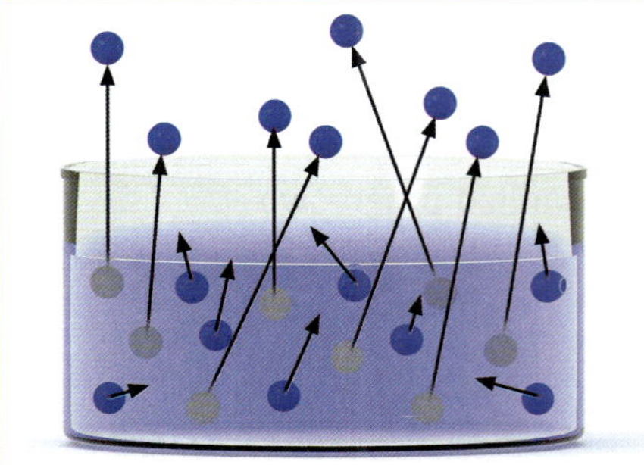

Se produce **en toda la masa del líquido** y solo a una temperatura: la temperatura de ebullición.

En este caso da igual que la superficie sea mayor o menor. La ebullición solo comienza cuando se alcanza la temperatura de ebullición.

? INTERPRETA LA IMAGEN

La ropa se seca cuando se evapora el agua que tenía.

- ¿A qué temperatura se seca?
- Razona qué factor influye para que, cuando hace viento, la ropa se seque antes.

4.3. De sólido a gas y viceversa

SABER HACER

Analizar un cambio de estado: de sólido a gas

El yodo es un sólido grisáceo.

Cuando se calienta, pasa directamente a fase gas.

Si se enfría el gas, pasa de nuevo a fase sólida directamente.

El cambio de estado de sólido a gas se llama **sublimación**. El cambio de estado inverso, de gas a sólido, se denomina **sublimación regresiva**.

ACTIVIDADES

21 Razona por qué se secan antes los platos que los vasos que friegas a mano.

22 Explica por qué utilizamos un abanico para refrescarnos.

23 ¿Por qué podemos oler una bolita de naftalina? ¿Qué cambio de estado se produce?

4.4. Resumen de los cambios de estado

- Cuando se calienta un cuerpo podemos conseguir que pase del estado sólido al líquido y al gas. Los cambios de estado que se producen por calentamiento se llaman **progresivos**.
- Cuando se enfría un gas podemos conseguir que pase de este estado al líquido y al sólido. Los cambios de estado que se producen por enfriamiento se llaman **regresivos**.

A Cambio progresivo

B Cambio regresivo

Al calentar el metal, se funde (A). El vapor de agua, al chocar con el vidrio de la copa y enfriarse, se condensa (B).

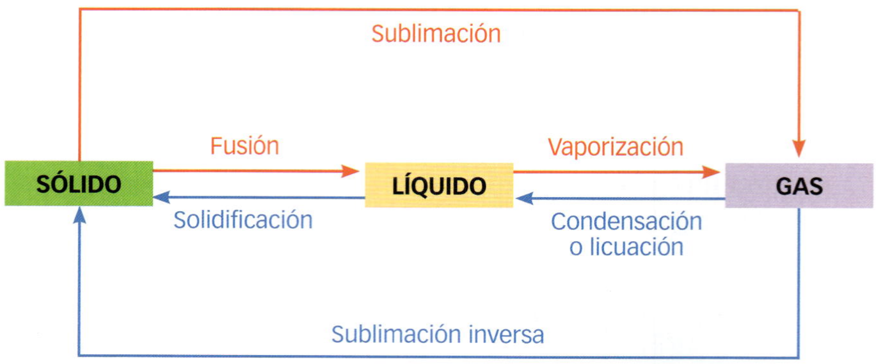

Sustancia	Temperatura de fusión (ºC)	Temperatura de ebullición (ºC)
Oxígeno	–218,8	–183
Nitrógeno	–210	–196
Alcohol etílico	–114	78
Alcohol metílico	–97,5	64,6
Mercurio	–38,9	356,7
Agua	0	100
Plomo	327,5	1749
Aluminio	660	2519
Oro	1064	2856
Cobre	1085	2570
Hierro	1538	2861

Temperaturas de fusión y ebullición a la presión de 1 atm.

Para una sustancia:

- La fusión y la solidificación se producen a una misma temperatura, que se llama **temperatura de fusión** o **solidificación**.
- La ebullición y la condensación se producen a una misma temperatura, que se llama **temperatura de ebullición** o **condensación**.

La temperatura o punto de fusión y la temperatura o punto de ebullición son propiedades características. Su valor, para una sustancia, depende de las condiciones externas.

ACTIVIDADES

24 Observa la tabla del margen e indica en qué estado físico se encuentra el alcohol etílico cuando está en un lugar donde la presión es de 1 atm y su temperatura es:

a) 0 ºC
b) 77 ºC
c) 78 ºC
d) 79 ºC
e) 100 ºC

25 Observa la tabla del margen e indica qué sustancias se encuentran:

a) En estado sólido a una temperatura de 100 ºC.
b) En estado líquido a una temperatura de –10 ºC.
c) En estado gas a una temperatura de 400 ºC.

4. EJEMPLO RESUELTO

El benceno es un disolvente orgánico. En una pequeña bombona tenemos benceno a 100 °C. Observamos la temperatura a medida que se va enfriando y obtenemos los datos siguientes:

Tiempo (min)	0	5	15	25	35	40	45	50	55	60
Temperatura (°C)	100	80	80	80	80	43	6	6	6	−10

a) Representa la gráfica temperatura-tiempo.

b) Razona si es una gráfica de calentamiento o de enfriamiento.

c) Localiza la temperatura o punto de fusión y la temperatura o punto de ebullición del benceno.

d) Indica en qué estado físico se encuentra el benceno cuando la temperatura es: 90 °C, 70 °C, 12 °C, 6 °C, −20 °C.

a) 1. Dibuja en tu cuaderno un eje horizontal y otro vertical.
   - Eje horizontal: se representan valores del tiempo. Números positivos desde 0 a 60 minutos.
   - Eje vertical: se representan valores de temperatura. Números desde −10 a 100.

2. Haz la escala en cada eje. En cada eje tienes que poder representar desde el valor mínimo al máximo.
   - La escala tiene que ser uniforme en cada eje.
   - La escala de un eje no tiene por qué coincidir con la del otro eje.

3. Representa cada pareja de puntos. Luego une los puntos para obtener la gráfica.

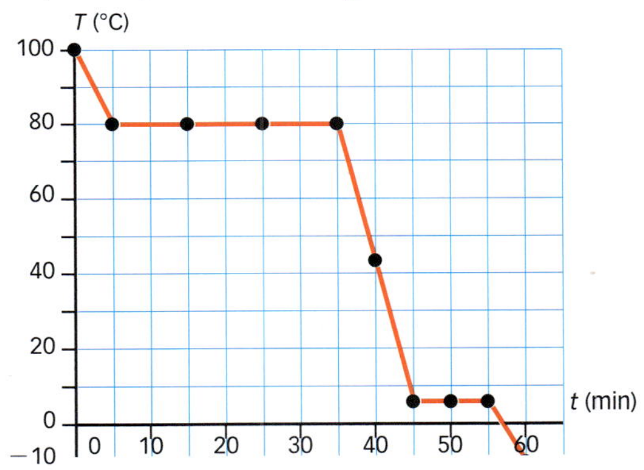

b) Es una gráfica de enfriamiento porque la temperatura disminuye a medida que transcurre el tiempo.

c) Temperatura de ebullición: 80 °C. Corresponde al primer tramo en el que se mantiene constante la temperatura durante el enfriamiento.

Cambio de estado: gas → líquido

Temperatura de fusión: 6 °C. Corresponde al segundo tramo en el que se mantiene constante la temperatura durante el enfriamiento.

Cambio de estado: líquido → sólido

d) Estado físico del benceno:

Temperatura	Estado
90 °C	Gas
70 °C	Líquido
12 °C	Líquido
6 °C	Líquido + sólido (condensación)
−20 °C	Sólido

ACTIVIDADES

26 La glicerina es una sustancia que se utiliza, entre otras cosas, para fabricar jabones y anticongelantes. En un recipiente tenemos 50 g de glicerina que, a 0 °C, se encuentra en estado sólido. La calentamos y anotamos la temperatura cada 2 min.

Tiempo (min)	0	2	4	6	8	10	12
Temperatura (°C)	0	9	18	18	18	40	62

a) Representa en tu cuaderno la gráfica temperatura-tiempo correspondiente a la tabla.

b) Razona si es una gráfica de calentamiento o de enfriamiento.

c) Localiza en la gráfica el punto de fusión de la glicerina.

d) Indica el estado físico de la glicerina en estos instantes:
- 2 minutos
- 6 minutos
- 10 minutos

5 La teoría cinética y los cambios de estado

La teoría cinética también explica por qué suceden los cambios de estado. Analizamos los tramos de la gráfica de calentamiento de las sustancias.

Tramo de la gráfica*	Explicación de la teoría cinética	
A 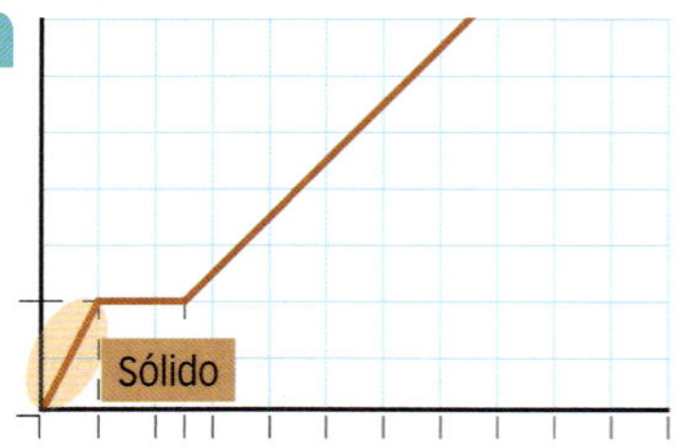	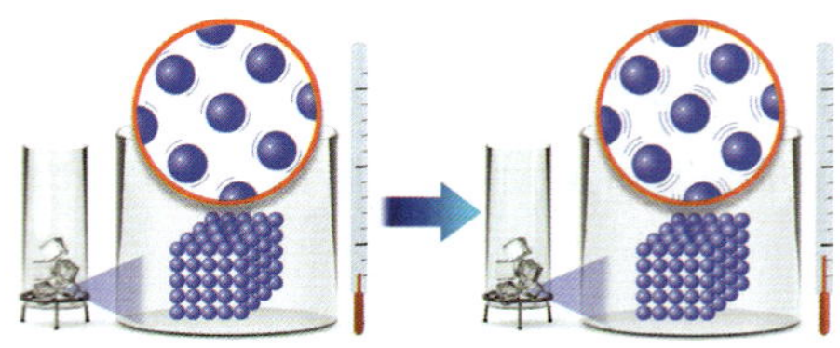	En todo este tramo la sustancia está en **estado sólido**. Las partículas tienen un movimiento de vibración muy limitado. El calor que se le comunica aumenta su vibración y, por tanto, aumenta la temperatura del sólido.
B 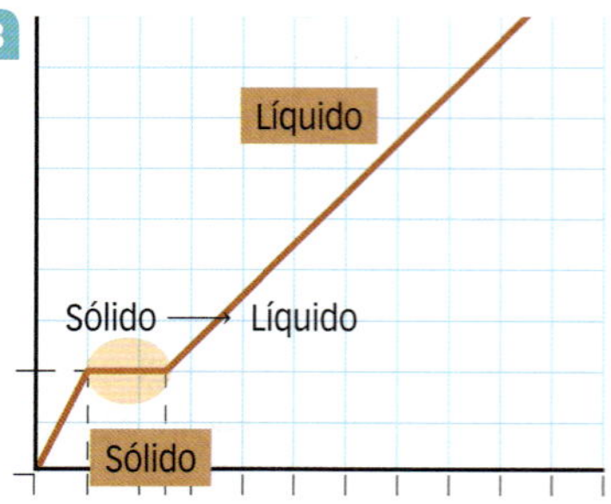	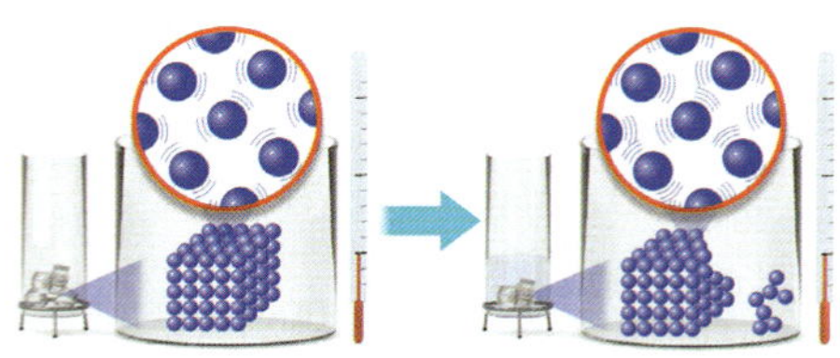	Se produce el **cambio de estado de sólido a líquido**. Todo el calor que se comunica a la sustancia se invierte en vencer las fuerzas que unen las partículas del sólido y reducirlas a las fuerzas más débiles que se dan entre las partículas del líquido. Mientras se produce el cambio de estado, la temperatura permanece constante.
C 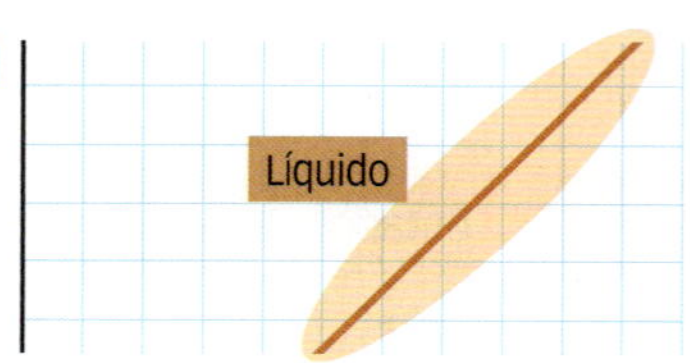	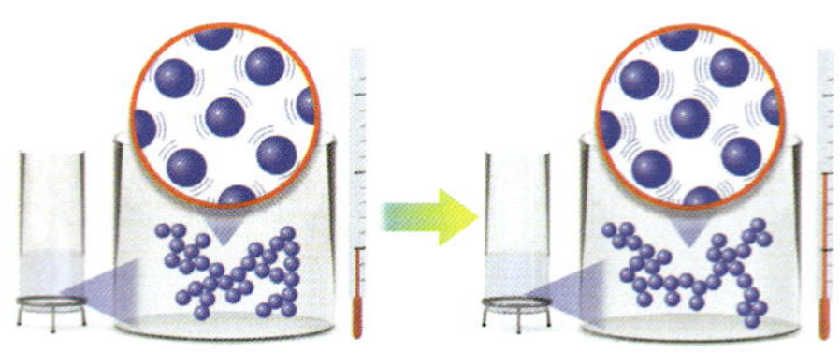	En todo el tramo la sustancia está en **estado líquido**. El calor que comunicamos al líquido se invierte en aumentar el movimiento de vibración de las partículas, lo que hace que se eleve la temperatura.
D 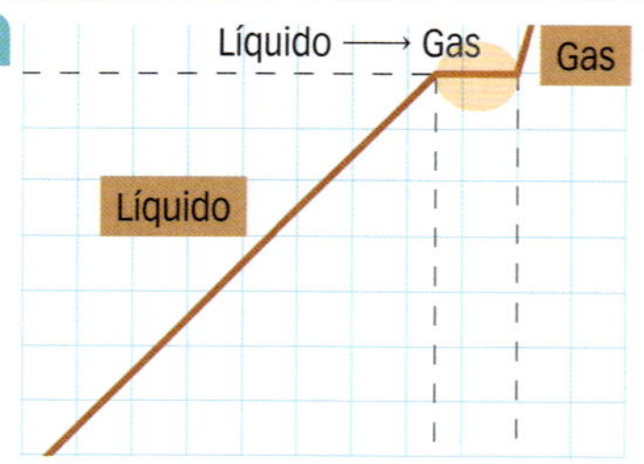	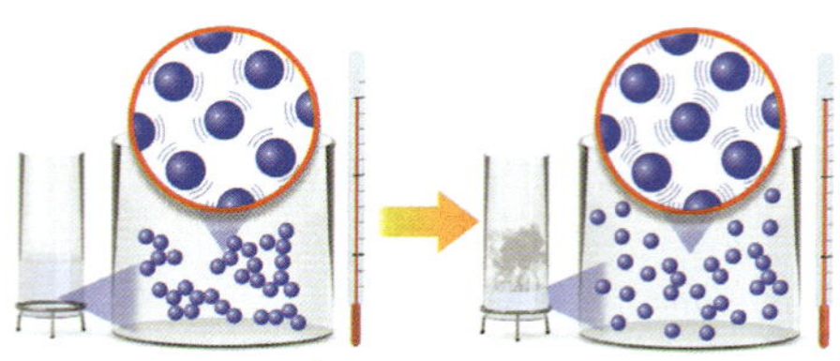	Se produce el **cambio de estado de líquido a gas**. Todo el calor que se comunica a la sustancia se invierte en vencer las fuerzas que mantienen unidas las partículas en el líquido. Mientras se produce el cambio de estado, la temperatura permanece constante.
E 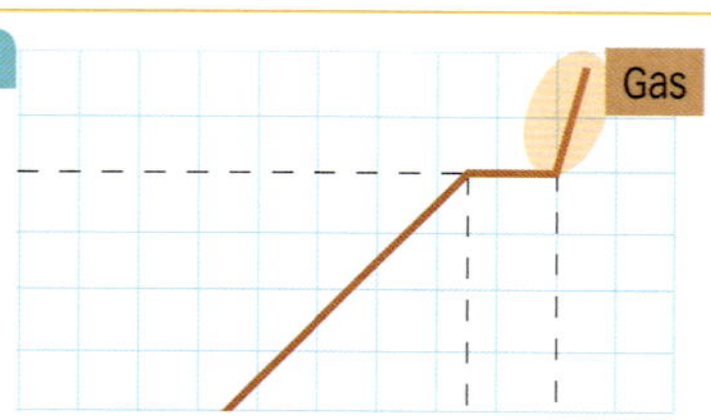	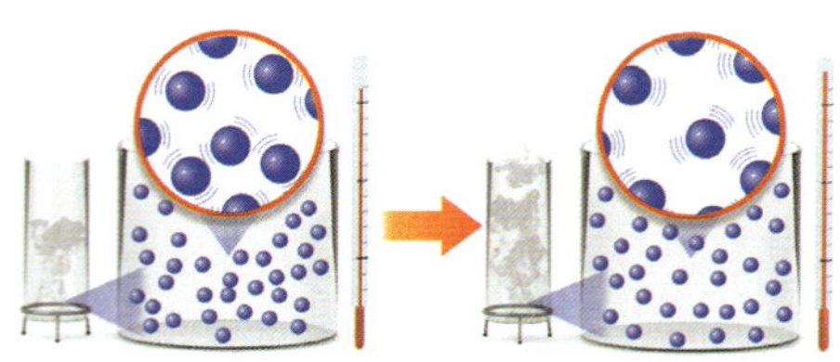	Todas las partículas están en **estado gas** y se mueven con total libertad. El calor comunicado al gas se invierte en elevar la velocidad de las partículas y, en consecuencia, aumenta la temperatura de la sustancia.

* En el eje horizontal se representa el tiempo, y en el vertical, la temperatura.

ACTIVIDADES

27 Dibuja en tu cuaderno una tabla similar a la que se explica en esta página e interpreta lo que le ocurre a las partículas de una sustancia en los distintos tramos de su curva de enfriamiento.

5.1. Cambios de estado bajo ciertas condiciones

La temperatura a la cual una determinada sustancia experimenta un cambio de estado no es siempre la misma; depende de las condiciones en las que se encuentre.

Presión, $p = 1$ atm

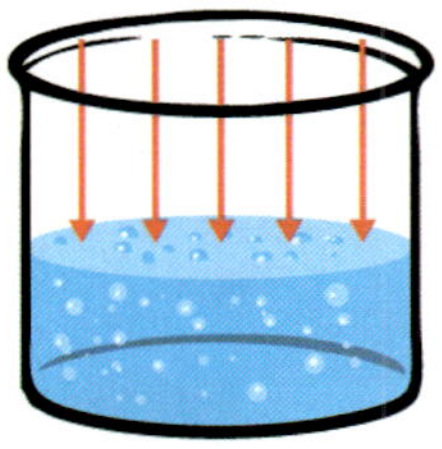

A la presión de 1 atmósfera, el agua hierve a 100 °C.

A esa temperatura, las partículas del líquido tienen energía suficiente para liberarse de las vecinas y pasar a fase gas.

En un recipiente abierto o con tapa normal, el agua hierve a 100 °C. Mientras hierve, el agua se evapora.

Presión, $p > 1$ atm

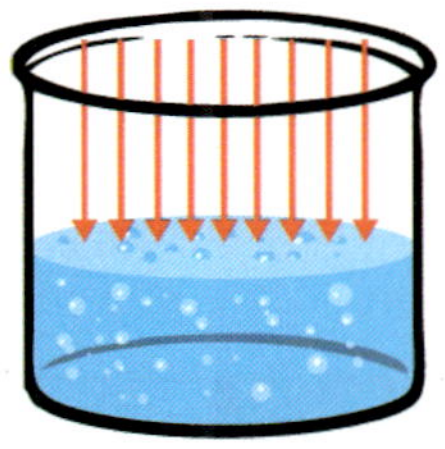

A una presión superior a 1 atm, el agua hierve por encima de 100 °C.

La mayor presión exterior hace que las partículas necesiten más energía para liberarse de las vecinas y pasar a fase gas.

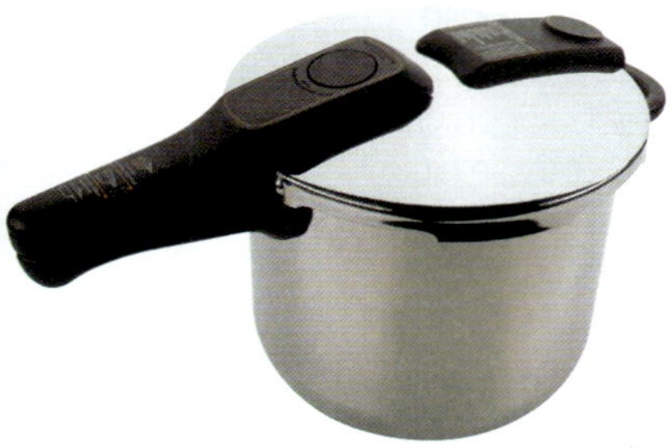

Las ollas a presión tienen una tapa de cierre hermético, lo que hace que la presión en su interior llegue a ser de unas 2 atm.

El agua hierve cerca de 130 °C. Por eso los alimentos se cocinan en menos tiempo y con menos agua, ya que se reduce la evaporación.

Presión, $p < 1$ atm

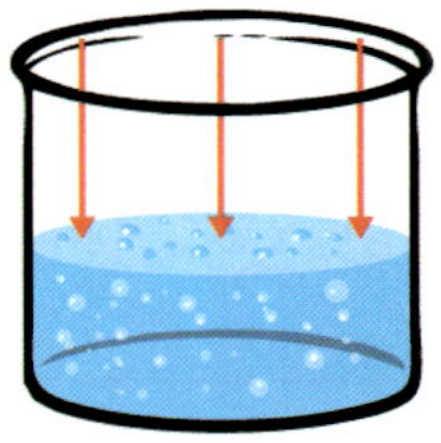

A una presión inferior a 1 atm, el agua hierve por debajo de 100 °C.

Como la presión exterior es menor, las partículas necesitan menos energía para liberarse de las vecinas y pasar a fase gas.

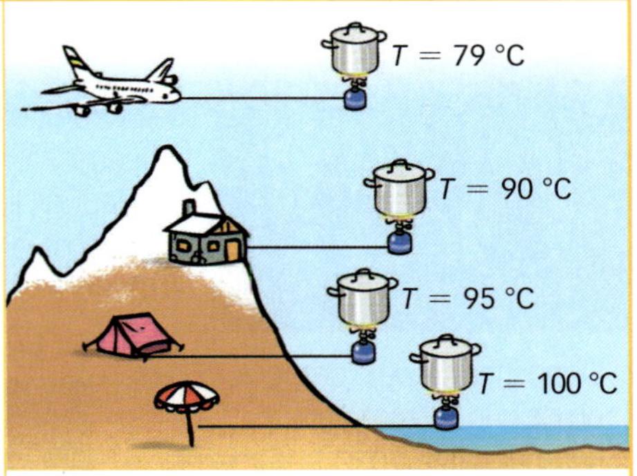

En lo alto del Everest la presión atmosférica es solo un tercio de una atmósfera. Allí el agua hierve a 90 °C, por lo que muchos alimentos no se llegan a cocinar. El agua se convierte en vapor antes de que lo hagan.

SABER HACER

Fundir hielo por presión

Por debajo de 0 °C el hielo es un sólido duro. Podemos atravesar un bloque de hielo con un alambre fino, presionándolo hacia abajo. El hielo que está debajo del alambre se fundirá por efecto de la presión que ejercemos, lo que permite que el alambre baje.

Por encima del alambre, el agua, que ya no está sometida al exceso de presión, vuelve a congelarse, y así se recompone el bloque de hielo.

PRESTA ATENCIÓN

Un aumento en la presión exterior hace que aumente el punto de ebullición de las sustancias, y viceversa.

5.2. Los estados del agua y la meteorología

La cantidad de agua que hay en la atmósfera y la temperatura ambiente dan lugar a una serie de fenómenos que podemos observar:

Nubes

El aire contiene vapor de agua que procede de la evaporación de los mares, ríos, lagos, plantas y demás seres vivos. El vapor de agua asciende en la atmósfera hasta llegar a zonas donde la temperatura es baja. Entonces se condensa y origina las nubes, formadas por gotas de agua muy pequeñas o cristales de hielo.

Lluvia

Cuando la atmósfera está muy húmeda y baja la temperatura, las gotas de agua que originan las nubes se hacen más grandes y caen en forma de lluvia.

Niebla

Está formada por nubes muy bajas que se originan cerca del suelo. Es frecuente que haya niebla cerca de ríos o lagos, donde la evaporación es abundante.

Nieve

Si la humedad de la atmósfera no es alta, la temperatura puede bajar sin que llueva. Si baja mucho, el agua de las nubes se congela y caen pequeños cristales de hielo que se pueden agrupar formando copos de nieve.

Hielo

Cuando hay mucha humedad y la temperatura baja de 0 °C, se puede congelar la superficie de agua y formar capas de hielo. En algunos lugares se ven lagos, estanques o fuentes helados en invierno.

Granizo

Es una precipitación de bolas de hielo. Se forma cuando las gotas de agua congeladas son arrastradas de nuevo al interior de la nube por vientos ascendentes. Allí se unen a otras partículas de agua que hacen crecer a la partícula de granizo hasta que cae.

Rocío

En noches de cielo despejado en las que la temperatura del suelo llega a 0 °C, la humedad del ambiente se condensa en las superficies sólidas formando gotas de agua; es el rocío.

Escarcha

En noches de cielo despejado en las que la temperatura del suelo baja de 0 °C la humedad del ambiente se condensa y se congela sobre las superficies sólidas formando la escarcha. Podemos ver una capa blanca de escarcha en las plantas.

Estela blanca de los aviones

Se ve cuando los aviones vuelan a gran altura y velocidad. Al quemarse el combustible del avión, se desprenden gases, uno de ellos es vapor de agua. A diez mil metros de altura, la temperatura atmosférica es de unos −50 °C. Esto hace que el vapor cristalice rápidamente. Esos cristales de hielo forman la estela del avión.

Vapor de la respiración (vaho)

Todos los seres vivos expulsan vapor de agua con los gases de la respiración. Si ese vapor se enfría rápidamente, se condensa formando una especie de «nube» que llamamos vaho.

ACTIVIDADES

28 Di en qué estado físico se encuentra el agua en:

a) Las nubes.
b) El aire.
c) El granizo.
d) La nieve.
e) El rocío.

29 Cuando sale el sol tras una noche de escarcha, en el campo podemos ver ascender una pequeña nube. ¿Qué cambio de estado se ha producido?

30 Explica por qué no vemos la estela de los aviones cuando vuelan bajo.

31 Cuando respiramos en la calle los días de frío invierno, sale vaho de nuestra boca.

¿Por qué no sucede lo mismo cuando respiramos dentro de casa ese mismo día?

ACTIVIDADES FINALES

REPASA LO ESENCIAL

32 Indica las características que se observan para cada estado de la materia y completa la tabla en tu cuaderno.

	Sólido	Líquido	Gas
Forma	**Fija**		
Volumen			
Compresión			

33 Completa en tu cuaderno las siguientes frases que se refieren a los enunciados de la teoría cinética.

a) La materia está formada por __________ muy __________ que se hallan más o menos __________ dependiendo del __________.

b) Las __________ de la materia se mueven a más o menos __________ dependiendo de la __________. Cuanto mayor es la __________ con que se mueven, __________ es la temperatura.

34 Copia en tu cuaderno una tabla como esta y completa la información que se pide.

	Sólido	Líquido	Gas
Ejemplo			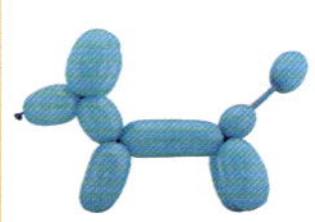
Dibuja sus partículas			
Fuerzas entre las partículas			

35 Las frases siguientes se refieren a cómo interpreta la teoría cinética lo que le ocurre a las partículas que forman los cuerpos cuando se calientan o se enfrían. Elige la palabra adecuada y escríbelas en tu cuaderno.

a) Cuando se calienta un sólido *aumenta/disminuye* el movimiento de sus partículas.

b) Cuando se enfría un líquido *aumenta/disminuye* el movimiento de sus partículas.

c) Cuando un gas condensa *aumentan/disminuyen* las fuerzas de unión entre sus partículas.

d) Cuando un sólido funde *aumentan/disminuyen* las fuerzas de unión entre sus partículas.

36 Completa el esquema en tu cuaderno indicando el nombre de los cambios de estado.

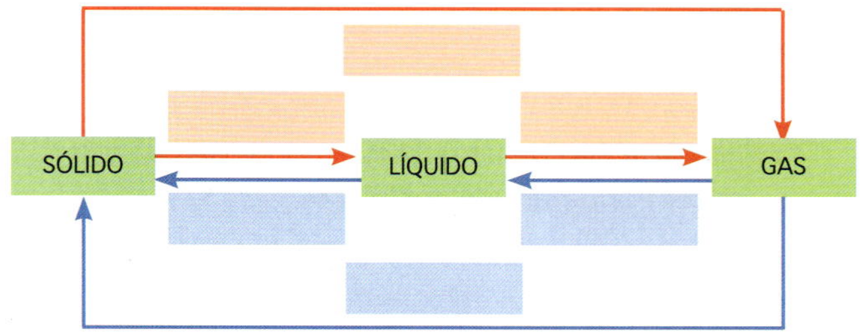

37 Completa las frases en tu cuaderno.

a) Los cambios de estado que se producen por calentamiento se llaman __________.

b) Los cambios de estado que se producen por enfriamiento se llaman __________.

38 Completa las definiciones en tu cuaderno.

a) Punto o temperatura de ebullición o __________ es la temperatura a la cual se produce el cambio de estado de __________ a __________.

b) Punto o __________ de solidificación es la temperatura a la cual se produce el cambio de estado de __________ a __________.

39 En la siguiente frase hay dos errores. Señálalos y explícalos: «El punto de ebullición del agua, ya sea la del mar, la del río o cualquier otra, es 100 °C».

40 Une en tu cuaderno cada palabra con la frase correspondiente.

☐ Evaporación

☐ Ebullición

a) Partículas de la superficie de un líquido pasan a estado gas.

b) Ocurre solo a una temperatura.

c) Ocurre a cualquier temperatura.

d) Partículas de cualquier parte del líquido pasan a estado gas.

41 Identifica el cambio que experimentan las partículas de un cuerpo con el cambio de estado que representa:

a) 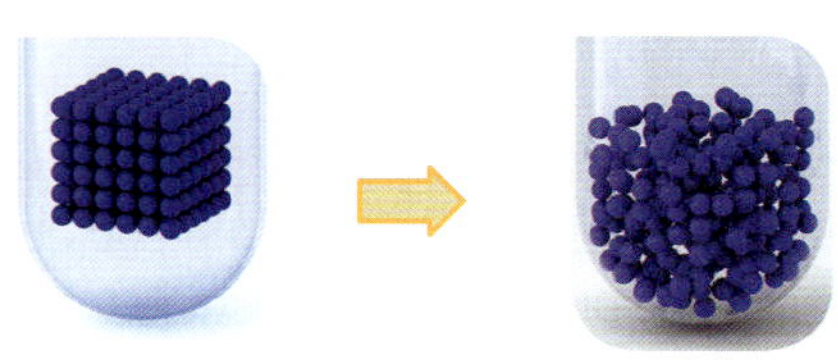

b) 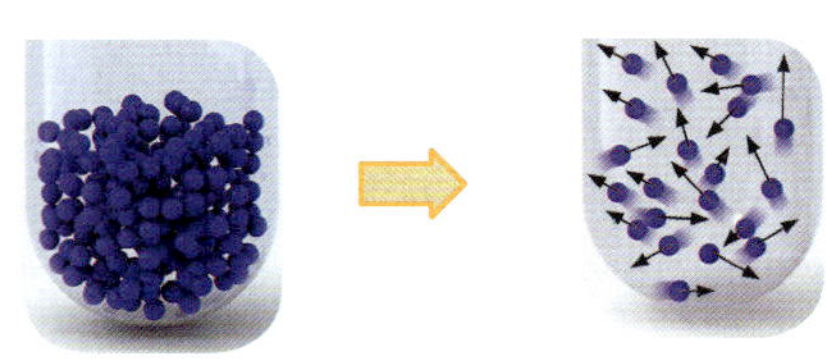

ACTIVIDADES FINALES

PRACTICA

La teoría cinética y los estados de la materia

42 Dibuja un recipiente de cristal cerrado que tiene aire en su interior. Representa mediante pequeñas bolas las partículas de aire y dibuja dónde se pueden encontrar dentro del recipiente.

Ahora imagina que sacas la mitad del aire que hay en el recipiente. Representa las partículas que quedan en él e indica dónde se pueden encontrar.

43 Dibuja un recipiente de cristal cerrado que tiene agua en su interior. Representa mediante pequeñas bolas las partículas del agua y dibuja dónde se pueden encontrar dentro del recipiente.

Ahora imagina que sacas la mitad del agua que hay en el recipiente. Representa las partículas que quedan en él e indica dónde se pueden encontrar.

44 Dibuja un vaso que tiene una piedra dentro. A continuación dibuja esa misma piedra dentro de una jarra de tamaño mayor que el vaso. ¿Ha cambiado algo de la piedra? Explícalo. ¿Cómo se encuentran las partículas de la piedra en ambos casos?

45 Dibuja un vaso alto que tiene agua hasta la mitad. A continuación dibuja una jarra de mayor tamaño que el vaso que contiene esa misma cantidad de agua. ¿Ha cambiado algo del agua? Explícalo indicando cómo se encuentran las partículas del agua en ambos casos.

46 A temperatura ambiente la sal común se encuentra en estado sólido. Indica cuál de estas afirmaciones, relativa a las partículas que forman la sal, es correcta.

a) Están unidas por fuerzas muy débiles.

b) Tienen libertad total de movimiento.

c) Poseen movilidad suficiente para adaptarse a la forma del recipiente.

d) No se pueden separar unas de otras, manteniendo distancias constantes.

47 Teniendo en cuenta la teoría cinética, razona si un lingote de 100 g de oro en estado sólido ocupará más, menos o igual volumen que en estado fundido.

48 Cuando metes una botella de agua en el congelador, debes procurar que no esté completamente llena, pues podría explotar. Utilizando la teoría cinética, explica si las partículas de agua están más o menos próximas en estado sólido o en estado líquido.

Los cambios de estado

5. EJEMPLO RESUELTO

La gráfica corresponde al enfriamiento de dos líquidos, A y B, inicialmente a 10 °C. La masa de ambos líquidos es la misma.

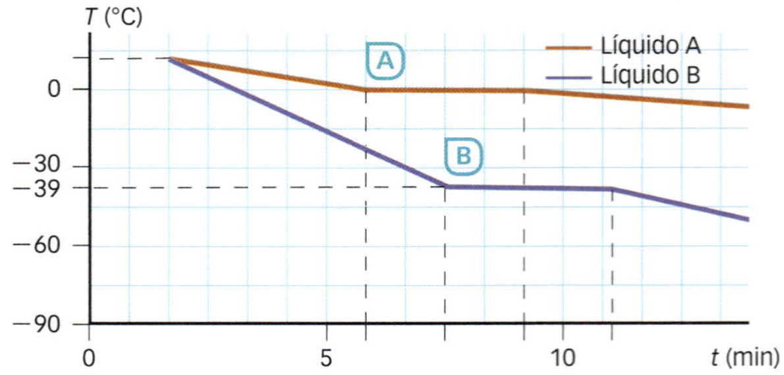

a) ¿Cuál tiene mayor punto de fusión? ¿Corresponden las dos líneas a la misma sustancia?

b) Consulta la tabla sobre temperaturas de fusión y ebullición y razona si A puede ser agua.

c) Se sabe que el líquido B es un metal que a 10 °C es un líquido. ¿Cuál puede ser?

d) ¿Qué sustancia se enfría más rápidamente?

En la gráfica, para cada líquido se aprecian tres tramos:

- Tramo 1 → enfriamiento del líquido.
- Tramo 2 (temperatura constante) → solidificación.
- Tramo 3 → el sólido sigue enfriándose.

a) El punto de fusión coincide con el de solidificación. La sustancia A funde a 0 °C, y la B, a −39 °C.

Por tanto, A y B son dos sustancias diferentes.

b) La temperatura de fusión del agua pura es 0 °C. La sustancia A puede ser agua.

c) Mercurio.

d) El mercurio, pues su recta de enfriamiento tiene mayor pendiente: en el mismo intervalo de tiempo su temperatura disminuye más que la del agua.

49 La tabla muestra la temperatura de un líquido que se calienta uniformemente durante 10 minutos.

Tiempo (min)	0	2	4	6	8	10
Temperatura (°C)	20	30	40	50	50	50

a) Dibuja la gráfica temperatura-tiempo.

b) Razona cuál es el estado físico de la muestra en cada tramo de la gráfica.

c) ¿Cuál es el punto de ebullición del líquido? ¿Y el de condensación?

50 Esta gráfica corresponde al enfriamiento de un líquido.

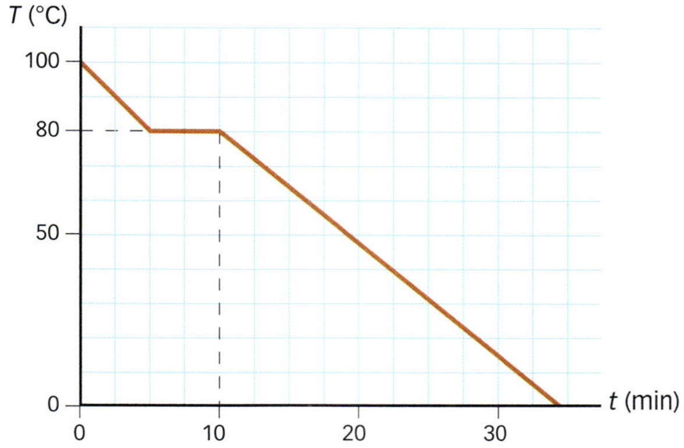

Indica en tu cuaderno cuál de las siguientes afirmaciones es falsa.

a) Funde a 80 °C.

b) A los 8 min toda la sustancia está en estado sólido.

c) A los 5 min, solo hay líquido en el vaso.

51 La nieve carbónica, o hielo seco, que se utiliza en efectos especiales del cine, es dióxido de carbono sólido, y sublima a −78 °C.

¿En qué estado se encuentra a temperatura ambiente?

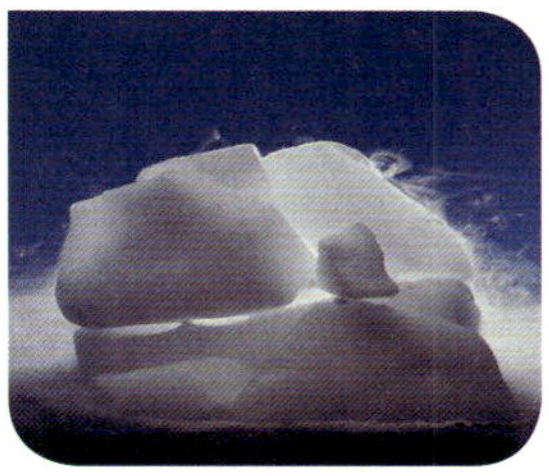

52 Analiza los cambios de estado que justifican los siguientes fenómenos.

a) En las mañanas de primavera y verano hay rocío sobre las plantas que desaparece a lo largo del día.

b) La niebla se forma en las zonas cercanas a los ríos o pantanos, sobre todo en invierno.

c) En invierno se empañan los cristales del coche. Para evitarlo abrimos un poco la ventanilla.

d) Cuando nos duchamos, se empaña el espejo del baño.

e) Los vasos con bebida fría se colocan sobre un posavasos.

53 Revisa lo que has aprendido e indica en tu cuaderno, de forma razonada, en cuál de los casos siguientes se seca antes la ropa.

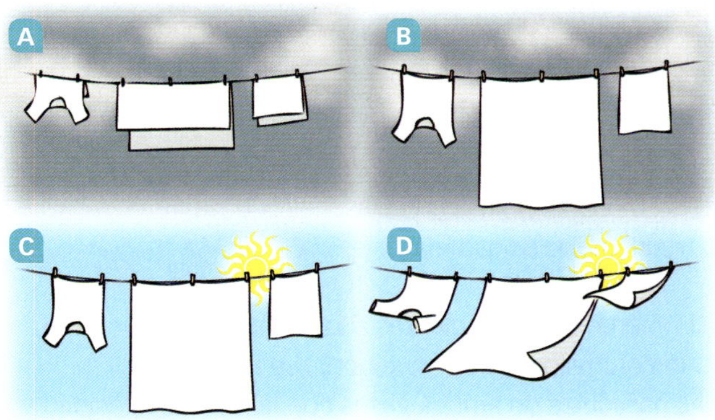

AMPLÍA

54 La piperidina es un disolvente empleado en algunos laboratorios. En un recipiente cerrado hay piperidina en estado gas. Un termómetro indica su temperatura. Lo introducimos en un refrigerador y vamos anotando la temperatura a medida que avanza el tiempo.

Tiempo (min)	0	2	4	6	8	10
Temperatura (°C)	120	113	106	106	106	96,25

Tiempo (min)	20	30	32	38	40	45
Temperatura (°C)	47,5	−1,25	−11	−11	−15	−29

a) Dibuja la gráfica y explica si es una curva de calentamiento o de enfriamiento.

b) Indica cuál es la temperatura de fusión y la de ebullición de la piperidina.

c) ¿En qué estado físico se encuentra la piperidina a los 4 min, a los 10 min y a los 30 min?

55 Los siguientes fenómenos tienen una explicación parecida. Razona a qué se debe que:

a) El olor de la comida cocinada llega a toda la casa.

b) El olor de los perfumes se nota más, pero dura menos, en verano que en invierno.

c) Las bolitas de ambientador que se cuelgan de los armarios desaparecen con el tiempo, pero su olor llega a todos los rincones del armario.

56 Al calentar suavemente el chocolate observamos:

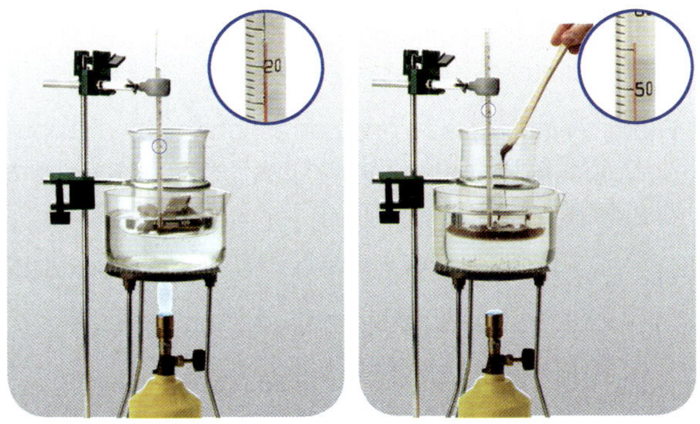

- Comienza a fundir a los 28 °C.
- Está totalmente fundido a los 50 °C.
- La temperatura ha aumentado continuamente.

Analiza la experiencia y responde.

a) ¿Tiene el chocolate una temperatura de fusión determinada?

b) ¿Es el chocolate una sustancia pura?

c) La publicidad de algunos bombones destaca que «funden en la boca». Interpreta esta expresión.

APLICA UNA TÉCNICA. ¿A qué velocidad se mueven las partículas de un gas?

Las partículas de un gas están en constante movimiento, pero no todas se mueven a la misma velocidad: unas lo hacen más rápido que otras.

Supongamos que tenemos una determinada cantidad de gas en un recipiente. En la **gráfica A** se representa el número de partículas frente a su velocidad. Se representa un mismo gas a dos temperaturas diferentes.

Como ves, a una temperatura más elevada hay más partículas moviéndose a gran velocidad.

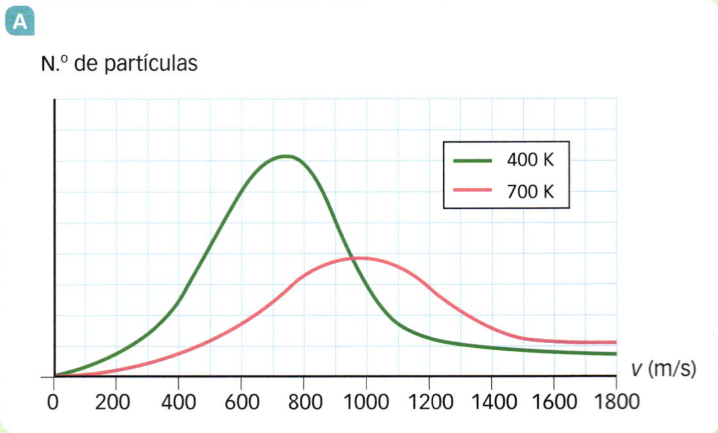

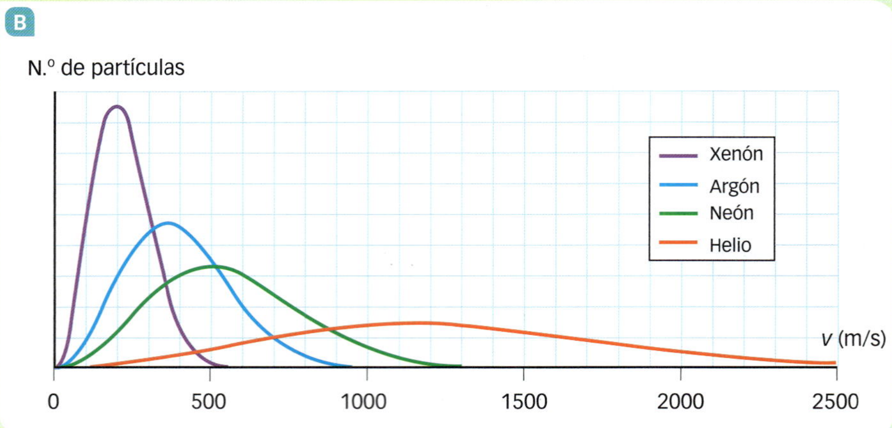

En la **gráfica B** se representan varios gases cuyas partículas tienen distinta masa. En todos los casos hay el mismo número total de partículas de gas y están a la misma temperatura. Pero la velocidad de las partículas depende de su masa.

57 Fíjate en la gráfica A, que corresponde a la distribución de velocidades de un mismo gas a dos temperaturas distintas.

a) ¿Qué diferencia hay entre las dos líneas dibujadas?

b) ¿En qué caso hay más partículas moviéndose con una velocidad menor de 800 m/s?

c) ¿En cuál hay más partículas moviéndose con una velocidad mayor de 1400 m/s?

d) Entonces, ¿cómo influye la temperatura en la velocidad de las partículas de un gas?

58 Copia la gráfica A en tu cuaderno y dibuja otra curva aproximada correspondiente a $T = 300$ K.

59 Di si las siguientes frases son correctas o no.

a) La temperatura está relacionada con la velocidad promedio de las partículas de un gas.

b) Todas las partículas de un gas a 50 °C se mueven a mayor velocidad que las partículas de ese gas a 20 °C.

60 Observa la gráfica B y contesta.

a) ¿Qué partículas se mueven más deprisa, las más ligeras (helio) o las más pesadas (xenón)?

b) ¿Qué partículas se mueven a mayor velocidad, las de neón o las de helio?

c) ¿En qué gas hay más partículas moviéndose a una velocidad menor de 200 m/s?

d) ¿En cuál hay más partículas moviéndose con una velocidad mayor de 1000 m/s?

61 Si tenemos dos recipientes a la misma temperatura, uno con helio y otro con xenón, ¿se moverán las partículas de ambos gases con la misma velocidad?

FORMAS DE PENSAR. Análisis científico. ¿Cómo luchar contra el deshielo de los polos?

Se sabía que, debido al calentamiento global, los casquetes polares ártico y antártico perdían hielo de forma acelerada. Ahora, un amplio grupo de científicos ha combinado los datos de ambos polos para calcular cuánta masa helada están perdiendo: cerca de medio billón de toneladas al año. Lo peor es que el ritmo de pérdida se ha multiplicado por seis en apenas tres décadas.

«Tanto Groenlandia como la Antártida han estado perdiendo hielo constantemente desde al menos 1992», dice Mark Pattle, ingeniero de isardSAT, empresa que participa en el proyecto IMBIE. «En Groenlandia hemos visto un fuerte aumento de pérdidas entre 2002 y 2007, en comparación con los años anteriores, y alcanzó su tasa máxima de pérdidas entre 2007 y 2012. Para la Antártida, más de la mitad de esta pérdida ha ocurrido desde 2012», añade.

El nivel del mar ha subido 1,78 centímetros debido a tanto deshielo. Eso supone un tercio del total de elevación marina en estos 30 años. «Cada centímetro de aumento del nivel del mar conlleva más inundaciones y erosión costeras. Si la Antártida y Groenlandia siguen en la ruta del peor escenario climático, provocarán una subida extra del océano de 17 centímetros para finales de siglo. Esto supondría que 400 millones de personas estarían expuestas al peligro de inundaciones costeras anuales para 2100», añade.

Las mayores pérdidas se están produciendo en el frente de los glaciares, expuestos a un mar más cálido. El resto de las pérdidas en el casquete ártico se deberían también al calentamiento global: la mayor temperatura del aire hace que se derrita su capa superior.

Miguel Ángel Criado, elpais.com,
11 de marzo de 2020 (Adaptación)

62 COMPRENSIÓN LECTORA. ¿Qué le ocurre al hielo de los polos ártico y antártico? ¿Qué consecuencias provoca este fenómeno? Si este problema persiste, ¿cómo afectaría al ser humano?

63 Observa la ilustración y contesta.

a) ¿Qué se representa en ella?

b) ¿Cómo ha variado la cantidad de hielo en el Ártico desde el periodo 1979-2000 hasta 2012?

c) Según el texto, ¿cuál es la causa de esta variación?

d) A tu juicio, ¿qué consecuencias puede tener este deshielo?

64 EDUCACIÓN CÍVICA. En buena medida el calentamiento global está causado por el incremento de la cantidad de dióxido de carbono (CO_2) en la atmósfera emitido por las industrias, la combustión de carbón o derivados del petróleo. Señala de qué manera puedes evitar tú algunas emisiones de CO_2 a la atmósfera en relación con:

a) La energía empleada para calentar tu vivienda en invierno y para mantenerla fresca en verano.

b) La cantidad de combustibles fósiles quemados.

c) El uso de la bicicleta como sustitución del coche.

d) El uso del transporte público.

65 EXPRESIÓN ESCRITA. Escribe un pequeño informe y elabora una presentación multimedia con algunas sugerencias que deberían tener en cuenta las autoridades y los ciudadanos con el objetivo de frenar el deshielo de los polos. Ten en cuenta:

a) Recomendaciones para las autoridades: alcaldes, etc.

b) Recomendaciones para las empresas.

c) Recomendaciones para quienes usan diferentes medios de transporte.

d) Recomendaciones sobre la actuación de los ciudadanos y ciudadanas en su vivienda.

66 TOMA LA INICIATIVA. Ahora decide: ¿crees que tú puedes actuar de alguna manera para frenar el deshielo de los polos? ¿Cómo?

CAMBIOS DE ESTADO

A. SOLIDIFICACIÓN DEL AGUA

¿Qué necesitas?

- Probeta.
- Vaso de precipitados.
- Tubo de vidrio.
- Termómetros.
- Soporte.
- Hielo picado.
- Sal.
- Cronómetro.
- Pinzas.

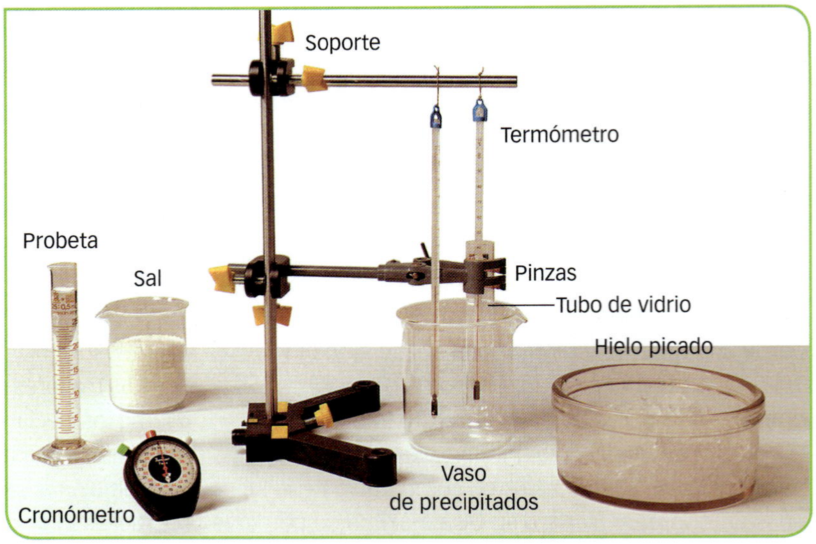

¿Cómo se hace?

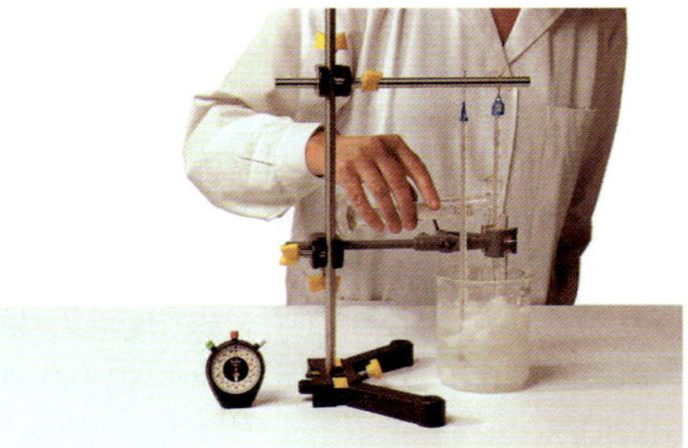

1. Prepara la mezcla frigorífica. Coloca todo como en la foto. Vierte capas de hielo y sal en el vaso. Comprueba que la temperatura llega a −15 °C.
2. Echa agua dentro del tubo. Debe quedar debajo del nivel de la mezcla frigorífica.
3. Pon en marcha el cronómetro. Anota la temperatura dentro del tubo en distintos momentos. Completa una tabla en tu cuaderno.
4. Cuando la temperatura dentro del tubo esté entre −5 y −10 °C, saca el tubo. El termómetro quedará incrustado en el hielo.

¿Cómo se representa?

Representa en una gráfica los valores de la temperatura frente al tiempo. Observa un ejemplo en la tabla.

Tiempo (min)	0	1	3	5	10	15	17	18
Temperatura (ºC)	24	20	10	0	0	0	0	−10

ACTIVIDADES

67 ¿Cuál es el punto de congelación del agua? ¿Cómo lo sabes?

68 ¿Marcan el mismo valor de temperatura los dos termómetros? ¿Por qué?

69 Contesta.

a) ¿Por qué crees que se llama mezcla frigorífica a la mezcla de hielo y sal?

b) ¿Para qué se puede utilizar? Pon un ejemplo.

B. VAPORIZACIÓN DEL AGUA

¿Qué necesitas?

- Vaso de precipitados.
- Termómetro.
- Soporte.
- Placa calefactora.
- Cronómetro.

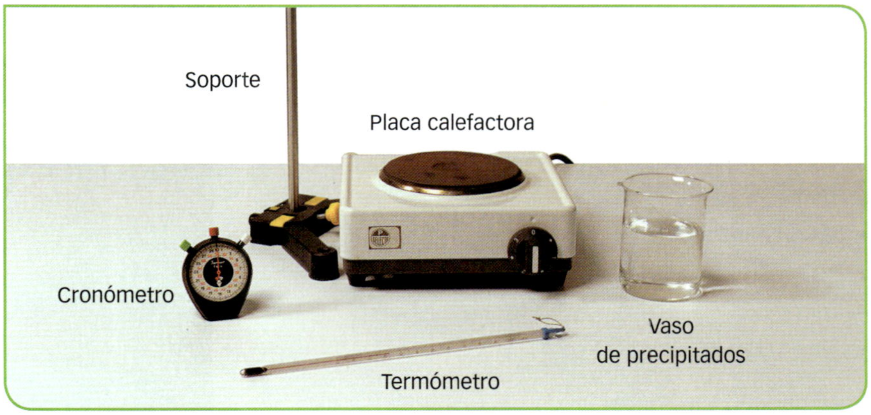

¿Cómo se hace?

1. Cuelga el termómetro de forma que su bulbo esté en medio del agua. Enciende la placa.

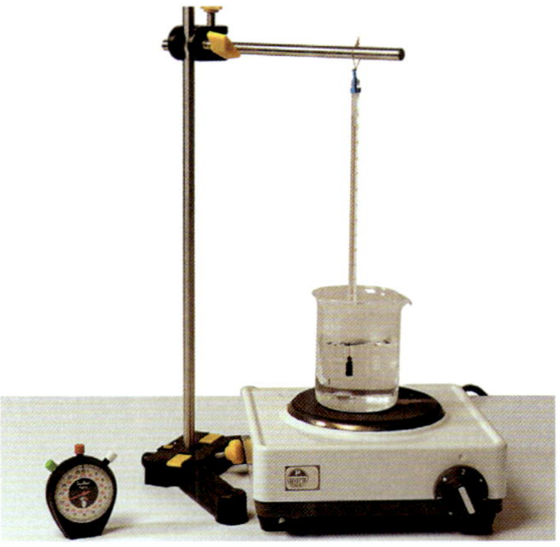

2. Pon en marcha el cronómetro. Anota la temperatura en distintos momentos. Haz una tabla.

3. Sigue anotando el tiempo y la temperatura hasta que lleve hirviendo unos minutos.

¿Cómo se representa?

Representa en una gráfica los valores de la temperatura frente al tiempo. Observa un ejemplo en la tabla:

Tiempo (min)	0	1	2	4	6	8	10	12
Temperatura (ºC)	24	28	40	70	100	100	100	100

ACTIVIDADES

70 Contesta.

a) ¿Cuál es el punto de ebullición del agua?

b) ¿Cómo lo sabes?

71 ¿Podemos esperar que la temperatura del agua suba de 100 °C?

72 ¿Por qué el termómetro no debe tocar el fondo del vaso?

73 ¿Qué ocurrirá si, para calentar la placa, seleccionamos con el mando una menor o mayor potencia? ¿Llegaría a marcar el termómetro una temperatura por encima de 100 °C?

3 Diversidad de la materia

SABER

- Cómo se presenta la materia.
- Las mezclas.
- Separar los componentes de una mezcla.
- Las sustancias.
- Resumen sobre la materia.

SABER HACER

- Preparar disoluciones.
- Extraer componentes de mezclas.

1

El **hierro** usado para fabricar acero no aparece aislado en la naturaleza, sino que hay que obtenerlo a partir de **minerales** como la hematita, la magnetita, la limonita o la siderita.

2

En un **alto horno** se calienta el mineral junto con carbón a una temperatura elevada. Así se obtiene el metal hierro. Si el hierro lleva entre el 0,05 % y el 1 % de **carbono**, es acero.

3

Una vez obtenido el acero en estado líquido, se vierte en **moldes** para elaborar las piezas con la forma deseada.

PROPIEDADES DEL ACERO

- Densidad: 7850 kg/m^3.
- Temperatura de fusión: en torno a 1375 °C.
- Buen conductor de la electricidad.
- Muy resistente a la corrosión.
- Duro y resistente.

NOS HACEMOS PREGUNTAS. **¿Cómo se obtiene el acero inoxidable?**

Estamos tan habituados a usar objetos de acero que creemos que siempre ha estado ahí, disponible para las personas. Pero esta aleación de hierro y carbono es un invento relativamente reciente: su producción industrial despegó a finales del siglo XIX, aunque mucho antes se empleó para fabricar armas.

Un tipo especial de acero es el **acero inoxidable**, empleado en menaje de cocina, grifos, herramientas…

6 AGUA LIMPIA Y SANEAMIENTO

Garantizar el acceso a una fuente cercana de agua depurada y potabilizada para poder usarla en agricultura, para el ganado o para consumo humano.

Muchas de las propiedades del acero son parecidas a las del **hierro**, su principal componente.

El acero inoxidable **no se oxida** aunque esté en contacto con el agua. Por eso es el material preferido para fabricar grifos o menaje de cocina.

4

Además de carbono, el acero inoxidable se fabrica añadiendo pequeñas cantidades de **cromo** y **níquel**, que modifican sus propiedades.

? INTERPRETA LA IMAGEN

- ¿Cuáles son los principales componentes del acero? ¿De dónde se obtienen? ¿Tienen todos los aceros la misma composición química?
- ¿Por qué se indica que la temperatura de fusión del acero está en torno a 1375 °C y no se dice que es exactamente 1375 °C?

CLAVES PARA EMPEZAR

- ¿Por qué es útil emplear el acero para elaborar los tirantes de algunos puentes colgantes?

1 Cómo se presenta la materia

Las imágenes siguientes muestran ejemplos de materia fáciles de encontrar a nuestro alrededor. Obsérvalas y fíjate en lo que podemos deducir sobre su composición:

Roca: granito

Aluminio

Agua con hielo

Gelatina

Agua de mar

Bebida con burbujas

Leche

Pizza

PRESTA ATENCIÓN

Leche pura de vaca, agua pura de manantial, aire puro de la montaña

Decimos que la leche, el agua o el aire son puros cuando están tal y como se han originado en la naturaleza, sin que hayan sufrido ningún cambio por actividades humanas.

Como veremos, tanto la leche como el agua de manantial o el aire, en su estado natural, son en realidad una mezcla de varias sustancias.

? INTERPRETA LA IMAGEN

- ¿Cuáles de estos sistemas materiales tienen el mismo aspecto cualquiera que sea la parte en que te fijes?
- ¿Cuáles están formados por una sustancia pura?
- ¿A qué sabe el agua de mar?
- ¿Qué diferencia hay entre una bebida con burbujas y esa misma bebida sin burbujas?

- **Sistemas homogéneos:** son sistemas materiales que tienen el mismo aspecto en cualquiera de sus partes. Ejemplos: el aluminio, el agua de mar (filtrada), la leche o la gelatina.

Un sistema homogéneo puede estar formado por más de una sustancia (como el agua de mar o la leche).

- **Sistemas heterogéneos:** son sistemas materiales en los que podemos distinguir porciones con aspecto diferente. Ejemplos: el granito, el agua con hielo, la bebida con burbujas o la pizza.

Un sistema heterogéneo puede tener una sola sustancia, como el agua con hielo.

ACTIVIDADES

1 Indica si los siguientes sistemas materiales son homogéneos o heterogéneos.

a) Aire.
b) Agua hirviendo.
c) Humo.
d) Yogur.
e) Azúcar.
f) Granizado de limón.
g) Leche con cacao.
h) Papel escrito.

2 Las mezclas

Con frecuencia, los sistemas materiales están formados por más de una sustancia, aunque no siempre se aprecian a simple vista.

El granito es una roca formada por tres minerales: **cuarzo**, **feldespato** y **mica**. En un trozo de granito se pueden distinguir los tres componentes.

El sabor del agua de mar nos indica que es **agua con sal**. Pero no podemos distinguir a simple vista el agua de la sal. En un vaso con agua con sal, cualquier parte del vaso tiene el mismo sabor y aspecto.

Las **mezclas** son sistemas materiales formados por más de una sustancia. Hay dos tipos de mezclas:

- **Mezclas heterogéneas:** sus componentes se distinguen, muchas veces, a simple vista. Hay partes del sistema que tienen distinta composición y propiedades. Ejemplo: granito.
- **Mezclas homogéneas:** sus componentes no se distinguen a simple vista. Cualquier porción de una mezcla homogénea tiene la misma composición y propiedades. Ejemplo: agua de mar.

SABER HACER

Preparar una mezcla

1. Echa agua en un vaso, añade azúcar y remueve hasta que se disuelva. ¿Observas que alguna parte del líquido tenga aspecto distinto a otra?
2. Con una pajita, succiona un poco de líquido de la parte superior del vaso (1), otro poco de la parte inferior (2) y otro poco de la parte central (3). ¿Hay diferencia de sabor?

ACTIVIDADES

2 Indica si las siguientes sustancias son mezclas homogéneas o heterogéneas.

- Pizza.

- Té.

- Zumo sin colar.

- Café.

2.1. Las disoluciones

Las mezclas homogéneas se llaman **disoluciones**.

Las disoluciones están formadas por dos o más componentes:

- El **disolvente** es el componente que está en mayor proporción. En el agua de mar, en la manzanilla o en el café, el disolvente es el agua.
- El **soluto** es el componente que está en menor proporción. En una disolución puede haber un soluto o más. En el agua de mar, el soluto es la sal. En la manzanilla o en el café, los solutos son todas las sustancias disueltas en el agua que le dan color y sabor, y también el azúcar que llevan disuelto en muchas ocasiones.

En el dibujo siguiente se representan los componentes de una disolución. Ten presente que es una representación, porque las partículas que forman estos componentes no se pueden apreciar ni siquiera con un microscopio.

Una **disolución concentrada** es la que tiene mucha cantidad de soluto con respecto al disolvente.

Una **disolución diluida** es la que tiene poca cantidad de soluto con respecto al disolvente.

Si el soluto tiene color, la disolución concentrada presenta un color más intenso.

Tanto el soluto como el disolvente de una disolución pueden estar en cualquier estado físico. En cada caso, la disolución que se obtiene tendrá el mismo estado físico que el disolvente.

Disoluciones gaseosas	Disoluciones líquidas	Disoluciones sólidas
• Aire. • Gas natural.	• Agua con sal. • Agua con azúcar. • Vinagre. • Vino. • Infusión.	• Aleaciones metálicas. • Bronce. • Latón. • Acero.
Cualquier mezcla de gases.	Son muy comunes en el hogar. En la mayoría el disolvente es el agua.	Mezclas de metales. Tienen importantes aplicaciones industriales.

ACTIVIDADES

3 ¿Se ven las partículas que forman una disolución con un microscopio? ¿Por qué?

4 Busca información que te permita conocer la composición del aire y del gas natural. En cada caso, indica cuál es el disolvente y cuál o cuáles son los solutos.

5 Busca información e indica la composición de:

a) Bronce.

b) Latón.

c) Acero.

En cada caso, indica cuál es el disolvente y cuál o cuáles son los solutos.

2.2. Las dispersiones coloidales

La leche, la niebla, la gelatina, la mahonesa o la nata montada son mezclas de aspecto homogéneo. Pero ¿son iguales que una infusión o el agua con azúcar?

En algunas mezclas las sustancias están distribuidas de forma homogénea, pero forman partículas más grandes que en las disoluciones y se pueden apreciar con un microscopio. Son las **dispersiones coloidales**. Se distinguen porque dispersan la luz, lo que se conoce como **efecto Tyndall**.

Los **coloides** son mezclas heterogéneas de aspecto homogéneo. La sustancia dispersa forma partículas que se aprecian con el microscopio y dispersan la luz.

PRESTA ATENCIÓN

Nunca dirijas un rayo láser a los ojos. Produce daños irreparables en la retina que provocan pérdida de visión.

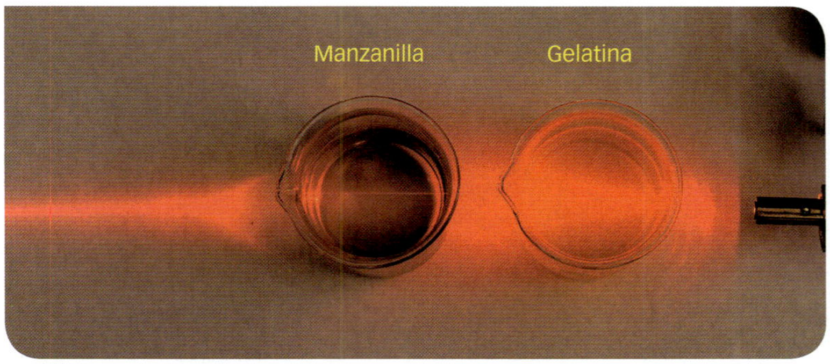

La **gelatina** es un **coloide**, por eso dispersa la luz del láser (efecto Tyndall), a diferencia de la **manzanilla**, que es una **disolución**.

La **niebla** también es un **coloide**: dispersa la luz.

Observa el tipo de mezcla que resulta dependiendo del **tamaño de las partículas** que forma la sustancia que se dispersa (la que está en menor proporción) en el medio dispersante (la sustancia que está en mayor proporción). En la leche y en la mahonesa se dispersan gotitas de grasa en agua; y en el merengue, burbujas de aire en la clara del huevo.

La **leche**, la **mahonesa** y el **merengue** son mezclas heterogéneas de aspecto homogéneo, es decir, son **coloides**.

El **granito** es una mezcla heterogénea.

Las **mezclas** según el **tamaño de las partículas** de la sustancia que se dispersa se pueden clasificar en: **disoluciones**, **coloides**, **dispersiones finas** y **dispersiones groseras**.

VOCABULARIO

Miscibles: que se pueden mezclar. El agua y el alcohol son dos líquidos miscibles.

Inmiscibles: que no se pueden mezclar. El agua y el cloroformo son dos líquidos inmiscibles.

SABER MÁS

Aditivos y emulsionantes

La mayoría de los productos envasados que consumimos contienen aditivos y emulsionantes para conservar la calidad y los sabores como los que presentaban en el momento del envasado.

Las emulsiones

Son un tipo de coloides. Las emulsiones son muy comunes en la vida cotidiana: la leche, la mahonesa y la mayoría de las salsas son emulsiones.

En todos estos ejemplos hay grasa (la nata en la leche o el aceite en las salsas) mezclada con agua. Pero estas dos sustancias son inmiscibles, y aunque agitemos agua y aceite con una batidora, acabarán por separarse. Para que la mezcla se mantenga estable se necesita una tercera sustancia, llamada **emulsionante**, que rodea las gotitas de grasa e impide que se vuelvan a unir. En el caso de la mahonesa, el emulsionante es la lecitina, una sustancia presente en la yema del huevo; y en el caso de la leche, la caseína, una proteína que forma parte de ella.

Una **emulsión** es un coloide en el que la fase dispersa y la dispersante son dos líquidos inmiscibles (como el agua y el aceite). Las partículas de la fase dispersa se mantienen de forma homogénea en la fase dispersante gracias a una tercera sustancia llamada **emulsionante**.

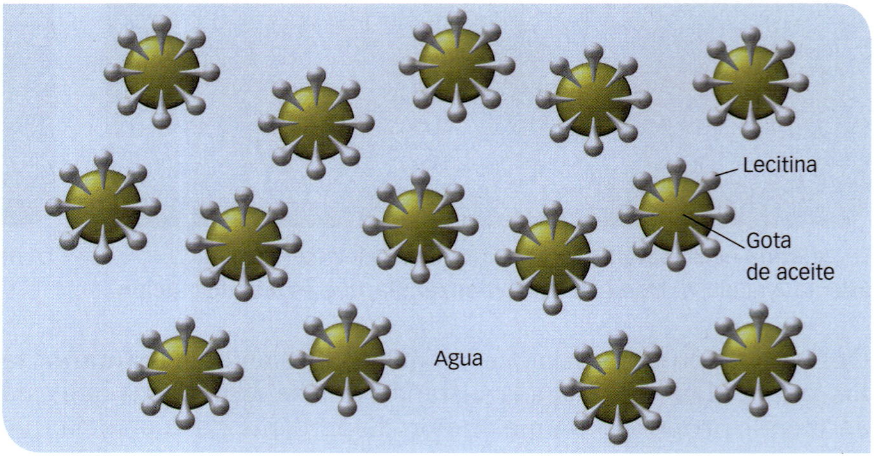

En la mahonesa las gotas de aceite se mantienen dispersas en el agua gracias a la lecitina, que actúa de **emulsionante**. Su molécula se une, por una parte, a la grasa y, por otra, al agua.

SABER HACER

Comprobar cómo actúa el jabón

¿Has intentado fregar una sartén sin jabón?

Para que «se vaya» la grasa debes utilizar jabón y agua.

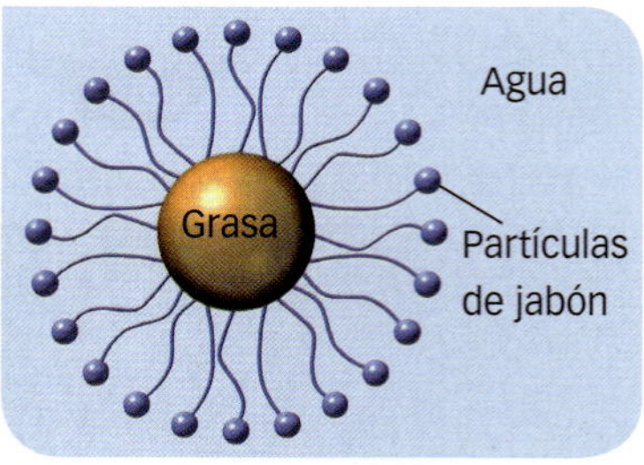

Las partículas del jabón se unen a la vez a la grasa y al agua.

? INTERPRETA LA IMAGEN

- Los detergentes y jabones permiten emulsionar mezclas de agua y aceite. Explica cómo lo hacen.

ACTIVIDADES

6 En la industria alimentaria es muy frecuente el uso de sustancias emulsionantes para dar mejor apariencia al producto. Seguro que has observado que en el tomate frito casero, cuando pasa un cierto tiempo, se separa el aceite. En cambio, en el tomate frito industrial esto no sucede. ¿Qué tipo de mezcla es el tomate frito industrial?

2.3. Mezclas en la vida cotidiana

La mayor parte de los sistemas materiales que hay en nuestro entorno contienen varias sustancias mezcladas.

Mezcla homogénea o disolución

Agua de mar

Tiene muchas sales disueltas, sobre todo cloruro de sodio y cloruro de magnesio. En las salinas se evapora el agua del mar para obtener la sal de mesa.

Agua corriente

El agua que bebemos está formada, en su mayor parte, por una disolución de hidrógeno y oxígeno, H_2O, pero lleva disueltas pequeñas cantidades de otras sustancias, como sales minerales, oxígeno y cloro.

Aire

Es una mezcla de gases. Los más abundantes son el nitrógeno (78 %) y el oxígeno (21 %).

Lejía

Es una disolución de hipoclorito de sodio (NaClO) en agua. Disuelve otras sustancias al entrar en contacto con ellas.

Refrescos con gas

Son mezclas cuyo componente principal es el agua. Los refrescos con gas son disoluciones de dióxido de carbono en agua.

Suero fisiológico

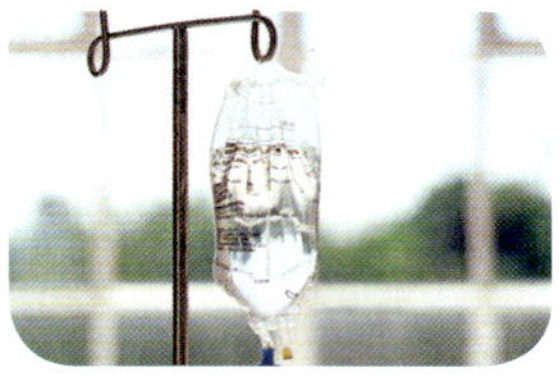

Cuando hay que inyectar líquido a una persona, en lugar de agua destilada se le inyecta suero fisiológico: agua con cloruro de sodio al 0,9 %.

Monedas

Las monedas de 10, 20 y 50 céntimos de euro están hechas de una aleación de cobre (88 %), aluminio (5 %), cinc (5 %) y estaño (2 %). Deben ser resistentes y más baratas que el valor que representan.

Coloides

Leche

La leche es una emulsión de partículas grasas en agua.

Gelatina

Forma un coloide al mezclar el sólido con el agua. La gelatina dispersa la luz (efecto Tyndall).

Productos de higiene

Los geles de baño y los champús son sustancias coloidales: llevan dispersas pequeñas partículas.

Merengue

Es una emulsión en la que pequeñas burbujas de aire se mantienen dispersas en agua. El emulsionante es la ovoalbúmina, una proteína de la clara de huevo.

Mezcla heterogénea: la sangre

La sangre es una mezcla heterogénea. Al microscopio se pueden apreciar células en dispersión, como los glóbulos rojos y los glóbulos blancos, sobre una mezcla homogénea (plasma).

En el plasma están disueltas sales, gases (oxígeno, O_2, y dióxido de carbono, CO_2) y otras sustancias orgánicas, como azúcares. La composición de la sangre de un individuo sano se mantiene casi constante; cuando cambia, es síntoma de que se ha producido una enfermedad. Por ejemplo, si aumenta mucho la proporción de azúcar, es probable que la persona tenga diabetes.

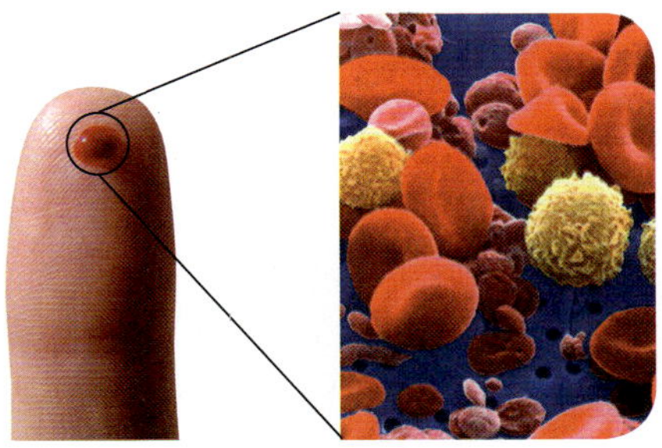

La sangre es una **mezcla heterogénea**.

RECUERDA

Las sustancias puras que forman una mezcla se pueden separar utilizando métodos físicos. El procedimiento usado dependerá de que se trate de una mezcla homogénea o heterogénea y de las propiedades de las sustancias que queramos separar.

VOCABULARIO

Ferromagnético: material que tiene propiedades magnéticas parecidas a las del hierro.

3 Separar los componentes de una mezcla

Al disolver sal en agua obtenemos una mezcla similar al agua del mar. Calentando la mezcla podemos evaporar el agua y obtener la sal. Si recogiésemos el vapor de agua, podríamos enfriarlo y tener de nuevo el agua. El agua y la sal que separamos de la mezcla presentan las mismas características que el agua y la sal que mezclamos.

Se pueden separar los componentes de una mezcla aprovechando que unos tienen **propiedades** diferentes a los otros.

Por ejemplo, al calentar el agua del mar se evapora el agua, pero no la sal.

Para separar los componentes de una mezcla se utilizan métodos que no alteran su naturaleza: se llaman **métodos físicos**.

3.1. Procedimientos para separar mezclas heterogéneas

Criba

Permite separar mezclas sólidas en las que uno de los componentes de la mezcla tiene un tamaño de partícula muy distinto del otro.

SABER HACER

Separar arena y guijarros

En la fabricación del hormigón se emplea arena de un tamaño de partícula determinado. Se utiliza una criba para seleccionar este tamaño.

Separación magnética

Los metales ferromagnéticos que forman parte de una mezcla se pueden separar fácilmente utilizando un imán.

SABER HACER

Separar arena y limaduras de hierro

El imán separa las limaduras de hierro del resto de los componentes de la mezcla. Un procedimiento similar se emplea en la industria para separar algunos metales.

Filtración

Se utiliza para separar un sólido de un líquido en el que no está disuelto. Las partículas del sólido son mucho mayores que las del líquido.

SABER HACER

Separar arena y agua

La arena queda retenida en el filtro y se separa así del agua.

Decantación

Se utiliza para separar dos líquidos inmiscibles que tienen distinta densidad, como el agua y el aceite, o el agua y la gasolina. Para esto se usa un embudo especial llamado **embudo de decantación**.

También se llama decantar a la acción de dejar que un líquido se separe de un sólido u otro líquido inmiscible que se encuentre en el fondo. El líquido sobrenadante se podrá separar vertiéndolo con mucho cuidado.

SABER HACER

Separar sustancias inmiscibles

En el embudo de decantación con aceite y agua se observan claramente las dos fases.

Para separarlos bien es importante tirar la frontera entre los dos líquidos (interfase).

Si se deja reposar, el barro acaba depositándose en el fondo y el agua queda bastante limpia; decimos que se ha decantado. Inclinando el vaso con cuidado podemos conseguir que salga solo el agua.

3.2. Procedimientos para separar mezclas homogéneas

Evaporación y cristalización

Cuando tenemos un sólido disuelto en un líquido, podemos dejar que se evapore el líquido y quedará el sólido en el fondo. Este es el procedimiento que se utiliza para obtener la sal en las salinas. El agua de mar se extiende en una gran superficie. A medida que el agua se evapora, va quedando la sal.

Podemos acelerar el proceso calentando el líquido.

Si dejamos que la evaporación del líquido se realice muy lentamente y en reposo, podemos lograr que el sólido forme cristales de buen tamaño. Este proceso se llama **cristalización**.

La mayoría de las **salinas** están ubicadas a orillas del mar y en zonas con temperaturas medias-altas para favorecer la evaporación del agua.

SABER HACER

Cristalizar una sustancia

1. En un vaso de precipitados de 250 mL, echa 50 mL de agua. Pesa 15 g de sulfato de cobre pentahidratado y disuélvelos en el agua.

   Para disolver, agita, y si es necesario, calienta la disolución.

2. Si hay polvo o alguna sustancia no disuelta, fíltralo con un embudo y papel de filtro.

   Vierte la disolución en un cristalizador y déjala en reposo en un sitio ventilado.

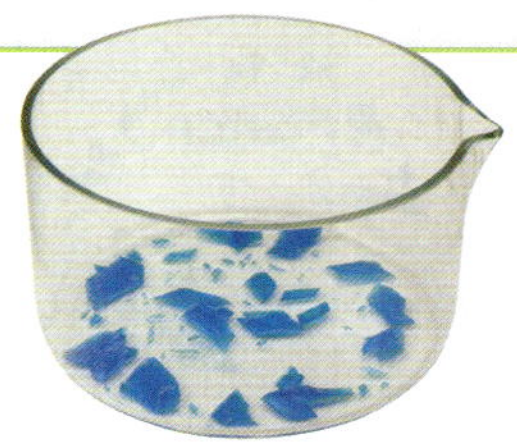

3. Al cabo de unos días, tendrás hermosos cristales de sal.

   Una buena cristalización necesita **tiempo**, **espacio** y **reposo**.

Destilación

Este procedimiento está indicado para separar dos líquidos miscibles que hierven a temperaturas muy distintas, como el agua y el alcohol, o un líquido que tiene un sólido disuelto, como el agua de mar y las sales.

SABER HACER

Separar un líquido del sólido disuelto

La mezcla se introduce en un recipiente y se calienta. Cuando se alcanza la temperatura de ebullición del líquido, este se convierte en vapor que se hace pasar por un refrigerante en el que se enfría y condensa. Se recoge a continuación en estado líquido como sustancia pura.

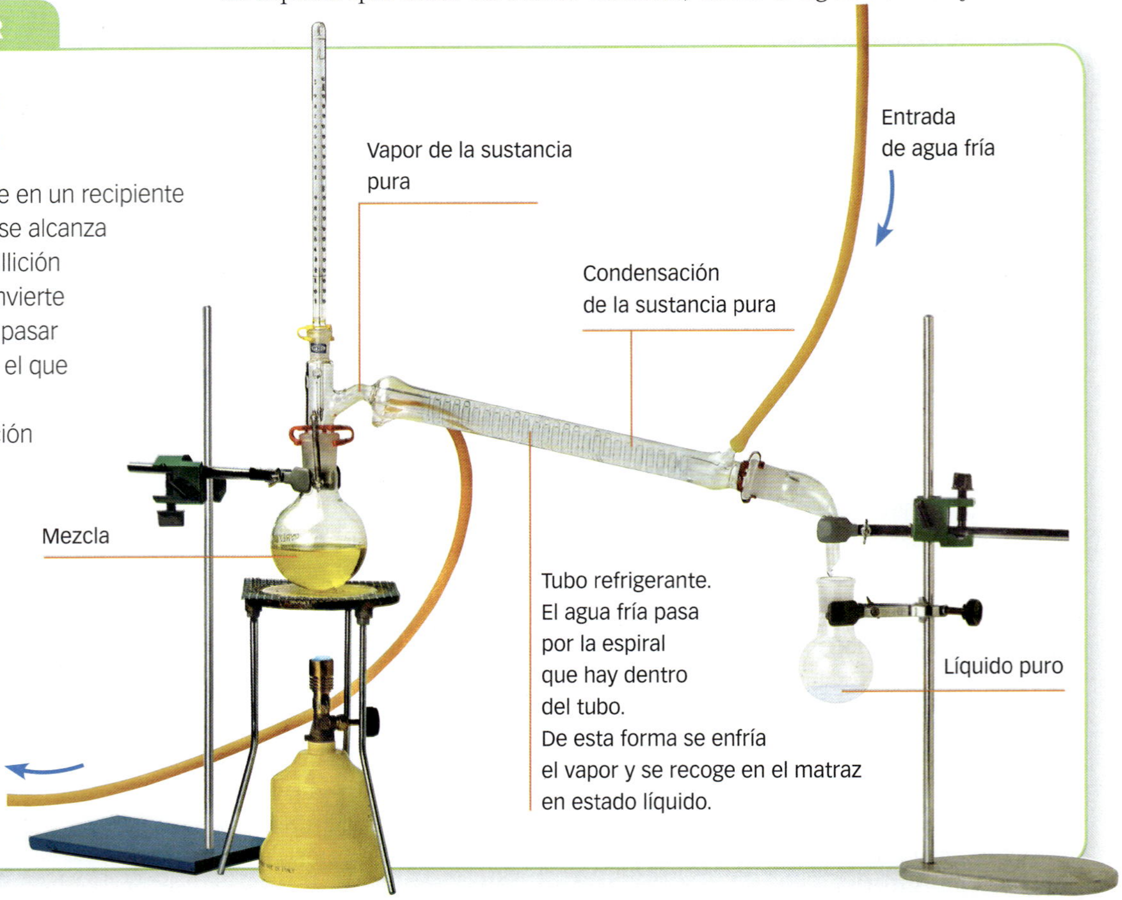

Extracción con disolventes

Esta técnica se utiliza para separar uno de los componentes de una mezcla por medio de un disolvente en el que solo se disuelve uno de ellos. Por ejemplo, si tenemos una mezcla de arena y sal, podemos separar la sal disolviéndola en agua; la arena no se disolverá.

SABER HACER

Extraer cafeína

La mezcla que contiene la sustancia que queremos separar también puede estar en estado líquido. Por ejemplo, de una infusión de té o café podemos separar la cafeína extrayéndola con un disolvente orgánico que sea inmiscible con el agua, como el cloroformo. La cafeína es más soluble en cloroformo que en agua, mientras que el resto de los componentes de la infusión son más solubles en agua.

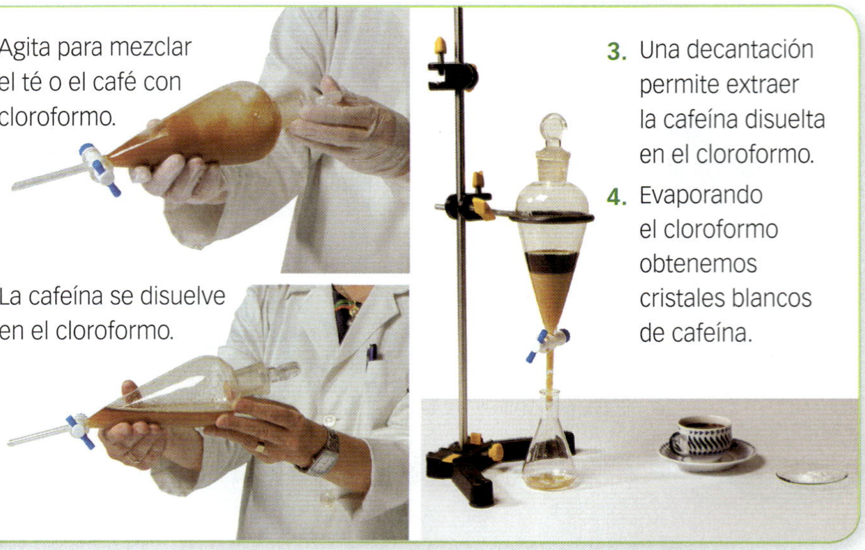

1. Agita para mezclar el té o el café con cloroformo.
2. La cafeína se disuelve en el cloroformo.
3. Una decantación permite extraer la cafeína disuelta en el cloroformo.
4. Evaporando el cloroformo obtenemos cristales blancos de cafeína.

Cromatografía

Esta técnica se utiliza para separar los distintos componentes de una mezcla homogénea aprovechando su distinta afinidad o apetencia por un soporte o por un disolvente.

Las técnicas cromatográficas son muy variadas, pero en todas ellas hay:

- Una **fase móvil**, que puede ser un líquido o un gas.
- Una **fase estacionaria**, que suele ser un sólido.

El inventor de esta técnica fue el botánico ruso Mikhail Tswett (1872-1919) en 1903, que la utilizó por primera vez para separar los componentes de los pigmentos vegetales, como la clorofila.

La cromatografía ha evolucionado mucho desde su invención. Es una técnica de análisis muy utilizada en todo tipo de laboratorios. Es frecuente encontrar cromatografías, por ejemplo, en los test antidopaje que se realizan a los deportistas, en los análisis para identificar los componentes de una droga o para determinar la cantidad de vitaminas en un alimento.

? INTERPRETA LA IMAGEN

En la cromatografía de la tinta:

- ¿Cuál es la fase móvil?
- ¿Cuál la fase estacionaria?
- ¿Cuál es la tinta más afín al alcohol?
- ¿Cuál es la tinta más afín al papel?

SABER HACER

Realizar una cromatografía de la tinta

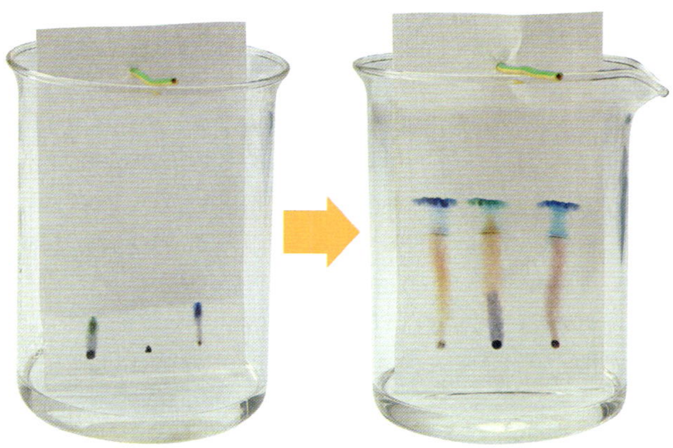

Realiza una cromatografía para conocer los componentes de la tinta de tres rotuladores negros. Sigue estos pasos:

1. Toma una tira de papel de filtro de 5 × 10 cm. A un centímetro del extremo, dibuja tres puntos con tres rotuladores negros de distinta marca para comprobar en la cromatografía que cada uno es una mezcla de varias tintas.
2. Pon un poco de alcohol en un vaso hasta que alcance el nivel de medio centímetro.
3. Introduce la tira de papel con las marcas y espera a que el alcohol vaya subiendo por el papel.
4. Observa que se han separado los componentes de la tinta y que estos son distintos en cada marca del rotulador.

ACTIVIDADES

7 Prepara un zumo de naranja. Déjalo en reposo (al cabo de una hora aproximadamente el zumo se vuelve transparente en la parte superior y turbio en la inferior). Cuela el zumo con un colador de malla pequeña y observarás que la pulpa de la naranja se separa del líquido. Ahora responde a las siguientes cuestiones.

a) ¿El zumo de naranja es una sustancia o una mezcla?

b) ¿Qué observas después del reposo?

c) ¿Qué nombre recibe cada una de las técnicas que has empleado?

d) ¿Qué tipo de sistema material has obtenido en cada paso?

e) ¿Qué técnica te permitiría obtener la sustancia pura agua a partir del zumo de naranja?

4 Las sustancias

Al separar por completo los componentes de una mezcla obtenemos las sustancias puras que la forman.

Una **sustancia pura**, o simplemente sustancia, es aquella de la que no se pueden separar otras sustancias utilizando procedimientos físicos.

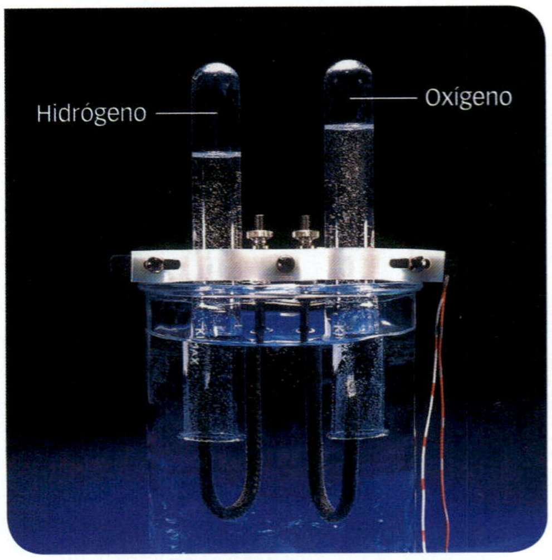

En la **electrolisis** se descompone el agua por acción de la corriente eléctrica. Se obtiene el doble de gas hidrógeno que de gas oxígeno.

Cada sustancia tiene unas propiedades características que sirven para identificarla. Las características de una sustancia son las mismas cualquiera que sea el lugar donde se ha obtenido.

Así, el agua tiene una temperatura o punto de fusión de 0 °C y una temperatura o punto de ebullición de 100 °C, a la presión de 1 atm. Da lo mismo que se haya obtenido descongelando hielo del Antártico o evaporando agua del mar o de cualquier otro manantial.

Hay dos tipos de sustancias: sustancias simples y compuestos químicos.

Sustancias simples	Compuestos químicos
Están formadas por un único elemento químico. Ejemplos: • Hidrógeno. • Azufre. • Oxígeno. • Cobre. Existen más de cien elementos químicos diferentes (algunos creados artificialmente).  Azufre  Cobre	Están formados por dos o más elementos químicos que se combinan en una proporción fija. Ejemplos: • Agua, H_2O. Por cada gramo de hidrógeno hay 8 g de oxígeno. • Dióxido de carbono, CO_2. Hay 3 g de carbono por cada 8 g de oxígeno. En la naturaleza existen muchos millones de compuestos químicos distintos.  Azúcar

Para separar los elementos que forman un compuesto hay que descomponerlo. Los procedimientos empleados se llaman **métodos químicos**, porque transforman la sustancia en otras sustancias diferentes, con distintas propiedades. Así, si se descompone el agua por acción de la corriente eléctrica, se obtienen el hidrógeno y el oxígeno por separado. El agua, el hidrógeno y el oxígeno son tres sustancias diferentes, cada una con sus propiedades características.

PRESTA ATENCIÓN

Como ves, las propiedades de un compuesto son diferentes de las propiedades de las sustancias simples que lo forman.

ACTIVIDADES

8 Explica con pocas palabras las diferencias entre:

a) Sustancia pura y sustancia simple.

b) Sustancia pura y compuesto.

c) Sustancia simple y compuesto.

d) Elemento y compuesto.

9 Contesta.

a) ¿Cómo es posible que existan millones de compuestos si en la naturaleza hay menos de cien elementos diferentes?

b) ¿Una sustancia pura puede estar formada por más de un elemento químico?

4.1. Un compuesto no es una mezcla

Agua

El **agua** es un compuesto formado por los elementos hidrógeno (H) y oxígeno (O). En el agua hay 8 g de oxígeno por cada gramo de hidrógeno.

El agua es una sustancia diferente del gas hidrógeno y del gas oxígeno. Cuando la descomponemos en oxígeno e hidrógeno, el agua desaparece.

Oxígeno e hidrógeno

El **oxígeno** es una sustancia simple formada solo por átomos de oxígeno. Cada partícula de gas oxígeno está formada por dos átomos de oxígeno unidos (O_2).

El **hidrógeno** es una sustancia simple formada solo por átomos de hidrógeno. Cada partícula de gas hidrógeno está formada por dos átomos de hidrógeno unidos (H_2).

Podemos mezclar gas oxígeno y gas hidrógeno en cualquier proporción. La composición del gas oxígeno y del gas hidrógeno en la mezcla es la misma que cuando están separados.

Un **compuesto** es una sustancia formada por dos o más elementos que se combinan en una proporción fija. Las propiedades del compuesto son distintas de las propiedades de los elementos que lo forman.

Una **mezcla** está formada por dos o más sustancias (simples o compuestas) que se pueden combinar en cualquier proporción. Las propiedades de cada sustancia no cambian por estar mezcladas.

4.2. Cómo distinguir una mezcla de una sustancia

Las sustancias puras tienen unas propiedades características que sirven para identificarlas. El agua funde siempre a 0 °C.

Las propiedades de las mezclas dependen de sus componentes y de las proporciones en que se encuentran.

SABER HACER

Identificar una mezcla

Los cubos de hielo comienzan a fundir a 0 °C. Mientras están fundiendo, la temperatura no varía.

Al calentar suavemente la mantequilla, observamos que:

- Comienza a fundir a los 26 °C.
- Está totalmente fundida a los 42 °C.
- La temperatura ha aumentado continuamente.

? INTERPRETA LA IMAGEN

- ¿Qué diferencia hay entre la fusión del hielo y la de la mantequilla?
- ¿Una mantequilla de otra marca fundiría igual que esta?

5 Resumen sobre la materia

Al observar los cuerpos o sistemas materiales que nos rodean, es posible apreciar que la materia se puede presentar como:

- **Sustancia pura:** es una única sustancia. Se identifica por sus propiedades características, que son siempre las mismas.
- **Mezcla:** está formada por dos o más sustancias que pueden aparecer en cualquier proporción. Las propiedades de la mezcla dependen de las sustancias y de su proporción.

  Se pueden separar los componentes de una mezcla utilizando procedimientos físicos: calentando, filtrando... Cada componente de la mezcla tiene la misma composición, tanto si está separado como si está mezclado con otros.

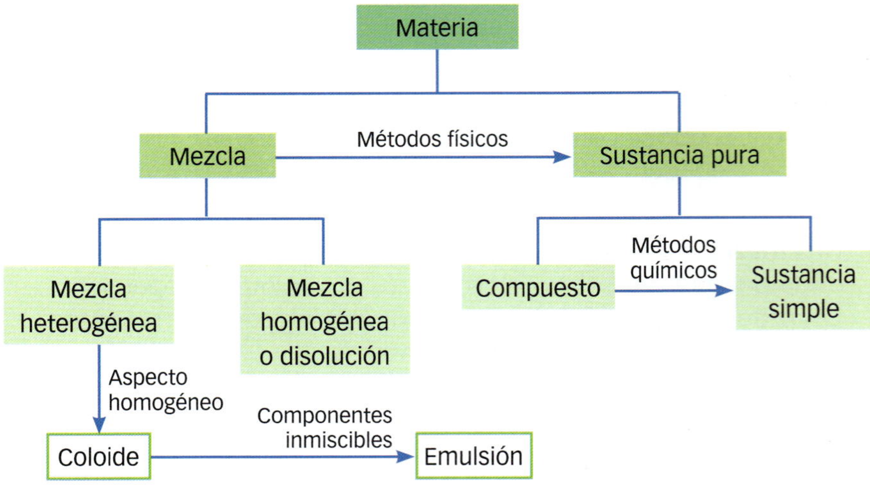

Según el tamaño y el aspecto de las partículas, las mezclas son:

- **Mezcla homogénea** o **disolución**: no se distinguen los componentes. Cualquier parte de la mezcla tiene la misma composición y propiedades.
- **Mezcla heterogénea:** sus componentes se distinguen por procedimientos ópticos. Una parte de la mezcla puede tener distinta composición que otra parte de la mezcla.

  Los **coloides** son mezclas heterogéneas con aspecto homogéneo. Los componentes se distinguen cuando se observan al microscopio.

Dependiendo de su composición, las sustancias puras pueden ser sustancias simples o compuestos:

- **Sustancias simples:** están formadas por un único elemento.
- **Compuestos:** están formados por dos o más elementos químicos que se combinan en una proporción fija.

  Para separar los elementos de un compuesto hay que utilizar **procedimientos químicos**. Estos métodos consiguen que desaparezca el compuesto y aparezcan las sustancias simples formadas por cada uno de sus elementos por separado. Las sustancias simples obtenidas tienen propiedades diferentes del compuesto del que proceden.

ACTIVIDADES

10 Clasifica los sistemas materiales de abajo en alguna de las categorías. Completa la tabla en tu cuaderno.

a) Agua.

b) Aire.

c) Café con leche.

d) Café solo.

e) Salsa vinagreta.

f) Salsa mahonesa.

g) Chocolate con leche.

h) Chocolate con almendras.

i) Lingote de oro.

j) Lata de refresco.

Mezcla heterogénea	
Coloide	
Disolución	
Compuesto	
Sustancia simple	

REPASA LO ESENCIAL

11 Completa la tabla en tu cuaderno colocando en el lugar adecuado las palabras que aparecen tras ella.

Sistema	Definición	Ejemplo
	Tiene el mismo aspecto en cualquiera de sus partes.	
	Podemos distinguir porciones con aspecto diferente.	

Leche · Homogéneo · Agua con gas · Arena · Sal · Heterogéneo

12 Completa la tabla en tu cuaderno colocando en el lugar adecuado las palabras que aparecen tras ella.

Tipo	Definición	Ejemplo
	Conjunto de dos o más sustancias en el que no se pueden distinguir sus componentes de forma visual.	
	Conjunto de dos o más sustancias en el que se pueden distinguir los componentes a simple vista.	

Mezcla homogénea · Infusión · Colonia · Yogur con frutas · Mezcla heterogénea · Turrón

13 En este dibujo se representa una disolución.

a) Indica en tu cuaderno cuáles son las partículas del disolvente y cuáles las del soluto.

b) Basándote en este esquema, dibuja en tu cuaderno cómo sería una disolución hecha con agua, sal y azúcar.

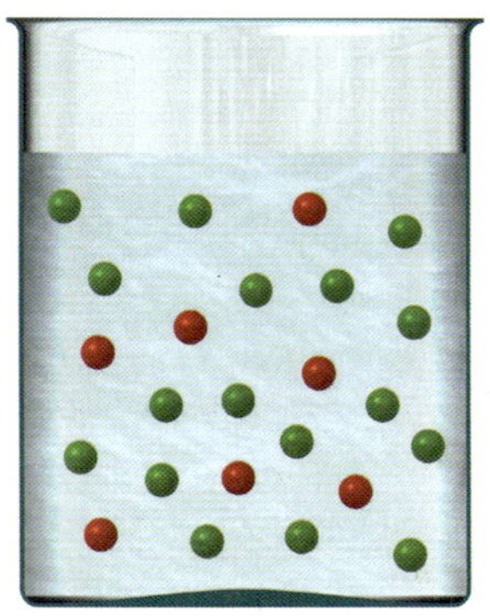

14 Copia estas frases en tu cuaderno y complétalas incluyendo en los huecos las palabras que faltan.

a) Una emulsión es una mezcla ______ con aspecto ______.

b) Para obtener una emulsión hacen falta ______ componentes: la fase ______, la ______ dispersante y el ______.

15 Ordena las letras y forma las palabras que identifican procesos de separación de mezclas heterogéneas.

a) ÓFRICLNTAI

b) CDETCÓNNAAI

c) MSNÉEPATIRACIGÓNACA

d) BCARI

16 Añade las vocales que faltan y tendrás nombres de técnicas que permiten separar los componentes de mezclas homogéneas.

a) DSTLCN

b) VPRCN

c) CRMTGRF

d) CRSTLZCN

e) XTRCCN CN DSLVNTS

17 Completa la tabla en tu cuaderno colocando en el lugar adecuado las palabras que aparecen tras ella.

Sustancia	Definición	Ejemplo
	Formada por un único elemento químico.	
	Formada por dos o más elementos químicos que se combinan en proporción fija.	

Compuesto · H_2O · NH_3 · Sustancia simple · Cl_2 · O_2

18 Completa en tu cuaderno el esquema de abajo relativo a la materia y su clasificación utilizando los términos estudiados en esta unidad.

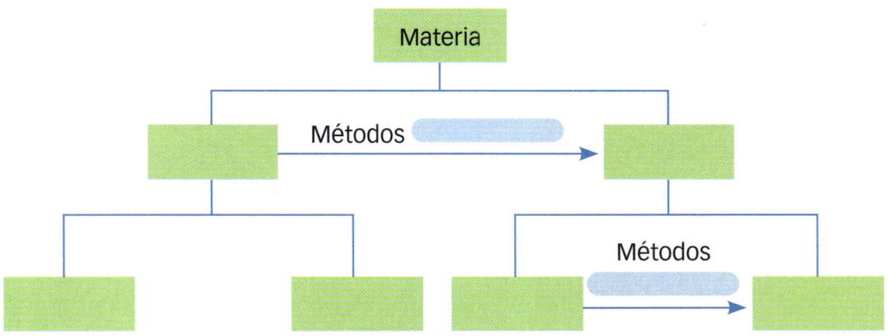

PRACTICA

Cómo se presenta la materia

19 Indica cuáles de los siguientes sistemas materiales son homogéneos y cuáles heterogéneos.

a) 
b) 
c) 

20 Indica en tu cuaderno la etiqueta más adecuada a los siguientes sistemas materiales.

a) Sustancia simple.
b) Compuesto.
c) Mezcla homogénea.
d) Mezcla heterogénea.

☐

☐

☐

☐

Las mezclas

21 Las colonias se preparan mezclando alcohol, agua y otras sustancias que le proporcionan olor y color. Mezcla diez cucharadas soperas de alcohol con tres cucharadas de agua y cinco gotas de colorante alimentario. Obtendrás un líquido transparente del color del colorante.

a) Indica qué tipo de mezcla es.
b) Identifica cada sustancia como soluto o disolvente.

22 Repasa la información que aparece en esta unidad y clasifica las siguientes mezclas.

	Disolución	Coloide	Mezcla heterogénea
Agua del río			
Aire			
Plasma sanguíneo			
Gelatina			
Tarta de manzana			
Monedas			

23 Consigue la etiqueta de una botella de agua mineral sin gas y de agua mineral con gas.

a) Completa una tabla en tu cuaderno indicando la composición del agua que hay en cada una.
b) Señala si hay algún componente que sea mucho más abundante en una que en otra.
c) Imagina que llenas un vaso con agua mineral con gas y otro con agua mineral sin gas. Explica si lo que tienes en cada vaso es una sustancia pura, una disolución o una mezcla heterogénea.
d) Compara las etiquetas de las botellas de agua mineral con gas y sin gas que has utilizado con las obtenidas por tus compañeras y compañeros de clase. ¿Tienen la misma composición? ¿Por qué?

Separar los componentes de una mezcla

24 Relaciona en tu cuaderno cada material con la técnica de separación correspondiente.

a) 
b) 
c) 
d) 

☐ Decantación.
☐ Separación magnética.
☐ Filtración.
☐ Destilación.

25 Relaciona en tu cuaderno las mezclas con la técnica más adecuada para separar sus componentes.

a) 
b) 
c) 
d) 

☐ Evaporación.
☐ Separación magnética.
☐ Decantación.
☐ Filtración.

26 Cuando haces lo que se indica en cada paso, obtienes lo que aparece al final. Obsérvalo con detalle y, basándote en ello, diseña un procedimiento que te permita separar una mezcla de sal y azúcar.

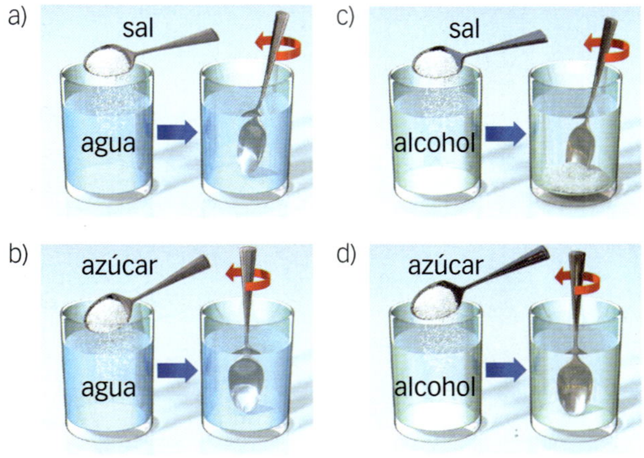

27 Razona cómo podrías utilizar el agua para separar una mezcla de arena y sal.

28 ¿Podrías utilizar el agua para separar una mezcla de azúcar y sal?

29 Imagina que has introducido arena, sal y pequeños clavos en un tarro. Indica qué procedimiento seguirías para separarlos. Explica, en cada caso, qué material utilizas y qué componente de la mezcla puedes separar.

30 La técnica de la decantación se utiliza, entre otras cosas, para separar algunas mezclas de varios líquidos.

a) ¿Podrías separar con esa técnica una mezcla de alcohol y agua?

b) ¿Y si fuese una mezcla de gasolina y agua?

Las sustancias

31 Para fundir chocolate lo calentamos al baño María. Si colocamos un termómetro en el recipiente donde está el chocolate, observamos que empieza a fundir a los 28 °C y no está totalmente fundido hasta los 50 °C. Ten en cuenta esta información y contesta.

a) ¿Es el chocolate una sustancia pura?

b) Un chocolate de otra marca, ¿fundiría de la misma manera?

32 En la combustión del petróleo se produce dióxido de carbono, el gas responsable del efecto invernadero. ¿Es el dióxido de carbono una sustancia simple o un compuesto? Indica algún procedimiento que te permita averiguarlo.

33 La etiqueta de un recipiente cerrado dice que en su interior hay un sistema material formado por los elementos carbono y oxígeno. ¿Cómo podemos saber si en el recipiente hay un compuesto químico o si es una mezcla formada por dos sustancias simples?

AMPLÍA

34 Un té con azúcar es una disolución.

a) Indica cuál es el soluto y cuál o cuáles son los disolventes.

b) Si al té con azúcar le añadimos leche, ¿sigue siendo una disolución? Nombra una prueba que te permita diferenciar ambos tipos de mezcla.

35 Se utiliza la técnica de la cromatografía para analizar los componentes de una mezcla M. En la parte de abajo del papel se coloca un punto de la muestra M y cuatro puntos de las sustancias conocidas, que identificamos como 1, 2, 3 y 4. Dejamos que suba el disolvente y obtenemos lo que se muestra en el dibujo. Obsérvalo y razona si cada una de las frases siguientes son ciertas o no.

a) La muestra M es una mezcla de las sustancias 1, 2 y 3.

b) La sustancia 3 es la más afín al papel.

c) La sustancia 2 es la menos afín al disolvente.

36 Lee el texto siguiente y responde.

«El carbón es un combustible sólido. Cuando se le acerca una llama, arde por acción del oxígeno del aire, transformándose en un gas denominado dióxido de carbono».

a) Identifica las tres sustancias de las que se habla en el texto. Indica si son sustancias simples o compuestos.

b) ¿Es posible tener en contacto carbón y oxígeno sin que arda el carbón?

c) Para que el carbón arda, ¿qué hace falta, además de oxígeno?

d) Describe una mezcla de carbón y oxígeno. Puedes dibujar las sustancias y sus partículas en un recipiente.

e) Describe el compuesto que resulta de combinar el carbón con el oxígeno. Indica alguna de sus características. Intenta escribir su fórmula.

APLICA UNA TÉCNICA. Identificar la diversidad de la materia en el agua

El agua es la sustancia más abundante de la naturaleza. En los polos la encontramos en forma de hielo; en los mares y los ríos, en forma líquida; y en la atmósfera, en forma de vapor que, cuando se acumula, origina las nubes, formadas por gotitas en estado líquido.

En el supermercado encontramos agua destilada y también agua embotellada, que puede ser agua mineral y, además, puede tener gas.

Por electrolisis, el agua se descompone en hidrógeno y oxígeno, dos sustancias que se encuentran en estado gas a temperatura ambiente.

El hidrógeno arde cuando se le acerca una chispa y el oxígeno aviva la llama de cualquier combustión.

Cuando se realiza la electrolisis del agua, se obtiene el doble de volumen de hidrógeno que de oxígeno.

No obstante, podemos tener una bombona solo con oxígeno, solo con hidrógeno, la mitad de cada uno o ambos gases en cualquier otra proporción.

37 Contesta.

a) ¿El agua es una sustancia simple o un compuesto?

b) ¿Y el agua mineral?

En la imagen aparecen diversas «variedades» de agua. Identifícalas y di en qué se diferencian.

38 Señala cuáles de las siguientes sustancias son puras.

a) Hielo (cubitos).

b) Agua de mar.

c) Agua de río.

d) Agua destilada (agua pura).

e) Agua mineral sin gas.

f) Agua mineral con gas.

g) Nube.

h) Nieve.

39 ¿Cómo sabemos que el agua está formada por otras sustancias más simples?

40 En el texto se citan tres sustancias. Identifícalas por sus propiedades e indica si son compuestos o sustancias simples.

41 Elabora un dibujo con esferas que identifiquen al oxígeno y al hidrógeno para cada uno de estos casos.

a) Agua líquida. b) Hielo. c) Vapor de agua.

42 Elabora ahora un dibujo con esferas para identificar las sustancias presentes en una botella de agua mineral (sin gas).

43 El agua de mar es salada. Sin embargo, las nubes formadas tras la evaporación del agua no tienen sal. Explica con tus palabras esta aparente paradoja. Elabora un esquema para apoyar tu respuesta.

FORMAS DE PENSAR. Análisis científico. **¿Cómo fomentar el uso del gas natural?**

El gas natural es el combustible fósil con menor impacto medioambiental de todos los utilizados, tanto en la etapa de extracción, elaboración y transporte, como en la fase de utilización [...].

Las consecuencias atmosféricas del uso del gas natural son menores que las de otros combustibles por las siguientes razones:

- La menor cantidad de residuos producidos en la combustión permite su uso como fuente de energía directa en los procesos productivos o en el sector terciario [...].
- La misma pureza del combustible lo hace apropiado para su empleo con las tecnologías más eficientes [...].
- Se puede emplear como combustible para vehículos, tanto privados como públicos, mejorando la calidad medioambiental del aire de las grandes ciudades.
- Menores emisiones de gases contaminantes (SO_2, CO_2, NO_x y CH_4) por unidad de energía producida.

Emisiones de CO_2

El gas natural [...] produce CO_2; sin embargo [...], sus emisiones son un 40-50 % menores de las del carbón y un 25-30 % menores de las del fueloil.

Emisiones de NO_x

[...] La propia composición del gas natural genera dos veces menos emisiones de NO_x que el carbón y 2,5 veces menos que el fueloil. [...]

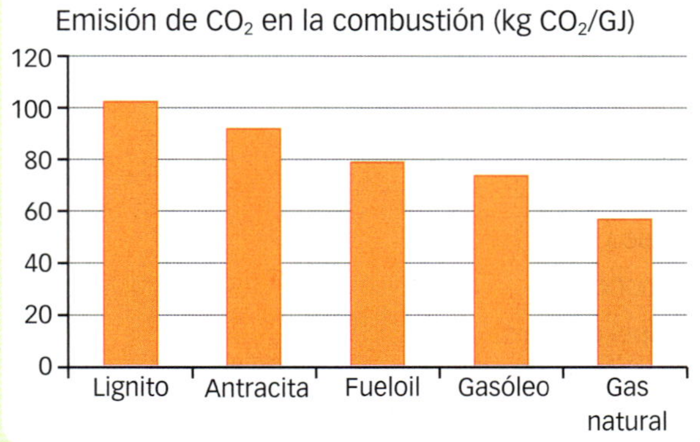

Emisiones de SO_2

Es el principal causante de la lluvia ácida. [...] La emisión de SO_2 en su combustión es 150 veces menor a la del gasóleo, entre 70 y 1500 veces menor que la del carbón y 2500 veces menor que en el fueloil.

Emisiones de CH_4

El metano, que constituye el principal componente del gas natural, es un causante del efecto invernadero más potente que el CO_2, aunque las moléculas de metano tienen un tiempo de vida en la atmósfera más corto que las de CO_2. [...]

Partículas sólidas

El gas natural se caracteriza por la ausencia de todo tipo de impurezas y residuos, lo que descarta cualquier emisión de partículas sólidas, hollines, humos, etc. [...]

FUENTE: Ministerio de Industria, Comercio y Turismo

44 COMPRENSIÓN LECTORA. Extrae la idea principal del texto. ¿El uso de gas natural produce contaminación o no?

45 Busca información sobre el uso seguro del gas natural en viviendas.

a) Anota en una lista las cinco o seis medidas que consideres más importantes.

b) Encuesta a familiares y amigos que utilicen el gas natural y pregúntales si tienen en cuenta las medidas de seguridad que has elegido.

c) USA LAS TIC. Elabora una presentación multimedia presentando las normas de seguridad básicas y el respeto de las mismas extraído de tu encuesta. Si puedes, añade algún gráfico.

46 En algunas ciudades ya circulan autobuses impulsados por gas natural. Investiga qué otras alternativas ecológicas existen a los medios de transporte alimentados con combustibles fósiles.

47 ¿Cuántos autobuses impulsados por gas natural podrían circular emitiendo a la atmósfera la misma cantidad de CO_2 que 100 autobuses de gasóleo?

48 ¿En qué estado se encuentran otras sustancias empleadas habitualmente como combustible?

a) Gasolina.

b) Gasóleo.

c) Butano.

d) Carbón.

49 TOMA LA INICIATIVA. ¿Cómo fomentarías el uso del gas natural en empresas y en viviendas?

INVESTIGA | TRABAJO COOPERATIVO

SEPARAR MEZCLAS

A. EXTRAER EL COLORANTE DE LA LOMBARDA

¿Qué necesitas?

- Soporte con aro.
- Embudo de vidrio.
- Varilla.
- Vasos.
- Alcohol.
- Papel de filtro.
- Lombarda.

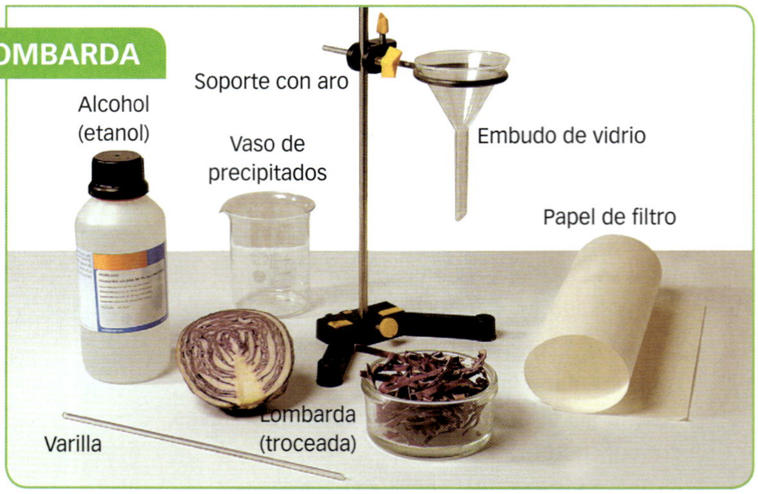

SABER HACER

Elaborar filtro de papel

1. Dobla en cuatro partes el papel de filtro.

2. Recorta los bordes en forma de círculo.

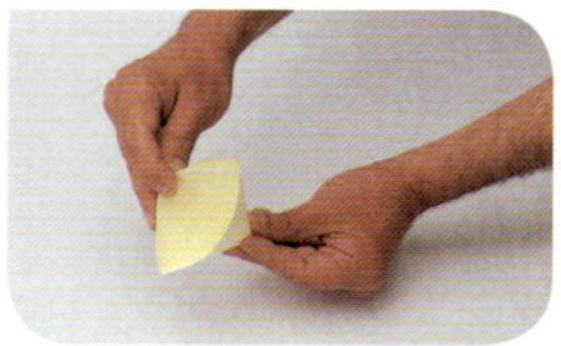

3. Separa una de las partes y haz un cono.

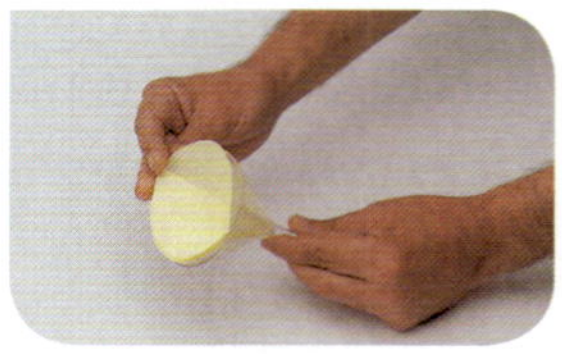

4. Colócalo dentro del embudo.

¿Cómo se hace?

1. Pon lombarda picada en el vaso y cúbrela con alcohol.

2. Remueve con la varilla y déjala toda la noche.

3. Cubre el filtro con papel y filtra el líquido.

4. Observa la diferencia en el color de la lombarda fresca y la que ha estado en contacto con el alcohol.

B. DESTILAR EL ALCOHOL CON EL COLORANTE

¿Qué necesitas?

- Equipo de destilación:
  - Matraz de fondo redondo.
  - Cabeza de destilación.
  - Termómetro.
  - Placa calefactora y cazo.
  - Recipiente con alcohol y colorante de lombarda.
  - Refrigerante.
  - Erlenmeyer.
  - Plato poroso.
  - Grasa de silicona.
  - Soporte con pinzas.
  - Grifo y desagüe.

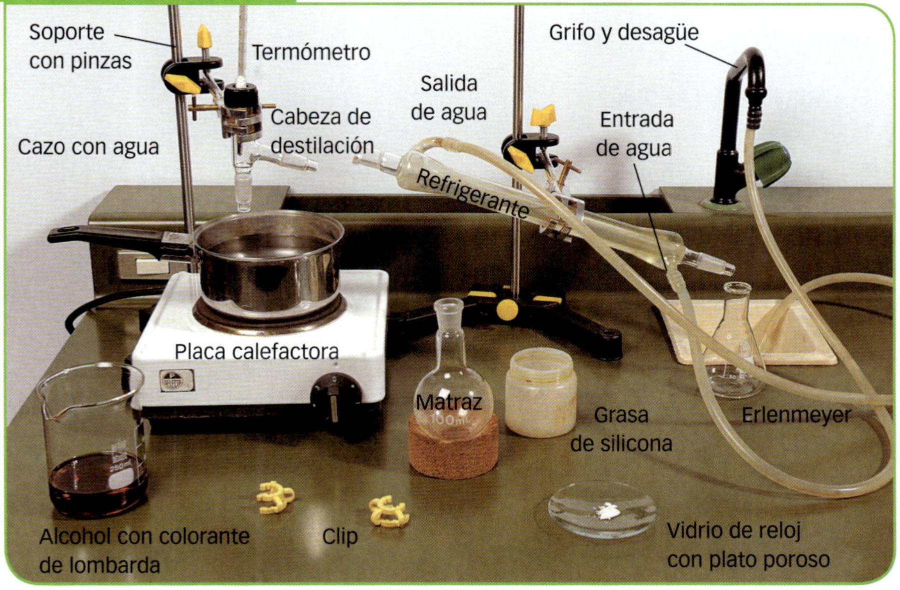

¿Cómo se hace?

1. Pon el plato poroso en el matraz y después vierte el líquido.

2. Pon grasa de silicona en las juntas de las piezas.

3. Completa el montaje y abre el refrigerante. Asegúrate de que circula el agua.

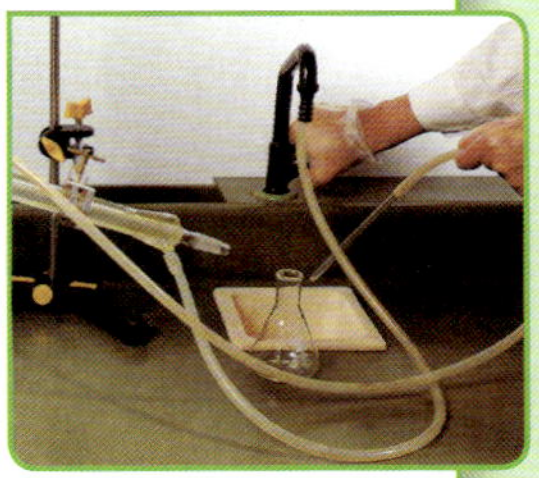

4. Enciende la placa y controla la temperatura. Verás que el alcohol comienza a destilar cuando el termómetro marca 78 °C y que la temperatura no cambia mientras está destilando.
5. Cuando todavía quede un poco de líquido coloreado en el matraz, apaga la placa calefactora, pero no cierres el refrigerante hasta que deje de gotear alcohol.

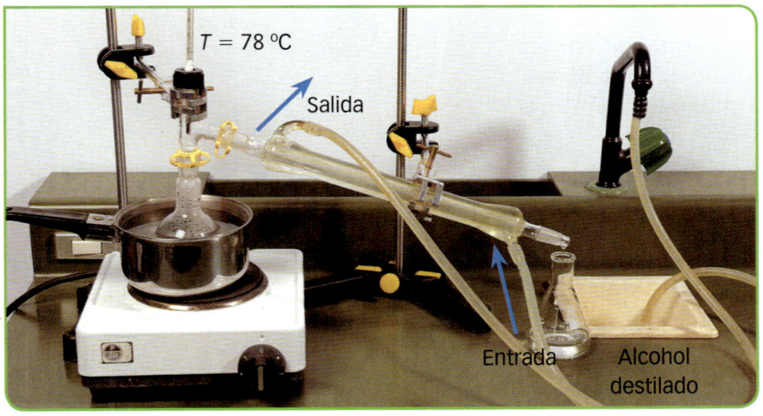

ACTIVIDADES

50 Haz una lista con las técnicas de separación de mezclas que has utilizado en estas experiencias.

51 Compara el color de la lombarda antes y después de estar en contacto con el alcohol. ¿Qué le ha sucedido?

52 Observa la evolución de la temperatura durante la destilación. ¿A qué temperatura destila el alcohol? ¿Es una sustancia pura o una mezcla? ¿Por qué?

53 ¿De qué color es el destilado que recoges en el Erlenmeyer? Da dos razones que te permitan identificar de qué sustancia se trata.

4 Cambios en la materia

SABER

- Los ladrillos que forman la materia.
- Cambios físicos y químicos.
- Las reacciones químicas.
- Materia y materiales.

SABER HACER

- Observar cambios físicos y cambios químicos en la materia.
- Manipular con seguridad material básico de laboratorio para llevar a cabo experiencias sencillas.

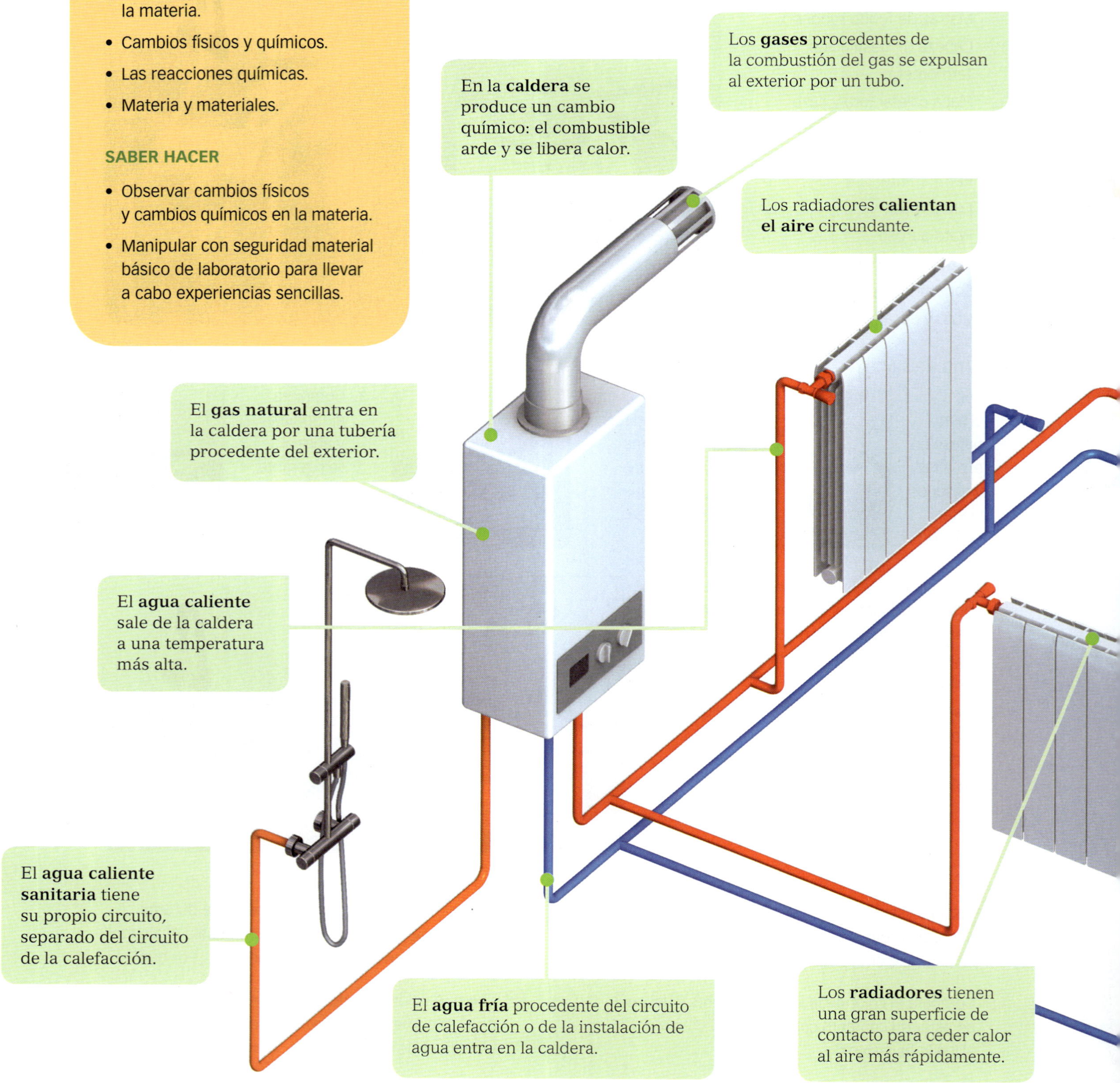

NOS HACEMOS PREGUNTAS. **¿Cómo calientan los sistemas de calefacción?**

Hace 2000 años los romanos ya utilizaban un sistema de calefacción empleando aire caliente que circulaba bajo el suelo. El sistema de calefacción más utilizado en la actualidad es algo diferente, pues por lo general está formado por un circuito con tuberías de agua caliente que mantiene una temperatura agradable en las viviendas incluso en días muy fríos.

> **13 ACCIÓN POR EL CLIMA**
>
> Buscar alternativas a las reacciones químicas de combustión, que son responsables del incremento del efecto invernadero en nuestro planeta y, por tanto, del calentamiento global. Un ejemplo son los coches eléctricos.

Pero el método empleado para generar el calor es muy similar: se quema un combustible que calienta el aire (época romana) o el agua (actualidad).

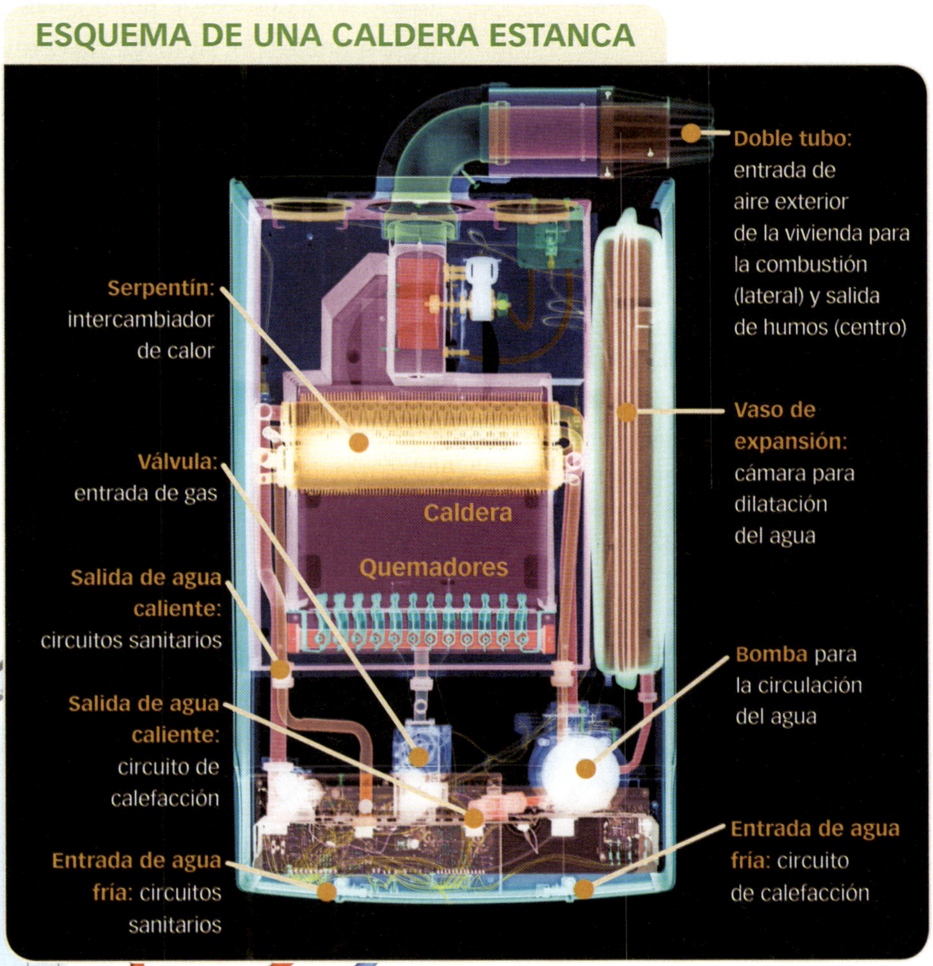

? INTERPRETA LA IMAGEN

- Explica para qué sirve cada uno de los circuitos de agua en una vivienda.
- ¿Qué ocurre con el gas natural tras pasar por la caldera? ¿En qué se convierte?
- ¿Qué tipo de cambio experimenta el agua en la caldera?

CLAVES PARA EMPEZAR

- ¿Todos los sistemas de calefacción queman un combustible para generar el calor? Explica tu respuesta.
- ¿En qué estado físico se encuentran las sustancias que se citan en estas páginas?

> **PRESTA ATENCIÓN**
>
> **Cómo se elabora un proyecto**
>
> 1. Decidir el tema a desarrollar.
> 2. Elaborar un índice para organizar los contenidos.
> 3. Buscar información en enciclopedias, libros de texto y también en internet: búsquedas avanzadas escribiendo los términos entre comillas, páginas concretas de información reconocida, buscadores de imágenes, portales con vídeos y animaciones sobre divulgación científica.
> 4. Organizar la información seleccionada.
> 5. Hacer una presentación con un procesador de texto.
> 6. El proyecto debe contener los siguientes elementos: título, autores, índice, contenido y bibliografía (listado de libros o páginas web consultadas).

1 Los ladrillos que forman la materia

La materia que observamos cambia con frecuencia. Pero no todos los cambios le afectan de la misma manera. Para comprender los cambios que experimenta, necesitamos conocer cómo es la materia.

En la antigua Grecia (año 450 a. C.), el sabio Demócrito de Abdera afirmaba que la materia está formada por partículas muy pequeñas e indivisibles a las que llamó **átomos**. Durante mucho tiempo no hubo manera de demostrar si esta idea era cierta o no.

Pero a finales del siglo XVIII la comunidad científica realizó cuidadosos experimentos sobre la composición de la materia. Como consecuencia, el científico británico John Dalton enunció en 1803 su **teoría atómica**:

- Toda la materia está formada por partículas indivisibles muy pequeñas llamadas átomos.
- Todos los átomos de un elemento químico son iguales entre sí y diferentes de los átomos de cualquier otro elemento químico.
- Un compuesto está formado por átomos de dos o más elementos que se combinan en una proporción fija.

En el siglo XX se descubrieron nuevos hechos sobre los átomos. No obstante, la teoría de Dalton explica muchos aspectos de la materia. Podemos decir que los átomos son como los ladrillos que forman la materia.

Los átomos son muy pequeños. No se pueden ver con ningún microscopio. Con una lupa imaginaria que mostrase los átomos veríamos que:

Todos los átomos del diamante son de carbono.

Todos los átomos del gas oxígeno son iguales entre sí.

El dióxido de carbono lo forman 1 átomo de C con 2 átomos de O.

De acuerdo con la teoría de Dalton podemos clasificar la materia así:

- **Sustancia simple:** está formada por un solo tipo de átomos.
- **Compuesto:** es una sustancia formada por más de un tipo de átomos combinados en una proporción fija.

ACTIVIDADES

1 Imagina que en un recipiente tienes gas oxígeno  y en otro gas hidrógeno .

a) Dibuja un recipiente con una mezcla de gas hidrógeno y gas oxígeno.

b) Dibuja otro con agua (cada partícula tiene 2 átomos de hidrógeno y 1 átomo de oxígeno).

1.1. Los átomos de los elementos químicos

En la actualidad se conocen más de cien elementos químicos diferentes, en concreto 118.

Para representar los átomos de cada elemento químico se utiliza un **símbolo** formado por una o dos letras.

La primera letra es la inicial de su nombre y se escribe siempre en mayúscula. Para los elementos que se conocen desde la Antigüedad se usa el nombre en griego o en latín. Si hay varios elementos con la misma inicial, el símbolo lleva una segunda letra que se escribe con minúscula.

- H → es el símbolo del hidrógeno.
- He → es el símbolo del helio.
- Hg → es el símbolo del mercurio. El nombre latino de este elemento es *hydrargyrum*, que significa «agua de plata».

Todos los elementos químicos se representan en una tabla llamada **tabla periódica** o **sistema periódico**. Están dispuestos en siete filas (**periodos**) y dieciocho columnas (**grupos**). En cada casilla se coloca un elemento químico, en el orden que indica su número atómico (el número que puedes ver en ella).

En los cursos sucesivos verás que el lugar que ocupa un elemento en el sistema periódico nos permite conocer sus propiedades y saber qué compuestos puede formar cuando se combina con otros elementos.

ACTIVIDADES

2 Haz una lista de los elementos cuyo símbolo tiene una sola letra. Al lado del símbolo, escribe su nombre.

3 Localiza el símbolo de algunos elementos cuyo nombre se refiere a un lugar geográfico (región, país, continente).

4 USA LAS TIC. Busca información sobre algún elemento de la tabla periódica y prepara una presentación para exponerla en clase.

Sistema periódico de los elementos

Número atómico: 20 — Símbolo: Ca — Nombre: Calcio

Símbolo (los elementos artificiales como Tc, se representan con caracteres huecos)

NO METALES · SEMIMETALES · METALES · GASES NOBLES

PERIODO / GRUPO	1	2	3	4	5	6	7	8	9	10	11	12	13	14	15	16	17	18
1	1 H Hidrógeno																	2 He Helio
2	3 Li Litio	4 Be Berilio											5 B Boro	6 C Carbono	7 N Nitrógeno	8 O Oxígeno	9 F Flúor	10 Ne Neón
3	11 Na Sodio	12 Mg Magnesio											13 Al Aluminio	14 Si Silicio	15 P Fósforo	16 S Azufre	17 Cl Cloro	18 Ar Argón
4	19 K Potasio	20 Ca Calcio	21 Sc Escandio	22 Ti Titanio	23 V Vanadio	24 Cr Cromo	25 Mn Manganeso	26 Fe Hierro	27 Co Cobalto	28 Ni Níquel	29 Cu Cobre	30 Zn Cinc	31 Ga Galio	32 Ge Germanio	33 As Arsénico	34 Se Selenio	35 Br Bromo	36 Kr Kriptón
5	37 Rb Rubidio	38 Sr Estroncio	39 Y Itrio	40 Zr Circonio	41 Nb Niobio	42 Mo Molibdeno	43 Tc Tecnecio	44 Ru Rutenio	45 Rh Rodio	46 Pd Paladio	47 Ag Plata	48 Cd Cadmio	49 In Indio	50 Sn Estaño	51 Sb Antimonio	52 Te Teluro	53 I Yodo	54 Xe Xenón
6	55 Cs Cesio	56 Ba Bario	57-71 Lantanoides	72 Hf Hafnio	73 Ta Tántalo	74 W Wolframio	75 Re Renio	76 Os Osmio	77 Ir Iridio	78 Pt Platino	79 Au Oro	80 Hg Mercurio	81 Tl Talio	82 Pb Plomo	83 Bi Bismuto	84 Po Polonio	85 At Astato	86 Rn Radón
7	87 Fr Francio	88 Ra Radio	89-103 Actinoides	104 Rf Rutherfordio	105 Db Dubnio	106 Sg Seaborgio	107 Bh Bohrio	108 Hs Hassio	109 Mt Meitnerio	110 Ds Darmstadtio	111 Rg Roentgenio	112 Cn Copernicio	113 Nh Nihonio	114 Fl Flerovio	115 Mc Moscovio	116 Lv Livermorio	117 Ts Téneso	118 Og Oganesón

Lantanoides	6	57 La Lantano	58 Ce Cerio	59 Pr Praseodimio	60 Nd Neodimio	61 Pm Prometio	62 Sm Samario	63 Eu Europio	64 Gd Gadolinio	65 Tb Terbio	66 Dy Disprosio	67 Ho Holmio	68 Er Erbio	69 Tm Tulio	70 Yb Iterbio	71 Lu Lutecio
Actinoides	7	89 Ac Actinio	90 Th Torio	91 Pa Protactinio	92 U Uranio	93 Np Neptunio	94 Pu Plutonio	95 Am Americio	96 Cm Curio	97 Bk Berkelio	98 Cf Californio	99 Es Einstenio	100 Fm Fermio	101 Md Mendelevio	102 No Nobelio	103 Lr Lawrencio

1.2. Átomos, moléculas y cristales

Los átomos se pueden presentar aislados o combinados con otros átomos.

Átomos aislados

Los únicos átomos que aparecen aislados en la naturaleza son los de los elementos del grupo 18 de la tabla periódica: el helio (He), el neón (Ne), el argón (Ar), el kriptón (Kr), el xenón (Xe) y el radón (Rn). Estos elementos se llaman **gases nobles**. Son las únicas sustancias simples formadas por átomos aislados.

1. EJEMPLO RESUELTO

Suponiendo que los átomos de helio se representan mediante bolas naranjas y los de neón mediante bolas moradas, indica, de forma razonada, qué hay en cada uno de los siguientes casos:

a) 

b) 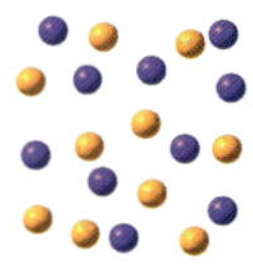

c) 

En todos ellos hay gases nobles, pues las partículas que contienen son átomos aislados.

a) Hay neón. b) Hay una mezcla de helio y neón. c) Hay helio.

PRESTA ATENCIÓN

Cuando en una molécula hay un solo átomo de un elemento no se escribe el subíndice 1.

Ejemplo: $H_2O_1 \rightarrow H_2O$.

Moléculas

Las **moléculas** son agrupaciones de varios átomos iguales o diferentes que se combinan siempre en la misma proporción.

En cada caso, las moléculas pueden formar sustancias moleculares o compuestos moleculares.

Sustancias simples moleculares		Compuestos moleculares	
Las moléculas están formadas por átomos del mismo elemento.		Las moléculas están formadas por átomos de dos o más elementos.	
En la fórmula de una molécula se escribe el símbolo del elemento y un subíndice que indica cuántos átomos hay de cada elemento.		En la fórmula de una molécula se escribe el símbolo de cada elemento y un subíndice que indica cuántos átomos hay de cada elemento.	
O_2 	P_4 	H_2O 	$NC\ell_3$ 
2 átomos de oxígeno (O).	4 átomos de fósforo (P).	2 átomos de hidrógeno (H). 1 átomo de oxígeno (O).	1 átomo de nitrógeno (N). 3 átomos de cloro (Cℓ).

2. EJEMPLO RESUELTO

Los átomos de cloro se representan mediante bolas verdes, los de nitrógeno, con bolas azules, y los de oxígeno, con bolas rojas. Indica qué hay en cada caso:

a) 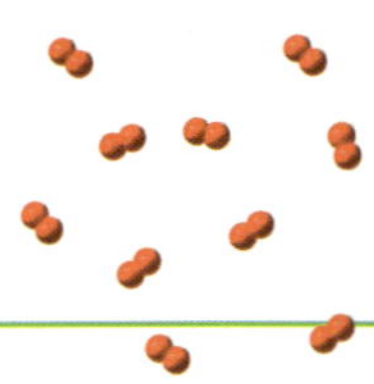

Sustancia simple molecular (O_2).

b) 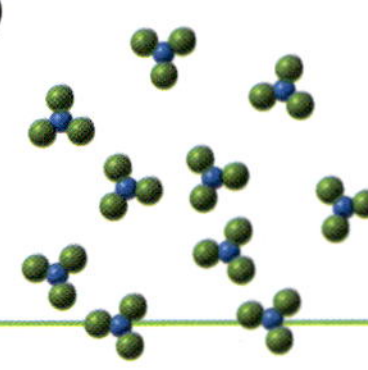

Compuesto molecular ($NC\ell_3$).

c) 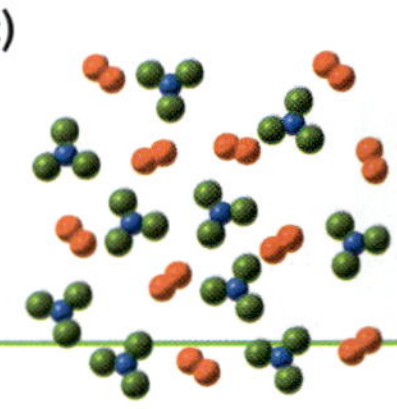

Mezcla de sustancias moleculares (O_2 y $NC\ell_3$).

Cristales

Los **cristales** son sólidos en los que un número muy grande de átomos se unen de manera ordenada.

El número de átomos depende del tamaño del cristal. Según los átomos que forman el cristal, tenemos sustancias simples cristalinas o compuestos cristalinos.

Sustancias simples cristalinas		Compuestos cristalinos	
Son sólidos formados por átomos del mismo elemento. En la fórmula se indica el símbolo del elemento.		Son sólidos cristalinos formados por átomos de dos o más elementos en una proporción fija. En la fórmula se escribe el símbolo de los elementos con el subíndice que indica la proporción en que se combinan; el 1 no se escribe.	
C	**Cu**	**SiO_2**	**NaCℓ**
Diamante: átomos de C. 	Cobre: átomos de cobre. 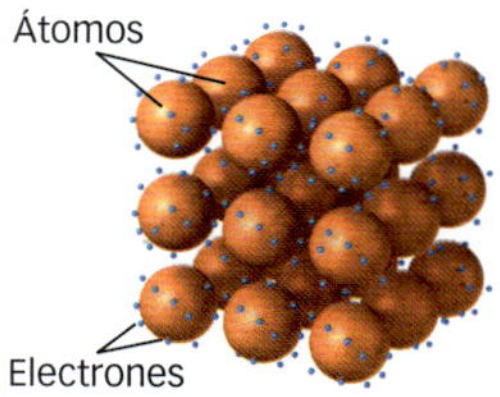	1 átomo de silicio (Si) por cada 2 átomos de oxígeno (O). 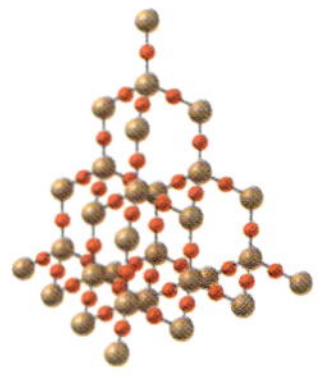	1 átomo de sodio (Na) por cada 1 átomo de cloro (Cℓ). 

ACTIVIDADES

5 Indica si las partículas que forman las siguientes sustancias simples son átomos, moléculas o cristales:

a) $C\ell_2$ b) Ag c) Ar d) S_8

6 Asigna en tu cuaderno cada una de las siguientes representaciones a la sustancia apropiada y explica por qué la eliges.

1 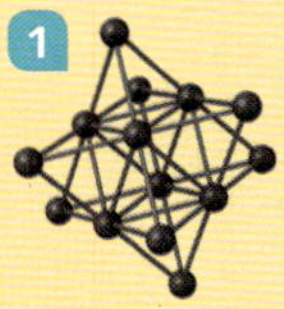
2 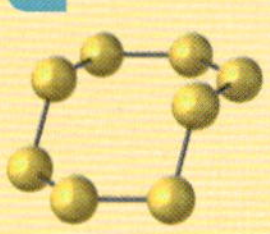
3 
4 

$C\ell_2$ Ar Ag S_8

7 Escribe la fórmula de las siguientes sustancias.

a) Un cristal formado únicamente por átomos de hierro.

b) Una sustancia con moléculas formadas por 2 átomos de hidrógeno y 2 de oxígeno.

c) Un gas formado por átomos de neón.

d) Un cristal en el que hay 2 átomos de cloro por cada átomo de calcio.

8 Indica en tu cuaderno cuál de las representaciones de abajo corresponde a:

a) Un cristal que sea una sustancia simple.

b) Un compuesto molecular.

c) Una sustancia simple molecular.

d) Un cristal que sea un compuesto.

1 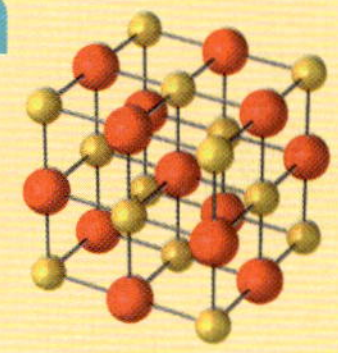
3 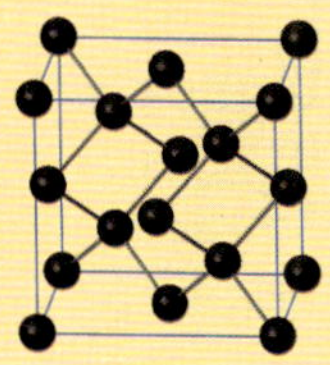
2 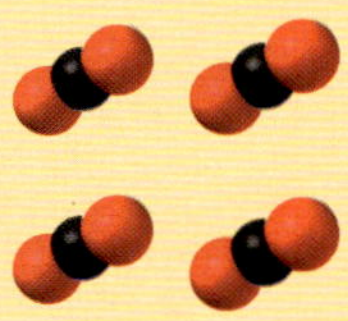
4 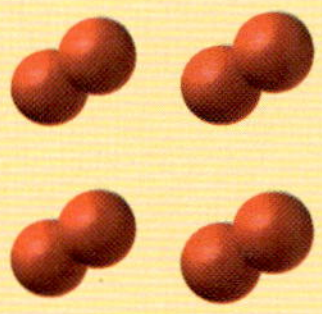

e) Si las bolas rojas representan átomos de oxígeno; las negras, átomos de carbono, y las naranjas, átomos de hierro, escribe las fórmulas de cada sustancia en tu cuaderno.

2 Cambios físicos y químicos

2.1. Cambios físicos

SABER HACER

Observar cambios físicos en la materia

A

1. Al calentar el hielo, su temperatura sube, se funde y se convierte en líquido. Si se enfría el agua, su temperatura desciende, e incluso puede convertirse en hielo. El hielo y el agua son la misma sustancia. Su fórmula es $\mathbf{H_2O}$.

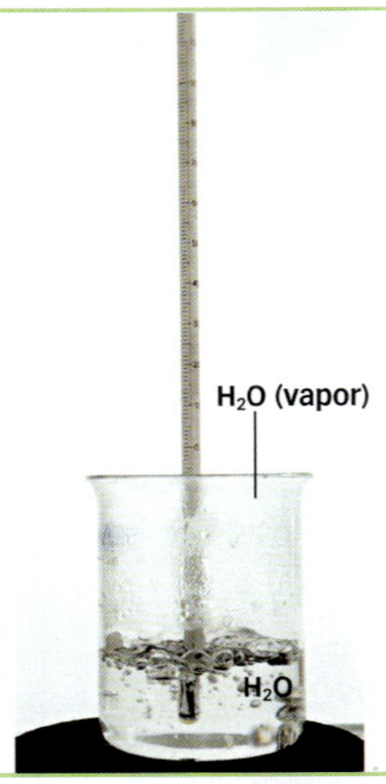

2. Cuando se calienta el agua, su temperatura aumenta y puede llegar a hervir y convertirse en vapor. Si se enfría el vapor, su temperatura desciende y puede llegar a licuarse, transformándose en agua. El agua y el vapor son la misma sustancia. Su fórmula es $\mathbf{H_2O}$.

B

1. Podemos mezclar azufre y hierro. La fórmula química de estas sustancias es la misma cuando están mezcladas que cuando están separadas.

2. En una mezcla de hierro y azufre podemos separar el hierro con un imán. La fórmula química de estas sustancias es la misma, estén mezcladas o separadas.

C

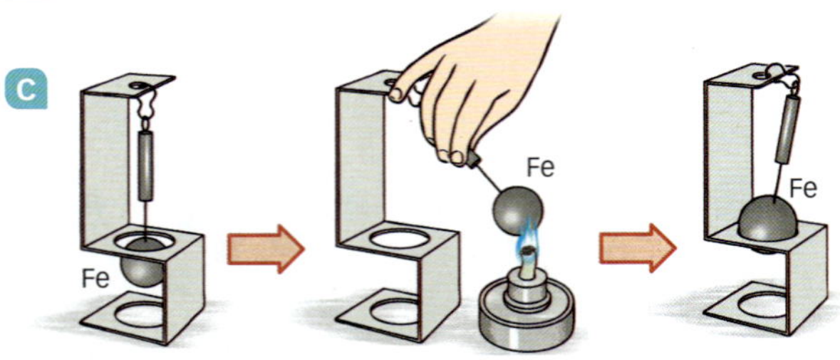

1. Al calentar la bola de hierro, su tamaño aumenta. Su fórmula química no varía.

2. Al calentar el globo, aumenta su tamaño, y al enfriarlo, disminuye. La fórmula química del gas que hay en su interior es la misma en todos los casos.

Un **cambio físico** es una transformación en la que no varía la naturaleza de la materia. Antes y después del cambio se representa por la misma fórmula química. Ejemplos de cambios físicos son los cambios de estado (A), la mezcla y la separación de sustancias (B), los cambios de temperatura y los cambios de tamaño (C).

2.2. Cambios químicos

SABER HACER

Observar cambios químicos en la materia

A

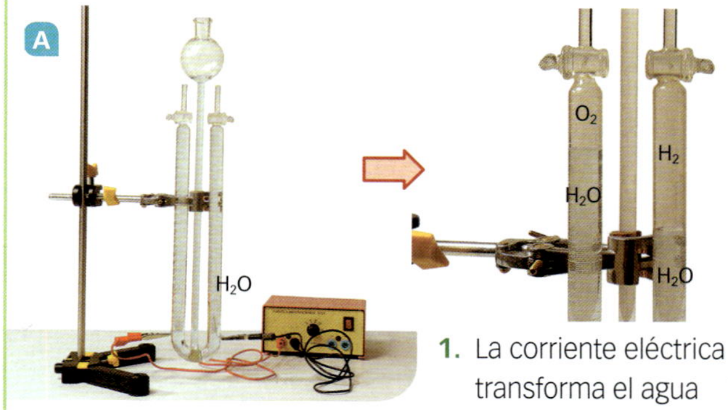

1. La corriente eléctrica transforma el agua (H_2O) en dos sustancias gaseosas.

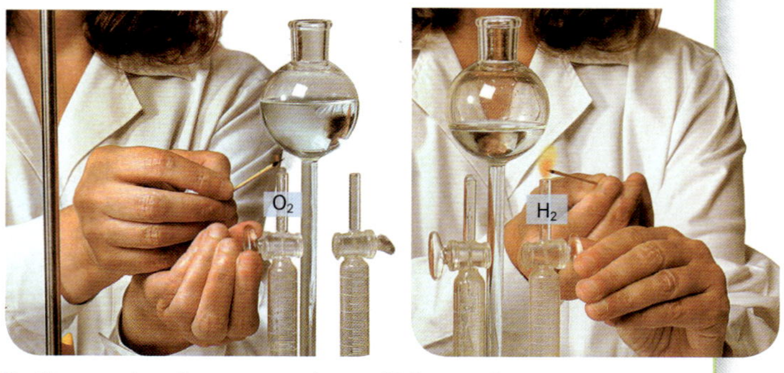

2. Una sustancia es gas oxígeno (O_2). Lo sabemos porque al acercarle una cerilla, aviva su llama.
   La otra sustancia es gas hidrógeno (H_2). Lo sabemos porque arde cuando se le acerca una llama.

B

1. Si introducimos la mezcla de azufre y hierro en un tubo de ensayo y lo calentamos a temperatura elevada, aparece una nueva forma de materia: el sulfuro de hierro (FeS).

2. El sulfuro de hierro es un sólido de color negro que no es atraído por un imán.

Un **cambio químico** es una transformación en la que varía la naturaleza de la materia. Antes del cambio, la materia se representa por una fórmula química; y después, por otra diferente. Las electrolisis (A) y las combustiones (B) son ejemplos de cambios químicos.

ACTIVIDADES

9 **Señala cuáles de las siguientes transformaciones representan un cambio físico y cuáles un cambio químico. Completa la tabla en tu cuaderno.**

a) Convertir en astillas un trozo de madera.
b) Encender una vela.
c) Quemar madera.
d) Oxidar una llave.
e) Moldear arcilla.
f) Filtrar agua con arena.
g) Freír un huevo.
h) Elaborar salsa mahonesa.
i) Encender una bombilla.
j) Sublimar yodo.

Cambio físico	Cambio químico

3 Las reacciones químicas

Los cambios químicos se denominan **reacciones químicas**.

En ellas, una o más sustancias reaccionan para formar otras diferentes. Sabemos que son sustancias diferentes porque tienen distintas propiedades.

Las sustancias que reaccionan se llaman **reactivos**, y las que se obtienen, **productos**. Los reactivos y los productos se representan por una fórmula química diferente.

3. EJEMPLO RESUELTO

Por acción de la corriente eléctrica, el agua se descompone dando hidrógeno y oxígeno.

a) ¿Cuáles son los reactivos? ¿Cuáles son los productos?

b) Escribe la fórmula de los reactivos y de los productos.

c) Indica alguna propiedad que muestre que los reactivos y los productos son sustancias diferentes.

	Reactivos	Productos	
Sustancia	Agua	Hidrógeno	Oxígeno
Fórmula	H_2O	H_2	O_2
Propiedades	Líquido a temperatura ambiente.	Gas a temperatura ambiente.	Gas a temperatura ambiente.
	No arde.	Arde con una chispa o llama.	Aviva las combustiones.

Algunas reacciones químicas también se producen en sentido inverso. Por ejemplo, si introducimos en un recipiente gas hidrógeno y gas oxígeno y hacemos saltar una chispa, reaccionan y forman agua. En este caso los reactivos son el hidrógeno y el oxígeno, y el producto de la reacción, agua.

Se pueden producir muchísimas reacciones químicas. Una sustancia reacciona con otra para dar un producto y, si lo hace con otra diferente, da un producto distinto. También puede suceder que dos sustancias reaccionen en distintas condiciones para dar productos diferentes:

- Cuando se combinan dos moléculas de hidrógeno con una molécula de oxígeno, se obtienen dos moléculas de agua.
- Cuando se combina una molécula de hidrógeno con una molécula de oxígeno, se obtiene una molécula de agua oxigenada.

ACTIVIDADES

10 Identifica los reactivos y los productos en cada una de estas reacciones.

a) Cuando se combinan dos moléculas de hidrógeno con una de oxígeno, se obtienen dos moléculas de agua.

b) Cuando se combina una molécula de hidrógeno con una molécula de oxígeno, se obtiene una molécula de agua oxigenada.

11 Hemos representado con bolas rojas los átomos de O y con bolas amarillas los átomos de H. Asigna en tu cuaderno cada representación con su fórmula y escribe el nombre de cada sustancia:

H_2O_2 O_2 H_2O H_2

3.1. Reacciones a nuestro alrededor

Continuamente se están produciendo reacciones químicas a nuestro alrededor. Un ejemplo son las combustiones y las oxidaciones:

Cocinas y calefacciones

Las cocinas y calefacciones «de gas» utilizan como combustible gas natural (CH_4 y otros), propano (C_3H_8) o butano (C_4H_{10}). Al abrir el gas y acercarle una llama o chispa, el gas reacciona con el oxígeno del aire. Como resultado, además de energía, se producen dióxido de carbono (CO_2) y agua.

El transporte

Los coches, barcos y aviones utilizan combustibles como gasolina (C_8H_{18}), gasóleo o fueloil (compuestos de carbono e hidrógeno). Cuando queman el combustible con el oxígeno del aire obtienen energía, a la vez que desprenden dióxido de carbono y agua. Estas sustancias están en los gases que emiten.

La industria

Muchas industrias obtienen energía quemando carbón y otros combustibles. Como resultado de esta reacción química se producen gases que son emitidos a la atmósfera.

Los incendios

En los incendios forestales se quema madera, un material que tiene carbono e hidrógeno. Al arder, la madera queda reducida a cenizas; en su mayor parte, se ha transformado en dióxido de carbono y agua.

La corrosión

Muchos metales, al estar expuestos a la intemperie, como el hierro, se oxidan por acción del oxígeno del aire. El óxido de hierro formado hace que el objeto se estropee, y esto a veces provoca graves daños o accidentes por la rotura de la pieza.

Obtención de metales

Muchos metales aparecen en minerales formando compuestos: la magnetita es óxido de hierro (Fe_2O_3), la alúmina es óxido de aluminio ($A\ell_2O_3$) y la calcopirita es disulfuro de hierro y cobre ($CuFeS_2$). Los metales puros se obtienen sometiendo al mineral a una descomposición eléctrica o usando carbono.

ACTIVIDADES

12 Responde.

a) ¿Qué elemento está en todos los combustibles?

b) ¿Qué elemento químico está en casi todos los combustibles? ¿En cuál no está?

c) ¿Qué sustancia se obtiene en todas las reacciones de combustión? ¿Cuál se obtiene en casi todas ellas?

13 Analiza la reacción de corrosión que se describe en la imagen e indica cuáles son los reactivos y los productos de la misma.

14 La alúmina (óxido de aluminio) se transforma en aluminio por electrolisis. Indica cuáles son los reactivos y cuáles los productos (son dos).

SABER MÁS

La industria química en nuestra vida

La fabricación de ciertos productos químicos contamina el medioambiente debido a la emisión de gases tóxicos que se producen.

Pero, también, gracias a los avances de investigación en química, se ha desarrollado un dispositivo, el catalizador, que reduce la emisión de gases contaminantes de los coches. Los gases que se producen en el motor de un automóvil pasan por el catalizador donde reaccionan químicamente con ciertos metales y se transforman en gases menos contaminantes, menos perjudiciales para el medioambiente. Existen otros muchos ejemplos donde la industria química es esencial para controlar qué productos nocivos se pueden verter a un río o emitir a la atmósfera.

Como ves, la industria química genera sustancias contaminantes, pero también ayuda a proteger el medioambiente.

3.2. ¿Cómo se produce una reacción química?

Cuando se produce una reacción química se destruyen las partículas de los reactivos y se forman las partículas de los productos. Observa el caso del agua:

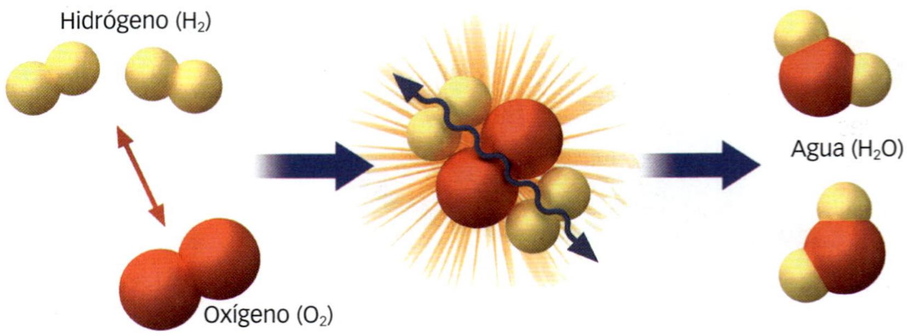

La **teoría de las colisiones** dice que para que se produzca una reacción las partículas de los reactivos tienen que chocar de forma eficaz. Cuando eso sucede, se rompen los enlaces que unían sus átomos y se pueden formar los nuevos enlaces que los unirán en los productos.

Se dice que un choque es **eficaz** cuando las partículas que lo realizan tienen energía suficiente y orientación adecuada.

- La energía debe permitir que el choque rompa las partículas de los reactivos.
- La orientación adecuada permite que, tras el choque, los átomos se puedan enlazar como van a estar en los productos.

? INTERPRETA LA IMAGEN

- Aunque los choques A y B tuviesen energía suficiente para romper las moléculas, no serían eficaces para la reacción de formación del agua. ¿Por qué?

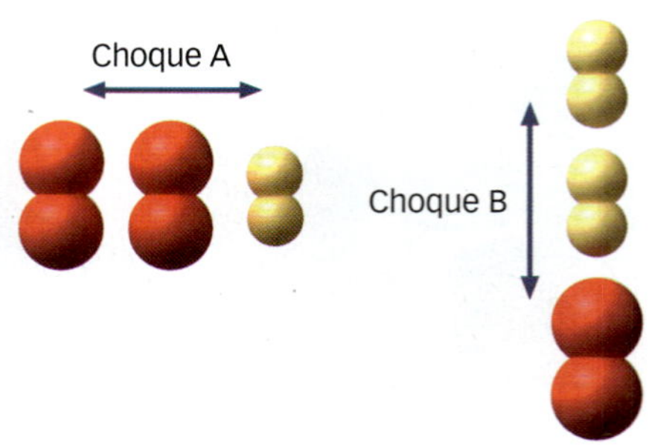

ACTIVIDADES

15 El esquema siguiente muestra una reacción química según la teoría de las colisiones.

Supón que cada bola verde es un átomo de Cℓ, y cada bola amarilla, un átomo de H. Luego responde.

a) Identifica cada una de las sustancias de la reacción e indica si son reactivos o productos.

b) Escribe la fórmula de cada sustancia e indica si es una sustancia simple o un compuesto.

c) Dibuja dos ejemplos de choques no eficaces, y explica, en cada caso, por qué no se va a formar el producto de reacción.

3.3. Factores que influyen en la velocidad de una reacción

Las reacciones químicas pueden ser muy rápidas o muy lentas. La teoría de las colisiones ayuda a elegir las condiciones más adecuadas para que una reacción química se produzca a la velocidad deseada.

La temperatura

Cuanto mayor sea la temperatura, mayor será la energía de las partículas de los reactivos. En consecuencia, hay más posibilidades de que el choque entre ellas rompa los enlaces entre sus átomos y sea eficaz.

- Un incremento de temperatura aumenta la velocidad de una reacción.
- Un descenso de la temperatura disminuye la velocidad de una reacción.

Calentamos los alimentos para cocinarlos.

Congelamos los alimentos para que no se estropeen.

La concentración de los reactivos

Si aumentamos la concentración de uno o los dos reactivos, favorecemos el contacto entre sus partículas y que se produzca la reacción.

- Un aumento en la concentración de un reactivo eleva la velocidad de reacción.
- Un descenso en la concentración de un reactivo disminuye la velocidad.

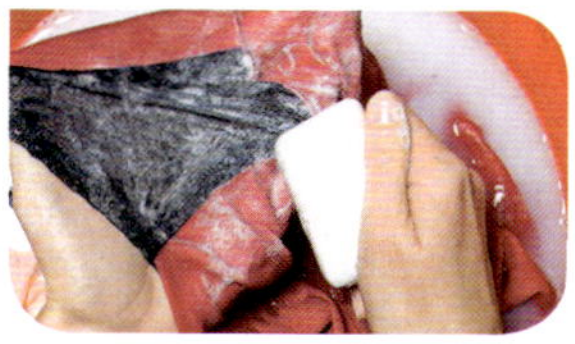

En manchas muy difíciles ponemos el detergente concentrado.

Muchos alimentos se estropean al reaccionar con el aire. Para conservarlos se envasan al vacío.

La superficie de contacto

Al aumentar la superficie de contacto, es más fácil que los reactivos interaccionen. Esto se consigue haciendo que sus partículas sean más pequeñas o estén disueltas.

- Disminuir el tamaño de las partículas de reactivo aumenta la velocidad de reacción.
- Si el reactivo está en partículas grandes, la reacción es más lenta.

La carne picada se cocina muy rápido.

Cocinar una gran pieza requiere mucho tiempo.

Los catalizadores

Los catalizadores son sustancias que se añaden a una reacción para aumentar su velocidad. Actúan en una cantidad muy pequeña y son muy específicos. Es decir, cada reacción necesita su propio catalizador. Un ejemplo son las enzimas que se utilizan en la industria alimentaria o de detergentes. Nuestro cuerpo produce enzimas que facilitan la digestión.

La cerveza se obtiene por un proceso de fermentación catalizado por enzimas.

Los detergentes tienen enzimas (1 %) para la limpieza de manchas de grasa, sudor o sangre.

ACTIVIDADES

16 **Señala qué factor se está aprovechando en cada caso para modificar la velocidad de la reacción.**

a) Para hacer una compota troceamos las manzanas.

b) Para lavar ropa muy sucia hacemos una colada a alta temperatura.

c) Los frutos secos se venden envasados al vacío.

d) Para fabricar queso se añaden enzimas a la leche.

4 Materia y materiales

El libro que lees está elaborado con papel; el cristal de la ventana, de vidrio, y el marco, de madera, metal o PVC; un bolígrafo, de plástico; un jersey, de lana, y una sudadera, de algodón.

El papel, el vidrio, la madera, el metal, el plástico, la lana o el algodón son los materiales con los que se fabrican los objetos.

- **Material:** es la materia preparada para fabricar los objetos. Por ejemplo, el papel que forma un cuaderno.
- **Materia prima:** es la materia de la que se obtienen los materiales. Por ejemplo, la madera de la que se obtiene el papel.

Las materias primas se pueden obtener directamente de la naturaleza, pero deben sufrir transformaciones hasta convertirse en materiales.

? INTERPRETA LA IMAGEN

- En su transformación de materia prima a material, ¿qué cambios ha experimentado la madera?
- ¿Ha cambiado su naturaleza?

SABER MÁS

La madera: de materia prima a material

1. La madera se obtiene de los árboles de las plantaciones que se cultivan para este fin.

2. A veces basta con cortarla en planchas y secarla, trabajos que se realizan en una serrería.

3. Otras veces se tritura en astillas y, tras añadirle colas, se convierte en tablero aglomerado.

4. Por último, se utiliza para fabricar objetos; por ejemplo, mesas, sillas, estanterías...

Otros materiales, como el vidrio o el plástico, no se obtienen de la naturaleza. Se fabrican sometiendo algunas sustancias a procesos químicos que dan lugar a la aparición de otras sustancias diferentes. Por ejemplo, a partir del petróleo se obtienen muchos plásticos.

Podemos clasificar los materiales según su origen:

- **Materiales naturales:** son aquellos que se encuentran en la naturaleza. Para utilizarlos basta realizar cambios físicos sobre la materia prima. Ejemplos: madera, oro.
- **Materiales sintéticos:** son aquellos que no existen en la naturaleza. Se fabrican provocando cambios químicos en la materia prima. Ejemplos: plásticos, vidrio.

Para fabricar un objeto se elige el material con las propiedades más adecuadas. Por ejemplo, el vidrio transparente se utiliza para fabricar el cristal de las ventanas.

ACTIVIDADES

17 Busca la etiqueta de alguna prenda de vestir y escribe los materiales empleados en su fabricación. Identifícalos como naturales o sintéticos.

18 El tetrabrik es un material compuesto que se utiliza para envasar alimentos como la leche o el zumo. Busca información sobre los materiales que lo forman y razona por qué se han elegido. (Pista: ten en cuenta los factores que influyen en la velocidad de una reacción).

REPASA LO ESENCIAL

19 Utiliza las expresiones siguientes para escribir en tu cuaderno una definición de sustancia simple y de compuesto. Puedes usar cada expresión más de una vez.

- Sustancia simple: ____________________
- Compuesto: ____________________

sustancia formada por · combinados en proporción fija · más de un · tipo de átomos · un solo

20 En los cuadros siguientes se muestran las partículas que forman diversos sistemas materiales. Indica en tu cuaderno cuál es una sustancia simple, cuál una mezcla y cuál un compuesto.

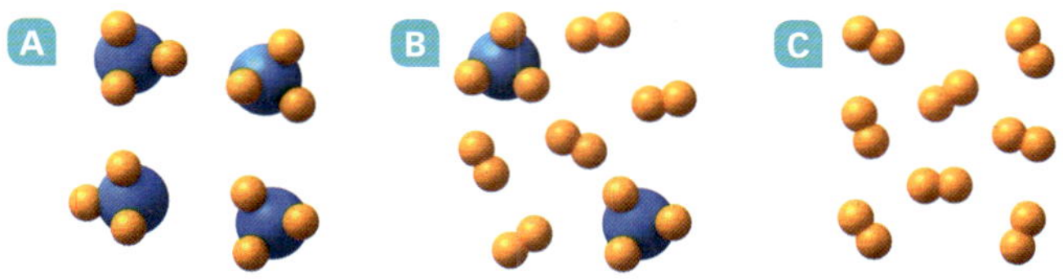

21 En el ejercicio anterior, las bolas grandes representan átomos de nitrógeno, de símbolo N, y las pequeñas, átomos de hidrógeno, de símbolo H. Escribe la fórmula de las sustancias que hay en A, B y C.

22 Copia en tu cuaderno y asocia cada una de las fórmulas de la columna de la izquierda con la frase más apropiada de la columna de la derecha.

a) $C\ell_2$	☐ Es una sustancia simple cuya molécula tiene 4 átomos.
b) $CaC\ell_2$	☐ Es una sustancia simple de cloro.
c) NH_3	☐ En esta sustancia hay 2 átomos de cloro por cada átomo de calcio.
d) P_4	☐ Es un compuesto cuya molécula tiene 4 átomos.

23 Copia en tu cuaderno y coloca debajo de cada casilla la etiqueta apropiada a lo que representa.

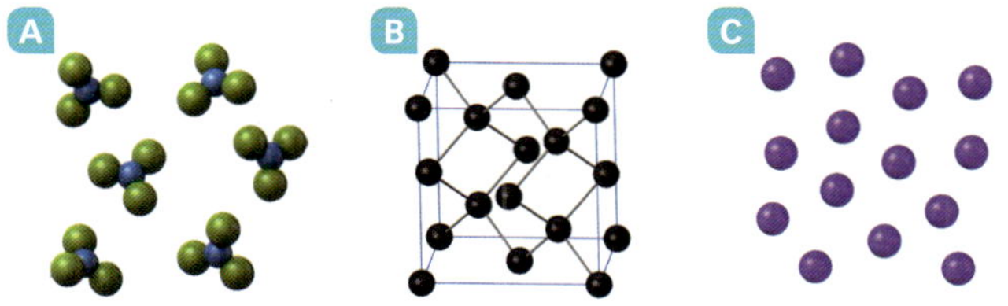

☐ Átomos ☐ Moléculas ☐ Cristal

24 Utiliza las expresiones siguientes para escribir en tu cuaderno una definición de cada uno de los tipos de cambios que puede sufrir la materia. Puedes usar cada expresión más de una vez.

- ____________________
- ____________________

de la materia · no · transformación en la que · físico · cambio · varía la naturaleza · químico

25 Razona en tu cuaderno cuáles de las frases siguientes se pueden aplicar a las reacciones químicas.

a) Una reacción química es cualquier cambio que sufre la materia.

b) En una reacción química desaparecen los reactivos y aparecen los productos.

c) En una reacción química se añaden productos a los reactivos.

26 Utiliza el esquema siguiente para explicar en tu cuaderno cómo se produce una reacción química según la teoría de las colisiones.

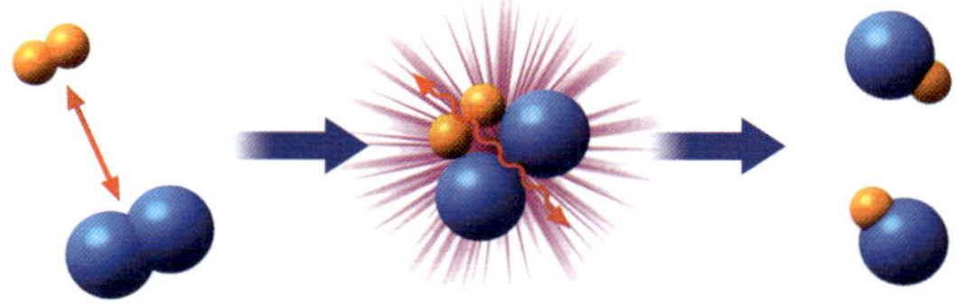

27 Discute si las siguientes acciones aumentan o reducen la velocidad de una reacción química.

a) Rebajar la temperatura.

b) Triturar y poner en trozos pequeños las sustancias que van a reaccionar.

c) Si las sustancias que reaccionan son gases, ponerlas en un recipiente más grande.

d) Si una de las sustancias que reaccionan es oxígeno, hacer que llegue un chorro de aire.

28 En las frases siguientes se definen los conceptos: «materia prima», «material natural» y «material artificial». Relaciona en tu cuaderno cada frase con el concepto que le corresponde.

a) Es una materia de origen natural con la que se pueden fabricar objetos.

b) Es la materia con la que se fabrican los materiales.

c) Es una materia obtenida por el ser humano con la que se pueden fabricar objetos.

ACTIVIDADES FINALES

PRACTICA

Los ladrillos de la materia

29 Utiliza el sistema periódico para completar la tabla siguiente en tu cuaderno con el nombre y el símbolo de los siguientes elementos químicos:

Sodio		Yodo		Aluminio
	S		Mg	

30 Completa la tabla siguiente en tu cuaderno como en los ejemplos. En cada caso, indica si es una sustancia simple o un compuesto y lee su fórmula.

Fórmula y nombre	Sustancia	Lectura
F_2, flúor	Sustancia simple	2 átomos de F
SO_3, trióxido de azufre	Compuesto	1 átomo de azufre 3 átomos de oxígeno
NH_3, amoniaco		
C_8H_{18}, octano		
Kr, gas kriptón		
$C_{12}H_{22}O_{11}$, azúcar común		

31 En la tabla siguiente se muestran los elementos químicos más abundantes en los océanos. El número indica el porcentaje en átomos de cada uno de ellos.

Elemento	H	O	Mg	Cℓ	Na	S
Porcentaje	66,0	32,8	0,48	0,34	0,29	0,18

a) Indica el nombre de estos elementos.

b) Deduce la fórmula del compuesto químico más abundante en los océanos.

32 Identifica las siguientes sustancias simples como átomos, moléculas o cristales.

a) Aℓ b) Xe c) Br_2 d) C

33 En el dibujo, las bolas verdes representan átomos de nitrógeno, N, y las bolas naranjas, átomos de flúor, F. Obsérvalas y responde.

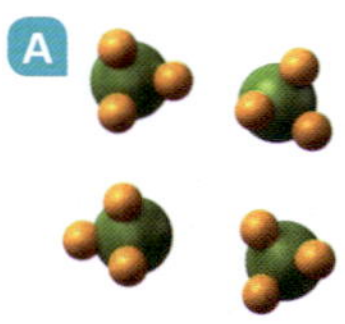

a) ¿Qué sustancias forman el sistema material A? ¿Y el B?

b) ¿Qué diferencia hay entre el sistema material A y el B?

Cambios en la materia

34 Relaciona en tu cuaderno cada casilla de la izquierda con la correspondiente casilla de la derecha. En cada caso describe el cambio que sufre la materia e indica en tu cuaderno si es físico o químico.

Antes	Después	Cambio

4. EJEMPLO RESUELTO

Cuando se vierte levadura química sobre vinagre aparece un burbujeo a la vez que desaparece el polvo. Razona si es cierto que:

a) Se ha producido un cambio físico, ya que el sólido se transformó en gas.

b) Se ha producido un cambio químico. El gas es una nueva sustancia.

a) Para que una sustancia pase de estado sólido a gas hay que calentarla. En este proceso no se calentó; por tanto, no es un cambio físico.

b) El gas debe ser una nueva sustancia. Además, la levadura desapareció. Es un cambio químico.

Para comprobarlo realizamos la experiencia de manera que podamos recoger y analizar el gas.

El gas que se produce es dióxido de carbono.

El gas del globo puede apagar una vela.

35 Indica si el cambio que sufre el alcohol en cada caso es físico o químico. ¿Cómo lo podrías comprobar?

A
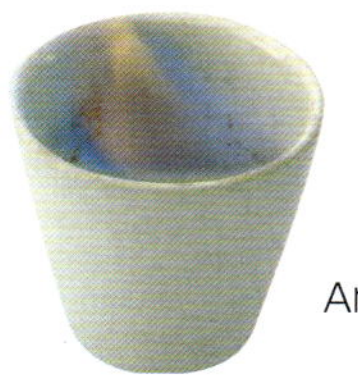

B

Las reacciones químicas

5. EJEMPLO RESUELTO

En determinadas condiciones, el amoniaco se descompone dando gas nitrógeno y gas hidrógeno. Ten en cuenta la representación de cada molécula y responde.

a) ¿Cuáles son los reactivos? ¿Y los productos?

b) Escribe la fórmula de cada sustancia e identifica las sustancias simples y los compuestos.

a) Reactivo: el amoniaco. Es la sustancia que se transforma (descompone).

Productos: nitrógeno e hidrógeno. Son las sustancias que se obtienen.

b)

Amoniaco	Nitrógeno	Hidrógeno
NH_3	N_2	H_2
Compuesto. Hay dos tipos de átomos.	Sustancia simple. Cada sustancia tiene un solo tipo de átomos.	

36 Identifica los reactivos y los productos en la siguiente reacción: «El amoniaco se puede obtener haciendo reaccionar gas nitrógeno con gas hidrógeno».

37 El carbón arde cuando se le acerca una llama. El oxígeno del aire lo transforma en dióxido de carbono. Razona a qué se deben estos hechos.

a) El polvo de carbón arde más rápido que los trozos grandes.

b) El carbón arde más rápido si soplamos con un fuelle.

c) Para apagar la llama podemos echarle agua.

d) Se puede apagar cubriendo todo con una manta.

Materia y materiales

38 Indica en tu cuaderno cuáles de estos sistemas materiales son materias primas y cuáles son materiales.

a) Lana de oveja.
b) Aluminio.
c) Plástico.
d) Árbol.
e) Petróleo.
f) Vidrio.
g) Tejido de algodón.
h) Papel.

☐ Materia prima

☐ Material

39 En la etiqueta de una prenda de ropa se indica: algodón → 53 %, elastano → 2 %, seda → 20 % y lino → 25 %. Busca información que te permita señalar si estos materiales son naturales o sintéticos.

AMPLÍA

40 Dependiendo de las condiciones, el carbono (C) y el oxígeno (O) pueden reaccionar de dos formas:

- Un átomo de C se combina con una molécula de O para dar una molécula de dióxido de carbono.
- Dos átomos de C reaccionan con una molécula de O para dar dos moléculas de monóxido de carbono.

a) Identifica la fórmula de estas sustancias. Los átomos de C se han representado de negro, y los de O, de rojo.

b) Para cada una de las reacciones, indica cuáles son los reactivos y cuál el producto.

c) Explica con un esquema basado en la teoría de las colisiones cómo sucede cada reacción.

41 Observa la materia de estas imágenes y clasifícalas en materia prima y material.

A

B

C
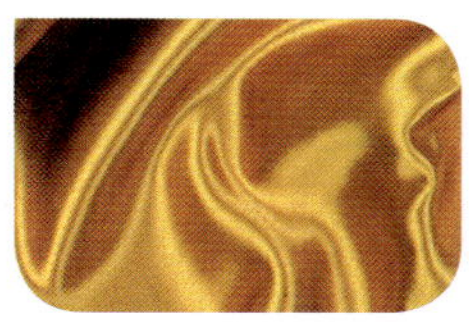

D

APLICA UNA TÉCNICA. Relacionar los cambios en la materia con la contaminación

Los productos que más contaminan son aquellos compuestos por sustancias que no se degradan, es decir, sustancias que no se descomponen en la naturaleza en poco tiempo.

Una cáscara de plátano, por ejemplo, se descompone en unos cuantos meses o años; sin embargo, una simple bolsa de plástico abandonada puede resistir hasta 450 años antes de desaparecer.

En el esquema se muestra el tiempo de vida de algunos residuos. Y en la tabla, las toneladas de envases consumidos y recuperados en España en 2019.

EL TIEMPO DE VIDA DE LOS RESIDUOS

	Total reciclado (t)	Porcentaje sobre el consumo
Metales (acero y aluminio)	249 420	85,4 %
Papel y cartón	631 683	80,0 %
Vidrio	958 938	72,2 %
Plástico	616 736	75,8 %
Total	2 456 777	76,2 %

Fuente: Ecoembes y Ecovidrio. Datos de 2019.

42 Señala qué cambios se aprecian al cabo de poco tiempo en los siguientes desechos.

a) Restos de frutas.
b) Madera abandonada.
c) Botellas de vidrio.
d) Bolsa de plástico.
e) Lata de bebida.

43 Clasifica los materiales que forman los residuos recogidos en el esquema. Completa una tabla como esta en tu cuaderno.

Materiales naturales	Materiales artificiales

44 Ordena los residuos en función del tiempo de vida. ¿Cuáles son los más contaminantes?

45 A la vista de la respuesta anterior, ¿cuáles crees que son los residuos que más contaminan?

46 ¿Cuántas toneladas de envases de plástico se consumieron en España en 2013?

47 ¿Ves asiduamente residuos como los que aparecen en el cartel abandonados en las calles, parques, etc.?

a) ¿Cómo puedes evitarlo?
b) ¿Qué opciones se te ocurren para mejorar el aspecto que tienen parques y otros espacios verdes liberándolos de residuos?

48 Explica qué significa la expresión «Piensa globalmente, actúa localmente» aplicada a la conservación del medioambiente.

49 Explica por qué crees que el tiempo de vida de una botella de vidrio es mucho mayor que el de un pañuelo de papel.

50 USA LAS TIC. Busca imágenes en internet y elabora una presentación en la que muestres de manera atractiva acciones concretas para la conservación del medioambiente.

FORMAS DE PENSAR. Análisis ético. ¿Reciclas vidrio?

En Andalucía, la recogida selectiva de residuos de envases de vidrio, a través del contenedor verde, alcanzó 120 862 t (toneladas) en 2019. Esta cifra representa un incremento del 11 % y sitúa a Andalucía como la segunda comunidad que más crece de toda España, por detrás de Extremadura (+15 %). Según los datos correspondientes a 2019 publicados por Ecovidrio, la entidad sin ánimo de lucro encargada del reciclaje de envases de vidrio en España, de media cada andaluz depositó en el contenedor verde 14,4 kg de vidrio, unos 49 envases por persona. [...]

El reciclaje de envases de vidrio es un elemento fundamental para evitar emisiones de gases de efecto invernadero y la sobreexplotación de los recursos. De hecho, solo en 2019 el reciclaje de envases de vidrio en Andalucía ha logrado:

- Evitar 75 770 t de CO_2, el equivalente a retirar más de 35 300 coches de la carretera durante un año.
- Evitar la extracción de 156 770 t de materias primas que ocuparían ocho veces el volumen de la Giralda de Sevilla.
- Ahorrar 93 303 MWh de energía, equivalente al consumo energético de todos los hospitales de Andalucía durante dos meses.

La colaboración ciudadana es clave para activar la cadena de reciclado. Por ello, Ecovidrio ha desarrollado en colaboración con las administraciones públicas, numerosas iniciativas de sensibilización que han movilizado a jóvenes, niños, profesionales de la hostelería y sociedad en general. [...]

Durante 2019 se recogieron de forma selectiva en España 896 450 t de residuos de envases de vidrio a través del contenedor verde, una media de 19 kg por habitante y 65 envases por persona. Esta cifra representa un incremento del 30 % en los últimos cinco años.

En la actualidad, en España existen 230 950 contenedores para el reciclado de envases de vidrio. Así pues, la media nacional se sitúa en un contenedor por cada 204 habitantes.

La tasa de reciclado de residuos de envases de vidrio actual se sitúa en 72,2 %, según el dato oficial elaborado por MITECO, correspondiente al año 2017. Ecovidrio ha establecido un plan estratégico con el objetivo de reciclar el 85 % de los envases de vidrio en 2025. Entre las medidas contempladas destacan el impulso de iniciativas legislativas que mejoren la recogida selectiva (obligatoriedad de separar en origen, canon al vertido...), ampliación del parque de contenedores y la puesta en marcha de planes específicos para los profesionales de la hostelería.

FUENTE: www.ecovidrio.es, 10 de marzo de 2020 (Adaptación)

51 COMPRENSIÓN LECTORA. ¿Cuál es la información principal del texto? Piensa y escribe un título.

52 COMPRENSIÓN LECTORA. Explica, con datos, cómo fue la recogida de residuos de envases de vidrio en Andalucía en el año 2019.

53 COMPRENSIÓN LECTORA. Explica las siguientes frases.

a) Ecovidrio es la entidad sin ánimo de lucro encargada del reciclaje de envases de vidrio en España.

b) La colaboración ciudadana es clave para activar la cadena de reciclado.

54 Pon ejemplos de cómo contribuye el reciclaje de envases de vidrio al cuidado del medioambiente.

El reciclaje de envases de vidrio es un elemento fundamental para evitar emisiones de gases de efecto invernadero y la sobreexplotación de los recursos.

55 Elabora una lista con los materiales y residuos que debemos depositar en cada contenedor.

56 TOMA LA INICIATIVA. ¿Te parece adecuado obligar a los habitantes de una localidad a reciclar envases de vidrio? ¿Y multar a quienes no reciclen esos envases?

CAMBIOS EN LA MATERIA

A. SUBLIMACIÓN DEL YODO

¿Qué necesitas?

- Vaso de precipitados.
- Cápsula de porcelana.
- Placa calefactora.
- Yodo.
- Espátula.

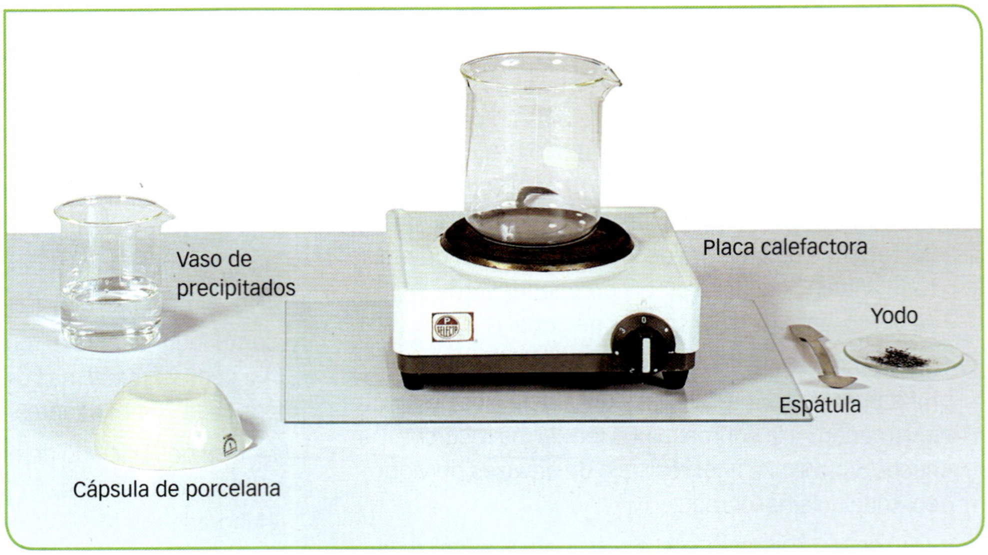

¿Cómo se hace?

1. Pon un poco de yodo en el vaso. Observa su color y aspecto. Tápalo con una cápsula y echa agua en su interior.
2. Calienta suavemente el vaso y observa cómo evoluciona la nube de gas de color morado en su interior.
3. Cuando desaparece la nube, observa qué hay en el interior del vaso y también en el fondo de la cápsula.

ACTIVIDADES

57 ¿En qué estado físico estaba el yodo que colocaste dentro del vaso? ¿De qué color era?

58 ¿Qué es la nube que aparece cuando se va calentando el vaso? ¿De qué color es?

59 ¿Qué hay debajo de la cápsula?

60 ¿Por qué se colocó agua dentro de la cápsula de porcelana?

61 El cambio que ha experimentado el yodo en esta experiencia, ¿es físico o químico?

a) ¿Por qué lo sabes?

b) ¿Cómo se llama?

B. OXIDACIÓN DEL HIERRO. INFLUENCIA DEL TAMAÑO

¿Qué necesitas?

- Barra de hierro.
- Lana de hierro.
- Soporte.
- Pinzas.
- Vela.
- Mechero.

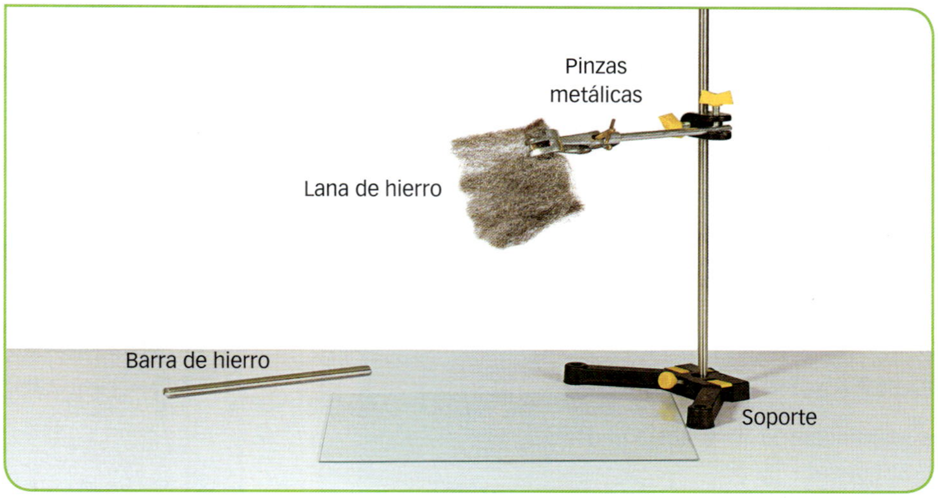

¿Cómo se hace?

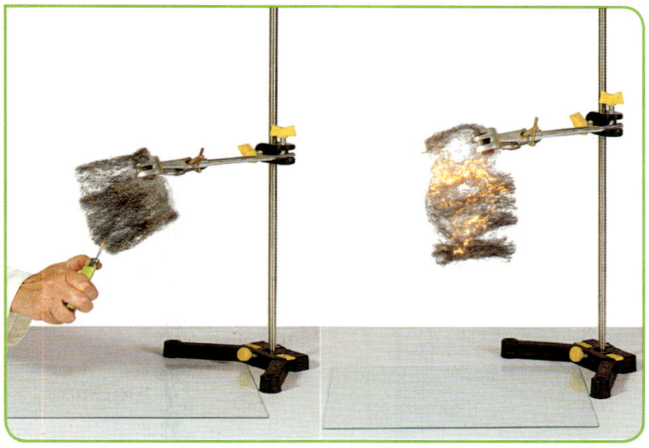

1. Sujeta la lana de hierro con unas pinzas. Acércale un mechero encendido y apártalo cuando haya prendido. ¿Sigue ardiendo?

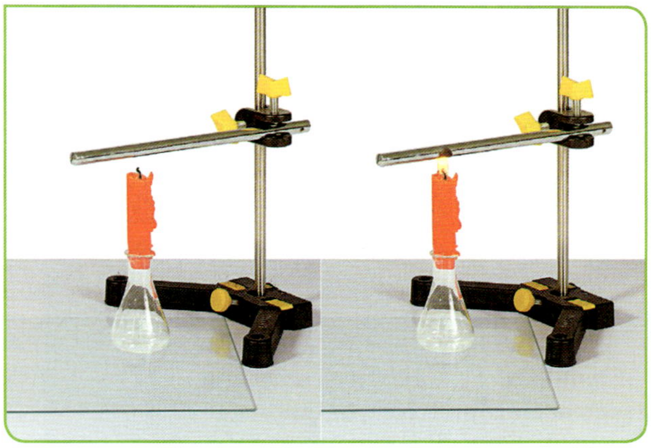

2. Pon la barra de hierro sobre el soporte y enciende la vela. Al cabo de quince segundos, apaga la vela. ¿Sigue ardiendo la barra?

ACTIVIDADES

62 ¿Por qué arde la lana de hierro y la barra no arde?

63 Contesta:

a) ¿En qué se convierte el hierro cuando arde?

b) ¿Sufre un cambio físico o químico?

c) ¿Cómo lo podrías comprobar?

64 En las forjas, los artesanos calientan barras de hierro hasta temperaturas muy altas y luego le dan forma con un martillo. ¿De qué tipo es el cambio que sufre el hierro en la forja? Explícalo.

5 El movimiento

SABER

- ¿Se mueve o no se mueve?
- La velocidad.
- El movimiento rectilíneo uniforme (MRU).
- El movimiento circular uniforme (MCU).
- La aceleración.

SABER HACER

- Identificar movimientos a nuestro alrededor.
- Utilizar animaciones para estudiar movimientos.

El **receptor** dispone de una red de sensores que reciben impulsos procedentes del mando. Así interpreta la velocidad o la posición del mando.

Un **generador de gráficos** muestra en la pantalla del televisor las imágenes de cada juego.

En el interior del mando existe un circuito llamado **acelerómetro** capaz de determinar en qué dirección y con qué velocidad se mueve el mando.

Gracias al acelerómetro el sistema detecta la **velocidad** a la que movemos el mando. Así diferencia un golpeo intenso de uno débil; por ejemplo, en un partido de tenis.

Otros **sensores internos** determinan la orientación vertical del mando para conocer si está inclinado hacia delante, hacia detrás, a la derecha o a la izquierda.

NOS HACEMOS PREGUNTAS. ¿Cómo funcionan los sensores de movimiento?

La ciencia y la tecnología también están al servicio del ocio. Al hablar de videoconsolas domésticas podemos referirnos a un antes y un después de la aparición de mandos de juego dotados con **sensores de movimiento**.

¿Te has preguntado alguna vez cómo responde un juego cuando «golpeas» con el mando de la videoconsola una pelota de tenis o cuando lanzas una bola para derribar bolos?

11 CIUDADES Y COMUNIDADES SOSTENIBLES

Proporcionar acceso a medios de transporte seguros, asequibles, accesibles y sostenibles, mejorando la seguridad vial y fomentando el uso del transporte público.

? INTERPRETA LA IMAGEN

- ¿Qué tipo de movimientos se detectan en la videoconsola de la imagen?
- ¿Cuál es la función del acelerómetro?

CLAVES PARA EMPEZAR

- ¿Qué quiere decir que un objeto se mueve con velocidad constante?
- ¿Cuál es la diferencia entre velocidad y aceleración?

(A) La chica que está en la orilla (3) advierte que la piragua, que antes estaba frente a ella, ahora está más cerca de la boya (B): la piragua y las dos personas que van en ella (1 y 2) se han movido.

Pero desde el punto de vista de una de las personas que van remando (1), la otra persona (2) no se ha movido de su lado. Por el contrario, la persona que está en la orilla (3) se ha movido, puesto que antes estaba cerca de la piragua y ahora está más lejos.

ACTIVIDADES

1 Imagina que estás sentado en un autobús que está aparcado en paralelo con otro autobús similar. De pronto, uno de los dos comienza a moverse.

a) ¿Cómo puedes saber si es el tuyo o el otro el que se mueve?

b) Explica que para un sistema de referencia fijo a tu autobús, el otro autobús se está moviendo.

2 Imagina que decides dar la vuelta al mundo caminando alrededor de un camino imaginario, justo encima del ecuador terrestre.

a) ¿Qué forma tendría la trayectoria desde tu punto de vista?

b) ¿Qué forma tendría tu trayectoria para un satélite que te observase desde el espacio?

1 ¿Se mueve o no se mueve?

El estado de movimiento es una característica de los cuerpos. Pero ¿cómo se mueve un cuerpo?

Decimos que un cuerpo se mueve cuando cambia su posición a medida que transcurre el tiempo. Al cuerpo que se mueve se le llama **móvil**.

El movimiento es relativo, pues depende de la referencia.

1.1. Sistema de referencia

Un **sistema de referencia** es un punto o conjunto de puntos que consideramos fijo.

Si la posición de un cuerpo cambia con respecto al sistema de referencia, decimos que el cuerpo se mueve.

El sistema de referencia lo elige el observador. Dos observadores diferentes pueden elegir sistemas de referencias diferentes de manera que un cuerpo puede estar en movimiento para un sistema de referencia y no estarlo para otro sistema de referencia.

En el sendero de montaña, la referencia son los puntos kilométricos.

En la ciudad, la referencia son las calles y los números de las casas.

1.2. Trayectoria

Cuando un cuerpo se mueve, va pasando por una serie de puntos que dibujan un camino.

La **trayectoria** es la línea que describe el móvil en su movimiento.

La trayectoria puede tener cualquier forma. En algunos movimientos, la forma de la trayectoria es un tipo de línea y el movimiento se llama:

Movimiento rectilíneo.

Movimiento circular.

Movimiento parabólico.

En ocasiones, la forma de la trayectoria también depende del sistema de referencia.

1.3. Posición y desplazamiento

El plano de un parque nos sirve para estudiar el movimiento.

Imagina que entras en el parque. Estás en la posición 1 del plano. Vas al lago y pasas a estar en la posición 3. Tu posición ha cambiado, lo que indica que te has movido.

1. Entrada.
2. Fuente de Plutón.
3. Lago.
4. Fuente de Venus.
5. Salida.

Para ir de la entrada a la salida puedes seguir distintas rutas y, según la que elijas, caminarás más o menos. En cualquier caso te habrás desplazado desde la entrada hasta la salida.

Conceptos útiles:

- **Posición:** es el lugar que ocupa el móvil en un instante. Se determina con respecto al sistema de referencia. La representamos con la letra x o s.
- **Desplazamiento:** es la distancia más corta existente entre la posición inicial y la final (la línea roja de la imagen).
- **Espacio recorrido:** es la distancia que recorre el móvil a lo largo de la trayectoria que sigue para un desplazamiento (la línea azul de la imagen).

El espacio recorrido no siempre coincide con el desplazamiento. Solo coinciden si la trayectoria es una línea recta y el móvil avanza siempre en el mismo sentido.

ACTIVIDADES

3 Para el desplazamiento entre la entrada (1) y el lago (3) que se muestra en la imagen, busca:

a) Un camino alternativo en el que el espacio recorrido sea mayor.

b) Un camino alternativo en el que el espacio recorrido sea menor.

4 Imagina que entras en el parque, das la vuelta al lago y vuelves a la entrada:

a) ¿Qué espacio has recorrido?

b) ¿Cuánto te has desplazado?

5 Localiza dos posiciones del plano para las que el desplazamiento coincida con el camino recorrido para ir de una a la otra.

- ¿Cuál será el desplazamiento si vuelves al punto de partida?

2 La velocidad

Para describir el movimiento de un cuerpo nos interesa conocer si es rápido o lento. Para ello medimos:

- El espacio que recorre.
- El tiempo que tarda en hacerlo.

> La **velocidad** ($\boldsymbol{v}$) es una magnitud que mide la rapidez de un movimiento.
>
> Para conocer la **velocidad media** en un movimiento se divide el espacio recorrido entre el tiempo empleado.
>
> $$v_{\text{media}} = \frac{\textbf{espacio recorrido}}{\textbf{tiempo empleado}}$$

En el Sistema Internacional, la velocidad se mide en metros por segundo (m/s). Según el movimiento que estemos analizando, es posible que la velocidad se exprese en otras unidades, como km/h, cm/s, mph (millas por hora), etc.

Con frecuencia, a lo largo del recorrido el móvil se moverá con velocidades mayores o menores que la media.

> **Velocidad instantánea** es la velocidad que lleva el móvil en un instante de su recorrido.

La velocidad instantánea se suele medir con un velocímetro. Cuando un móvil se mueve con velocidad constante, su velocidad instantánea coincide con su velocidad media.

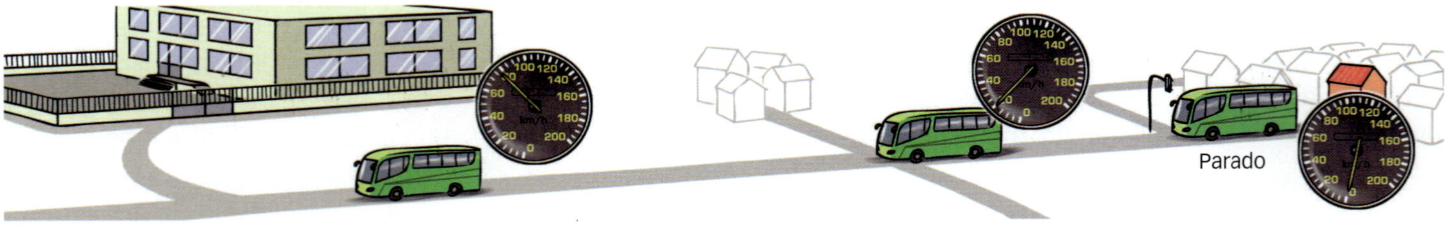

Cuando un vehículo arranca, su velocidad instantánea aumenta.

2.1. Cambio de unidades de velocidad

Un coche circula a 90 km/h y otro a 30 m/s. ¿Cuál va más rápido?

Tenemos que expresar las dos velocidades en las mismas unidades, para ello necesitamos utilizar factores de conversión:

- $90 \frac{\cancel{\text{km}}}{\cancel{\text{h}}} \cdot \frac{1000\ \text{m}}{1\ \cancel{\text{km}}} \cdot \frac{1\ \cancel{\text{h}}}{3600\ \text{s}} = 25 \frac{\text{m}}{\text{s}}$
- $30 \frac{\cancel{\text{m}}}{\cancel{\text{s}}} \cdot \frac{1\ \text{km}}{1000\ \cancel{\text{m}}} \cdot \frac{3600\ \cancel{\text{s}}}{1\ \text{h}} = 108 \frac{\text{km}}{\text{h}}$ Va más rápido el segundo

1. EJEMPLO RESUELTO

En una carrera náutica, un barco batió su récord el día que se desplazó a una media de 23,5 nudos.
Datos: 1 nudo = 1 milla náutica a la hora; 1 milla náutica = 1852 m.

a) Calcula su velocidad en km/h y en m/s.

b) Calcula la distancia recorrida en ese día.

a) Utiliza el factor de conversión adecuado:

$$v = 23{,}5\ \text{nudos} = 23{,}5 \frac{\cancel{\text{milla n.}}}{\text{hora}} \cdot \frac{1{,}852\ \text{km}}{\cancel{\text{milla n.}}} = $$
$$= \mathbf{43{,}52\ \frac{km}{h}}$$

$$v = 43{,}52 \frac{\cancel{\text{km}}}{\cancel{\text{h}}} \cdot \frac{1000\ \text{m}}{\cancel{\text{km}}} \cdot \frac{1\ \cancel{\text{h}}}{3600\ \text{s}} =$$
$$= \mathbf{12{,}09\ m/s}$$

b) Utiliza la velocidad como factor de conversión:

$$24\ \cancel{\text{horas}} \cdot \frac{43{,}52\ \text{km}}{\cancel{\text{h}}} = \mathbf{1044{,}5\ km}$$

ACTIVIDADES

6 Indica qué animal va a mayor velocidad:

a) Caracol de jardín: 14 mm/s.

b) Tortuga: 19 km/h.

7 La velocidad de crucero de un avión comercial es 900 km/h. La velocidad máxima alcanzada en una carrera de Fórmula 1 fue 84 m/s. ¿Cuál es mayor?

3 El movimiento rectilíneo uniforme (MRU)

Un móvil tiene **movimiento rectilíneo uniforme** si:

- La trayectoria es una línea recta.
- La velocidad es constante.

PRESTA ATENCIÓN

No confundas el término *móvil* empleado para describir un cuerpo que cambia de posición con el teléfono móvil.

Aunque no es frecuente que un cuerpo se mueva siempre con MRU, sí se puede considerar así el movimiento en una parte del mismo, como cuando un avión vuela recto con velocidad de crucero. La luz y el sonido también se propagan con velocidad constante.

Observa el entrenamiento del atleta. Toma la salida y alcanza un ritmo constante a los 20 m. Desde ahí, avanza 10 m cada 4 s.

3.1. La posición frente al tiempo en el MRU

Móvil que se aleja del origen

La gráfica muestra las posiciones que va ocupando el atleta:

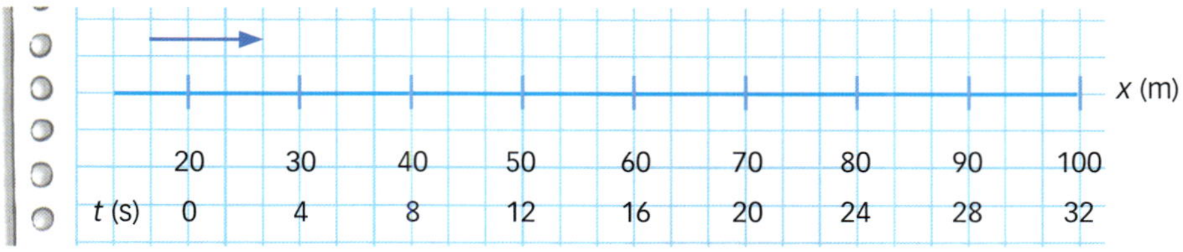

Construimos una tabla con la posición del atleta en cada momento:

Tiempo (s)	0	4	8	12	16	20	24	28	32
Posición (m)	20	30	40	50	60	70	80	90	100

Si tomamos como punto de referencia para la posición el momento en que pusimos el cronómetro en marcha, las posiciones y la tabla serían las siguientes:

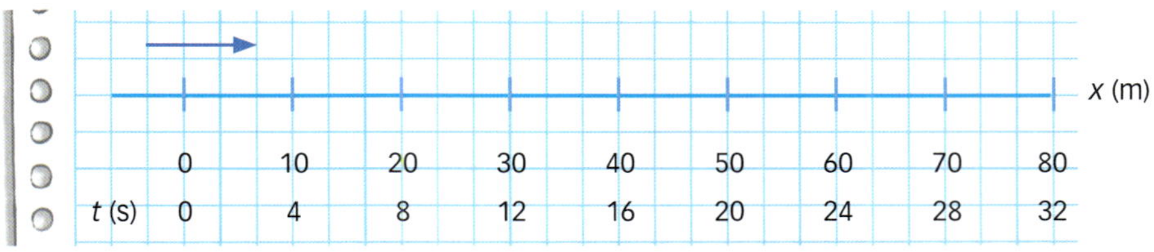

Tiempo (s)	0	4	8	12	16	20	24	28	32
Posición (m)	0	10	20	30	40	50	60	70	80

ACTIVIDAD

8 En un MRU, un coche lleva una velocidad media de 60 mph (milla por hora) y otro de 30 m/s. ¿Cuál ganará?

Dato: 1 milla terrestre = 1609 m.

SABER HACER

Elaborar una gráfica

1. Dibuja dos ejes donde representar el tiempo, *t* (horizontal) y la posición, *x* (vertical).
2. Dibuja marcas en los ejes para los diferentes valores. Ten cuidado con la escala empleada.

t (s)	*x* (m)
0	0
8	20
16	40
24	60

3. Dibuja las marcas de la escala en cada eje. Ten en cuenta los valores máximos.

   La escala tiene que ser la misma en cada eje, pero la escala de un eje puede ser distinta a la del otro.

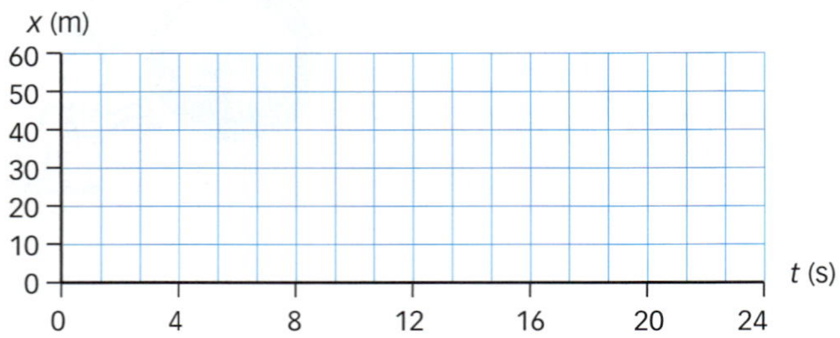

4. Representa cada fila de la tabla con un punto.

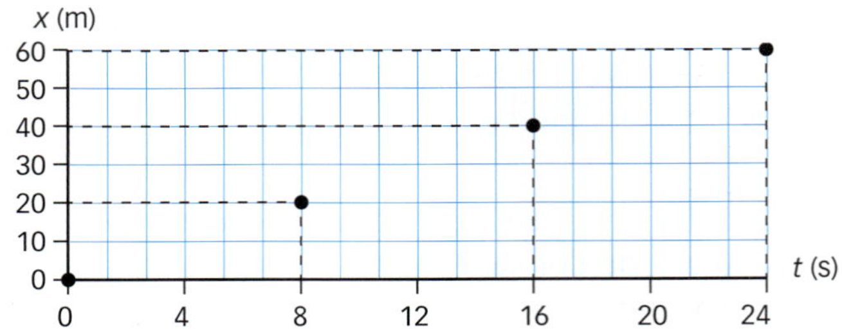

5. Une todos los puntos mediante una línea.

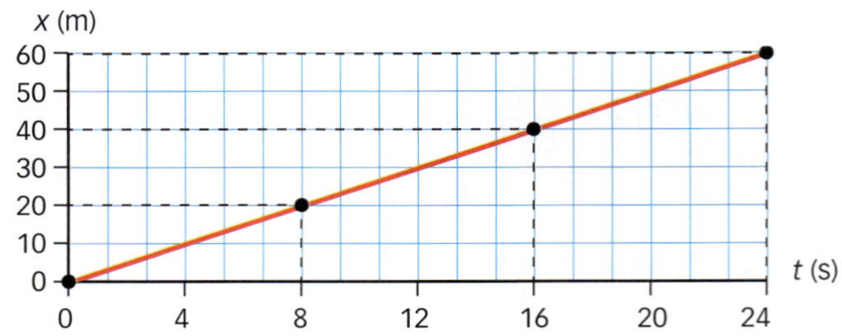

Representación gráfica de los datos posición-tiempo

MRU con posición inicial 0

Consideramos que el origen de la posición es el punto en que empezamos a estudiar el movimiento.

Tiempo (s)	0	8	16	24	32
Posición (m)	0	20	40	60	80

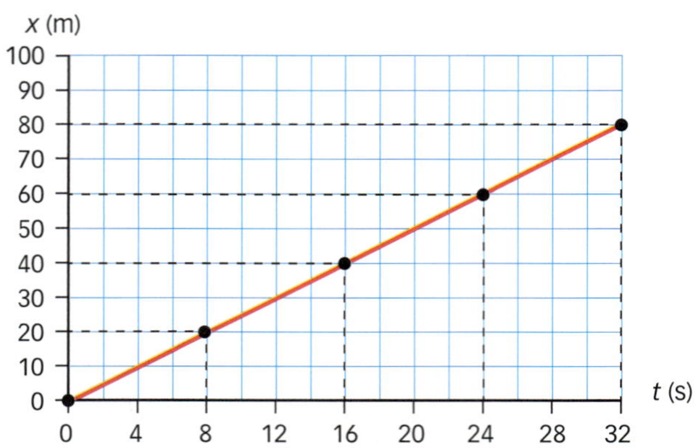

MRU con posición inicial distinta de 0

Empezamos a estudiar el movimiento cuando el móvil no está en el origen.

Tiempo (s)	0	8	16	24	32
Posición (m)	20	40	60	80	100

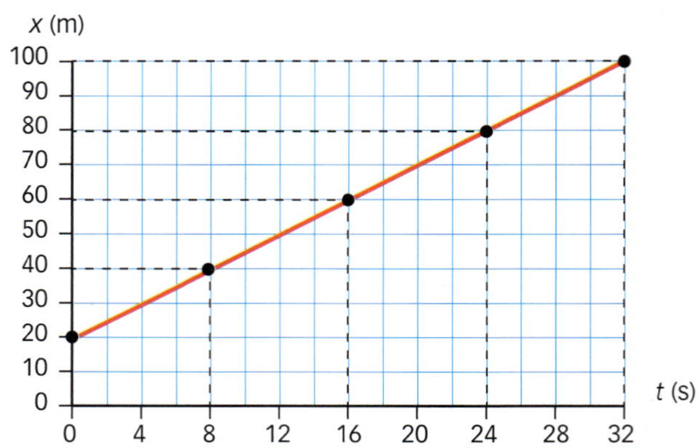

Interpretación:

- La gráfica posición-tiempo es una línea inclinada creciente, porque el móvil está cada vez más lejos del origen.
- La línea pasa por el punto (0, 0) si el origen de la posición es el punto en que empezamos a estudiar el movimiento.
- La línea no pasa por el punto (0, 0) si el móvil no está en el origen en el momento de empezar a estudiar el movimiento.

Móvil que se acerca al origen

Supongamos que, después de descansar unos segundos, el corredor realiza la carrera en sentido inverso. Ahora avanza 10 m cada dos segundos y ya tiene ese ritmo en la posición 100.

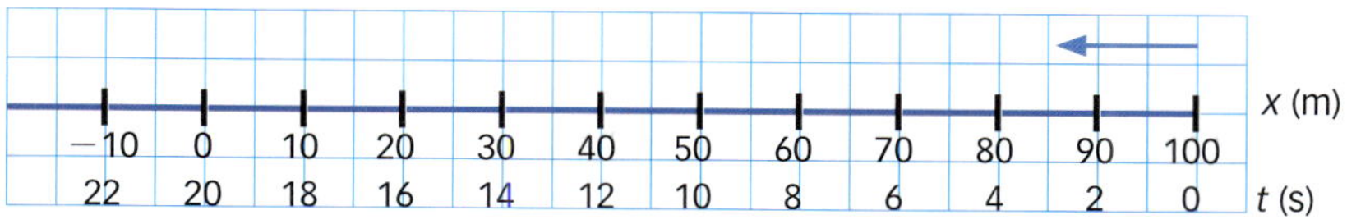

Construimos la tabla de datos y la representación posición-tiempo:

Tiempo (s)	0	4	8	12	16	20	22
Posición (m)	100	80	60	40	20	0	–10

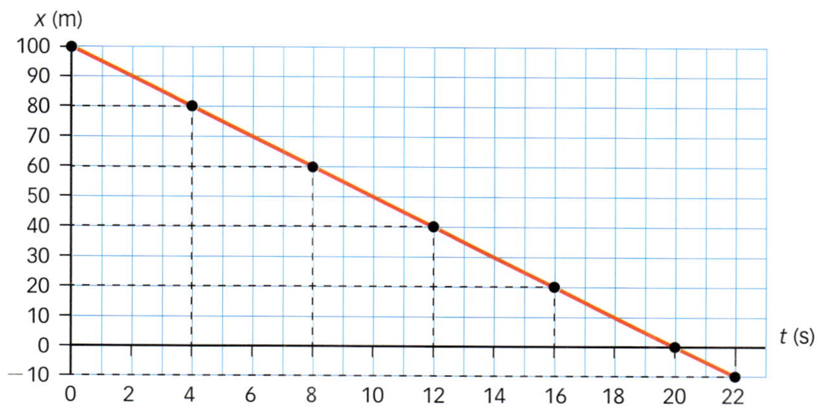

Interpretación:

- La gráfica posición-tiempo es una línea inclinada decreciente, porque el móvil está cada vez más cerca del origen.
- El punto en que se inicia el movimiento (x_0, posición inicial) es el valor de x cuando $t = 0$.
- La línea de esta gráfica está más inclinada que la del movimiento anterior. Esto indica que la velocidad de esta carrera es mayor.
- La posición $x = -10$ m indica que el corredor ha rebasado la posición 0 y continúa moviéndose a la izquierda de este punto.

ACTIVIDADES

9 **Una niña juega con un coche teledirigido en una pista. La gráfica siguiente representa el movimiento del coche.**

a) Construye una tabla que recoja la posición del coche cada cinco segundos.

b) Haz un esquema con las posiciones del coche en la pista.

c) Explica cómo ha sido el movimiento del coche.

d) Razona si la velocidad ha sido la misma durante todo el movimiento.

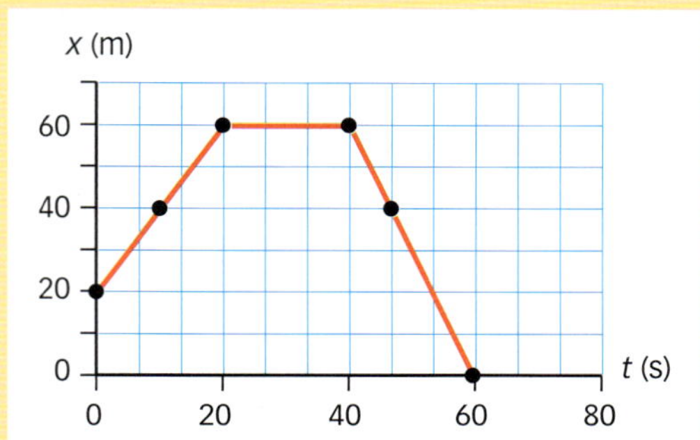

3.2. La velocidad en el movimiento rectilíneo uniforme

Podemos calcular el valor de la velocidad de un MRU a partir de los datos de dos puntos cualesquiera de la tabla o la gráfica.

SABER HACER

Calcular la velocidad de un MRU a partir de la tabla o la gráfica posición-tiempo

1. Localiza dos puntos en los que puedas leer el valor de la posición y el tiempo (A y B).
2. Anota los valores en una tabla.
3. Calcula la velocidad para el desplazamiento A → B.

$$v = \frac{\text{espacio recorrido}}{\text{tiempo empleado}}$$

Movimiento 1

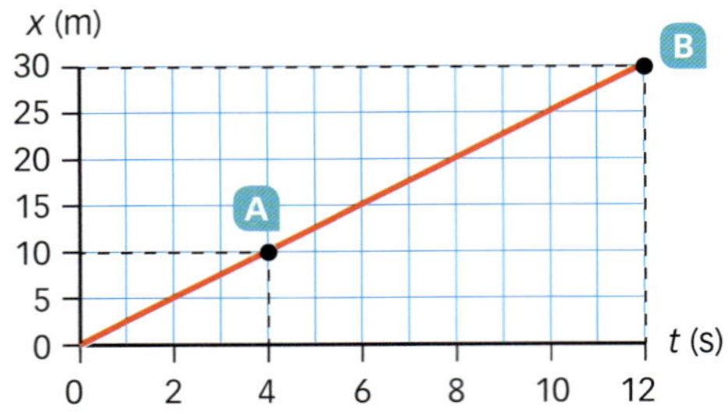

Punto	Tiempo (s)	Posición (m)
A	4	10
B	12	30

$$v = \frac{30\text{ m} - 10\text{ m}}{12\text{ s} - 4\text{ s}} = 2{,}5\,\frac{\text{m}}{\text{s}}$$

Interpretación: cuando el móvil se aleja del origen, la velocidad es positiva.

Movimiento 2

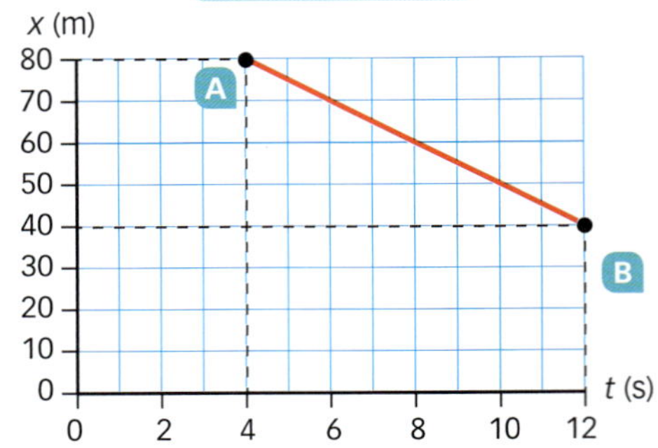

Punto	Tiempo (s)	Posición (m)
A	4	80
B	12	40

$$v = \frac{40\text{ m} - 80\text{ m}}{12\text{ s} - 4\text{ s}} = \frac{-40\text{ m}}{8\text{ s}} = -5\,\frac{\text{m}}{\text{s}}$$

Interpretación: cuando el móvil se acerca al origen, la velocidad es negativa.

Cuando un móvil se mueve con MRU, su velocidad es constante. La representación de la velocidad frente al tiempo es una línea horizontal.

Movimiento 1

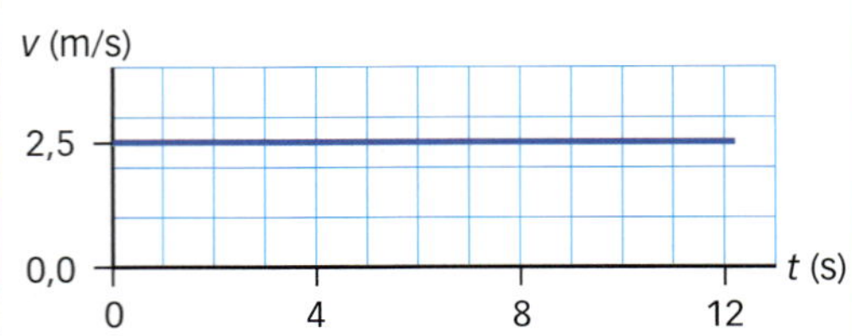

Movimiento 2

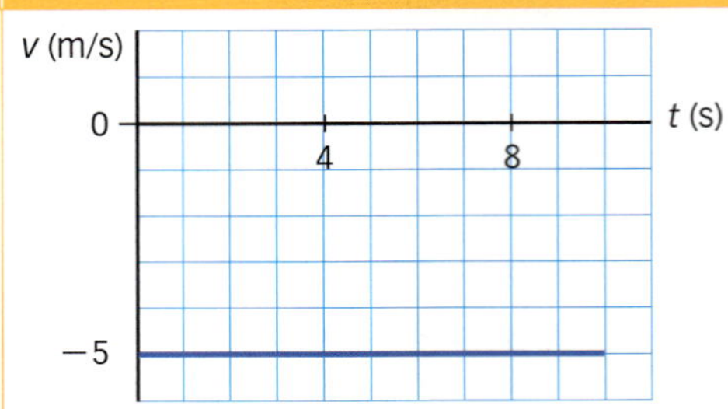

ACTIVIDADES

10 Representa una gráfica de un coche teledirigido que se mueve en una pista según los siguientes datos (tiempo, s - espacio, m): 0-10, 10-30, 20-30 y 30-0. Calcula la velocidad en cada tramo del recorrido.

2. EJEMPLO RESUELTO

Una ciclista, que se mueve con velocidad constante, pasa por delante del punto kilométrico 20 cuando pone el cronómetro en marcha. Avanza al mismo ritmo durante 25 minutos y llega hasta el punto kilométrico 40. Allí se toma un descanso de veinte minutos y luego prosigue su marcha, con velocidad constante, recorriendo los siguientes 20 km en 10 minutos.

a) Construye la gráfica posición-tiempo para el movimiento de la ciclista.

b) Calcula la velocidad de la ciclista en cada tramo del recorrido.

c) Dibuja la gráfica velocidad-tiempo para el movimiento de la ciclista.

d) Calcula la velocidad media para todo el recorrido.

a) Construye una tabla con los datos del enunciado. Luego elabora la gráfica posición-tiempo:

Posición (km)	20	40	40	60
Tiempo (min)	0	25	45	55

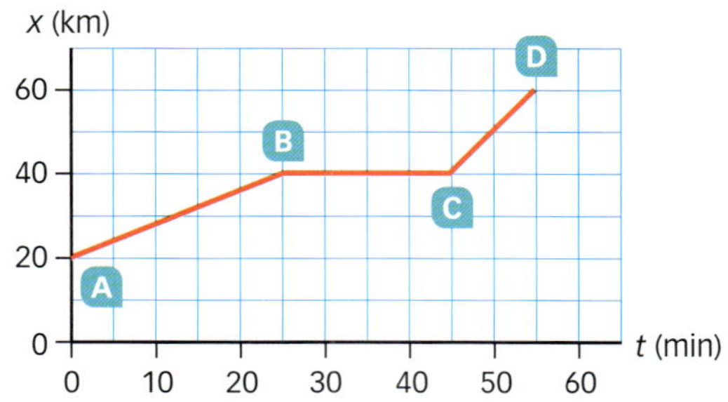

b) Identifica los tres tramos del movimiento:

- Tramo 1: desde $t = 0$ min hasta $t = 25$ min.
- Tramo 2: desde $t = 25$ min hasta $t = 45$ min.
- Tramo 3: desde $t = 45$ min hasta $t = 55$ min.

Ahora calcula la velocidad en cada tramo.

- Velocidad en el tramo 1.

  Lee los datos de posición y tiempo de A y B.

Punto	Posición (km)	Tiempo (min)
A	20	0
B	40	25

$$v_1 = \frac{x_B - x_A}{t_B - t_A} = \frac{40\text{ km} - 20\text{ km}}{25\text{ min} - 0\text{ min}} = \mathbf{0{,}8\ \frac{km}{min}}$$

- Velocidad en el tramo 2.

  La posición no cambia con el tiempo. $\boldsymbol{v_2 = 0}$.

- Velocidad en el tramo 3.

  Lee los datos de posición y tiempo de C y D.

Punto	Posición (km)	Tiempo (min)
C	40	45
D	60	55

$$v_3 = \frac{x_C - x_B}{t_C - t_B} = \frac{60\text{ km} - 40\text{ km}}{55\text{ min} - 45\text{ min}} = \mathbf{2\ \frac{km}{min}}$$

c) Gráfica velocidad-tiempo:

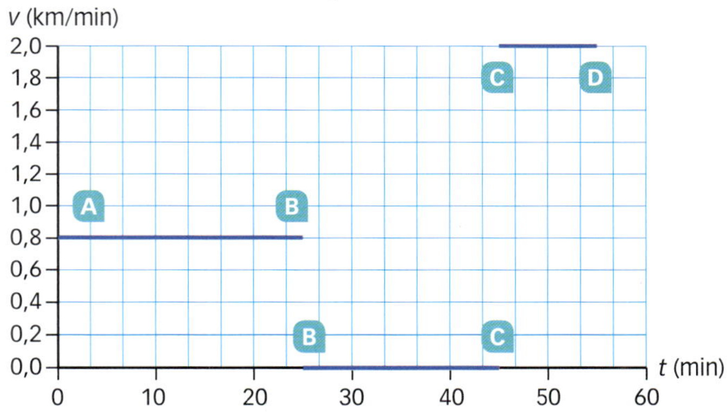

d) $v_{media} = \frac{\text{espacio total recorrido}}{\text{tiempo empleado}} \rightarrow$

$$\rightarrow v_{media} = \frac{x_D - x_A}{t_D - t_A} = \frac{60\text{ km} - 20\text{ km}}{55\text{ min} - 0\text{ min}} = \mathbf{0{,}73\ \frac{km}{min}}$$

Observa que en el tiempo empleado en el recorrido se incluye el periodo que estuvo parado.

ACTIVIDADES

11 Una persona sale de casa y camina medio kilómetro en cuatro minutos. Luego descansa durante cinco minutos y emprende el camino de vuelta a casa a un ritmo que le permite recorrer 300 m en un minuto y medio.

a) Haz la gráfica posición-tiempo para este movimiento.

b) Si en el camino de vuelta la persona continúa su recorrido al mismo ritmo, ¿dónde se encontrará tres minutos después de iniciarlo?

c) Calcula la velocidad de la persona en los distintos tramos de su recorrido.

d) Haz la gráfica velocidad-tiempo para este movimiento.

e) Calcula la velocidad media para todo el recorrido.

4 El movimiento circular uniforme (MCU)

La aguja horaria completa una vuelta cada 12 horas. El minutero: 1 vuelta/hora. El segundero: 1 vuelta/minuto.

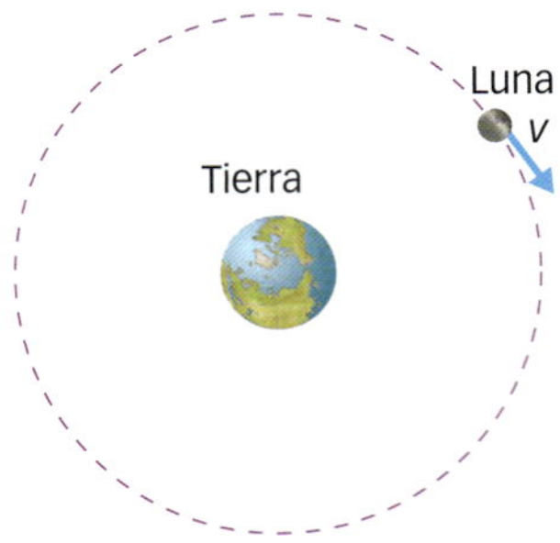

La Luna da una vuelta alrededor de la Tierra cada 27,3 días.

Observa en las imágenes de la izquierda los movimientos de las agujas del reloj y de la Luna.

Estos cuerpos tienen un movimiento circular uniforme.

Movimiento circular uniforme (**MCU**) es el que tiene un cuerpo que describe una trayectoria circular con velocidad de valor constante.

El movimiento circular uniforme se repite cada cierto tiempo. Se dice que es un movimiento periódico.

- El **periodo** (***T***) es el tiempo que tarda en repetirse el movimiento, es decir, en completar una vuelta.
- La **frecuencia** (***f***) es el número de veces que se repite el movimiento en la unidad de tiempo.

Cuanto mayor es el periodo, menor es la frecuencia, y viceversa.

PRESTA ATENCIÓN

MCU

En el movimiento circular uniforme:

- La trayectoria es una circunferencia.
- La velocidad es un valor constante.

3. EJEMPLO RESUELTO

La Tierra se considera aproximadamente una esfera y da una vuelta alrededor de su eje cada día. Calcula, en km/h, la velocidad con que gira una persona que esté sobre el ecuador y otra que esté sobre el círculo polar. ¿Cuál tiene mayor periodo? ¿Y mayor frecuencia? Lee los datos en el dibujo.

Las dos personas dan una vuelta completa cada día, pero la longitud de la circunferencia que describen es diferente:

$$v_A = \frac{15\,996\text{ km}}{24\text{ h}} = \mathbf{666{,}5\ \frac{km}{h}}$$

$$v_B = \frac{40\,077\text{ km}}{24\text{ h}} = \mathbf{1670\ \frac{km}{h}}$$

Las dos personas tienen el **mismo periodo** y la **misma frecuencia**, pues completan una vuelta cada día.

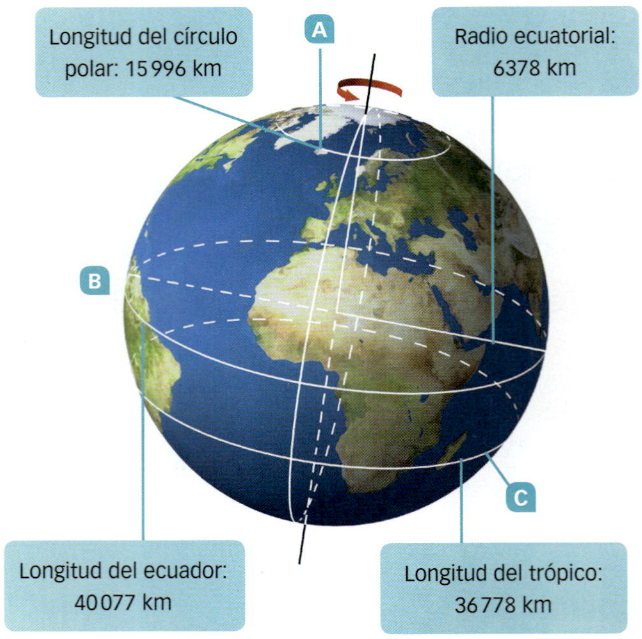

ACTIVIDADES

12 Ordena las agujas del reloj, horaria, minutero y segundero, según su periodo. Escribe la respuesta en tu cuaderno.

13 Calcula la velocidad de giro de una persona que se encuentra sobre la línea del círculo polar. Calcúlala en vueltas por hora y en km/h.

5 La aceleración

¿Te parece que en un recorrido en coche la velocidad es constante? Evidentemente, no. La velocidad no permanece constante, sino que aumenta o disminuye según las circunstancias: curvas, rectas, semáforos…

La **aceleración** (***a***) es una magnitud que mide lo que varía la velocidad por unidad de tiempo.

$$a_{\text{media}} = \frac{\textbf{variación de velocidad}}{\textbf{tiempo empleado}}$$

La aceleración es positiva si la velocidad aumenta, y es negativa si la velocidad disminuye. En una frenada, la aceleración es negativa.

En general, la aceleración no es constante, aunque en este curso solo estudiamos el movimiento rectilíneo con aceleración constante (MRUA).

Si la velocidad de un coche pasa de 5 m/s a 25 m/s en 4 segundos:

$$a = \frac{v_{\text{final}} - v_{\text{inicial}}}{\text{tiempo empleado}} = \frac{25\,\frac{\text{m}}{\text{s}} - 5\,\frac{\text{m}}{\text{s}}}{4\text{ s}} = \frac{20\,\frac{\text{m}}{\text{s}}}{4\text{ s}} = 5\,\frac{\text{m}}{\text{s}^2}$$

En el Sistema Internacional, la aceleración se mide en m/s^2.

- Si la aceleración es 5 m/s^2, la velocidad aumenta 5 m/s cada s.
- Si la aceleración es -5 m/s^2, la velocidad disminuye 5 m/s cada s.

5.1. Gráfica velocidad-tiempo para el MRUA

Observa las tablas que representan la velocidad de un móvil en distintos momentos y la representación correspondiente:

MRUA con aceleración positiva

Para un coche que arranca con aceleración de 10 m/s^2:

Tiempo (s)	Velocidad (m/s)
0	0
2	20
4	40
6	60

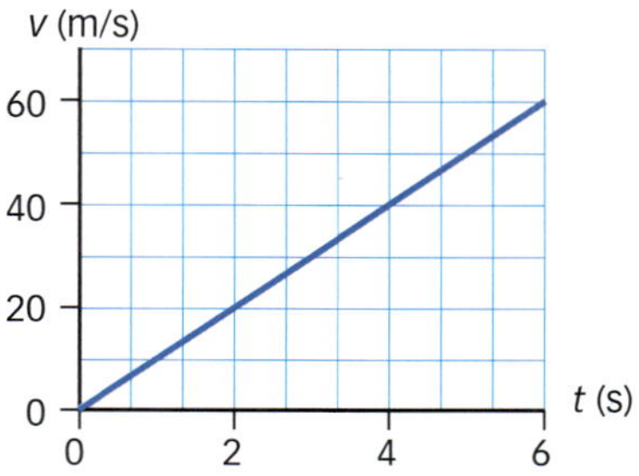

MRUA con aceleración negativa

Para un coche que circula a 60 m/s y frena con $a = -5$ m/s^2:

Tiempo (s)	Velocidad (m/s)
0	60
2	50
4	40
6	30

Interpretación:

- Cuando la aceleración es positiva, la gráfica velocidad-tiempo es una recta creciente.
- Cuando la aceleración es negativa, la gráfica velocidad-tiempo es una recta decreciente.
- La inclinación de la recta es mayor cuanto mayor es el valor de la aceleración.

ACTIVIDADES

14 Una moto arranca y mantiene una aceleración de 8 m/s^2 en los cinco primeros segundos. Completa la tabla y dibuja la gráfica velocidad-tiempo para los cinco segundos.

15 Un coche que circula a 90 km/h se encuentra un obstáculo y se ve obligado a frenar en 10 s. ¿Cuál ha sido su aceleración?

5.2. El espacio recorrido en un MRUA

A diferencia de lo que sucede con el MRU, en el MRUA el móvil no recorre el mismo espacio en el mismo intervalo de tiempo.

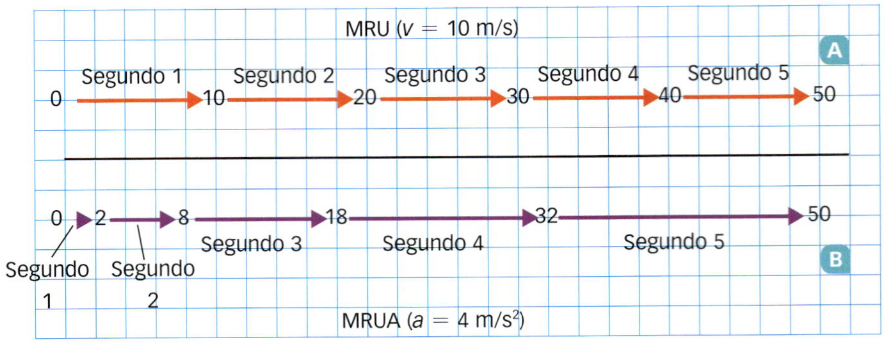

- El móvil A tiene MRU y avanza 10 m cada segundo.
- El móvil B arranca con aceleración de 4 m/s^2. En el primer segundo recorre una distancia menor que en el segundo siguiente. La distancia que recorre en cada segundo aumenta cada vez porque su velocidad aumenta cada segundo.

La gráfica 1 siguiente representa la posición frente al tiempo para el móvil B, que arranca con MRUA. La gráfica 2 corresponde a un MRUA con aceleración negativa.

1

Tiempo (s)	Posición (m)
0	0
1	2
2	8
3	18
4	32
5	50

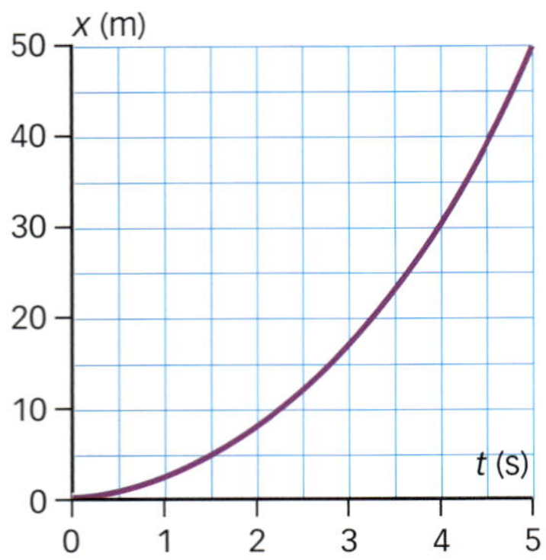

2

Tiempo (s)	Posición (m)
0	0
1	18
2	32
3	42
4	48
5	50

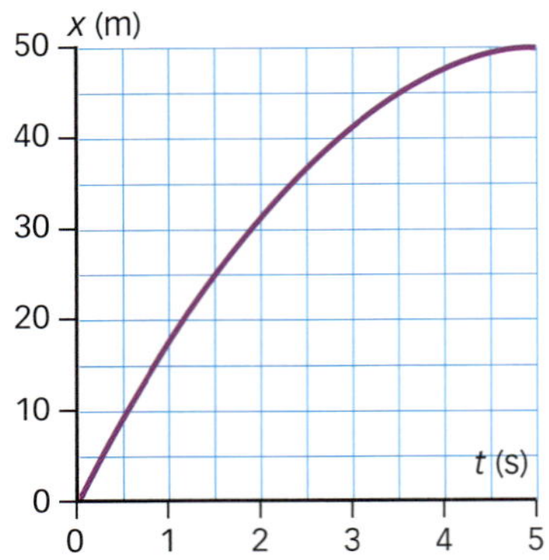

ACTIVIDADES

16 Escribe en tu cuaderno la frase siguiente eligiendo la palabra adecuada de las dos opciones que se ofrecen:

«Cuando un móvil lleva un movimiento decelerado, cada segundo recorre *más/menos* espacio que en el segundo siguiente.
La razón es que la velocidad del móvil cada segundo es *mayor/menor* que la velocidad del móvil en el segundo siguiente».

17 Observa en el esquema de arriba las posiciones del móvil A y calcula su velocidad media en:

a) El primer segundo.

b) Los tres primeros segundos.

c) Los cinco primeros segundos.

18 Observa la tabla posición-tiempo del móvil B y calcula su velocidad media en:

a) El primer segundo.

b) Los tres primeros segundos.

c) Los cinco primeros segundos.

SABER HACER

Calcular la aceleración a partir de una gráfica velocidad-tiempo

Observa la gráfica, que muestra cómo evoluciona la velocidad de un móvil con el tiempo.

A partir de la gráfica es sencillo deducir la aceleración del móvil en cada tramo representado.

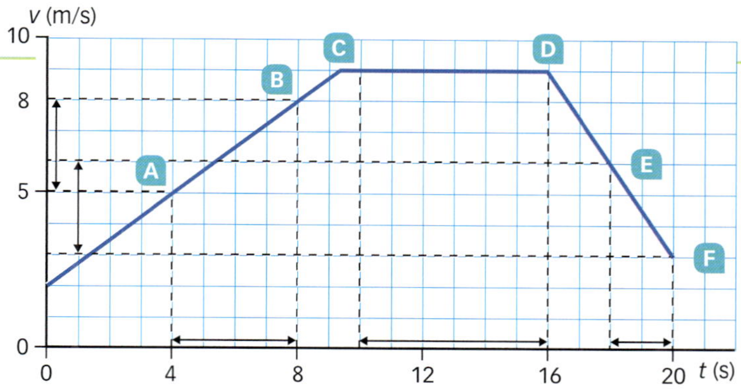

	Primer tramo: A-B	Segundo tramo: C-D	Tercer tramo: E-F
1. En cada tramo localiza dos puntos en los que sea fácil leer el valor de la velocidad y el tiempo.	Punto A: velocidad 5 m/s, tiempo 4 s; Punto B: velocidad 8 m/s, tiempo 8 s	Punto C: velocidad 9 m/s, tiempo 10 s; Punto D: velocidad 9 m/s, tiempo 16 s	Punto E: velocidad 6 m/s, tiempo 18 s; Punto F: velocidad 3 m/s, tiempo 20 s
2. Calcula la aceleración.	$a = \dfrac{v_B - v_A}{t_B - t_A} = \dfrac{8-5}{8-4} = \dfrac{3\ \text{m/s}}{4\ \text{s}} = 0{,}75\ \dfrac{\text{m}}{\text{s}^2}$	$a = \dfrac{v_D - v_C}{t_D - t_C} = \dfrac{9-9}{16-10} = 0$	$a = \dfrac{v_F - v_E}{t_F - t_E} = \dfrac{3-6}{20-18} = \dfrac{-3\ \text{m/s}}{2\ \text{s}} = -1{,}5\ \dfrac{\text{m}}{\text{s}^2}$
3. Conclusión.	Aceleración positiva. La velocidad aumenta con el tiempo.	No hay aceleración. Velocidad constante: MRU.	Aceleración negativa. La velocidad disminuye con el tiempo.

Tablas de datos:

Punto	Velocidad (m/s)	Tiempo (s)
A	5	4
B	8	8

Punto	Velocidad (m/s)	Tiempo (s)
C	9	10
D	9	16

Punto	Velocidad (m/s)	Tiempo (s)
E	6	18
F	3	20

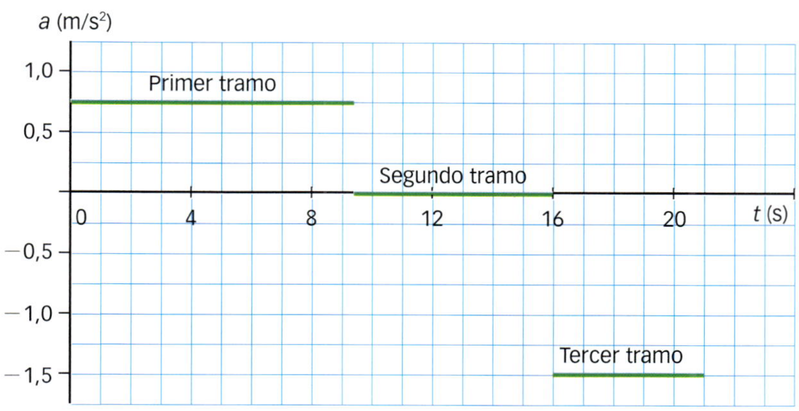

5.3. Representación gráfica de la aceleración frente al tiempo en un MRUA

En el MRUA la aceleración es constante. La representación gráfica de la aceleración frente al tiempo es una línea paralela al eje en que se representa el tiempo.

ACTIVIDADES

19 En el gráfico se muestra la velocidad de un coche frente al tiempo.

a) Calcula la aceleración en cada tramo.

b) Representa la aceleración frente al tiempo.

c) Escribe un texto que represente este movimiento.

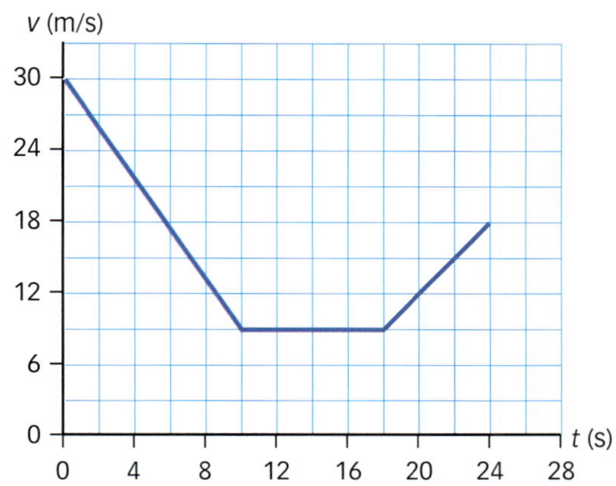

REPASA LO ESENCIAL

20 Razona si las siguientes afirmaciones son ciertas o no. El espacio recorrido:

a) Nunca coincide con el desplazamiento.

b) Siempre es mayor o igual que el desplazamiento.

c) Siempre es menor que el desplazamiento.

d) Nunca puede ser cero.

21 La velocidad del sonido en el aire es 340 m/s. Exprésalo en km/h.

22 En general, el límite de velocidad en las autopistas es 120 km/h. Exprésalo en m/s.

23 Indica la unidad adecuada del Sistema Internacional para cada una de las siguientes magnitudes: desplazamiento, velocidad y aceleración.

24 Escribe en tu cuaderno las palabras correspondientes a las siguientes definiciones y que aparecen en la sopa de letras.

a) Se llama así a un cuerpo que se mueve.

b) Línea que describe el cuerpo cuando se mueve.

c) Movimiento que sigue un corredor de 100 m lisos.

d) Movimiento que tiene una moto cuando arranca.

e) Nombre del tipo de movimiento de la Luna alrededor de la Tierra.

f) Distancia más corta entre dos posiciones de un cuerpo que se mueve.

g) Espacio recorrido por unidad de tiempo.

h) Aumento o disminución de la velocidad por unidad de tiempo.

B	H	L	C	S	T	R	C	Ñ	R	E	M	Y	C	E
I	R	H	M	E	C	V	E	L	O	C	I	D	A	D
N	R	E	B	F	M	V	O	J	M	I	J	N	G	E
I	C	S	C	R	N	T	E	U	A	P	U	F	E	S
E	E	U	I	T	O	F	I	W	I	M	P	Y	I	P
P	G	L	R	Y	I	B	D	P	R	V	O	R	X	L
O	Y	O	C	T	C	L	I	V	O	M	K	O	C	A
B	L	V	U	S	A	S	I	S	T	R	R	P	X	Z
E	E	J	L	L	R	S	K	N	C	Ñ	V	B	L	A
M	E	Y	A	J	E	E	R	V	E	H	E	I	C	M
B	F	O	R	R	L	L	O	M	Y	O	M	P	X	I
V	T	V	P	U	E	Ñ	E	S	A	S	U	T	X	E
O	C	O	Y	A	C	E	L	E	R	A	D	O	X	N
S	E	C	X	R	A	R	T	S	T	S	B	N	L	T
C	O	I	S	O	P	Y	O	P	O	L	S	B	N	O

25 Elige las características de la lista que se pueden aplicar a la velocidad media y cuáles a la velocidad instantánea (algunas podrán aplicarse a las dos). Completa una tabla en tu cuaderno.

a) En el Sistema Internacional se mide en m/s.

b) A veces no coincide con la velocidad real del móvil.

c) Para calcularla se divide el espacio recorrido entre el tiempo empleado.

d) No se puede calcular, solo medir con un velocímetro.

26 Asocia en tu cuaderno cada gráfica con el rótulo apropiado.

a)
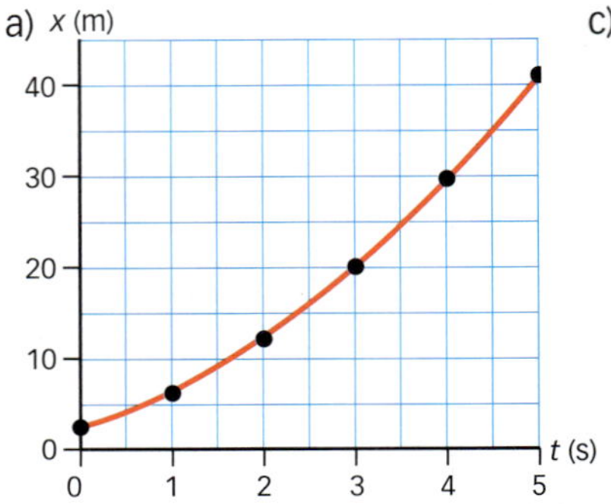

c)
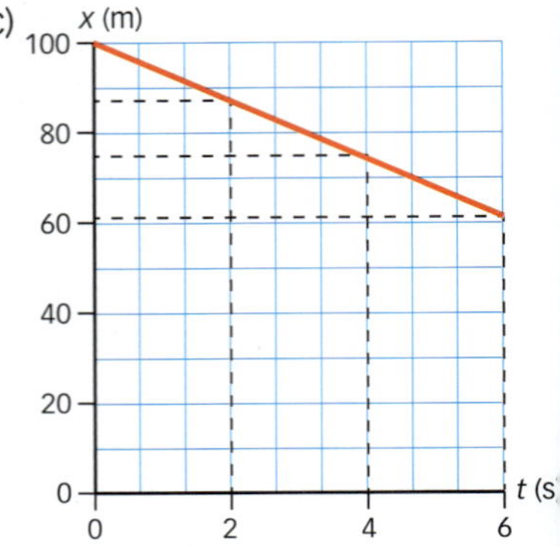

b)
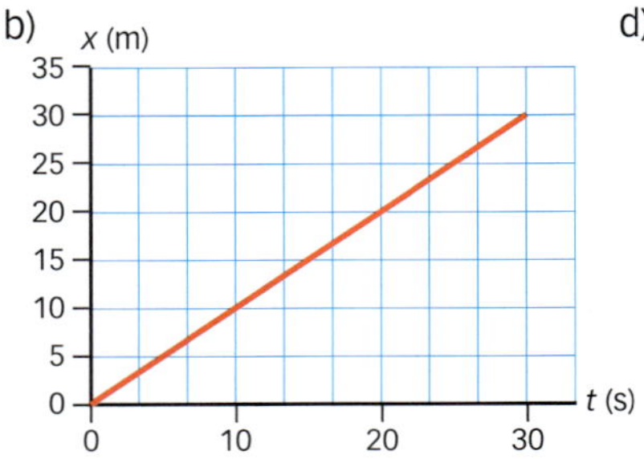

d)
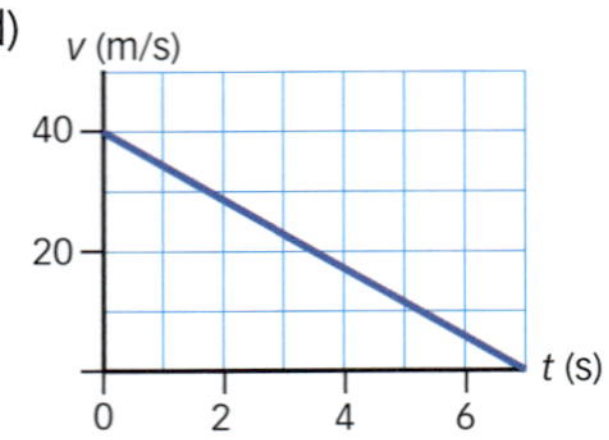

☐ MRU. Empieza en el origen	☐ MRU. Avanza hacia el origen
☐ MRUA	☐ MRUA de frenada

27 ¿Qué tipo de movimiento lleva un cuerpo sobre el que no actúa ninguna fuerza?

28 Un ciclista se mueve durante 10 segundos a 5 m/s y durante 90 segundos a 9 m/s. Su velocidad media es:

a) 8,6 m/s b) 7 m/s c) 9 m/s

29 Calcula la velocidad media del coche cuyo movimiento representa esta gráfica.

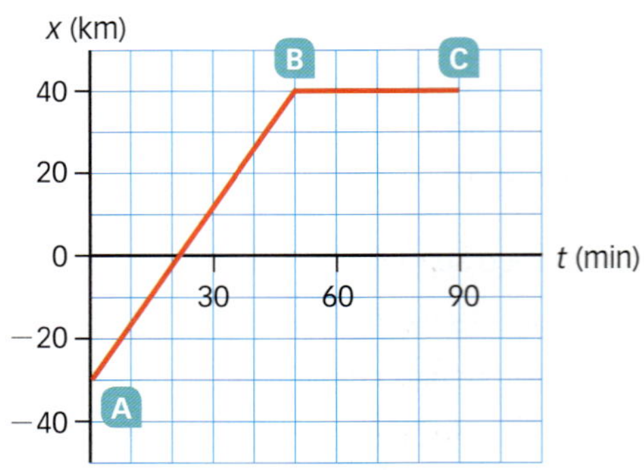

PRACTICA

¿Se mueve o no se mueve?

30 En un momento dado, la nadadora de una prueba de natación de 100 m espalda está debajo de la cuerda de salida falsa. Indica.

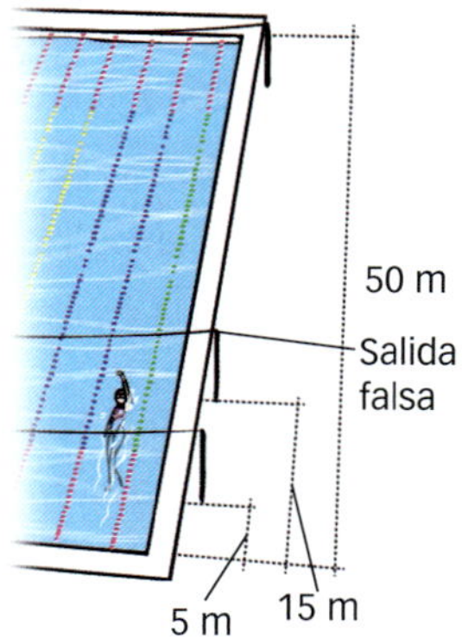

a) El camino recorrido si acaba de salir.

b) El camino recorrido si ya ha tocado el final de la piscina.

c) El desplazamiento de la nadadora en los casos a) y b). ¿Coincide en algún caso con el camino recorrido?

La velocidad

31 Ordena de mayor a menor las siguientes velocidades.

a) El águila real vuela 10 km en 2 min.

b) A velocidad de crucero, un avión recorre 0,75 km en 3 s.

c) Una pelota de tenis alcanza 35 m en medio segundo.

32 En las Olimpiadas de 2012 obtuvieron medalla de oro en atletismo las atletas que consiguieron estas marcas. Completa la tabla en tu cuaderno.

Prueba	Tiempo	v_{media} (m/s)	v_{media} (km/h)
100 m	10,75 s		
400 m	49,55 s		
1500 m	4 min 10,23 s		
10 000 m	30 min 20,75 s		

a) ¿Hay alguna relación entre la velocidad media y la longitud de la prueba? ¿A qué crees que se debe?

b) ¿La atleta corre toda la prueba a la misma velocidad?

Movimiento rectilíneo y uniforme (MRU)

33 Dos ciclistas salen a la vez y recorren una pista rectilínea. El ciclista A avanza 5 m cada 2 segundos, y el ciclista B avanza 3 m cada segundo.

a) Completa la tabla en tu cuaderno.

t (s)	0	5	10	15	20
Posición A (m)					
Posición B (m)					

b) En un solo dibujo, haz la gráfica posición-tiempo para cada ciclista y razona cuál va a mayor velocidad.

c) Calcula la velocidad media de cada ciclista.

4. EJEMPLO RESUELTO

El gráfico muestra el movimiento de un móvil.

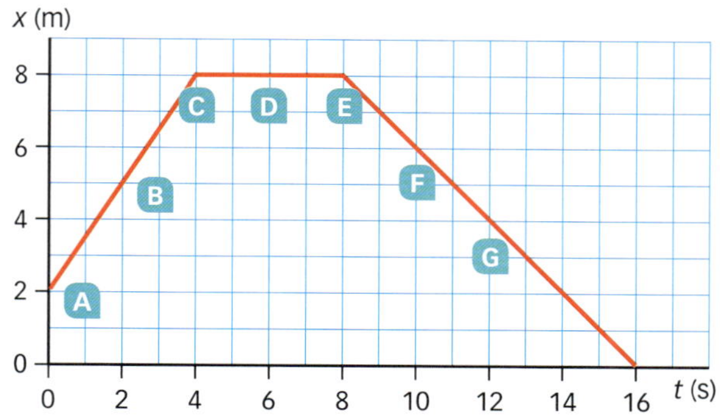

a) Completa una tabla con la posición en los instantes señalados en el gráfico.

b) Calcula la velocidad media en los intervalos:

I. 0 s → 4 s II. 4 s → 8 s III. 8 s → 12 s

c) Invente un texto sobre este movimiento.

a) Lee los valores en la gráfica y completa una tabla:

t (s)	0	2	4	6	8	10	12
x (m)	2	5	8	8	8	6	4

b) $v_{media} = \dfrac{\text{espacio recorrido}}{\text{tiempo invertido}}$

- 0 s → 4 s: $v_{media} = \dfrac{8\text{ m} - 2\text{ m}}{4\text{ s} - 0\text{ s}} = \mathbf{1{,}5\ m/s}$
- 4 s → 8 s: $v_{media} = \dfrac{8\text{ m} - 8\text{ m}}{8\text{ s} - 4\text{ s}} = \mathbf{0\ m/s}$
- 8 s → 12 s: $v_{media} = \dfrac{4\text{ m} - 8\text{ m}}{12\text{ s} - 8\text{ s}} = \mathbf{-1\ m/s}$

c) Ejemplo: «Me encuentro a 2 m de mi casa y voy a comprar el pan. En 4 s llego a la panadería, que está a 8 m de mi casa. Tardo 4 s en comprar el pan y lo llevo a casa, donde llego 8 s después».

34 Observa la siguiente gráfica.

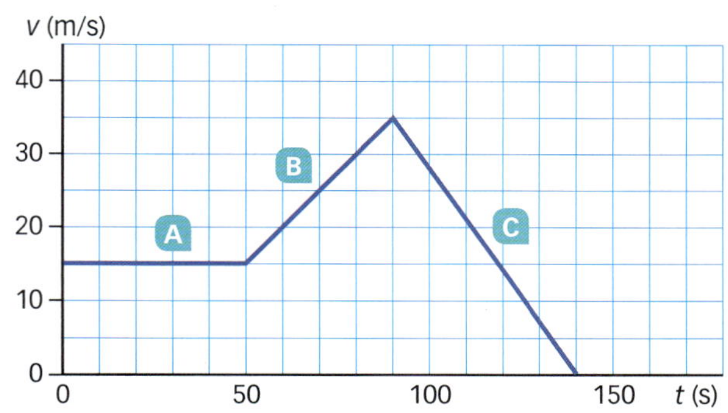

a) ¿Qué tipo de movimiento lleva el móvil en cada tramo?

b) Calcula la velocidad media en cada tramo.

35 Imagina que estás en una carretera recta, delante de la marca que indica 50 m. Pasa un coche con $v = 15$ m/s y pones el cronómetro en marcha:

a) Haz una tabla que muestre dónde estará el coche en los próximos 20 s (toma datos cada 5 s).

b) Haz las gráficas posición-tiempo y velocidad-tiempo.

c) ¿Dónde estará el coche al cabo de 1 minuto?

36 El gráfico muestra la posición de cuatro automóviles en función del tiempo. Observa y responde:

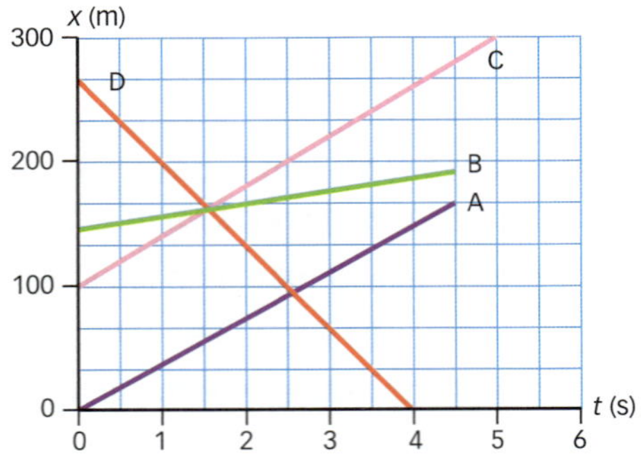

a) ¿Cuál comienza su movimiento en el origen del sistema de referencia?

b) ¿Cuál se mueve con una velocidad menor? ¿Y mayor?

c) ¿Qué móvil avanza hacia el origen?

d) ¿Qué móviles se desplazan con parecida velocidad?

37 María pone el cronómetro en marcha al salir de casa. Va al parque, donde llega 2 min después. Lee durante un rato y decide ir a casa de Andrés, donde llega 1 min después. El gráfico muestra el movimiento de María.

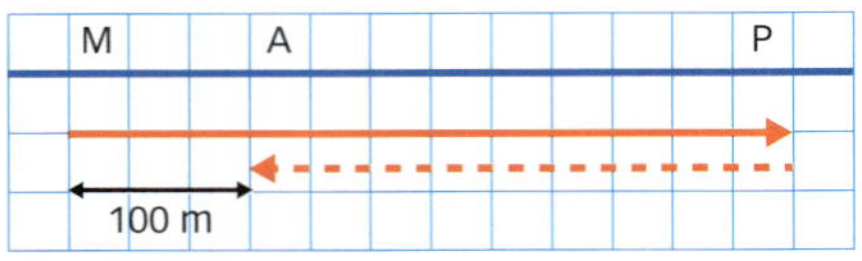

a) Haz una tabla posición-tiempo del movimiento de María. Haz la gráfica correspondiente.

b) Calcula el desplazamiento total y el camino recorrido.

c) Calcula su velocidad en cada tramo y su velocidad media durante todo el recorrido.

Movimiento circular uniforme

38 En la atracción del dibujo se dan 30 vueltas en 2 minutos. Imagina que subes con un amigo, tú en el asiento A y él en el B. Razona en tu cuaderno si es cierto que:

a) Los dos os movéis a la misma velocidad.

b) Al final del recorrido, tú has dado más vueltas.

c) Tú recorres más distancia.

La aceleración

39 En una pista de pruebas, un coche es capaz de pasar de 0 a 108 km/h en 10 segundos.

a) ¿Cuál es su aceleración?

b) Anota en una tabla su velocidad cada dos segundos.

c) Dibuja la gráfica velocidad-tiempo.

40 Un coche que va a 90 km/h frena con $a = -2$ m/s^2.

a) Completa en tu cuaderno una tabla con la velocidad del coche cada 2 s. ¿Cuánto tarda en parar?

b) Dibuja la gráfica velocidad-tiempo.

41 Compara las gráficas velocidad-tiempo de las actividades 39 y 40. ¿En qué se parecen? ¿En qué se diferencian?

MRUA

5. EJEMPLO RESUELTO

El gráfico siguiente muestra la posición de un móvil en distintos instantes:

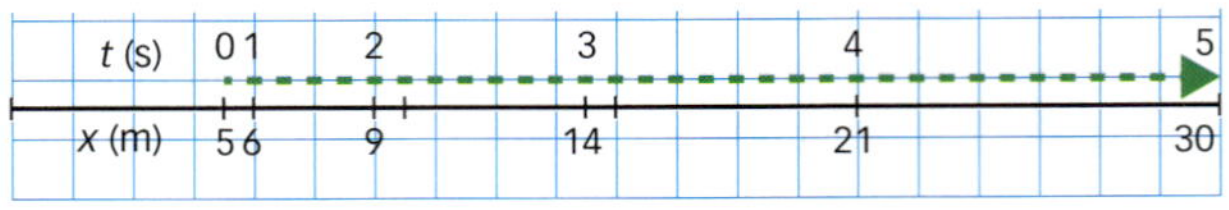

a) ¿Es un MRUA? ¿En qué posición se encuentra cuando empiezas a contar el tiempo?

b) Razona si la velocidad y la aceleración son positivas o negativas.

c) Calcula la velocidad media en los primeros dos segundos y entre el segundo 3 y el 5.

d) Explica la diferencia entre los dos valores de velocidad media.

a) El espacio que recorre el móvil en cada segundo va aumentando, lo que indica que su velocidad también va aumentando. La posición inicial es 5 m.

b) La velocidad es positiva, pues el móvil se aleja del origen. La velocidad es cada vez mayor; por tanto, la aceleración es positiva.

c) v_{media} entre $t = 0$ y $t = 2$ s.

$$v_{media\ 0 \rightarrow 2\ s} = \frac{\text{desplazamiento}}{\text{tiempo empleado}} = \frac{9\text{ m} - 5\text{ m}}{2\text{ s}} = 2\,\frac{\text{m}}{\text{s}}$$

v_{media} entre $t = 3$ s y $t = 5$ s.

$$v_{media\ 3\ s \rightarrow 5\ s} = \frac{\text{desplazamiento}}{\text{tiempo empleado}} = \frac{30\text{ m} - 14\text{ m}}{2\text{ s}} = 8\,\frac{\text{m}}{\text{s}}$$

d) Como el movimiento es acelerado, la velocidad media va aumentando.

42 La tabla siguiente representa la posición de un móvil en distintos momentos:

Tiempo (s)	0	1	2	3	4	5
Posición (m)	5	13	21	25	29	30

a) Representa las posiciones en la trayectoria y razona si es un MRUA.

b) Razona si la aceleración es positiva o negativa.

c) Calcula la velocidad media en los dos primeros segundos.

d) Calcula la velocidad media entre el segundo 3 y el 5.

e) Explica la diferencia entre los dos valores de velocidad media.

43 Una moto que está parada arranca con una aceleración de 3 m/s^2. Completa en tu cuaderno una tabla que muestre su velocidad en los 10 primeros segundos.

44 La conductora de un coche que se desplaza a 20 m/s ve un semáforo en rojo y debe frenar completamente en los próximos 5 s. ¿Cuál debe ser su aceleración?

45 El movimiento de un móvil se representa por el gráfico.

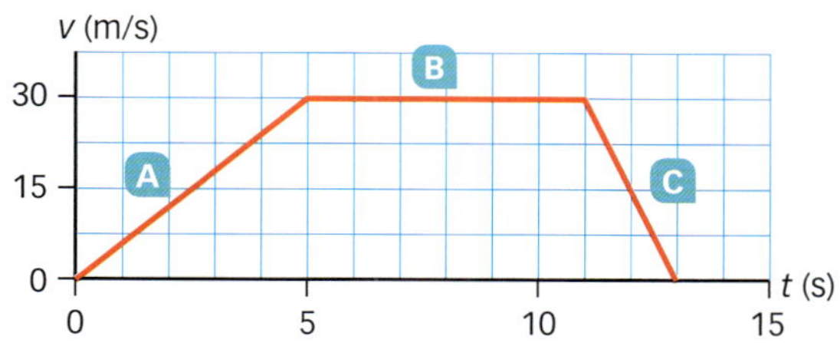

a) Explica qué movimiento lleva en cada tramo.

b) Calcula la aceleración que lleva en cada tramo.

46 Razona cuál de estos enunciados puede describir el movimiento de la actividad anterior.

a) Un coche arranca y, cuando alcanza la velocidad de 30 m/s, se mueve con esa velocidad durante 6 s, pero ve un semáforo en rojo y para en 2 s.

b) Un ciclista sube una cuesta durante 5 s. Luego descansa y finalmente baja la cuesta hasta el punto de salida.

c) Un coche va a 30 m/s y se para en un semáforo. Luego da la vuelta y vuelve hasta el punto de partida.

AMPLÍA

47 Un explorador sale de un punto de la Tierra y recorre 10 km hacia el sur, luego 10 km hacia el este y después 10 km hacia el norte. Finalmente, descubre que está en el mismo punto que al principio.

a) Dibuja su trayectoria.

b) ¿Qué distancia recorre?

c) ¿Cuál es su desplazamiento?

d) ¿De qué punto del planeta sale el explorador?

48 El gráfico siguiente representa un movimiento imposible. Explica por qué.

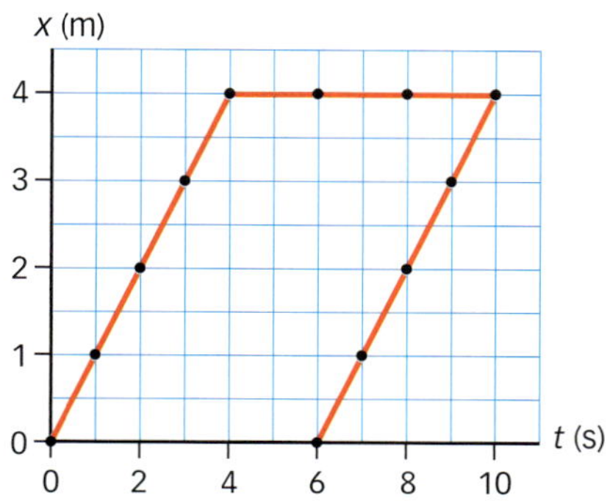

6. EJEMPLO RESUELTO

Un tiovivo de 3 m de diámetro gira a 5 vueltas por minuto. Calcula la velocidad de un caballito apoyado en el borde exterior.

Calcula la longitud de la circunferencia:

$$L = 2 \cdot \pi \cdot r^{d/2} = 2 \cdot \pi \cdot 1{,}5 \text{ m} = 9{,}43 \text{ m}$$

Por tanto:

$$v = \frac{\text{espacio}}{\text{tiempo}} = \frac{5 \cdot 9{,}43 \text{ m}}{60 \text{ s}} = \mathbf{0{,}8\ m/s}$$

49 La rueda delantera del tractor de la figura tiene 60 cm de diámetro y la rueda trasera, 110 cm. Avanza de manera que recorre 100 m en 50 segundos. Calcula:

a) Las vueltas que da la rueda trasera cuando el tractor recorre 100 m.

b) Las vueltas que da la rueda delantera cuando el tractor recorre 100 m.

c) Razona si unas ruedas del tractor van a más velocidad que las otras.

50 Un coche se mueve a una velocidad de 10 m/s. En un momento dado, pisa el freno de manera que le comunica una aceleración de −3 m/s^2.

a) Completa una tabla en tu cuaderno que represente la velocidad del móvil durante los cinco segundos siguientes al inicio de la frenada.

b) Dibuja la gráfica velocidad-tiempo.

c) Explica cómo es el movimiento del móvil durante los cinco segundos. ¿Se aleja del origen? ¿Se acerca? ¿Depende del instante?

APLICA UNA TÉCNICA. Analizar las rutas ofrecidas por un navegador GPS

Los navegadores GPS autónomos o aquellos integrados en teléfonos móviles son máquinas asombrosas. En unos pocos segundos son capaces de planificar rutas para llegar a un destino desde la ubicación actual del aparato, obtenida gracias a una red de satélites que circunda la Tierra.

A menudo el usuario puede elegir entre varias rutas. Por ejemplo, una ruta incluirá peajes, otra será la más corta, mientras que puede ocurrir que otra ruta diferente sea la más rápida. Los navegadores con conexión a internet son capaces incluso de recalcular el tiempo necesario para completar la ruta en función de las condiciones del tráfico en tiempo real o la presencia de obras en la calzada.

Observa a la derecha dos rutas propuestas por un navegador para un mismo viaje.

51 Contesta.

a) ¿Cuál de las dos rutas es más corta?

b) ¿Cuál es la más rápida?

c) ¿Qué parte comparten ambas rutas? ¿En qué difieren?

52 Calcula la velocidad media en km/h y en m/s.

a) En la ruta más corta.

b) En la ruta más rápida.

c) Explica la diferencia obtenida en ambos casos.

d) ¿Por qué la ruta más corta no es también la ruta más rápida?

53 Señala las diferencias entre ambas rutas, si las hay, en relación con:

a) La posición inicial del vehículo.

b) La posición final del vehículo.

c) La velocidad media del vehículo.

d) La cantidad de combustible consumido.

e) El tipo de carretera por el que circula el vehículo.

54 De entre los siguientes valores, elige cuál crees que es la distancia que recorrería un helicóptero que viajase en línea recta entre Ciudad Real y Sevilla.

a) 325 km

b) 50 km

c) 423 km

d) 261 km

55 Observa la escala del dibujo y calcula la distancia en línea recta entre Córdoba y Sevilla.

56 USA LAS TIC. Utiliza alguna página web que permita calcular rutas entre dos puntos de España y calcula dos rutas diferentes desde tu lugar de residencia hasta un destino de otra comunidad autónoma que te apetecería visitar.

Puedes usar las siguientes páginas web:

- http://www.viamichelin.es/web/Itinerarios
- http://maps.google.es
- http://www.guiarepsol.com (Mapas y rutas)

a) ¿Qué alternativas se proponen?

b) Relaciona dichas alternativas con los diferentes tipos de carreteras por los que se circula en cada ruta.

FORMAS DE PENSAR. Análisis ético. **¿Pondrías más radares en las carreteras?**

Los radares son, sin duda, uno de los controladores del tráfico más efectivos que tiene la Dirección General de Tráfico (DGT). Para evitar caer en ellos, los conductores tienen a su disposición diferentes aparatos.

Los avisadores de radar están en los GPS y en las aplicaciones para el móvil más utilizadas. Tienen la ubicación de los radares fijos y la posible situación de los móviles. Así, el conductor puede saber si entra en una zona donde suele encontrarse un radar móvil o si tiene delante un cinemómetro fijo. Son dispositivos legales y pueden ser utilizados sin riesgo de cometer una infracción.

Un detector de radares, sin embargo, capta la señal emitida por estos y avisa al conductor de que hay un radar en los próximos metros. Su uso está prohibido y castigado con multa de 200 euros y la retirada de tres puntos del carné.

Por último, los inhibidores de radares son equipos que se incorporan al vehículo para interferir las señales de los controladores de velocidad y circular a una velocidad superior a la permitida sin ser detectado. El uso de estos sistemas está duramente castigado con hasta 6000 euros de multa y seis puntos en el carné de conducir. Además, el taller que lo instale se enfrenta a una sanción económica de 30 000 euros.

Alberto de la Torre, www.autopista.es,
6 de noviembre de 2020 (Adaptación)

CUADRO DE SANCIONES Y PUNTOS POR EXCESO DE VELOCIDAD

	LÍMITE	30	40	50	60	70	80	90	100	110	120	MULTA	PUNTOS
EXCESO VELOCIDAD		31 50	41 60	51 70	61 90	71 100	81 110	91 120	101 130	111 140	121 150	100 €	–
	GRAVE	51 60	61 70	71 80	91 110	101 120	111 130	121 140	131 150	141 160	151 170	300 €	2
	GRAVE	61 70	71 80	81 90	111 120	121 130	131 140	141 150	151 160	161 170	171 180	400 €	4
	GRAVE	71 80	81 90	91 100	121 130	131 140	141 150	151 160	161 170	171 180	181 190	500 €	6
	MUY GRAVE	81	91	101	131	141	151	161	171	181	191	600 €	6

57 COMPRENSIÓN LECTORA. ¿Qué es un radar? Explica con tus propias palabras su funcionamiento.

58 COMPRENSIÓN LECTORA. Explica la diferencia entre inhibidor de radar, detector de radar y avisador de radar.

59 Muchas asociaciones se quejan de que existen puntos negros de nuestras carreteras en los que no hay radares.

a) Explica qué es un punto negro.

b) ¿Por qué defienden estas asociaciones la ubicación de radares en puntos negros?

60 La mayor parte de los radares miden la velocidad de los vehículos en un instante. Pero los radares de tramo miden la velocidad a lo largo de un túnel gracias a detectores situados a la entrada y a la salida del túnel. Explica cómo funcionan empleando el concepto de velocidad media.

61 Observa la tabla e indica la sanción en cada caso.

a) Una motocicleta que circula a 75 km/h en una zona donde el límite es 50 km/h.

b) Un automóvil que circula a 110 km/h si el límite es 100 km/h.

c) Un camión que circula a 85 km/h en una carretera cuyo límite de velocidad es 80 km/h.

d) Un automóvil que circula a 185 km/h en una zona donde el límite legal es de 120 km/h.

¿Cuando la velocidad es mayor es también mayor la sanción?

62 TOMA LA INICIATIVA. ¿Te parece adecuado aumentar el número de radares para reducir el de accidentes? ¿En qué puntos de las carreteras instalarías tú los radares? ¿Por qué?

MEDIR LA VELOCIDAD MEDIA

MATERIAL

- Regla.
- Bolas de distintos tamaños.
- Perfil de aluminio.
- Barreras fotoeléctricas.
- Tarjeta de cartón.
- Soporte.
- Contador de tiempo.

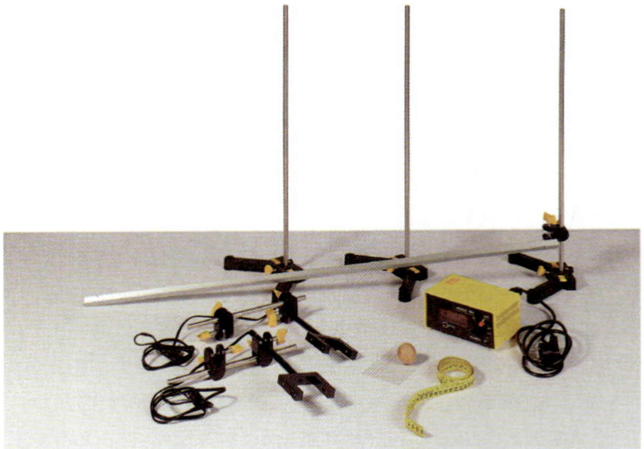

PROCEDIMIENTO

1. Coloca el perfil de aluminio un poco inclinado.
2. Haz que cada barrera fotoeléctrica esté próxima a un extremo del perfíl. Conéctalas al contador de tiempo.

   Ajusta las barreras fotoeléctricas para que el contador de tiempo funcione adecuadamente.

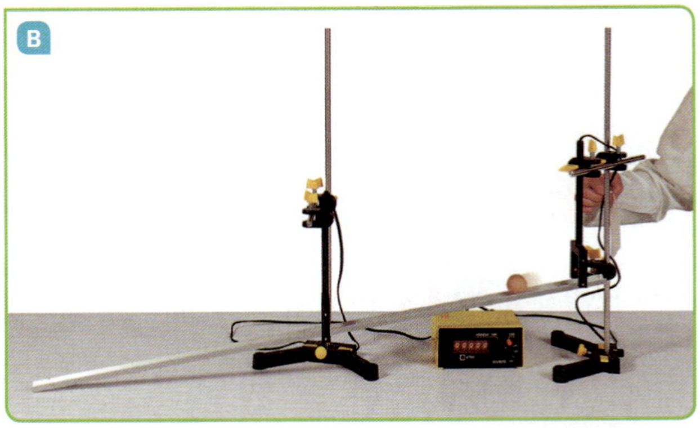

3. Pon la barrera de cartón delante de la primera barrera y la bola de madera detrás de ella.
4. Levanta la barrera.
5. Anota el tiempo que marca el contador.
6. Mide la distancia entre las dos barreras fotoeléctricas.

¿Cómo se calcula?

$$v_{media} = \frac{\text{espacio recorrido}}{\text{tiempo empleado}}$$

Repite el procedimiento con bolas de otro tamaño.

	Espacio	Tiempo	v_{media}
Bola 1			
Bola 2			
Bola 3			

Velocidad media en diferentes partes del recorrido

1. Sin cambiar el primer soporte, acerca la segunda barrera fotoeléctrica hacia la mitad del perfil de aluminio (B).
2. Deja que la bola baje.
3. Mide la distancia entre las barreras fotoeléctricas y el tiempo que ha tardado la bola en recorrerla.
4. Calcula la velocidad del primer tramo.
5. Coloca la primera barrera fotoeléctrica sobre un tercer soporte y sitúala hacia la mitad del perfil de aluminio.

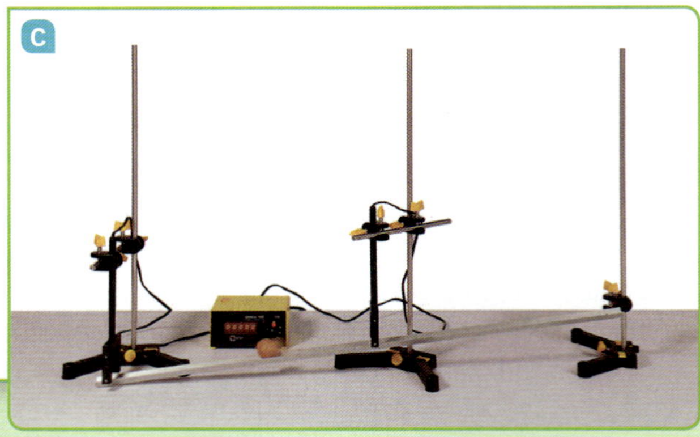

6. Lleva la segunda barrera al extremo inferior del perfil de aluminio.
7. Coloca la bola delante de la primera barrera y deja que baje.
8. Mide la distancia entre las barreras fotoeléctricas y el tiempo que ha tardado en recorrerla.
9. Calcula la velocidad del segundo tramo.
10. Completa la tabla.

	Espacio	Tiempo	v_{media}
Primer tramo			
Segundo tramo			

ACTIVIDADES

66 Para un mismo movimiento y un mismo recorrido, ¿influye la masa o el tamaño de la bola en la velocidad media?

67 Considera las tres velocidades medias que has medido:

- Recorrido completo.
- Primer tramo.
- Segundo tramo.

a) ¿Cuál es mayor?
b) ¿Cuál es menor?

68 Teniendo en cuenta los valores de la velocidad media que has obtenido, razona si este movimiento es un MRU o un MRUA.

69 Teniendo en cuenta esta experiencia, idea un método que te permita medir la velocidad instantánea en un punto del movimiento (o lo más parecido a la velocidad instantánea).

USAR ANIMACIONES VIRTUALES PARA ESTUDIAR EL MOVIMIENTO

El uso de ordenadores o tabletas nos ayuda a comprender el movimiento de un móvil. Para ello usa el recurso digital que acompaña a este libro llamado *Movimiento rectilíneo uniformemente acelerado*.

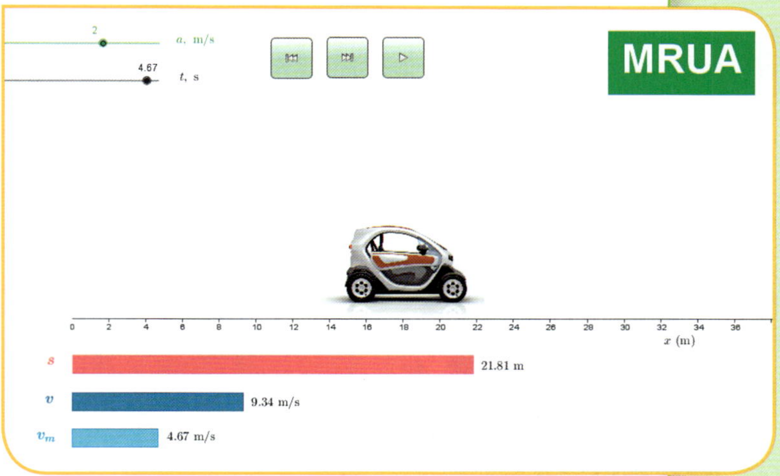

¿Cómo se hace?

1. Utiliza el cursor que marca el tiempo transcurrido para comprobar la posición del móvil en los instantes $t = 0$ s, $t = 1$ s… Ten en cuenta que en $t = 0$ el móvil está quieto en la posición $x = 0$.
2. Anota la posición del móvil en cada instante de tiempo.
3. Determina su velocidad en cada instante.

$$v_1 = \frac{x_1}{t_1}; \quad v_2 = \frac{x_2}{t_2}$$

4. Calcula la aceleración del móvil.

$$a = \frac{v_{final} - v_{incial}}{\text{tiempo transcurrido}}$$

5. Varía el valor de la aceleración del móvil con el cursor correspondiente. ¿Cómo cambia el desarrollo de la animación al transcurrir el tiempo?

ACTIVIDADES

63 ¿Qué indica la barra azul oscuro que aparece cuando se mueve el móvil de la animación? Elige la respuesta correcta y escríbela en tu cuaderno.

a) El espacio recorrido por cada móvil.
b) La velocidad de cada móvil en cada instante.
c) La aceleración de cada móvil en cada instante.
d) El tiempo que falta hasta detenerse.

64 ¿Qué tipo de movimiento lleva el móvil de la simulación?

65 Elige un valor de la aceleración y completa una tabla en tu cuaderno con las posiciones del móvil en cada instante.

Utiliza estos datos y elabora gráficas en tu cuaderno:

a) Una gráfica posición-tiempo.
b) Una gráfica velocidad-tiempo.

6 Las fuerzas

SABER

- El movimiento y las fuerzas.
- Las máquinas.
- El universo.
- El universo actual.
- Cuerpos y agrupaciones en el universo.

SABER HACER

- Medir fuerzas con un dinamómetro

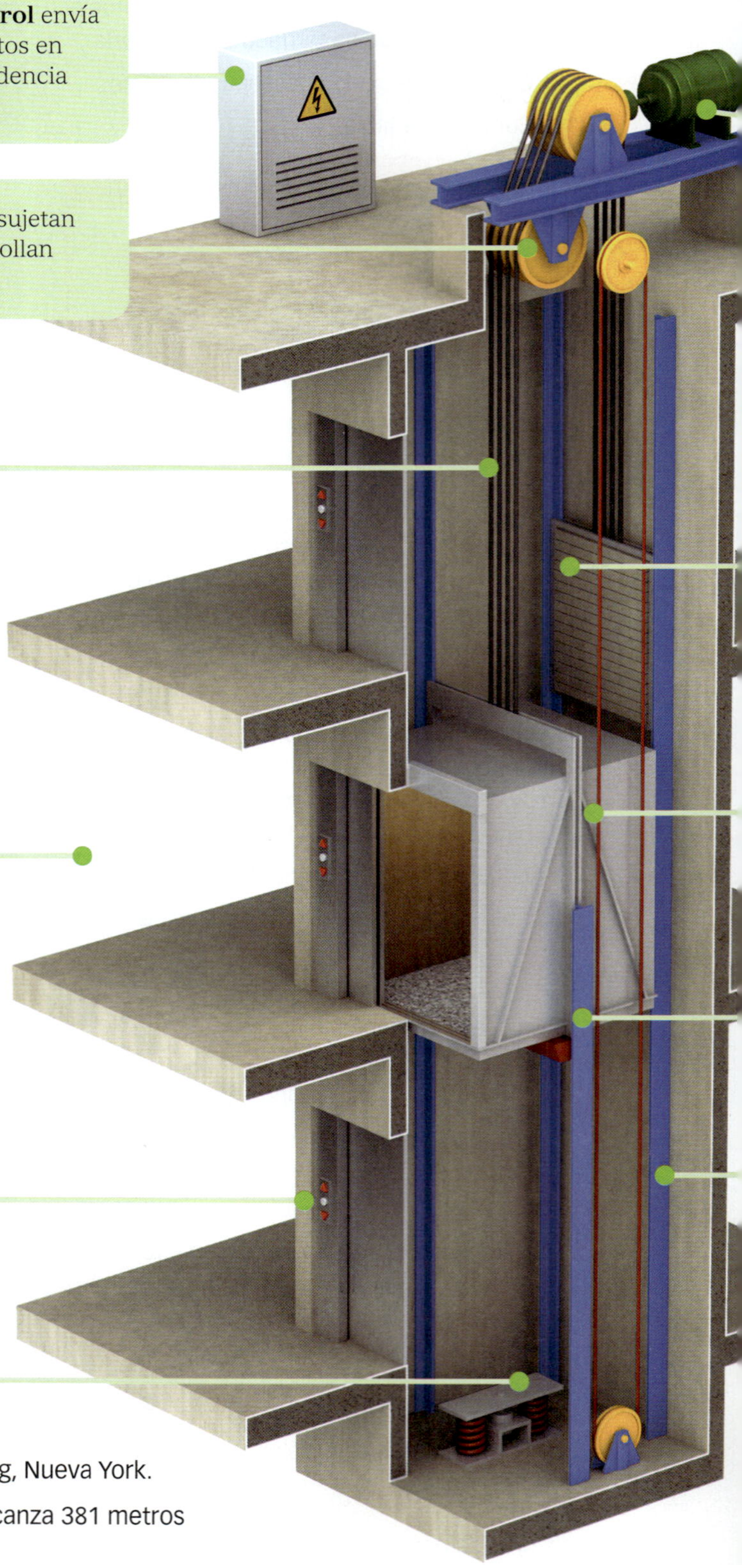

La **unidad de control** envía órdenes a los circuitos en función de la procedencia de las llamadas.

Los cables que sujetan la cabina se enrollan en una **polea**.

Cables elevadores.

El ascensor dispone de **sistemas de seguridad** que evitan la caída de la cabina, por ejemplo, si se rompen los cables que la sujetan.

Botones situados en las distintas plantas permiten «llamar» al ascensor.

Un **soporte** evita que la cabina descienda más de lo necesario.

Empire State Building, Nueva York.

Tiene 102 pisos y alcanza 381 metros de altura (azotea).

NOS HACEMOS PREGUNTAS. **¿Cómo funciona un ascensor?**

En 1857 Elisha Grave Otis instaló en Nueva York el primer ascensor «moderno» y seguro para los pasajeros, impulsado por vapor. Hoy en día la mayoría son electromecánicos o hidráulicos. En este tipo de ascensores un motor y una bomba impulsan aceite por un circuito, de manera que un pistón eleva la cabina durante el ascenso. Para el descenso se deja caer la cabina con reguladores de velocidad.

9 INDUSTRIA, INNOVACIÓN E INFRAESTRUCTURA

Impulsar el conocimiento en todas las ramas del saber, pues unas influyen en las otras, como cuando la llegada de los ascensores permitió la construcción de edificios con muchas plantas.

Antes de la instalación de ascensores los edificios no tenían más de cinco o seis plantas, pues subir tantas escaleras asustaba a los posibles inquilinos. Pero la llegada de los ascensores impulsó la construcción de rascacielos.

Un **motor** impulsa los mecanismos que suben y bajan la cabina.

Un **contrapeso** facilita el ascenso de la cabina.

La **cabina** se desplaza de un piso a otro por un hueco vertical.

Unos raíles sirven como **guías** para el desplazamiento vertical de la cabina.

Guías para el ascenso y descenso del **contrapeso**.

LA SEGURIDAD DE LOS ASCENSORES

Aunque hoy día mucha gente sigue teniendo miedo a los ascensores, ya son máquinas muy seguras con múltiples sistemas de seguridad.

Un sistema controla que la **velocidad** no aumente demasiado.

Un sistema autónomo proporciona **energía** en caso de falta de suministro.

Las **puertas** del ascensor en cada planta solamente se abren cuando el ascensor está detenido en dicha planta.

El **pesacargas** impide el funcionamiento si el peso es superior al máximo admitido.

? INTERPRETA LA IMAGEN

- ¿Cómo se transmite la fuerza desde el motor hasta la cabina de pasajeros del ascensor?
- ¿Cuál es la función del contrapeso?

CLAVES PARA EMPEZAR

- ¿Qué máquinas sencillas conoces que nos ahorran esfuerzo físico?
- ¿Todas las máquinas disponen de elementos móviles? Pon algunos ejemplos para apoyar tu respuesta.

1 ¿Qué es una fuerza?

Efecto estático

Estirar la cuerda del arco.

Moldear el barro.

Efecto dinámico

Poner en movimiento un coche parado.

Cambiar el movimiento de la bola.

Tenemos una idea intuitiva de lo que es una fuerza. Cuando se aplica a un objeto, se pueden conseguir dos tipos de efectos:

Una **fuerza** es cualquier acción que, al aplicarla sobre un cuerpo, puede lograr dos tipos de efectos:

- **Efecto estático:** deforma el cuerpo.
- **Efecto dinámico:** cambia su estado de movimiento; es decir, lo acelera, lo frena o hace que cambie de dirección.

En el Sistema Internacional, la fuerza se mide en **newton** (N).

El efecto de una fuerza no solo depende de su valor. Una fuerza suficientemente grande puede:

Levantar el cartón de leche si es vertical y hacia arriba.

Empujarlo contra la mesa, deformarlo y romperlo si es vertical y hacia abajo.

Arrastrarlo a derecha o izquierda si es horizontal y se dirige a derecha o izquierda.

La fuerza es una **magnitud vectorial**, porque su efecto no solo depende de su valor, sino también de la dirección y el sentido en que actúa.

ACTIVIDADES

1 Teniendo en cuenta las imágenes que se muestran al comienzo de esta página, dibuja cómo tiene que ser la dirección y el sentido de una fuerza para que consiga:

a) Tensar el arco.

b) Moldear el barro.

c) Poner en marcha el coche parado.

d) Frenar un coche en movimiento.

e) Devolver el saque de tenis.

2 Indica si las siguientes acciones son el resultado de un efecto estático o dinámico de una fuerza. En cada caso, dibuja la dirección y el sentido de la fuerza que actúa:

a) Estirar un muelle.

b) Devolver una volea.

c) Aplastar la plastilina.

d) Empujar el carro del supermercado.

e) Inflar un globo.

2 El movimiento y las fuerzas

Según lo visto en el apartado anterior, es necesaria una fuerza para que un cuerpo que está parado se ponga en movimiento y para que un cuerpo en movimiento se pare o se mueva con otra velocidad o en otra dirección.

Si no actúa una fuerza neta sobre un cuerpo, su movimiento no varía:

- Si estaba en reposo, seguirá en reposo.
- Si estaba en movimiento, seguirá haciéndolo en la misma dirección y con la misma velocidad.

Podemos relacionar el movimiento de un cuerpo con las fuerzas que actúan sobre él:

Un cuerpo tiene un...	Cuando sobre él...
MRU	No actúa ninguna fuerza neta.
MRUA	Actúa una fuerza que hace que aumente o disminuya el valor de su velocidad de manera uniforme.
MCU	Actúa una fuerza que solo cambia la dirección del movimiento, pero no altera el valor de su velocidad.

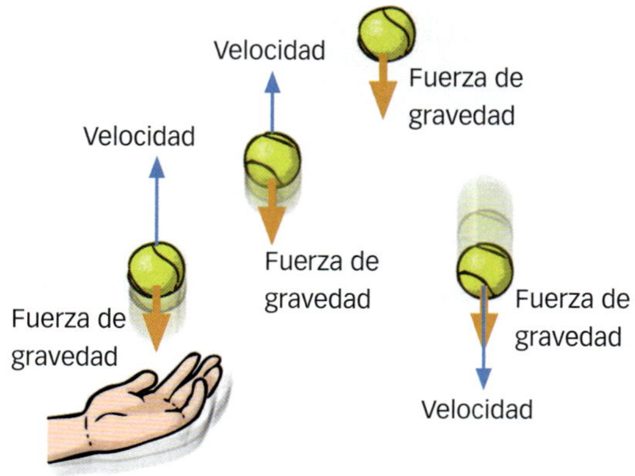

Durante el ascenso, el valor de la velocidad de la pelota disminuye de manera uniforme. Es un ejemplo de MRUA. Esto ocurre porque actúa una fuerza sobre la pelota, la gravedad terrestre.

2.1. Fuerzas que tiran o empujan

Para que un objeto se ponga en movimiento hay que ejercer fuerzas que lo empujen o tiren de él. Las características de las fuerzas cambian si el cuerpo que se mueve está apoyado o no:

Fuerzas que tiran

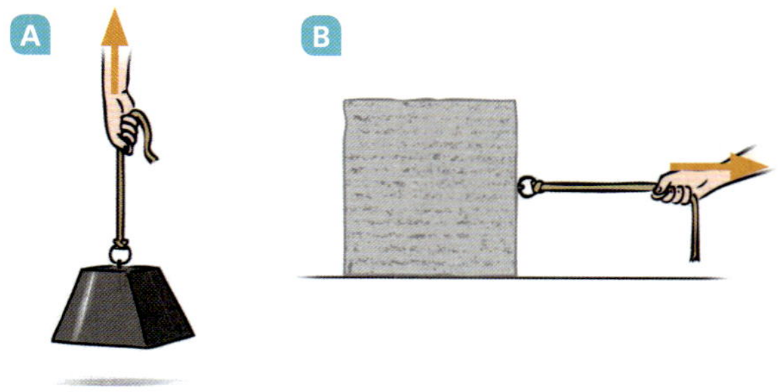

Tiramos mediante una cuerda, la cual propaga la fuerza que actúa sobre el objeto. Fuerza de tensión.

Fuerzas que empujan

Aplicamos directamente la fuerza al objeto para levantarlo o moverlo sobre el suelo.

ACTIVIDADES

3 El dibujo representa un vehículo que se desplaza tirando de un remolque. Dibuja la flecha responsable del movimiento de cada uno y explica si tira o empuja.

2.2. La fuerza de rozamiento y el movimiento

? INTERPRETA LA IMAGEN

- Señala por qué ocurre lo que aparece en las imágenes.

La bola de billar que se desplaza sobre la mesa se acaba parando.

Es más fácil mover un mueble arrastrándolo sobre una alfombra.

Los monos de los motoristas de competición llevan joroba.

La fuerza de rozamiento siempre tiene **sentido opuesto al movimiento**.

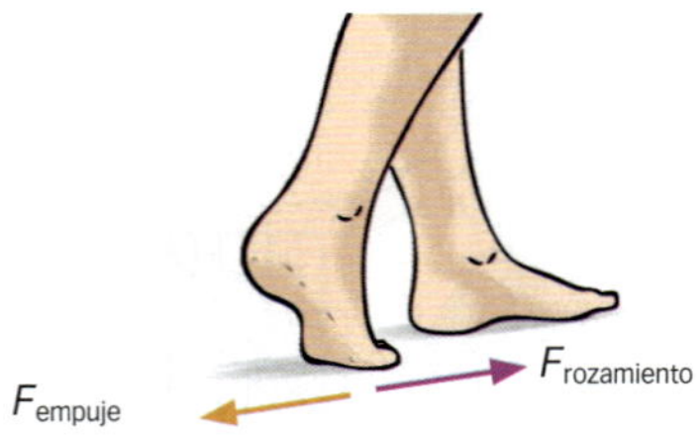

Cuando un cuerpo se mueve en contacto con otro cuerpo o superficie, aparecen fuerzas de rozamiento que dificultan el movimiento.

> La **fuerza de rozamiento** siempre se opone al movimiento. Aparece siempre que un cuerpo se mueve en contacto con otro cuerpo o superficie.

El valor de la fuerza de rozamiento depende del peso del cuerpo que se desplaza y de la rugosidad de las superficies de contacto. Para que el cuerpo se mueva hay que aplicarle una fuerza neta que compense el rozamiento.

- Si el cuerpo está parado y la fuerza motora es menor que la fuerza de rozamiento, el cuerpo sigue parado.
- Si el cuerpo está en movimiento y la fuerza motora es menor que la fuerza de rozamiento, el cuerpo acaba parándose.

¿Sobre qué superficie caminamos mejor?

Al caminar ejercemos una fuerza de empuje hacia atrás, contra el suelo. La fuerza de rozamiento con el suelo nos impulsa hacia adelante.

En una superficie muy lisa, como el hielo, la fuerza de rozamiento es muy pequeña. Es difícil caminar porque nos vamos hacia atrás.

Y sobre la arena la fuerza de rozamiento es muy grande y tenemos que realizar un gran esfuerzo (empuje) para caminar.

ACTIVIDADES

4 En la imagen de al lado vemos un coche que circula hacia adelante y otro que avanza marcha atrás.

Dibuja, en cada caso:

a) La fuerza que ejerce el motor.

b) La fuerza de rozamiento.

3 Las máquinas

Las **máquinas** son utensilios que nos permiten ahorrar tiempo y esfuerzo al realizar distintas actividades.

Existen distintos tipos de máquinas. En este apartado vamos a estudiar máquinas mecánicas que facilitan la realización de un trabajo porque transforman movimientos o transforman fuerzas.

3.1. Máquinas que transforman movimientos

Algunas máquinas incluyen elementos que amplían o reducen la velocidad en un movimiento, transforman un giro horizontal en un giro vertical o un movimiento circular en un movimiento rectilíneo.

Las correas (o cadenas) de transmisión y los engranajes son los elementos de las máquinas que transforman movimientos.

Correa o cadena de transmisión

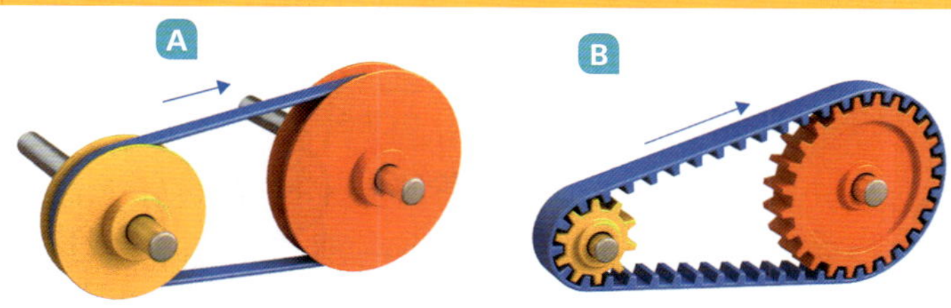

- La correa transmite el movimiento de una rueda a la otra, haciendo que giren en el mismo sentido.
- La rueda de mayor diámetro gira a menor velocidad (da menos vueltas por minuto) que la de menor diámetro.
- La transmisión es más fácil si los bordes exteriores de las ruedas y el interior de la correa son dentados (cadena, B).

Engranajes

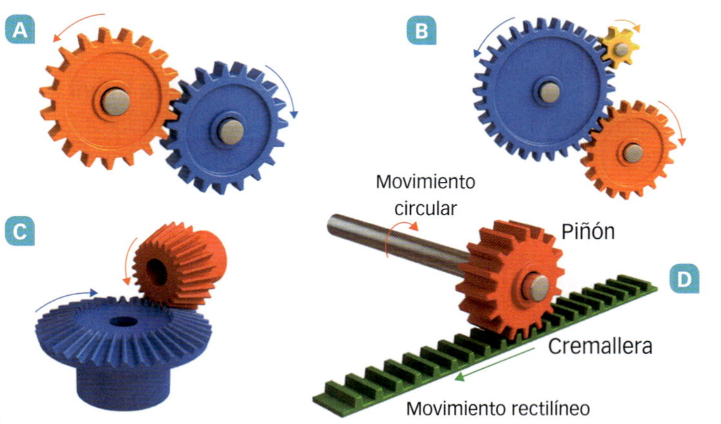

- Cuando las ruedas son dentadas, pueden encajar sus dientes de modo que transmitan el movimiento directamente.
- Se pueden encajar dos o más ruedas que giran en el mismo plano (A y B) o en planos perpendiculares (C).
- Las ruedas que están en contacto giran en sentidos opuestos.
- Si las ruedas tienen distinto tamaño, la más grande gira a menor velocidad que la pequeña.
- El mecanismo piñón-cremallera (D) permite transformar un movimiento circular en un movimiento rectilíneo.

ACTIVIDADES

5 En cada uno de los siguientes engranajes, razona en qué sentido gira cada rueda y cuál lo hace más rápido.

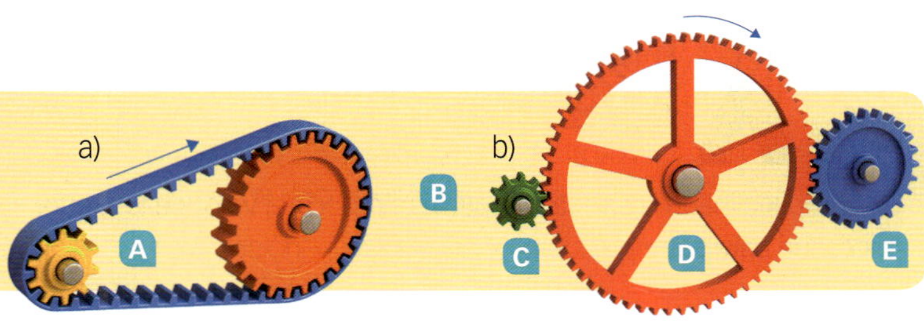

3.2. Máquinas que transforman fuerzas

Otras máquinas transforman fuerzas. En la mayoría de las ocasiones, amplían la fuerza que ejercemos, aunque a veces la reducen.

La rueda

Si arrastramos un objeto directamente contra el suelo, la fuerza de rozamiento es muy grande. Necesitaremos ejercer una fuerza intensa para moverlo.

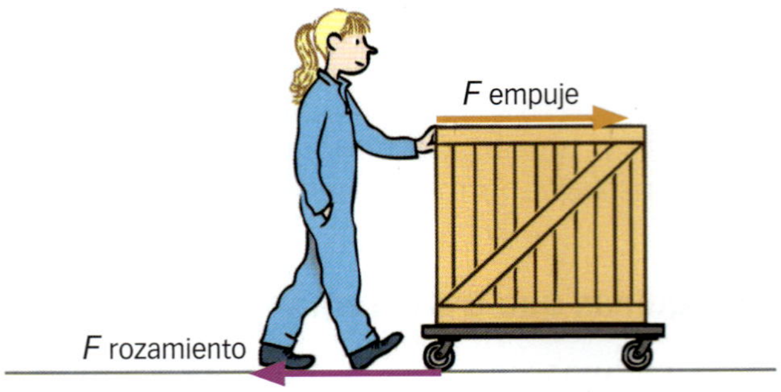

Si ponemos ruedas entre el objeto y el suelo, la fuerza de rozamiento se reduce mucho y podremos desplazar el objeto ejerciendo una fuerza bastante menor.

La polea

Una **polea** es una rueda que gira en torno a un eje.

Podemos levantar un objeto de 200 N de peso tirando de él hacia arriba con una fuerza de 200 N.

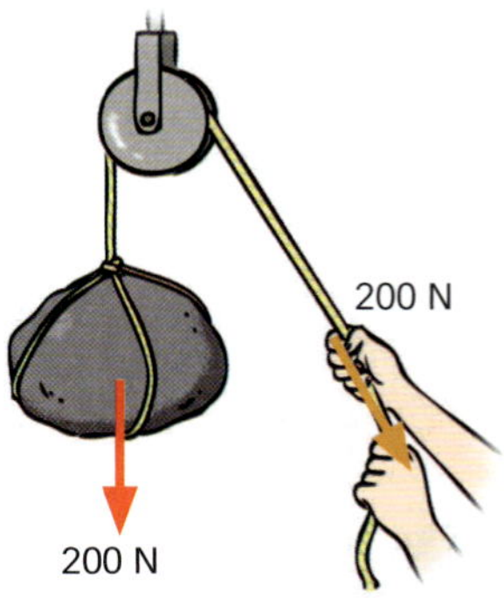

Una **polea fija** permite ejercer la misma fuerza pero tirando hacia abajo. El esfuerzo es más fácil, pues nos ayudamos de nuestro propio peso.

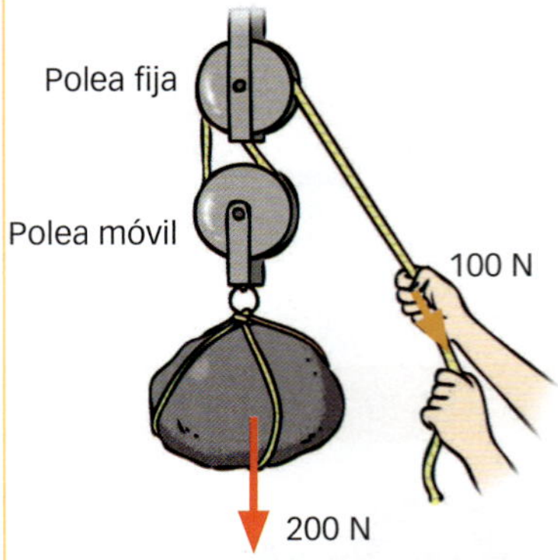

Si se añade una **polea móvil** a una polea fija, se reduce a la mitad la fuerza que hay que aplicar.

El plano inclinado

A

B

Un plano inclinado o rampa nos permite reducir el valor de la fuerza necesaria para subir un cuerpo cierta altura.

C

Una rampa con menos pendiente permite subir el objeto con menor esfuerzo.

La llave de tuercas

Facilita aplicar la fuerza necesaria para apretar o aflojar tornillos o tuercas.

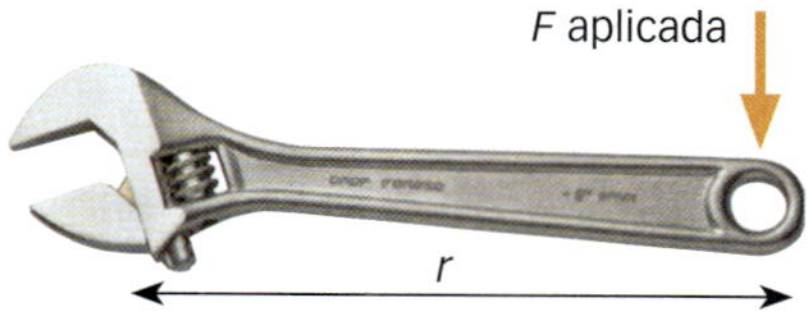

La fuerza a aplicar es menor cuanto mayor es la distancia *r*.

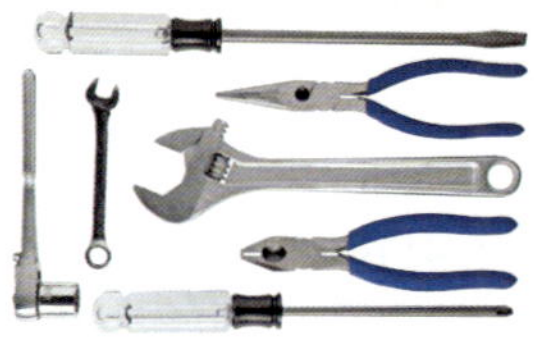

Hay muchos tipos. La llave inglesa tiene la boca ajustable.

La palanca

Una **palanca** es una máquina cuya finalidad consiste en transformar una fuerza en otra de distinto valor.

En todas las palancas hay:

- Un punto de apoyo, llamado **fulcro**.
- La fuerza que queremos vencer, denominada **resistencia**, *R*.
- La fuerza que aplicamos, llamada **potencia**, *P*.
- El **brazo** de cada fuerza es la distancia desde el punto en que se aplica esa fuerza al fulcro.

En todas las palancas se cumple la **ley de la palanca**:

$$\mathbf{P \cdot b_P = R \cdot b_R}$$

Consecuencia: cuanto mayor es el brazo, menor es la fuerza y al revés.

- En las palancas de primer y segundo grado la potencia es menor que la resistencia.
- En la palanca de tercer grado sucede al revés: la potencia es mayor que la resistencia.

Palanca de primer grado: el fulcro está entre la potencia y la resistencia

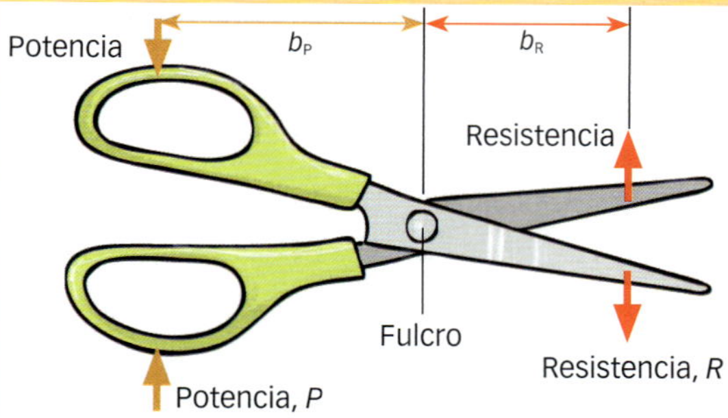

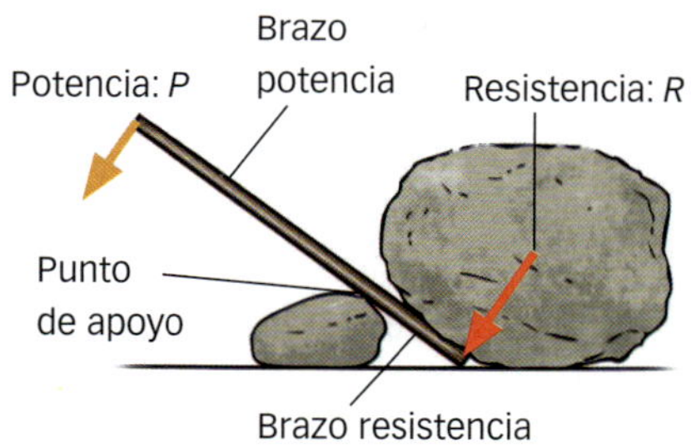

Palanca de segundo grado: la resistencia está entre la potencia y el fulcro

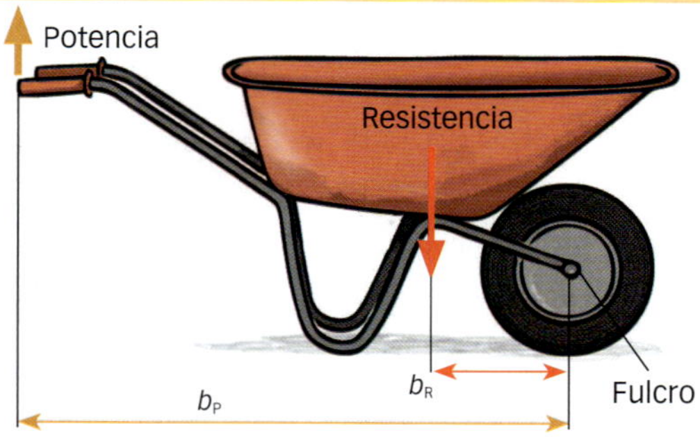

Palanca de tercer grado: la potencia está entre el fulcro y la resistencia

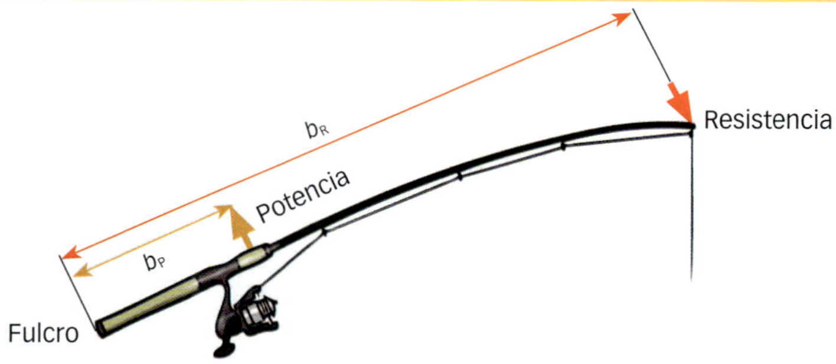

ACTIVIDADES

6 Para sacar un tornillo de 2 cm de diámetro necesitamos aplicar una fuerza de 5 N con una llave de tuercas cuyo brazo mide 25 cm. ¿Qué fuerza tendríamos que aplicar para sacarlo con los dedos?

7 Un saco de 60 kg de patatas pesa 590 N. Para levantarlo utilizamos una barra de 2 m y colocamos el fulcro a 50 cm del extremo que se coloca bajo el saco. ¿Qué fuerza debemos realizar en el otro extremo de la barra?

4 El universo

La **fuerza gravitatoria**, que es la causante de que los cuerpos caigan hacia la superficie terrestre, también es la responsable de que los cuerpos celestes se mantengan en el firmamento tal y como los vemos.

Conocer el universo es uno de los temas de mayor interés científico desde el principio de los tiempos.

4.1. El universo que observamos

Si observamos el cielo de día o de noche, podemos ver puntos más o menos luminosos cuyo brillo y posición pueden cambiar según el momento del día y según la época del año.

De día podemos observar:

- El **Sol.** Sale por el este y se pone por el oeste.
- La **Luna.** Se observa por la mañana cuando está en fase de cuarto menguante y por la tarde cuando está en fase de cuarto creciente.
- **Planetas.** Venus se ve al amanecer o al atardecer. Se le llama lucero del alba. Otros planetas también pueden observarse a simple vista en ciertas épocas del año.

En una noche clara se puede observar:

- La **Luna.** En distinta posición, tamaño y forma, según la fase.
- **Planetas.** A simple vista se ven Mercurio, Venus, Marte, Júpiter y Saturno.
- **Estrellas.** Algunas forman constelaciones, como la Osa Mayor o la constelación de Orión.
- **Estrellas fugaces.** Realmente son meteoritos que se queman al entrar en la atmósfera a gran velocidad.
- **Cometas.** Son astros brillantes con una estela luminosa. Los más brillantes se ven a simple vista cuando se aproximan al Sol.
- **Galaxias.** La Vía Láctea es una banda blanquecina de estrellas pertenecientes a la galaxia en que nos encontramos.
- **Nebulosas.** La nebulosa de Orión es una mancha blanquecina que se ve en la constelación de Orión.

Además, se pueden ver las estelas o las luces de aviones o satélites.

ACTIVIDADES

8 Escribe el nombre de los planetas que conozcas.

9 Nombra otros cuerpos celestes que conozcas: estrellas, cometas, galaxias...

5 El universo actual

Los primeros astrónomos solo conocían el universo que podían ver con sus propios ojos. En el siglo XVI Galileo utilizó el telescopio para mejorar las observaciones. Hoy disponemos de grandes telescopios que permiten conocer lo que sucede en lugares muy alejados, e incluso lo que ocurrió hace mucho tiempo.

Instrumentos para observar el universo

Prismáticos y telescopios	Telescopios gigantes	Radiotelescopios	Telescopios espaciales

Los pueden utilizar las personas aficionadas a la astronomía para observar el cielo con más detalle.	Captan la luz emitida por objetos poco luminosos o muy lejanos. Están en lugares especiales donde la observación es mejor, como en Canarias o en Hawái (EE. UU.).	Captan las ondas de radio que emiten algunos astros. Estas se reciben mediante antenas y complementan los estudios de los telescopios.	Son telescopios gigantes que observan desde el espacio, como el Hubble. Permiten fotografiar galaxias muy lejanas con gran detalle.

5.1. Nacimiento del universo

Gracias a todo este conocimiento se han elaborado teorías sobre cómo se formó el universo.

Analizando la luz que llega de las estrellas, los astrónomos descubrieron que **las galaxias se están alejando unas de otras**.

Esto llevó a pensar que el universo se originó a partir de una gran explosión (teoría del ***big bang***) que se produjo hace unos 13 800 millones de años. Desde entonces el universo ha ido creciendo de tamaño y enfriándose.

Las primeras galaxias se formaron hace unos 13 000 millones de años. Nuestro sistema solar se formó mucho después que las primeras galaxias, hace unos 4500 millones de años.

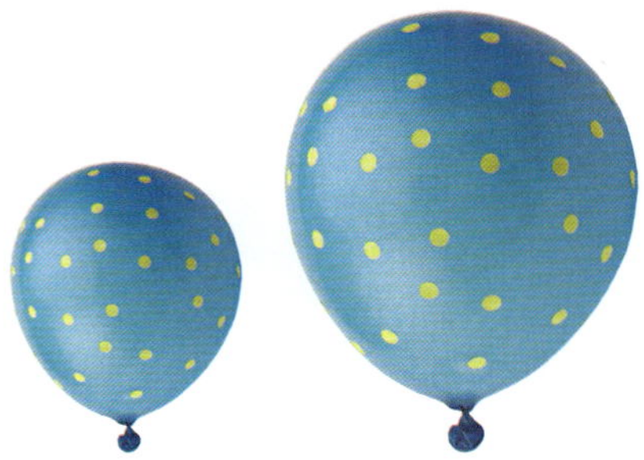

En 1929 el astrónomo estadounidense Edwin Hubble descubrió galaxias más allá de la Vía Láctea que se alejaban de nosotros. **El universo se expande** como un globo que se hincha.

Big bang

Formación de las primeras galaxias

Hace 13 000 millones de años

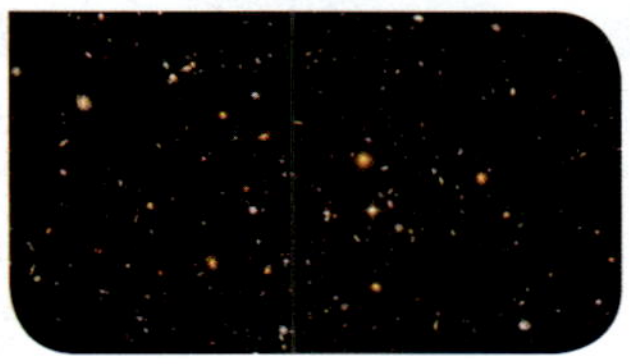

Formación del sistema solar

Hace 4500 millones de años

El universo sigue expandiéndose

6 Cuerpos y agrupaciones en el universo

6.1. El sistema solar

El Sol es una estrella situada en el centro del sistema solar. A su alrededor giran los planetas describiendo órbitas con forma de elipse, pero casi circulares. En cada órbita solo hay un planeta, pero muchos planetas tienen satélites girando a su alrededor.

Sistema solar. Las órbitas de todos los planetas están casi en el mismo plano.

Los planetas interiores

Son los más próximos al Sol. Están dentro del cinturón de asteroides. Su superficie es rocosa. Tienen un núcleo metálico.

Mercurio	Venus	Tierra	Marte
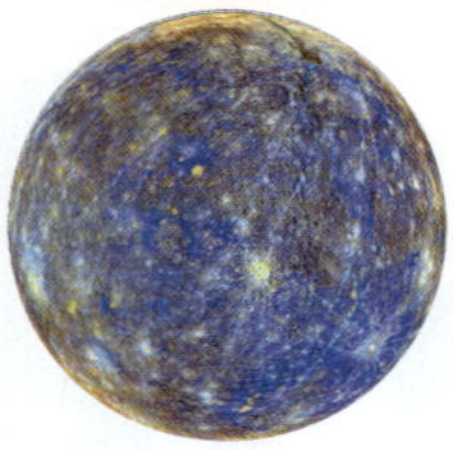			
No tiene satélites. No tiene atmósfera.	No tiene satélites. Su atmósfera es de CO_2.	Tiene 1 satélite: la Luna. Su atmósfera es de N_2 y O_2.	2 satélites: Deimos y Fobos. Su atmósfera de CO_2 es poco densa.

Los planetas exteriores

Son los más alejados del Sol. Su tamaño es mayor que el de los planetas interiores. Son gaseosos.

Júpiter	Saturno	Urano	Neptuno
		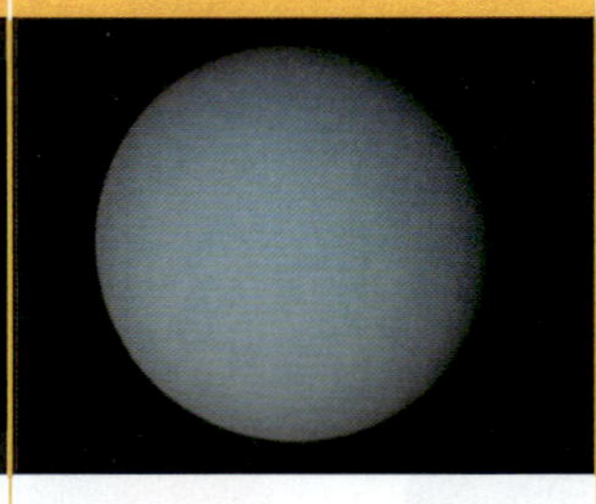	
Es el mayor planeta del sistema solar. Tiene 79 satélites. Galileo descubrió: Ío, Calisto, Ganimedes y Europa.	Está rodeado de anillos de hielo, polvo y rocas. Tiene 82 satélites. Titán es el mayor.	Se le conocen 27 satélites. También tiene anillos. Su tamaño es similar al de Neptuno.	Tiene 14 satélites. Sus anillos son muy tenues. Es el planeta más alejado del Sol. Fue descubierto por predicciones matemáticas.

6.2. Los diversos cuerpos celestes

El sistema solar es solo una pequeña parte del universo. Gracias a los modernos telescopios sabemos que existe una gran variedad de cuerpos celestes, muchos de los cuales forman agrupaciones.

Planetas	Planetas enanos	Cometas y asteroides	Satélites	Exoplanetas

Giran alrededor de una estrella y tienen forma más o menos esférica.	Giran alrededor del Sol, pero en su órbita hay restos de otros astros.	Giran alrededor del Sol. Los cometas muestran una cola al acercarse al Sol.	Giran alrededor de un planeta, planeta enano, cometa o asteroide.	Giran alrededor de otras estrellas. Se conocen más de 4000.
Estrellas	**Cúmulos de estrellas**	**Nebulosas**	**Galaxias**	**Cúmulos de galaxias**

Son grandes bolas de gases incandescentes que emiten una gran cantidad de luz y calor, como el Sol. Las agrupaciones de estrellas en el cielo se llaman **constelaciones**.	Son conjuntos de decenas, cientos o miles de estrellas atraídas entre sí por su gravedad mutua. Pueden ser cúmulos globulares o cúmulos abiertos.	Son nubes de polvo y gas. En algunas de ellas nacen estrellas. Sin embargo, otras se forman cuando una estrella envejece y expulsa sus capas más externas.	Son gigantescas agrupaciones de estrellas y gases. En cada galaxia hay decenas o cientos de miles de estrellas. Nuestra galaxia se llama Vía Láctea.	Son grupos de decenas o cientos de galaxias. Se unen por sus extremos y forman enormes cadenas. Nuestra galaxia, la Vía Láctea, pertenece al cúmulo de Virgo.

ACTIVIDADES

10 Busca información y elabora en tu cuaderno una tabla con la masa y el diámetro de los planetas. Ordénalos según su masa y según su tamaño.

11 Los descubrimientos astronómicos realizados parecen indicar que la Tierra es el único planeta del sistema solar donde hay vida.

a) Repasa la información de los planetas y da una razón para ello.

b) Discute si sería posible la vida en un exoplaneta.

12 USA LAS TIC. El Instituto de Astrofísica de Canarias (IAC) se dedica al estudio de los cuerpos celestes y a la divulgación científica. Busca información sobre las investigaciones que allí se realizan, elabora una presentación multimedia y exponla en clase.

PRESTA ATENCIÓN

Las estrellas emiten luz propia.

Los planetas, satélites, cometas y asteroides reflejan la luz del Sol. Por eso podemos verlos.

RECUERDA

- 1 ua = $150 \cdot 10^6$ km.
- 1 año luz = $9{,}5 \cdot 10^{12}$ km.

6.3. Las distancias y los tamaños en el universo

El Sol se encuentra a unos 150 millones de kilómetros de la Tierra. El centro de la Vía Láctea está a 263 000 billones de km de distancia. Y nuestra galaxia mide más de un trillón de km de diámetro.

Es decir, el tamaño de los cuerpos celestes y las distancias que los separan son enormes. Por eso se emplean las siguientes unidades para referirnos a tamaños o a distancias en el universo:

- **Unidad astronómica (ua o UA):** distancia de la Tierra al Sol, 150 millones de kilómetros.
- **Año luz:** distancia que recorre la luz en un año.

Para determinar la distancia equivalente a 1 año luz debes saber que, en el vacío, la luz se propaga a una velocidad de 300 000 km/s.

$$1 \text{ año luz} = 1\ \cancel{\text{año}} \cdot \frac{365\ \cancel{\text{días}}}{1\ \cancel{\text{año}}} \cdot \frac{24\ \cancel{\text{horas}}}{1\ \cancel{\text{día}}} \cdot \frac{3600\ \cancel{\text{s}}}{1\ \cancel{\text{hora}}} \cdot \frac{300\,000\text{ km}}{1\ \cancel{\text{s}}}$$

$$1 \text{ año luz} = 9{,}5 \cdot 10^{12}\text{ km} = 9{,}5 \text{ billones de kilómetros}$$

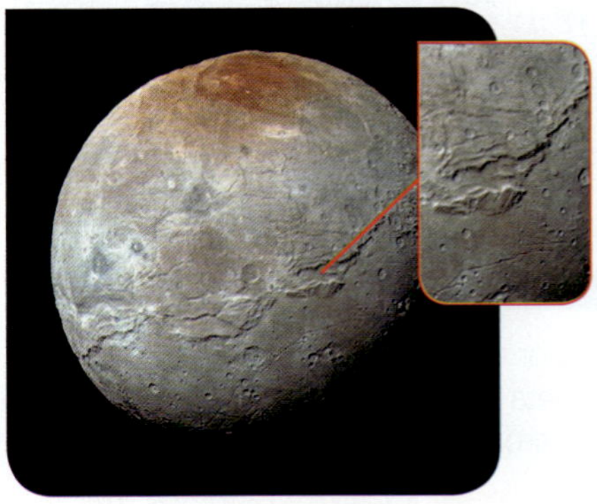

Detalle de la superficie de **Caronte**, un satélite del planeta enano Plutón. Fue tomada en 2015 por la nave *New Horizons*, que llegó a las cercanías del planeta enano, situado a unas 32 ua. La señal de radio enviada tardaba 4 horas y 25 minutos en llegar a la Tierra.

1. EJEMPLO RESUELTO

La estrella polar, Polaris, es la más brillante de la constelación Osa Menor. Su diámetro es de 63 millones de kilómetros y se encuentra a 4100 billones de kilómetros de la Tierra.

a) Calcula estas distancias en unidades astronómicas, ua.

b) ¿Cuánto tarda la luz que emite Polaris en llegar a la Tierra?

a) Utiliza el factor de conversión entre km y ua:

$$\text{diámetro} = 63 \cdot 10^6\ \cancel{\text{km}} \cdot \frac{1\text{ ua}}{150 \cdot 10^6\ \cancel{\text{km}}} = 0{,}42\text{ ua}$$

$$\text{distancia} = 4100 \cdot 10^{12}\ \cancel{\text{km}} \cdot \frac{1\text{ ua}}{150 \cdot 10^6\ \cancel{\text{km}}} = 2{,}73 \cdot 10^7\text{ ua} = \mathbf{27{,}3 \cdot 10^6\text{ ua}}$$

b) Utiliza la velocidad de la luz como factor de conversión:

$$4100 \cdot 10^{12}\ \cancel{\text{km}} \cdot \frac{1\ \cancel{\text{s}}}{300\,000\ \cancel{\text{km}}} \cdot \frac{1\ \cancel{\text{h}}}{3600\ \cancel{\text{s}}} \cdot \frac{1\ \cancel{\text{día}}}{24\ \cancel{\text{h}}} \cdot \frac{1\text{ año}}{365\ \cancel{\text{días}}} = 433\text{ años}$$

La luz que sale de Polaris tarda **433 años** en llegar a la Tierra. Polaris se encuentra a 433 años luz de la Tierra.

PRESTA ATENCIÓN

Algunas estrellas están tan lejos de la Tierra que la luz que emiten tarda días o años en llegar hasta nosotros.

Se dice, por ello, que observar galaxias lejanas equivale a mirar al pasado.

RECUERDA

Los números muy grandes se escriben con potencias de 10:

$1\underline{000} = 10^3$ (3 ceros)

$1\,\underline{000\,000} = 10^6$ (6 ceros)

$1\,\underline{000\,000\,000} = 10^9$ (9 ceros)

ACTIVIDADES

13 ¿A cuántas unidades astronómicas equivale un año luz?

14 La tabla siguiente muestra la distancia al Sol de la Tierra, del planeta más próximo y del más alejado. Calcula estas distancias en ua y determina el tiempo que tarda la luz del Sol en llegar a cada planeta.

	Mercurio	Tierra	Neptuno
Distancia al Sol (km)	$57{,}9 \cdot 10^6$	$150 \cdot 10^6$	$4500 \cdot 10^6$

6.4. Años y días en el sistema solar

Todos los planetas y satélites del sistema solar tienen dos tipos de movimientos: traslación y rotación.

Traslación

Es el giro de un astro alrededor de otro siguiendo una trayectoria denominada órbita. En su recorrido alrededor del Sol, la Tierra describe un plano que se llama **eclíptica**.

El **periodo de traslación** es el tiempo que tarda un astro en completar la órbita. Es un año del astro. La Tierra da una vuelta completa alrededor del Sol cada 365,24 días.

Como son 365 días y un cuarto, cada cuatro años se añade un día al año, **año bisiesto**, para que las estaciones comiencen siempre en las mismas fechas.

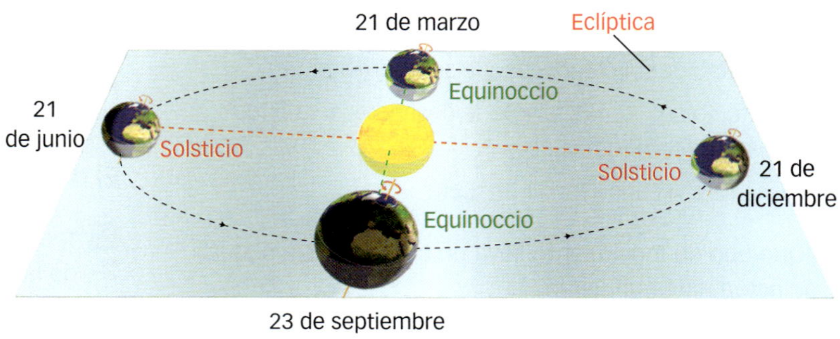

Rotación

Es el giro del astro sobre sí mismo.

El **periodo de rotación** es el tiempo que tarda un astro es completar una vuelta alrededor de sí mismo. Es un día del astro. Para la Tierra es 23 horas, 56 minutos y 4 segundos.

El eje de rotación de la Tierra no es perpendicular al plano de la eclíptica, sino que está inclinado unos 23°.
Esta inclinación del eje, junto con la traslación alrededor del Sol, provoca la sucesión de estaciones en nuestro planeta. En verano, los rayos del Sol llegan más perpendiculares. En invierno llegan más inclinados.

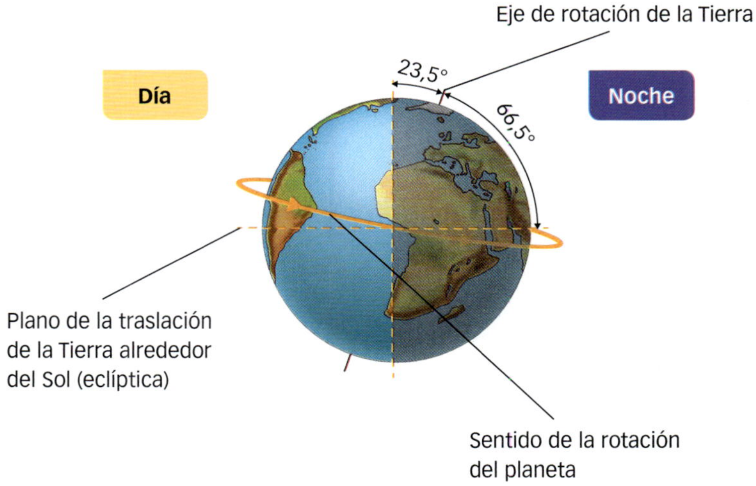

Podemos decir lo siguiente:

- El movimiento de la Tierra alrededor del Sol determina las distintas **estaciones**.
- El movimiento de la Luna alrededor de la Tierra determina las diferentes **fases lunares**: luna llena, cuando está completamente iluminada, luna nueva, si está completamente oscura. Entre ellas, la Luna pasa por las fases de **cuarto menguante** y **cuarto creciente**.

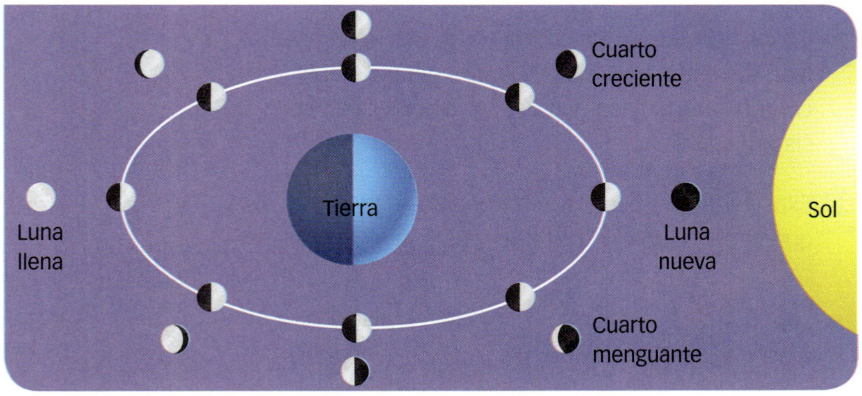

El periodo de rotación de la Luna coincide con su periodo de traslación (27,32 días). Por eso **siempre vemos la misma cara de la Luna**.

ACTIVIDADES FINALES

REPASA LO ESENCIAL

15 Indica en tu cuaderno cuál o cuáles de las siguientes afirmaciones, referidas a una fuerza, son ciertas:

a) Una fuerza puede cambiar la forma de un objeto.

b) Siempre que se mueve un objeto, actúa una fuerza.

c) Siempre que actúa una fuerza de 8 N sobre un objeto, produce el mismo efecto.

d) El efecto de una fuerza puede ser permanente.

e) El efecto de una fuerza puede desaparecer cuando desaparece la fuerza.

f) Una fuerza puede fundir un metal.

16 ¿Qué tipo de movimiento lleva un cuerpo sobre el que no actúa ninguna fuerza?

17 Explica el aparente contrasentido de estas frases:

a) El rozamiento es una fuerza que se opone al movimiento.

b) Es imprescindible que exista rozamiento para que podamos caminar de forma controlada.

18 Indica el nombre de cada máquina y señala cuáles transforman fuerzas y cuáles movimientos.

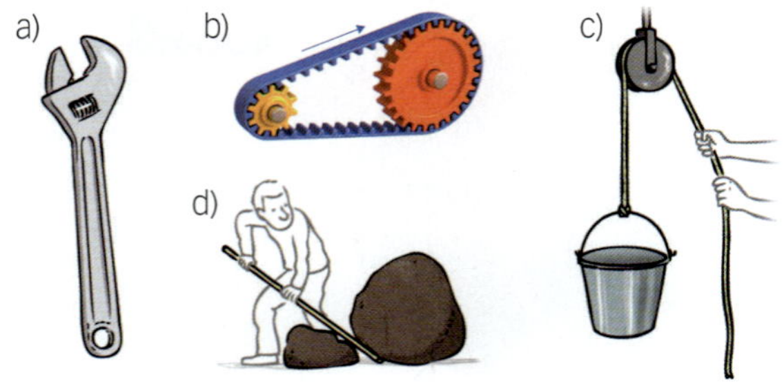

19 Define con tus palabras algunos términos relacionados con el estudio del universo.

a) Galaxia.
b) Planeta enano.
c) Estrella.
d) Satélite.
e) Exoplaneta.
f) Cometa.

20 De los tipos de astros citados en la actividad anterior, (galaxia, estrella, planeta enano, satélite, exoplaneta y cometa) nombra los que pueden encontrarse en el sistema solar.

21 Explica con tus palabras los dos tipos de movimientos que tienen todos los planetas y satélites del sistema solar.

¿Qué movimiento de la Tierra determina las estaciones del año?

PRACTICA

¿Qué es una fuerza?

22 Indica en tu cuaderno cuáles de los siguientes pueden ser efectos (estático o dinámico) de una fuerza:

a) Estirar una goma.
b) Fundir una vela.
c) Frenar un coche.
d) Esculpir una estatua.
e) Girar una peonza.
f) Quemar madera.
g) Moldear una figura de vidrio.

El movimiento y las fuerzas

23 Teniendo en cuenta el papel de la fuerza de rozamiento en el movimiento, explica por qué para patinar sobre hielo se utilizan patines de cuchilla y para caminar sobre carreteras heladas nos recomiendan botas con crampones en la base.

24 La fuerza de rozamiento es imprescindible para que un coche pueda circular de forma controlada. Razona en tu cuaderno cuáles de estos factores afectan al valor del rozamiento:

a) El peso del coche.

b) El dibujo de las ruedas.

c) El consumo de combustible.

d) El tipo de pavimento.

e) La anchura del vehículo.

Las máquinas

25 En las máquinas se utiliza el mecanismo piñón-cremallera para transformar movimientos. Suponiendo que el piñón se mueve como se indica en el dibujo, indica:

a) ¿Qué tipo de movimiento tiene el piñón?

b) ¿Qué tipo de movimiento tiene la cremallera? Indica en qué sentido se mueve.

c) Supón que el piñón tiene 10 cm de diámetro y da una vuelta cada segundo. ¿Cuánto avanza la cremallera en cada segundo?

El universo actual

26 En la primera mitad del siglo xx se estableció la idea del universo en expansión, según la cual las galaxias se están alejando continuamente unas de otras.

a) ¿Cómo puede ser que todas se alejen de todas?

b) Explícalo sirviéndote de una teoría.

Cuerpos y agrupaciones en el universo

27 Repasa la información sobre los planetas y escribe en tu cuaderno los nombres de los planetas del sistema solar que corresponda en cada caso.

a) Los planetas que no tienen satélites son ________.

b) Los planetas que no tienen atmósfera son ________.

c) Los planetas que tienen anillos son ________.

d) Los planetas rocosos son ________.

e) Los planetas que están más allá del cinturón de asteroides son ________.

2. EJEMPLO RESUELTO

El sistema solar se puede considerar como un disco de unos doce mil millones de kilómetros de diámetro.

a) Calcula su tamaño en unidades astronómicas.

b) Calcula el tiempo que tarda la luz en cruzar el sistema solar.

Datos: 1 ua = 150 millones de km; v_{luz} = 300 000 km/s.

a) Utiliza el factor de conversión adecuado:

$$12\,000 \cdot 10^6 \cancel{\text{km}} \cdot \frac{1 \text{ ua}}{150 \cdot 10^6 \cancel{\text{km}}} = 80 \text{ ua}$$

b) Utiliza la velocidad de la luz como factor de conversión:

$$12\,000 \cdot 10^6 \cancel{\text{km}} \cdot \frac{1 \text{ s}}{300\,000 \cancel{\text{km}}} = 40\,000 \cancel{\text{s}} \cdot \frac{1 \text{ h}}{3600 \cancel{\text{s}}} = 11{,}1 \text{ h}$$

La luz tardaría **11 h y 6 minutos** en atravesar el sistema solar.

28 El sistema solar está en uno de los brazos de la Vía Láctea, una galaxia espiral cuyo tamaño se estima en unos cien mil años luz. Teniendo en cuenta la información del ejemplo resuelto 2, determina cuántas veces es mayor la Vía Láctea que el sistema solar.

29 Las distancias y los tamaños en el universo son tan grandes que, con frecuencia, se determinan con relación a un objeto conocido. En la tabla se muestra el diámetro (*D*) de algunos cuerpos celestes.

Calcula su tamaño con relación a la Tierra.

	Mercurio	Tierra	Luna	Júpiter
D (km)	4800	12 756	3474	143 800
D/D_T		1		

AMPLÍA

30 Completa en tu cuaderno una ficha sobre cada uno de los siguientes objetos:

a) Cascanueces manual.

b) Tenazas.

c) Pinzas para hielo.

En cada caso debes indicar el tipo de palanca que es cada una y realizar un dibujo con el esquema de sus elementos (fulcro, resistencia, potencia y brazos).

31 Observa el mecanismo del dibujo y explica en tu cuaderno si:

a) Los ejes de las ruedas A y B son paralelos.

b) Las ruedas A y B avanzan el mismo número de dientes cada segundo.

c) Las ruedas A y B dan el mismo número de vueltas en un minuto.

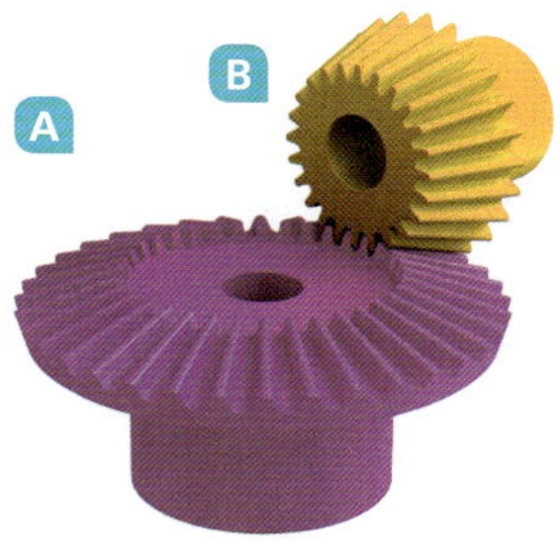

32 Denominamos año al tiempo que tarda un planeta en completar su órbita alrededor del Sol. Para la Tierra es 365,24 días. Habitualmente el calendario divide el año en 12 meses con un total de 365 días. Pero cada cuatro años el mes de febrero tiene un día más y se dice que es año bisiesto.

a) ¿Por qué existen los años bisiestos?

b) ¿Se solventa por completo el problema estableciendo un año bisiesto cada cuatro años? Razona tu respuesta.

33 Un día es el tiempo que tarda la Tierra en dar una vuelta alrededor de su eje. Dura 23 horas, 56 minutos y 4 segundos. ¿Por qué decimos que en invierno los días son más cortos que en verano?

APLICA UNA TÉCNICA. Trabajar con animaciones sobre el movimiento

El uso del ordenador para estudiar los movimientos o las fuerzas está cada vez más extendido. Hoy día existen herramientas sencillas que permiten elaborar animaciones que simulan el movimiento de un objeto en la pantalla.

Te proponemos el uso de una aplicación potente, pero a la vez sencilla de manejar: GeoGebra. Aunque esta herramienta se usa principalmente en el ámbito de las matemáticas, también resulta muy útil para aclarar conceptos de física.

Puedes descargar esta herramienta gratuita desde https://www.geogebra.org.

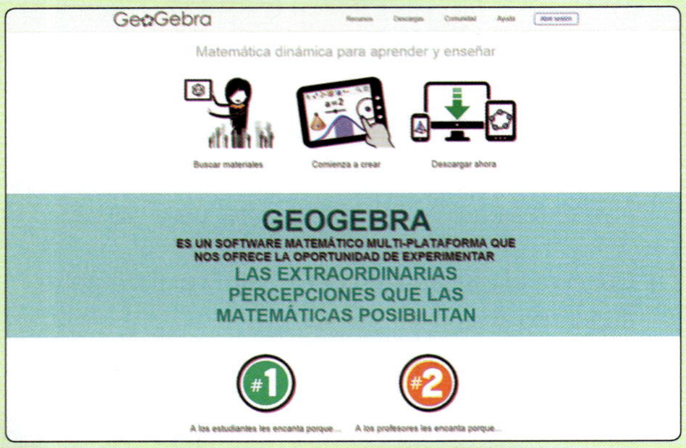

Existen versiones para ordenador y tableta.

1. Entra en el apartado Descargas y haz clic para descargar el archivo instalador en tu ordenador.
2. Después de descargar la animación, instálala en tu ordenador.
3. Abre la aplicación.
4. A continuación dibuja un punto. Para ello haz clic en este icono y luego pulsa sobre cualquier lugar de la pantalla.

5. Para poder animar el movimiento del punto crea lo que en GeoGebra se denomina **deslizador**. Haz clic sobre este icono:

6. Pulsa en cualquier lugar de la pantalla y completa la ventana que aparece. Por ejemplo, representa el deslizador con la letra **t** y haz que varíe entre 0 y 5, con un incremento de 0,1.

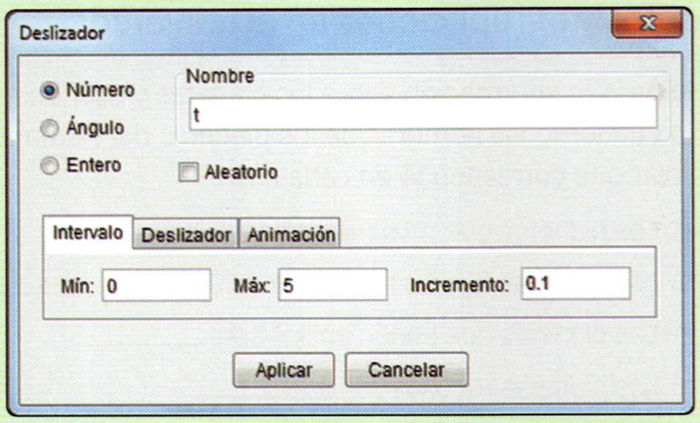

7. Aparecerá una barra en la pantalla y un cursor que puedes deslizar.
8. Elige el menú Vista ▶ Vista algebraica. Aparecerá entonces una zona donde verás qué objetos contiene la animación. Por el momento, el punto que has dibujado y el deslizador. Haz clic en la letra t que representa al deslizador con el botón derecho del ratón y en la pestaña Básico marca la opción Animación. En la pestaña Deslizador, en el apartado Repite elige la opción Incrementando.
9. Ahora haz doble clic en el punto A y escribe para las coordenadas (*x*, *y*) la expresión (4*t, 0). Así conseguirás que al ir cambiando la variable t varíe la posición del punto.

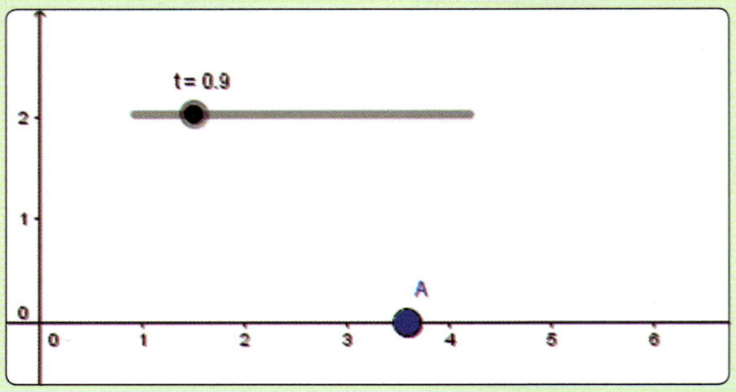

34 Modifica la velocidad a la que se mueve el punto. Por ejemplo, puedes cambiar el número que multiplica a la variable t en la coordenada x del punto.

35 Ahora haz que el deslizador varíe entre 1 y 10, por ejemplo.

36 Existe una extensa comunidad de usuarios de GeoGebra, estudiantes y docentes, que suben animaciones a la red para que cualquier internauta pueda visualizarlas e interactuar con ellas. Visita el sitio de GeoGebra (https://www.geogebra.org) y busca alguna animación sobre el movimiento circular uniforme.

FORMAS DE PENSAR. Análisis científico. ¿Es buena idea apurar los neumáticos?

Qué debes revisar para comprobar el estado de tus neumáticos

Cuando se adquiere un vehículo nuevo o usado, los neumáticos no es exactamente un punto principal en el que se enfoca el comprador. Sin embargo, deberían serlo, ya que soportan la carga del vehículo, transmiten las fuerzas de tracción y de freno, absorben los impactos de la carretera si está en malas condiciones y, en general, mantienen las condiciones de la marcha del vehículo.

Para garantizar que los neumáticos realizan adecuadamente todas estas funciones hay cosas que deben ser revisadas de manera regular y exhaustiva.

- La profundidad de la banda de rodadura responsable de mantener la tracción de los neumáticos. Si esta banda no tiene la profundidad adecuada, puede resultar difícil, en condiciones de lluvia, eliminar suficiente agua de debajo de los neumáticos, lo que aumenta la posibilidad de perder el control del vehículo.
- La presión de aire, ya que si los neumáticos están inflados en exceso o insuficientemente, las llantas sufrirán, y se alterarán el rendimiento del combustible y la maniobrabilidad del vehículo. Un medidor de presión de aire de calidad es todo lo que se necesita para revisar la presión de aire.
- El desgaste de los neumáticos, resultado del rozamiento con la calzada. Es necesario revisar si se produce un desgaste desigual, ocasionado por diferencias en el inflado de las llantas, una alineación incorrecta de las ruedas o por componentes defectuosos de la suspensión, por ejemplo. Este desgaste desigual de las llantas puede reducir significativamente la vida de los neumáticos.

FUENTE: andalucíainformación.es, 8 de febrero de 2021 (Adaptación)

Distancias de seguridad, reacción, frenado y detención

Cuando conducimos, pueden darse situaciones que nos obliguen a reducir la velocidad o detener el coche de manera imprevista y brusca. Por ello, debemos estar siempre atentos a lo que sucede a nuestro alrededor y mantener una distancia de seguridad que nos permita reaccionar, frenar y detenernos sin sufrir una colisión.

Desde un punto de vista teórico, respecto al vehículo que nos precede debemos dejar un número de metros equivalente a la mitad de la velocidad a la que circulamos. Es decir, si nos movemos a 100 km/h, deberíamos mantener una distancia de 50 metros. Eso sí, en condiciones óptimas de la calzada, del vehículo y de la visibilidad; un empeoramiento de alguna de las condiciones nos obligará a aumentar la distancia de seguridad.

Por otro lado, desde que vemos un incidente hasta que pisamos el freno transcurre un tiempo durante el cual el vehículo se desplaza; es la distancia de reacción. Dependiendo de nuestra velocidad, recorreremos una mayor o menor distancia.

Finalmente, tras accionar el freno, el coche sigue moviéndose hasta que se detiene por completo. Esta distancia es la de frenado y depende del estado del vehículo, de la velocidad, del peso total del conjunto y del estado de la calzada.

La suma de las distancias de reacción y de frenado da como resultado la distancia de detención: el total de los metros recorridos desde que somos conscientes del incidente hasta que nos detenemos por completo.

FUENTE: Diccionario, www.motor.es (Adaptación)

37 **EXPRESIÓN ESCRITA.** Resume cada uno de los textos en unas pocas líneas.

38 ¿Qué es la distancia de detención? ¿De qué variables depende? Explícalo con un esquema en tu cuaderno.

39 Investiga qué es el *aquaplaning* y explica por qué es un peligro para los ocupantes de un vehículo.

40 Observa el gráfico: ¿qué influencia tiene la profundidad del dibujo sobre la distancia de frenado?

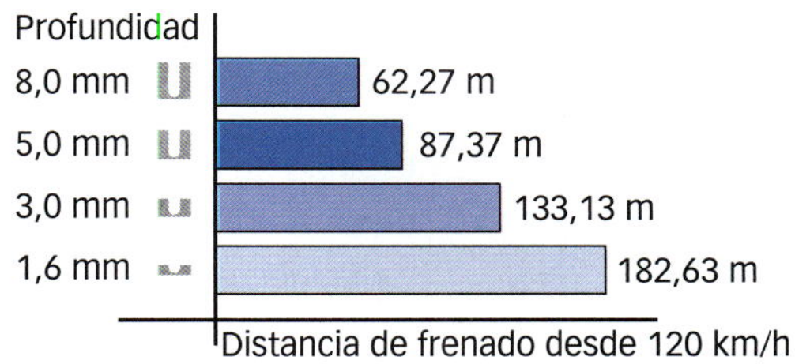

INVESTIGA

TRABAJO COOPERATIVO

MÁQUINAS QUE TRANSFORMAN FUERZAS

Comprobamos que la polea y la rampa son máquinas que transforman fuerzas.

A. LA POLEA Y LAS FUERZAS

¿Qué necesitas?

- Soporte con barra.
- Dinamómetros.
- Poleas (2).
- Portapesas y pesas.

¿Cómo se hace?

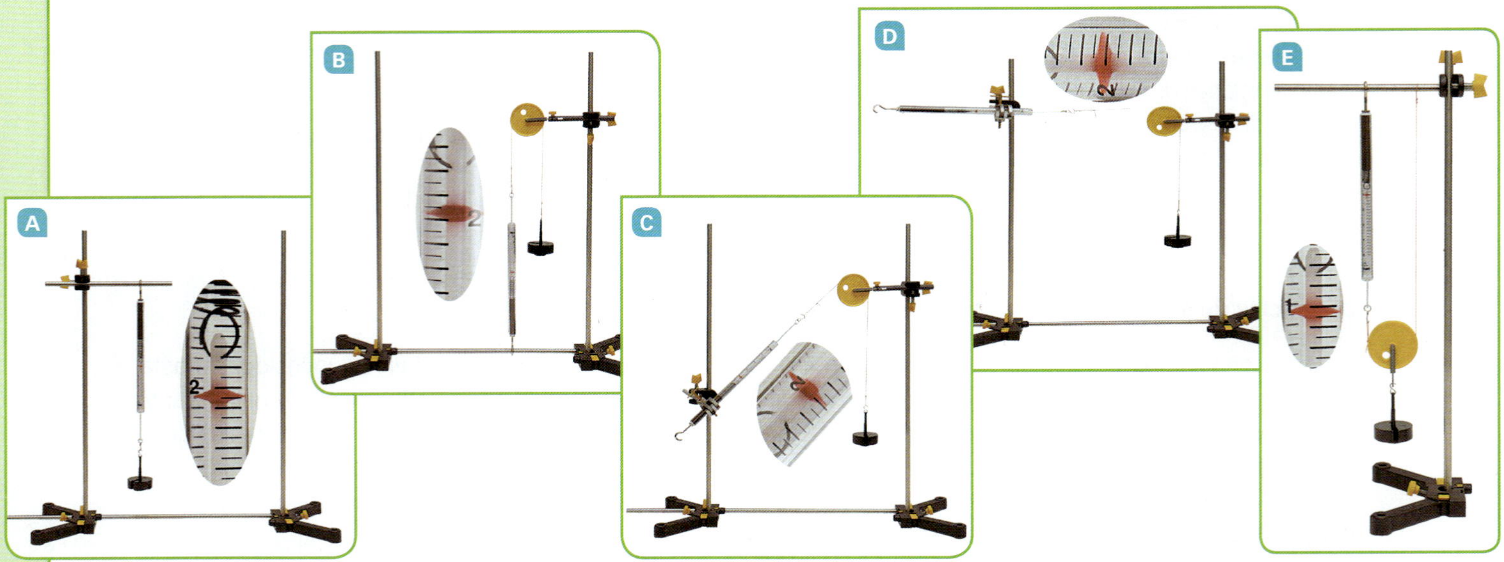

1. Con el dinamómetro, pesa el cuerpo que vas a levantar (A).
2. Haz el montaje con una polea fija.
3. De un extremo de la cuerda coloca una pesa, y del otro, el dinamómetro. Deja que caiga vertical y mide la fuerza (B).
4. Sujeta el dinamómetro al segundo soporte y desplázalo en altura. Comprueba el valor de la fuerza con distintas inclinaciones (C, D).
5. Cuelga la polea de manera que esté móvil. Con el dinamómetro, mide la fuerza que necesitas para soportar el mismo peso (E).

ACTIVIDADES

41 En el montaje que se representa en A, ¿qué relación hay entre el peso del cuerpo y la fuerza que ejerce la polea?

42 Cuando se tira de la cuerda de la polea con distinta orientación, ¿cómo cambia el valor de la fuerza con que hay que tirar?

43 Si utilizamos una polea móvil, ¿qué relación hay entre el peso del cuerpo que queremos levantar y el valor de la fuerza con que hay que tirar?

44 Explica en qué facilita la operación de levantar el objeto el montaje E con respecto al montaje C.

B. LA RAMPA Y LAS FUERZAS

¿Qué necesitas?

- Soporte con riel para el plano inclinado.
- Dinamómetros.
- Portapesas y pesas.

¿Cómo se hace?

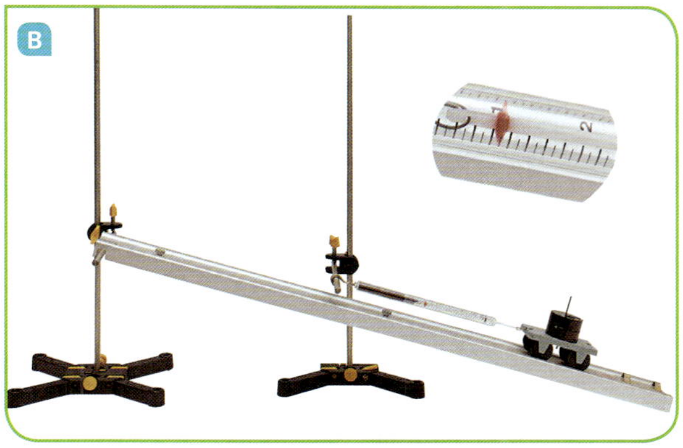

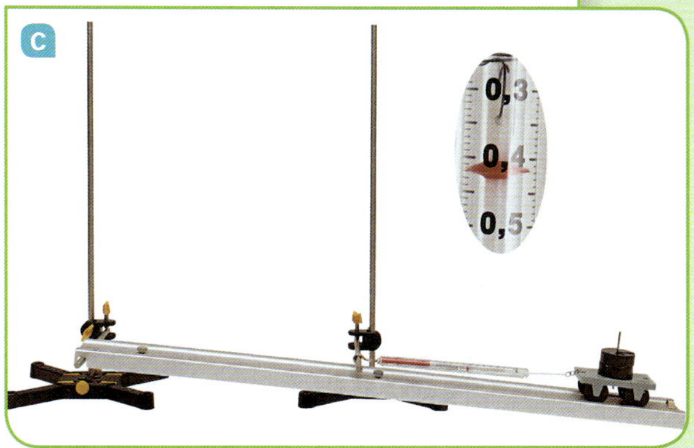

1. Con el dinamómetro, pesa el cuerpo que vas a levantar (A).
2. Haz el montaje del plano inclinado (B).
3. Sujeta el dinamómetro de manera que pueda medir la fuerza que sujeta al cuerpo.
4. Mide la fuerza que hay que realizar para sujetar el cuerpo.
5. Cambia la inclinación del plano inclinado y mide nuevamente la fuerza (C).

ACTIVIDADES

45 Compara el peso que ejerce el dinamómetro cuando el objeto cuelga verticalmente y cuando está apoyado sobre el plano inclinado. ¿Cuál es mayor?

46 Cuando el plano está más inclinado (forma un ángulo mayor con la horizontal). ¿Qué le ocurre a la fuerza que marca el dinamómetro?

47 Cuando el plano está menos inclinado (forma un ángulo menor con la horizontal), ¿qué le ocurre a la fuerza que marca el dinamómetro?

48 Para levantar un cuerpo hasta una determinada altura, conviene utilizar una rampa larga o corta. ¿Por qué?

7 La energía

SABER

- ¿Qué es la energía?
- Formas de presentarse la energía.
- Características de la energía.
- Fuentes de energía.
- Impacto ambiental de la energía.
- La energía que utilizamos.

SABER HACER

- Identificar transformaciones y transferencias de energía.

Las **pilas salinas** o **alcalinas** se agotan al cabo de cierto tiempo, pero son pequeñas y, sobre todo, baratas.

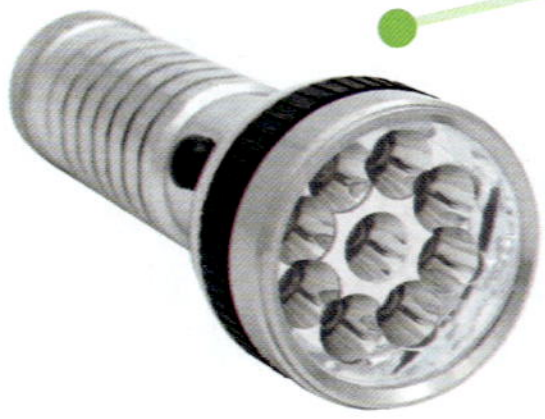

Los distintos tipos de pilas alcalinas se diferencian en la energía que proporcionan. Agrupando varias pilas obtenemos más energía para mover juguetes, iluminar una linterna o hacer funcionar un mando a distancia.

Las **baterías de plomo-ácido** abastecen de electricidad a numerosos elementos del automóvil: luces, aparato de radio, limpiaparabrisas… Se recargan cuando el coche circula. No proporcionan a un automóvil la energía para moverse; esta proviene del combustible.

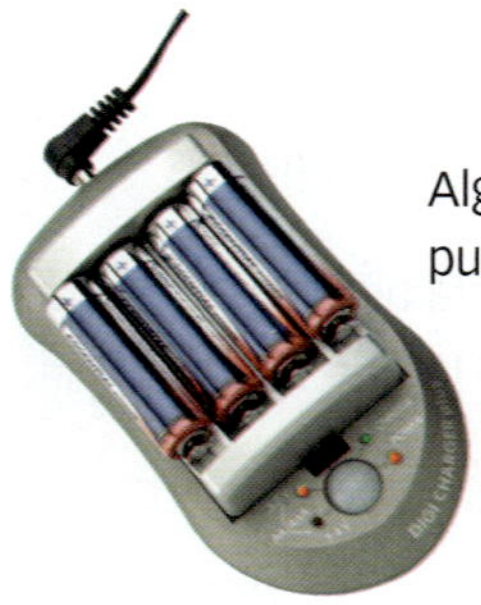

Algunas pilas alcalinas pueden recargarse.

NOS HACEMOS PREGUNTAS. **¿Cómo podemos obtener energía portátil?**

¿Te has parado a pensar cuántas veces usas una pila o una batería recargable al cabo de un día? Si lo haces, comprobarás la dependencia que tenemos de estos proveedores de energía eléctrica.

Tras la difusión de las pilas salinas y alcalinas, otros componentes se han introducido en el mercado. Hoy usamos también pilas de botón, baterías de litio o baterías de ácido. Con ellas conseguimos que funcionen relojes, calculadoras, teléfonos móviles, mandos a distancia o automóviles.

7 ENERGÍA ASEQUIBLE Y NO CONTAMINANTE

Garantizar la cooperación internacional para que la mayor parte de la población mundial tenga acceso a energía limpia.

Las **pilas de botón** tienen un tamaño muy reducido. Se usan en aparatos donde la miniaturización es muy importante, como audífonos, marcapasos, relojes, calculadoras…

Las **baterías de litio** son las más versátiles. Aunque son más caras que las baterías alcalinas, proporcionan una cantidad mayor de energía. Tienen múltiples usos.

Las baterías de litio se recargan conectándolas a la red eléctrica, bien mediante un adaptador, o enchufando el aparato en el que se incluyen, como en el caso de los teléfonos móviles.

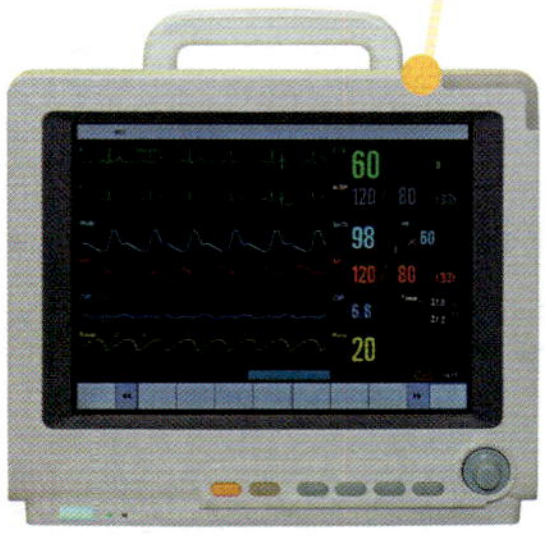

Los coches eléctricos también usan baterías de litio.

? INTERPRETA LA IMAGEN

- Relaciona el tamaño de las pilas y baterías con sus aplicaciones. ¿En qué casos es determinante el tamaño de la pila o batería?
- ¿Qué quiere decir que una pila o batería es recargable? ¿Cómo se recargan?

CLAVES PARA EMPEZAR

- ¿Qué fuentes de energía conoces?
- Opina. Las pilas y baterías son objetos muy contaminantes, incluso aunque estén agotadas. ¿Qué acciones se pueden llevar a cabo para fomentar el reciclaje de las pilas usadas?

1 ¿Qué es la energía?

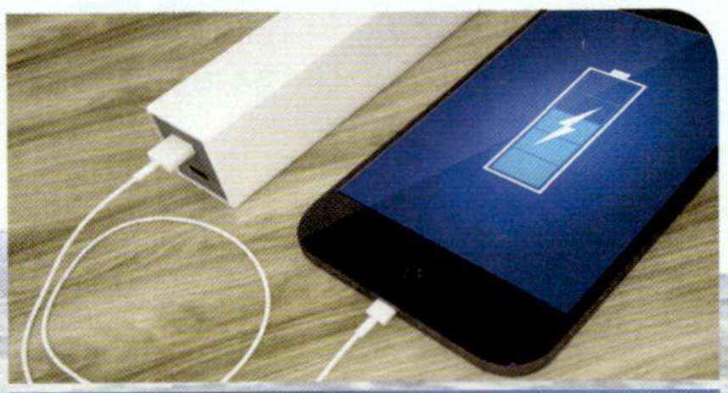

Decimos que una persona tiene mucha energía cuando es capaz de realizar muchas tareas: correr varios kilómetros, subir las escaleras de varios pisos, empujar un mueble…, o estudiar hasta tarde.

Al hacerlo, la persona se cansa y necesita reponer energía descansando, alimentándose o durmiendo.

De forma similar, podríamos hablar de la energía de una batería, del aire o de un cohete.

La **energía** es una magnitud física que mide la capacidad de un cuerpo o sistema material para producir cambios en él mismo o en otros cuerpos.

Una batería con mucha energía permite que un teléfono móvil funcione mucho tiempo. La energía del aire puede hacer que se muevan las aspas de un molino. Cuando explosiona el material pirotécnico que hay en un cohete, este sube a gran altura.

En el Sistema Internacional, la energía se mide en **julios** (J). También se usa el kilojulio (kJ). Pero es frecuente utilizar otras unidades. Por ejemplo, la **caloría** (cal) se emplea para medir el calor, y el **kilovatio hora** se usa cuando se habla de energía eléctrica.

1.1. Origen de la energía

Observa la imagen y lee los textos siguiendo la numeración.

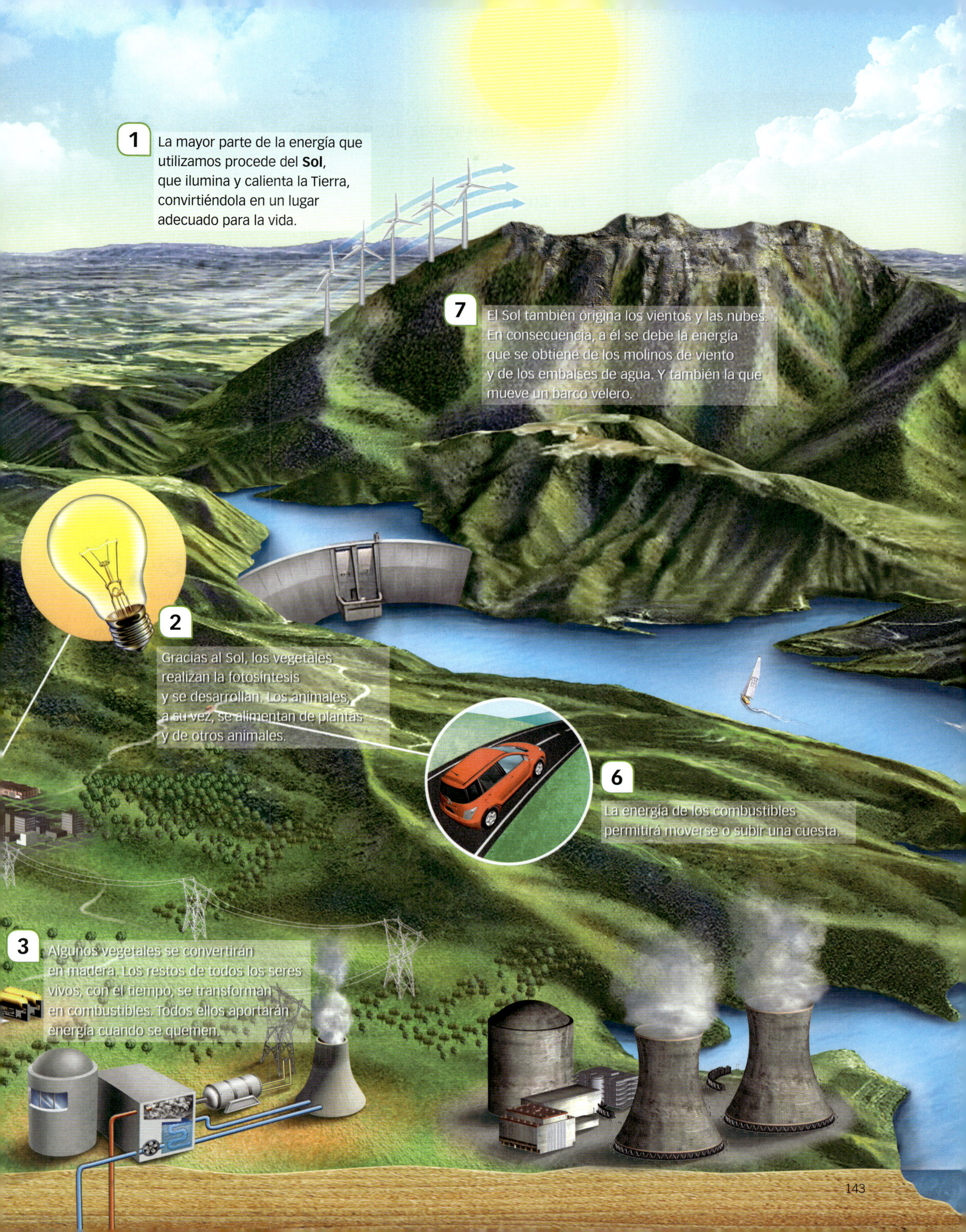
1
La mayor parte de la energía que utilizamos procede del **Sol**, que ilumina y calienta la Tierra, convirtiéndola en un lugar adecuado para la vida.
7
El Sol también origina los vientos y las nubes. En consecuencia, a él se debe la energía que se obtiene de los molinos de viento y de los embalses de agua. Y también la que mueve un barco velero.
2
Gracias al Sol, los vegetales realizan la fotosíntesis y se desarrollan. Los animales, a su vez, se alimentan de plantas y de otros animales.
6
La energía de los combustibles permitirá moverse o subir una cuesta.
3
Algunos vegetales se convertirán en madera. Los restos de todos los seres vivos, con el tiempo, se transforman en combustibles. Todos ellos aportarán energía cuando se quemen.

SABER MÁS

Energía interna

Los cuerpos o sistemas materiales están formados por partículas que están en continuo movimiento.

La energía de todas las partículas de un cuerpo es su **energía interna**.

Un cuerpo en reposo no tiene energía cinética, pero siempre tendrá cierta energía interna.

La energía cinética es una propiedad del cuerpo. La energía interna es una propiedad de las partículas del cuerpo.

2 Formas de presentarse la energía

2.1. Energía térmica

La **energía térmica** es la energía que se intercambia entre dos cuerpos o sistemas materiales que están a distinta temperatura. También es energía térmica la que se intercambia cuando un cuerpo cambia de un estado físico a otro.

2.2. Energía cinética

La **energía cinética (*E***

Podemos comprobar el efecto de la energía cinética cuando un coche y un camión chocan contra un obstáculo:

El coche y el camión se mueven a la misma velocidad. El camión tiene una energía cinética mayor que el coche.

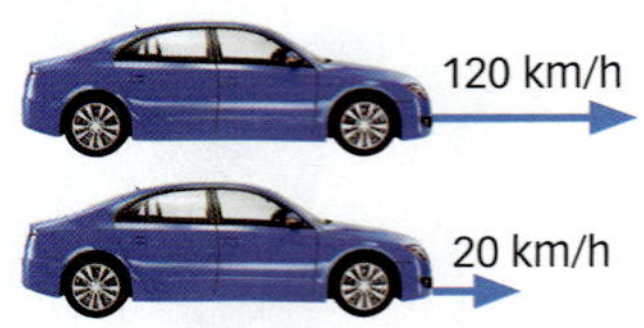

El coche tiene mayor energía cinética cuando va a 120 km/h que cuando circula a 20 km/h.

2.3. Energía potencial

La **energía potencial (E_P)** es la energía que tiene un cuerpo por el hecho de estar en determinada posición. Depende de la masa del cuerpo y de su posición.

Tipos de energía potencial

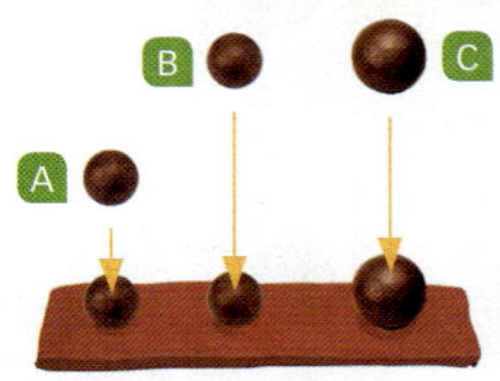

Energía potencial gravitatoria

La bola que tiene más masa tiene mayor energía potencial.

La bola que cae desde más arriba tiene mayor energía potencial.

Energía potencial elástica

Cuanto mayor sea la tensión de la cuerda, mayor será la energía potencial. Cuanto mayor sea la masa del objeto que se lanza, mayor será la energía potencial.

Llamamos **energía mecánica** a la suma de las energías cinética y potencial de un cuerpo.

ACTIVIDADES

1. Indica qué tipo de energía tiene:
   a) El viento.
   b) El agua de un río.
   c) El agua de un embalse.
   d) Una pelota en lo alto de un tejado.
   e) Un muelle comprimido.
   f) Un balón de fútbol en un disparo.
2. Imagina que estás en un balcón y sostienes una pelota en la mano.
   a) ¿Qué velocidad tiene la pelota? ¿Qué tipo de energía tiene?
   b) Si sueltas la pelota, ¿qué le ocurre a su velocidad?
   c) Cuando llega al suelo, ¿tiene el mismo tipo de energía que cuando estaba en el balcón?

2.4. Energía eléctrica

La **energía eléctrica** es la energía que tienen las cargas eléctricas en movimiento.

Cuando las cargas se mueven de forma ordenada, se produce una corriente eléctrica. La energía de la corriente eléctrica permite el funcionamiento de muchos aparatos: lavadora, batidora…

2.5. Energía radiante

La **energía radiante** es la energía que transportan las ondas electromagnéticas, como la luz, las ondas de telecomunicaciones (radio o televisión), las microondas, los rayos X o los rayos γ.

En general se llama **radiación**. Las radiaciones consiguen efectos diversos, según la energía que transporten. Las ondas de las telecomunicaciones tienen energía muy baja, mientras que los rayos X tienen tanta energía que atraviesan el cuerpo humano y permiten obtener radiografías.

SABER MÁS

Las radiaciones electromagnéticas

Llamamos luz visible a las radiaciones electromagnéticas que puede captar el ojo humano. Representan una parte muy pequeña del conjunto de las radiaciones electromagnéticas.

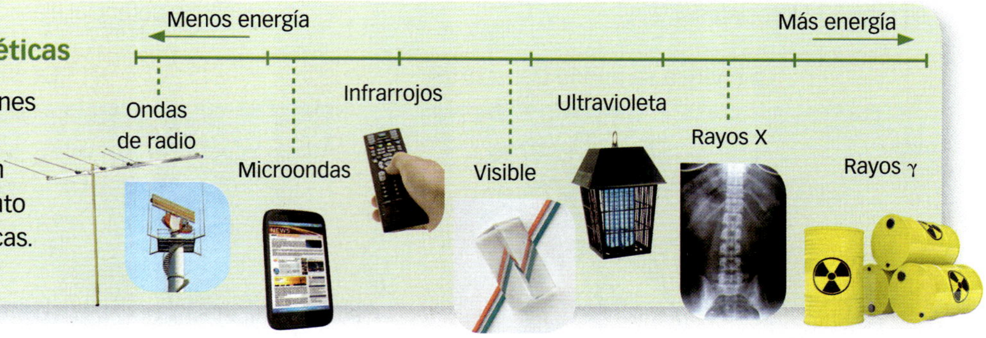

2.6. Energía química

La **energía química** es la energía que poseen las sustancias y que se pone de manifiesto cuando intervienen en una reacción química.

Cuando se quema un combustible, se desprende energía. Los seres vivos toman alimentos que, al transformarse en su organismo, liberan la energía que les permite seguir viviendo. La energía de las pilas eléctricas resulta de una reacción química entre las sustancias que hay en su interior.

2.7. Energía nuclear

Se llama **energía nuclear** a la energía que desprenden los núcleos de los átomos de algunos elementos químicos cuando se unen (fusión) o se rompen (fisión).

En el Sol y las estrellas tienen lugar procesos de **fusión nuclear**. La energía que se desprende es la causante de su brillo.

Y las centrales nucleares obtienen la energía mediante procesos de **fisión nuclear** de elementos radiactivos como el uranio.

ACTIVIDADES

3. Pon ejemplos de aprovechamiento de la energía eléctrica en una vivienda.
4. Explica la diferencia entre energía solar y energía radiante.
5. USA LAS TIC. Busca información sobre las diferencias entre fisión nuclear y fusión nuclear.

3 Características de la energía

La energía tiene una serie de características que nos permiten utilizarla de diferentes modos:

La energía se transfiere de unos cuerpos a otros

Una cocina transfiere energía al agua de un cazo y la calienta. El Sol transfiere energía luminosa a una planta y con ella se realiza la fotosíntesis.

La energía se puede almacenar

Las pilas y baterías o los combustibles almacenan energía química. Por otra parte, un muelle comprimido almacena energía potencial elástica.

La energía se puede transportar

El sistema de transporte depende del tipo de energía. Por ejemplo, la energía eléctrica se transporta mediante cables, y la energía radiante, mediante ondas que se propagan en el espacio.

La energía se transforma

Los aerogeneradores transforman la energía cinética del viento en energía eléctrica. Cuando se deja caer una pelota que estaba en un tejado, su energía potencial se transforma en energía cinética.

La energía se conserva

En cada transferencia o transformación de energía, la cantidad total se conserva. Cuando se contabiliza la energía, hay que tener en cuenta también la energía que se degrada; esa energía no se puede utilizar, pero forma parte de la energía total del universo.

La energía se degrada

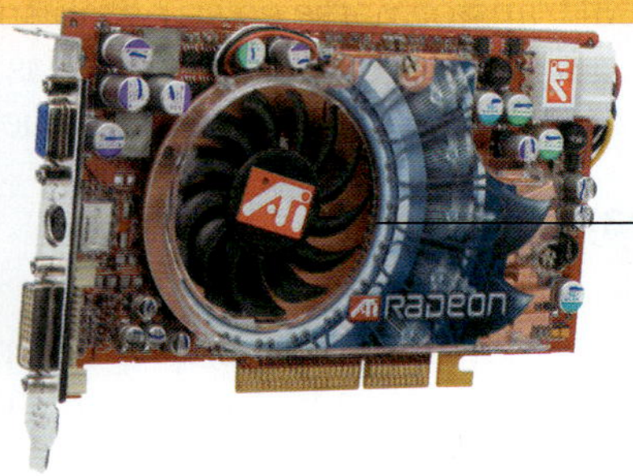

El ventilador sirve para refrigerar los circuitos.

Cuando una energía se transforma en otra, el cambio no es total. Una parte de la energía original se queda en las partículas del propio cuerpo, haciendo que aumente su temperatura, o pasa al medioambiente, calentándolo. Esta energía no se puede aprovechar; se dice que se ha degradado.

3.1. Cómo intercambian energía los cuerpos

Los cuerpos o sistemas materiales utilizan la energía para producir cambios. Pueden intercambiar energía de varias maneras.

En forma de calor

Es la forma en que intercambian energía los cuerpos o sistemas materiales que están a distinta temperatura.

Cuando situamos un recipiente sobre el fuego de la cocina, pasa energía desde el fuego al recipiente en forma de calor. Por otra parte, la temperatura del recipiente aumenta.

Unos cubos de hielo sobre una mesa acaban derritiéndose, se transforman en agua líquida, porque pasa calor desde el aire a los cubos de hielo.

En forma de trabajo mecánico

Es la forma en que intercambian energía cuando en la transformación se realiza un desplazamiento debido a una fuerza.

Cuando ejercemos una fuerza para estirar la cuerda de un arco, transferimos energía desde nuestro cuerpo al arco.

Cuando empujamos un carrito sobre una superficie, transferimos energía desde nuestro cuerpo al carrito.

ACTIVIDADES

6 **Identifica la característica de la energía que se pone de manifiesto en cada una de las frases siguientes:**

a) Cuando enchufamos el secador de pelo, aparece una corriente de aire.

b) La batería del móvil dura tres días.

c) Cuando introducimos un vaso con agua en la nevera, se enfría.

d) Las bombillas que se calientan son poco eficientes.

e) Si consiguiésemos una bombilla que no se calentase nada, toda la energía eléctrica se convertiría en energía radiante.

7 **Pon ejemplos de situaciones cotidianas donde se produzca una transferencia de energía de un cuerpo a otro:**

a) Por medio de calor.

b) Por medio de trabajo mecánico.

4 Fuentes de energía

Una **fuente de energía** es cualquier material o recurso natural que se puede utilizar para obtener energía aprovechable.

A veces la energía que se obtiene de una fuente se usa directamente, pero otras se transforma en otro tipo de energía que sea más fácil de utilizar. Por ejemplo, muchos recursos energéticos se dedican a obtener energía eléctrica.

4.1. Fuentes renovables y no renovables de energía

Dependiendo de la facilidad con que se pueden recuperar los recursos que se utilizan para obtener energía, las fuentes se clasifican en renovables o no renovables.

Fuentes no renovables de energía

Fuentes no renovables de energía son aquellas que se encuentran en la naturaleza en una cantidad limitada. No es posible reponer los recursos que se consumen para obtener energía, por lo que acabarán agotándose.

El carbón, el petróleo y el gas natural son ejemplos de fuentes no renovables de energía. Los produce la naturaleza a partir de restos de animales y plantas que han quedado enterrados y han sufrido transformaciones a lo largo de millones de años. Por este motivo se les denomina **combustibles fósiles**.

También son fuentes no renovables de energía los **materiales radiactivos** (como el uranio o el plutonio), que son fuente de energía nuclear.

La mayor parte de la energía que utilizamos procede de fuentes no renovables.

Fuentes renovables de energía

La tecnología nos ha permitido utilizar como fuente de energía el **sol**, el **agua** o el **viento**. Estas fuentes no se agotan cuando se produce la energía.

Recientemente están cobrando importancia la **biomasa** y los **biocombustibles**. Llamamos biomasa a las hojas, ramas y otros restos vegetales que proceden del aprovechamiento de los bosques. Los biocombustibles son combustibles que se obtienen de plantas cultivadas. Cuando estos recursos se consumen para obtener energía, se pueden reponer fácilmente con nuevos cultivos.

Fuentes renovables de energía son aquellas cuyos recursos se recuperan después de su utilización, bien porque no se agotan (como el viento o el sol) o porque se vuelven a obtener en un tiempo corto (como los biocombustibles).

SABER MÁS

Reservas de fuentes no renovables de energía

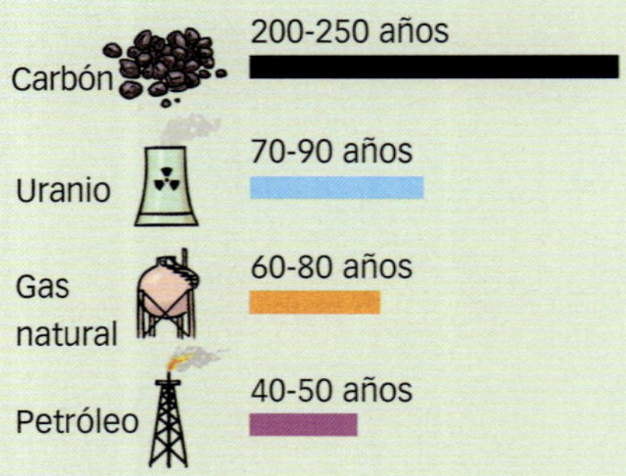

Teniendo en cuenta los recursos mundiales existentes y el consumo esperado, tenemos reservas limitadas de fuentes de energía no renovables. Aunque el descubrimiento de nuevos yacimientos puede prolongar el tiempo que podremos usarlos.

4.2. Cómo se aprovechan las distintas fuentes de energía

Combustibles

Llamamos **combustible** a una sustancia que, cuando se quema, desprende calor.

Casi todos los combustibles que usamos son **combustibles fósiles**: gas, carbón y petróleo. Han tardado millones de años en formarse.

Otros son **combustibles cultivados** por las personas, como la biomasa y los biocombustibles.

Los combustibles se utilizan para obtener energía de distintas formas:

- **Por combustión directa** (gas). En cocinas, calefacciones y similares.
- **Por combustión en un motor** (gasolina, gasóleo y otros derivados del petróleo). En medios de transporte.
- **En centrales que producen electricidad** (carbón, gas, derivados del petróleo). En centrales eléctricas, térmicas…

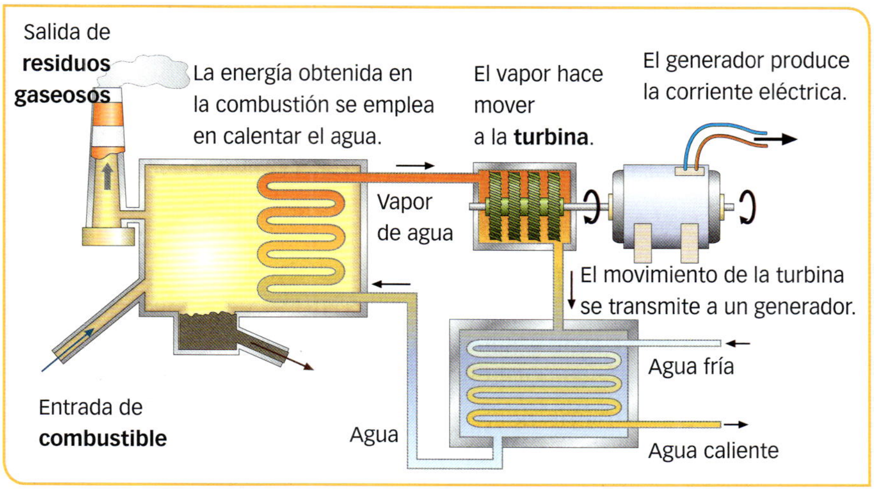

Central térmica convencional. Tiene una turbina, movida por el vapor de agua. Solo aprovechan el 40 % de la energía del combustible.

SABER MÁS

Central térmica de ciclo combinado

El combustible suele ser gas natural, aunque también puede ser petróleo o carbón en polvo.

Se aprovecha el calor de la combustión y la energía de los gases que se generan.

Tiene dos turbinas que mueven dos generadores eléctricos.

- La turbina de gas se mueve con la energía de los gases de la combustión.
- Después, los gases calientes van al generador de vapor. El vapor que generan mueve la segunda turbina.

Aprovechan hasta el 70 % de la energía del combustible, por lo que son más eficientes que las centrales térmicas convencionales.

Materiales radiactivos

El uranio es el material radiactivo del que se obtiene la mayor parte de la **energía nuclear**. Se aprovecha en las **centrales nucleares** generando energía eléctrica de una manera parecida a una central térmica de combustibles fósiles.

El agua

La energía obtenida del agua se llama **energía hidráulica**. El agua en movimiento puede aprovecharse de distintas formas:

- **Directamente.** Los antiguos molinos de agua se colocaban en el curso rápido de los ríos.
- En instalaciones llamadas **centrales hidroeléctricas**, para obtener energía eléctrica.

En la actualidad, también se trata de obtener energía eléctrica aprovechando las **mareas**. Cuando sube la marea, se llenan unos estanques que se vacían cuando baja. El agua en movimiento hace mover una turbina y se genera electricidad. La energía así obtenida se llama **mareomotriz**.

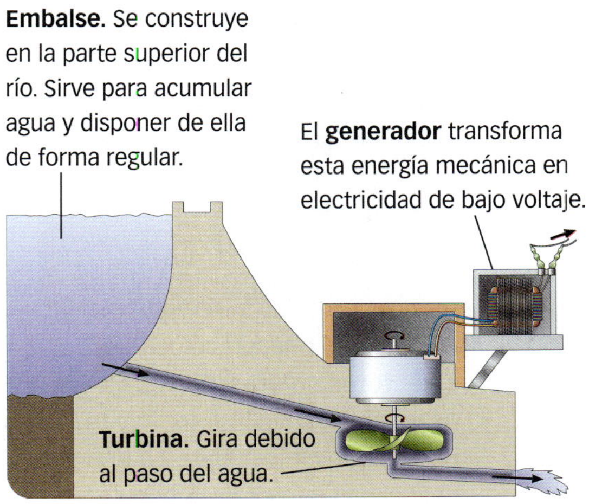

Uso del **agua** como fuente de energía.

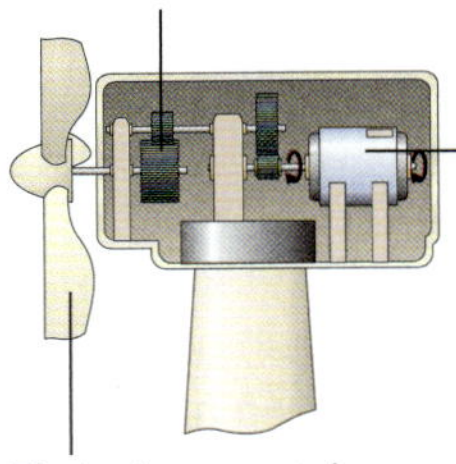

Con el **aerogenerador** se obtiene la energía **eólica** del viento.

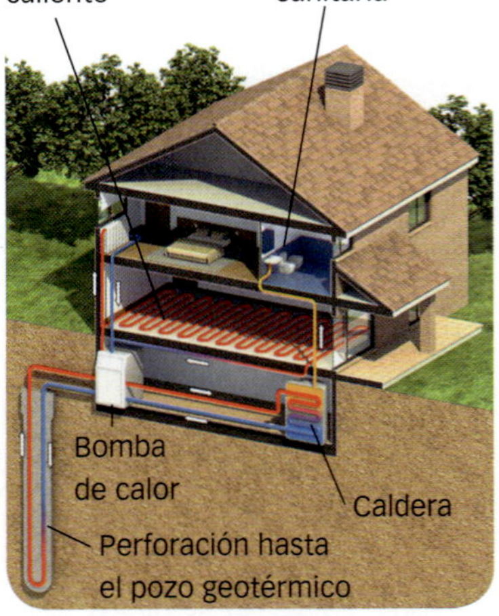

Una perforación hasta un pozo geotérmico permite obtener la energía **geotérmica** del interior de la Tierra.

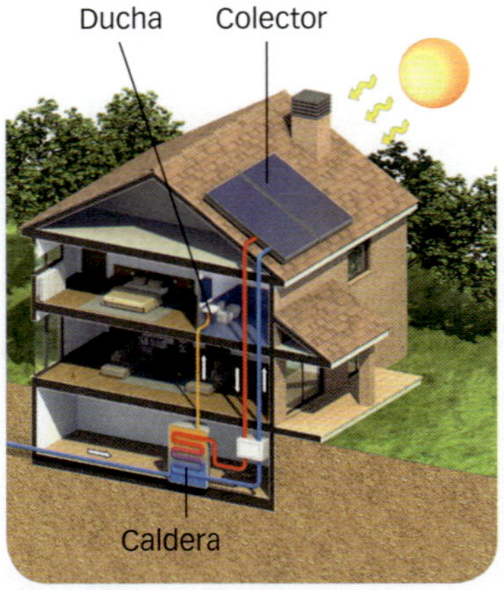

En el tejado pueden colocarse **colectores solares**: unos paneles de vidrio en cuyo interior hay tubos por los que circula agua. La energía del Sol calienta el agua, que se usa para el consumo doméstico.

El viento

La energía que se obtiene del viento se llama **energía eólica**. Se puede aprovechar el movimiento del aire para obtener energía de dos formas distintas:

- **Directamente.** El viento mueve aspas de molinos y velas de embarcaciones. Antes los molinos se utilizaban para moler el cereal y obtener harina.
- En los **aerogeneradores**, el viento mueve las palas de un rotor conectado a un generador de corriente.

Los parques eólicos son instalaciones con muchos aerogeneradores que aprovechan la energía del viento. Se implantan en zonas donde el viento sopla con frecuencia a una velocidad entre 20 y 90 km/h.

La Tierra

En el interior de la Tierra la temperatura es más alta que en el exterior. Así, en las zonas volcánicas o en las de aguas termales aparecen bolsas o ríos de agua caliente, y se puede perforar el terreno y aprovechar el calor para calefacción. La energía así obtenida se llama **energía geotérmica**. En España se aprovecha en Canarias, Cataluña, Orense, Murcia y Madrid.

En zonas donde hay grandes cantidades de vapor de agua, como Islandia, Francia o Alemania, se puede perforar el terreno, hacer que salga el vapor por unos tubos y utilizarlo para obtener electricidad.

El Sol

El Sol es la fuente principal de energía. Los rayos que llegan directamente del Sol calientan la tierra y la atmósfera, y los seres vivos los utilizan para realizar sus funciones vitales. No obstante, se necesitan instalaciones específicas para aprovechar mejor esta energía.

La energía que se obtiene del Sol se llama **energía solar**.

- **Energía solar térmica.** Se puede aprovechar directamente mediante colectores o para obtener electricidad. Si concentramos la energía del Sol con unos espejos (helióstatos) y la dirigimos a un horno solar, puede convertir agua en vapor que mueva una turbina conectada a un generador de electricidad.
- **Energía solar fotovoltaica.** La luz incide sobre unos paneles de silicio y genera una corriente eléctrica. Actualmente se trabaja para conseguir paneles más eficientes, es decir, que conviertan en energía eléctrica una mayor parte de la energía radiante que les llega.

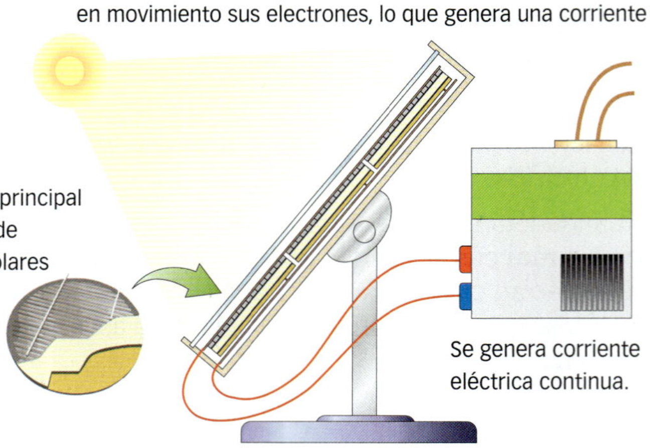

1. EJEMPLO RESUELTO

El esquema siguiente muestra cómo se obtiene industrialmente la energía que luego podemos utilizar en casa. Obsérvalo y responde:

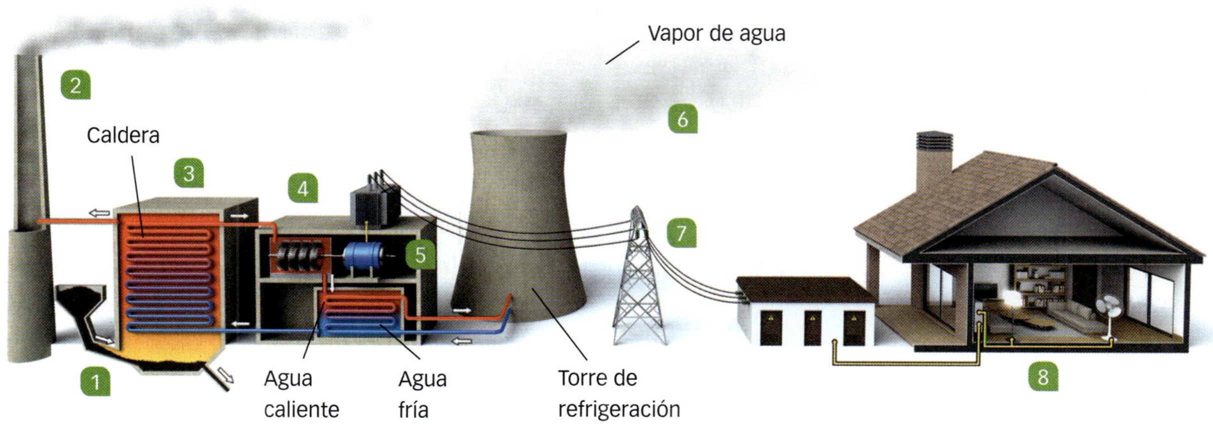

a) ¿Qué tipo de energía se obtiene en esta industria?

b) ¿Qué tipo de fuente de energía se utiliza en la parte señalada con el número 1?

c) ¿Dónde se produce el vapor de agua?

d) ¿Qué ocurre en los módulos identificados como 4 y 5?

e) Señala al menos dos partes del gráfico donde se muestre que la energía se transforma.

f) Señala una parte del gráfico donde se muestre que la energía se transporta.

g) Señala alguna parte del dibujo donde se muestre que la energía se degrada.

El gráfico muestra una central térmica de obtención de electricidad.

a) Se obtiene energía eléctrica.

b) En el punto 1 se introduce el combustible que se va a quemar. Pueden ser combustibles fósiles (carbón, gas natural o derivados del petróleo) o biocombustibles.

c) En 3 circula el vapor de agua. Entra agua líquida en la parte más próxima a la caldera y, cuando sale, por la parte superior, es vapor.

d) En 4 el vapor de agua hace girar una turbina. En 5, en el generador, se produce electricidad.

e) En la caldera, la energía química del combustible se transforma en energía térmica.

En el generador (5), la energía cinética de los elementos de la turbina se transforma en energía eléctrica.

En la bombilla (8), la energía eléctrica se transforma en energía radiante.

En el ventilador (8), la energía eléctrica se transforma en energía cinética (movimiento de las aspas del ventilador).

f) En la fase 7, la energía eléctrica se transporta.

g) En 2 la energía de los gases de la combustión que salen calientes al exterior se degrada.

En 6 la energía del agua caliente que sale del sistema se degrada.

ACTIVIDADES

8 Repasa las fuentes de energía estudiadas e indica cuáles se pueden utilizar para obtener electricidad.

9 Repasa las fuentes de energía e indica cuáles se pueden aprovechar sin que sea necesario transformarlas en energía eléctrica.

10 Indica a partir de qué fuentes de energía se puede obtener electricidad sin producir vapor de agua.

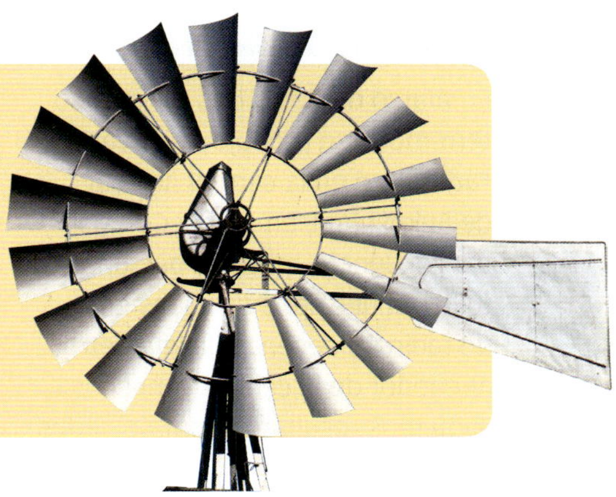

5 Impacto ambiental de la energía

La obtención de energía a partir de las distintas fuentes y su transporte o su utilización afectan al medioambiente. Algunos son pequeños cambios de aspecto, pero otros alteran el medioambiente hasta el punto de poner en peligro la vida de sus habitantes.

Conocer el impacto ambiental nos ayuda a decidir si una instalación o una fuente de energía son adecuadas para un lugar.

5.1. Impacto medioambiental de las energías no renovables

Combustibles

Siempre que se queman combustibles se expulsan gases a la atmósfera. El más importante de ellos es el dióxido de carbono (CO_2). El aumento del CO_2 en la atmósfera provoca un **incremento del efecto invernadero**, lo que hace que aumente la temperatura media del planeta. Las consecuencias de este calentamiento global son sequías más prolongadas y deshielo de los casquetes polares, lo que provocará inundaciones en ciertas regiones costeras debido al aumento del nivel del mar.

Los combustibles suelen ir acompañados de sustancias que, cuando se queman, emiten a la atmósfera óxidos de nitrógeno y de azufre. En contacto con el agua, estos gases originan **lluvia ácida**. Esta lluvia contamina el suelo, destruye bosques y daña monumentos de piedra.

Los combustibles se utilizan para calefacción, transporte o centrales térmicas y en todos los casos provocan una importante contaminación atmosférica. El aire desplaza estos contaminantes y sus efectos se pueden notar lejos del lugar en el que se producen.

Cuando se queman combustibles renovables, como la biomasa o los biocombustibles, también emiten CO_2 a la atmósfera. No obstante, se dice que no originan contaminación porque las plantas que se necesitan para producirlos consumen una cantidad equivalente de CO_2 al realizar la fotosíntesis mientras crecen.

Además, muchos combustibles se transportan en grandes barcos, por oleoductos o gasoductos. Si se produce un accidente los vertidos pueden provocar **mareas negras**, de graves consecuencias para los seres vivos de la zona.

En marzo de 2011, tras un intenso terremoto, se produjo un **escape radiactivo** en la central nuclear de Fukushima, en Japón. Como consecuencia, miles de personas tuvieron que ser evacuadas en un radio de decenas de kilómetros alrededor de la central y muchos alimentos resultaron contaminados.

Materiales radiactivos

Los materiales radiactivos emiten radiaciones muy peligrosas, y lo siguen haciendo durante cientos o miles de años. Si se produce un accidente en el transporte o en una central nuclear que permita la salida de material radiactivo, pueden originarse problemas muy graves para la salud de las personas y el medioambiente.

Cuando el material radiactivo ya no es útil para una central o un centro de salud, se convierte en un **residuo** que aún emite radiactividad. Por ello es necesario almacenarlo en condiciones de gran seguridad, junto con todo lo que ha estado en contacto con él, incluidas las herramientas y la ropa de los trabajadores.

SABER HACER

Debatir y tomar una decisión informada: ¿cementerio nuclear, sí o no?

Analiza la información que se muestra en estas noticias. Busca tu propia información y debate con el grupo de clase.

Cuatro municipios candidatos para el cementerio nuclear

Cuatro municipios se han ofrecido ya como candidatos para albergar el Almacén Transitorio Centralizado (ATC), el cementerio nuclear donde se depositarán temporalmente los residuos de alta actividad procedentes de todas las centrales nucleares españolas, según informa la organización Ecologistas en Acción. [...]

Fuente: http://www.elmundo.es

Marcha contra el cementerio nuclear

Unas 200 personas, según la Delegación del Gobierno en Castilla-La Mancha, y casi mil, según los organizadores, han participado en la cuarta marcha a pie contra la ubicación del cementerio nuclear en Villar de Cañas (Cuenca) y han rechazado que «unos pocos se repartan el dinero» a costa del futuro de todos. [...]

Fuente: http://www.elmundo.es

Villar de Cañas tendrá el ATC

El Gobierno ha aprobado en el Consejo de Ministros que el pueblo de Villar de Cañas [...] será el que acoja el Almacén Temporal Centralizado (ATC).

La instalación albergará el combustible gastado de las centrales nucleares y otros materiales procedentes de su desmantelamiento. [...]

Fuente: http://www.publico.es

11 ¿Para qué se utiliza un almacén de residuos nucleares?

12 ¿Por qué puede ser necesario un almacén de residuos?

13 ¿Cuáles son los inconvenientes para un pueblo de tener cerca un almacén nuclear?

14 Cita las ventajas para un pueblo de tener cerca un almacén nuclear.

15 ¿Existen alternativas al almacén nuclear? ¿Cuáles?

16 A día de hoy, ¿podemos evitar el problema de un almacén nuclear?

ACTIVIDADES

17 Relaciona en tu cuaderno cada imagen con el texto más adecuado. A continuación, propón una medida para solucionar cada problema o, al menos, para reducir su impacto.

a) 

b) 

c) 

d) 

e) 

f) 

1 La lluvia ácida deteriora muchos monumentos porque corroe las piedras de origen calcáreo.

2 Las personas con problemas respiratorios son muy sensibles a la contaminación aérea.

3 El aumento de la temperatura de la Tierra es responsable de la disminución de hielo en los polos.

4 Los combustibles que se utilizan para el transporte provocan importante contaminación atmosférica.

5 La lluvia ácida produce daños importantes en la vegetación, llegando a destruir bosques enteros.

6 Cuando un barco petrolero sufre un accidente, puede provocar mareas negras.

5.2. Impacto medioambiental de las energías renovables

Las fuentes de energía renovables no emiten sustancias que alteran el medioambiente, pero suelen modificar el paisaje, a veces con importantes consecuencias para los seres que lo habitan.

El agua

Las instalaciones que aprovechan la energía del agua no añaden sustancias químicas nocivas, pero tienen un gran impacto ambiental.

Con frecuencia, para construir un pantano hay que cambiar el curso de los ríos, inundar muchos terrenos e incluso pueblos enteros.

El pantano cambia el hábitat natural, por lo que desaparecen unas especies y aparecen otras.

Los **aerogeneradores** alteran la vida de las aves. Y en muchos casos las aves resultan heridas tras chocar con las aspas.

El viento

Los aerogeneradores tienen un impacto ambiental importante. Son ruidosos y alteran el hábitat de las aves y otros animales.

La Tierra

La energía geotérmica solo se puede aprovechar en lugares muy concretos. La mayoría de las veces requieren horadar (perforar) el terreno. Si hay que profundizar mucho para llegar al depósito o al río de agua caliente subterránea, se pueden producir alteraciones en el subsuelo que hay que controlar.

El Sol

En la construcción de los paneles y las placas solares se utilizan materiales que pueden ser contaminantes. Hay que tener mucho cuidado tanto con su fabricación como con la eliminación de los paneles y placas que ya no son útiles.

Además, las instalaciones para obtener energía solar ocupan mucho espacio, por lo que también tienen un impacto ambiental importante.

ACTIVIDADES

18 Relaciona en tu cuaderno los impactos medioambientales que se indican a continuación con la fuente (o fuentes) de energía cuya explotación los provoca.

- Combustibles fósiles ☐
- Biocombustibles y biomasa ☐
- Materiales radiactivos ☐
- Agua ☐
- Viento ☐
- Tierra ☐
- Sol ☐

a) Producen residuos peligrosos para la salud.
b) Producen residuos peligrosos para las plantas y animales del hábitat.
c) Ocupan mucho terreno.
d) Provocan lluvia ácida.
e) Molestan a las aves migratorias.
f) Alteran la vida de la fauna acuática.
g) Contribuyen al aumento de la temperatura media de la Tierra.
h) En caso de accidente, se pueden producir daños devastadores.
i) Pueden provocar la desaparición de un pueblo.
j) Emiten gases a la atmósfera.

5.3. Resumen: fuentes de energía

	Fuente	Aprovechamiento	Cantidad de energía producida	Impacto ambiental: Contaminantes	Impacto ambiental: Impacto físico
No renovables	Combustibles fósiles (carbón, petróleo, gas natural)	Combustión directa (calefacción, transporte). Obtención de electricidad: central térmica.	Controlada.	Emisión de CO_2 y otros gases. Aumento del efecto invernadero. Lluvia ácida. Vertidos de combustible.	Alteración del terreno: minas de carbón, explotaciones petrolíferas, gasoductos, etc.
	Materiales radiactivos	Obtención de electricidad: central nuclear.	Controlada.	Residuos radiactivos. Accidentes con emisiones radiactivas.	El espacio que ocupa la central y los almacenes de residuos.
Renovables	Biomasa y biocombustible	Combustión directa.	Controlada.	La fotosíntesis de las plantas compensa las emisiones de CO_2.	Se necesita mucho terreno para los cultivos.
	Agua	Directo: molinos de agua.	Depende del caudal del río.	No emite.	Muy escaso.
		Obtención de electricidad: central hidroeléctrica.	Depende de la cantidad de lluvia.	No emite.	Alteración del paisaje. Pueblos sumergidos.
		Obtención de electricidad: central mareomotriz.	Depende de las mareas.	No emite.	Alteración del medio marino.
	Viento	Directo: molinos de viento.	Depende de la cantidad de viento.	No emite.	Muy escaso.
		Obtención de electricidad: central eólica.		No emite.	Alteración importante del paisaje.
	Tierra	Obtención de calor: energía geotérmica.	Controlada. Solo en zonas muy concretas.	No emite.	Perforación del terreno.
	Sol	Directo: energía solar térmica.	Depende de la meteorología.	No emite.	Muy escaso.
		Obtención de electricidad: central solar térmica.		No emite. La fabricación de paneles solares requiere materiales contaminantes.	La instalación ocupa mucho terreno.
		Obtención de electricidad: central fotovoltaica.	Depende de la cantidad de rayos de sol.		

ACTIVIDADES

19 Razona si sería posible obtener la electricidad que necesitamos únicamente de fuentes de energía renovables.

20 Algunas fuentes de energía solo se aprovechan en grandes instalaciones industriales, mientras que otras se pueden aprovechar para obtener energía para una casa o unos pocos edificios. Clasifica en tu cuaderno las fuentes de energía según su aprovechamiento. Razona tu elección.

Obtención de energía para una casa	Obtención de gran cantidad de energía

Consumo de energía

La cantidad de energía utilizada para las distintas actividades humanas ha ido cambiando a lo largo de la historia.

1. *Homo sapiens* (150 000 a. C.).
2. Uso del arco y el fuego (40 000 a. C.).
3. Prácticas agrícolas y sedentarias (10 000 a. C.).
4. Sociedad preindustrial (hasta el siglo XVII).
5. Sociedad industrial (entre el siglo XVIII y primera mitad del XX).
6. Sociedad actual (hasta la actualidad).

6 La energía que utilizamos

A lo largo de la historia, las personas han utilizado energía para distintas actividades. La cantidad de energía y para qué la han empleado ha cambiado. Observa el gráfico del margen que muestra esta evolución.

Consumo mundial de energía en 2018. Total: 13 864,9 MTEP

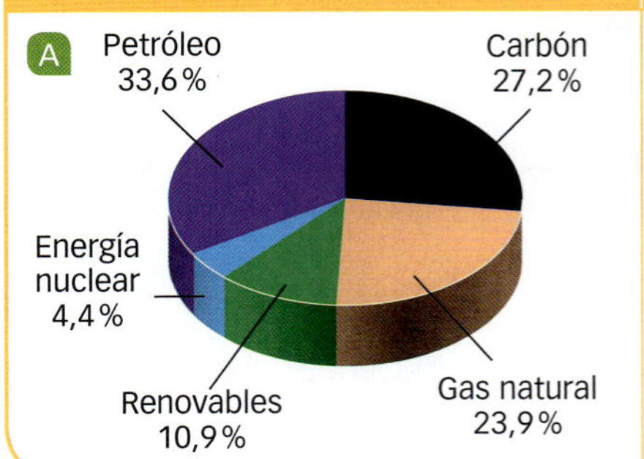

Distribución del consumo mundial de energía en 2018. Total: 13 864,9 MTEP

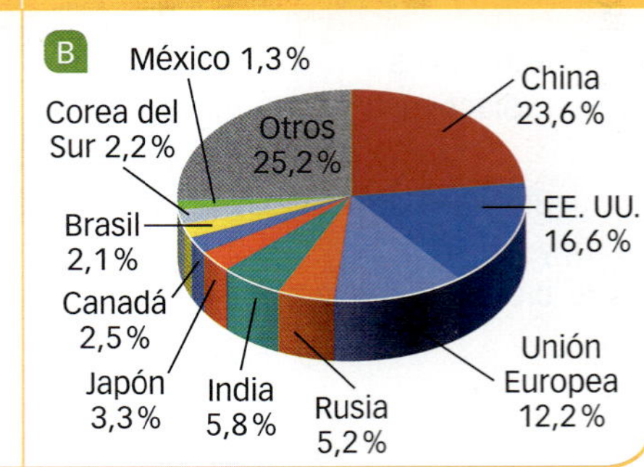

Fuente: BP Statistical Review. MTEP (megatonelada equivalente de petróleo): energía equivalente a la que se obtiene por combustión de un millón de toneladas de petróleo.

En nuestros días, las personas consumen energía para realizar múltiples actividades: obtención de alimento, calefacción, transporte o industria. En 2018, el consumo mundial de energía fue de 13 864,9 MTEP. Esta energía se ha obtenido de distintas fuentes.

No todos los países consumen la misma cantidad de energía. Observa en el gráfico de arriba cómo se distribuyó el consumo en 2018.

ACTIVIDADES

21 **Analiza el gráfico que representa la evolución del consumo de energía y responde.**

a) ¿Para qué aplicación ha variado menos la cantidad de energía utilizada a lo largo de la historia?

b) ¿Para qué aplicación ha variado más la cantidad de energía utilizada a lo largo de la historia?

c) Compara la sociedad preindustrial con la actual. Razona a qué se deben las diferencias en la cantidad de energía que se utiliza para cada actividad humana.

22 **Observa el gráfico A, que representa el consumo mundial de energía.**

a) Ordena, según su importancia, las fuentes de las que se ha obtenido la energía consumida en el mundo en 2018.

b) Calcula el porcentaje de energía que se ha obtenido de fuentes renovables y de fuentes no renovables.

c) ¿Crees que se podrá mantener en el futuro una proporción de consumo de energías similar a este?

23 **Analiza el gráfico B, que representa cómo se ha distribuido el consumo de energía en los diferentes países en 2018.**

a) Señala los dos países que consumen la mayor cantidad de energía.

b) Razona cuál podría ser el tercer país en consumo de energía a nivel mundial.

c) Busca información que te permita comparar la superficie de Estados Unidos y la de Rusia. ¿Existe alguna relación entre la superficie y la cantidad de energía que consume un país? Señala algún factor determinante de la energía que consume un país.

6.1. Producción y consumo de energía en España

Dada la importancia de la energía, los países tratan de obtenerla de sus propios recursos, pero no siempre consiguen satisfacer todas sus necesidades.

En 2016, en España se produjeron 32,9 MTEP, mientras que se consumieron 138,7 MTEP de energía.

Observa los gráficos A y B, que muestran la proporción que corresponde a cada tipo de fuente de energía.

Producción de energía primaria en 2016. Total: 32,9 MTEP

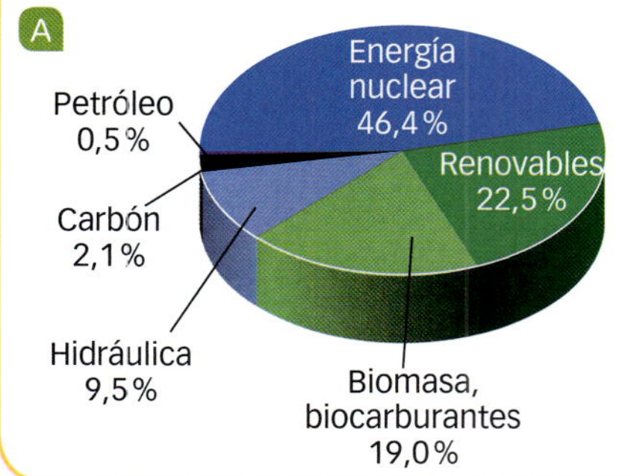

Consumo de energía primaria en 2018. Total: 138,7 MTEP

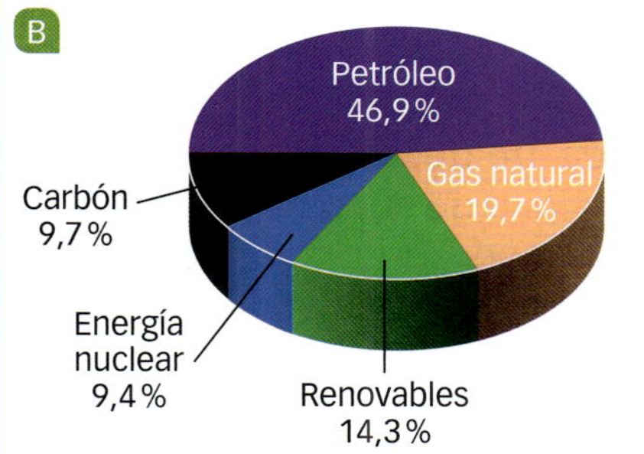

Fuente: BP Statistical Review y Ministerio de Industria, Energía y Turismo.

Una parte de la energía que se consume se utiliza para fabricar energía eléctrica, porque es mucho más fácil de transportar y aplicar a los más diversos usos.

Si contabilizamos la energía consumida en sus diversas formas, incluida la energía eléctrica, tendremos la distribución del consumo de energía final. Observa el gráfico C, que muestra el consumo de energía final en España en 2016.

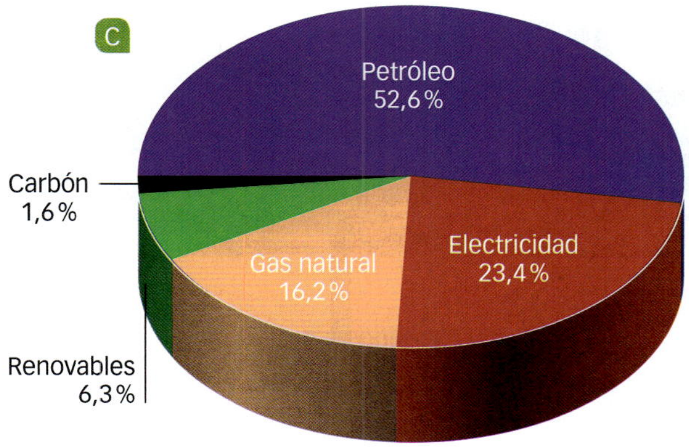

Consumo final de energía en España (2016).

? INTERPRETA LA IMAGEN

Compara los cuadros de consumo de energía primaria (B) y consumo de energía final (C) y responde.

a) ¿Por qué aparece la electricidad en el consumo de energía final y no en el de consumo de energía primaria?

b) ¿Por qué aparecen la energía hidráulica y nuclear en el consumo de energía primaria y no en el de consumo de energía final?

ACTIVIDADES

24 Compara el gráfico A de producción de energía y el gráfico B de consumo de energía primaria en España y responde.

a) ¿España exporta o importa energía?

b) ¿Qué fuentes de energía se consumen en una proporción mucho mayor que en la que se producen?

c) ¿Qué fuentes de energía necesita importar España?

NOS COMPROMETEMOS

La energía que menos contamina es la que no se consume. Repasa tus hábitos relacionados con el consumo de energía y haz una lista con hábitos que deberías modificar para consumir menos energía. Luego comparte tu lista con otros estudiantes.

6.2. Ahorro energético y desarrollo sostenible

¿Te imaginas un mundo sin energía? Para que exista el mundo que conocemos, necesitamos consumir grandes cantidades de energía. Pero tenemos una reserva limitada de las fuentes no renovables de energía, y su consumo sigue aumentando. De continuar así, acabarán agotándose.

La energía que podemos obtener de las fuentes renovables depende de factores como el viento, las lluvias, las horas de sol, etc. Por ello es difícil estar seguros de la cantidad de energía que podemos obtener de ellas. Su utilización aumenta, pero no podremos satisfacer las necesidades energéticas solo con estas fuentes.

Y cualquier instalación empleada para obtener energía y transportarla hasta donde se va a utilizar tiene un coste económico y también un impacto ambiental.

Para lograr un desarrollo que no dañe cada vez más a la naturaleza, es decir, un **desarrollo sostenible**, necesitamos desperdiciar la menor cantidad de energía y evitar al máximo los daños medioambientales. Estas son algunas pautas a realizar por todos para conseguir un gasto energético más optimizado.

Diseñar instalaciones cada vez más eficientes

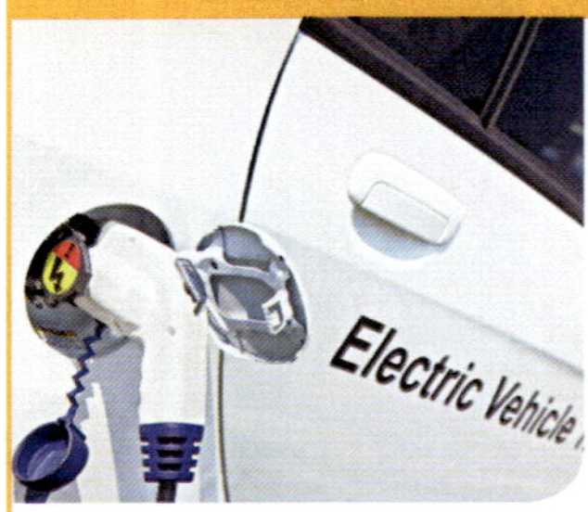

- Usar coches que consuman menos.
- Construir viviendas con mejor aislamiento para gastar menos energía en calefacción y aire acondicionado.
- Emplear electrodomésticos de menor consumo.

Utilizar la energía doméstica de forma más eficiente

- Instalar bombillas de bajo consumo o led. Apagar las luces que no se necesiten.
- No poner la calefacción o el aire acondicionado muy alto y utilizar la ropa adecuada a la climatología.
- No desperdiciar agua caliente.
- No dejar encendidos aparatos eléctricos que no se usan. Aprovechar las pilas y las baterías hasta agotarlas.

Aprovechar los recursos energéticos más próximos

- Instalar paneles de energía solar térmica.
- Construir casas orientadas de forma que aprovechen mejor la luz y el calor del sol.
- Construir pequeñas instalaciones hidroeléctricas para aprovechar el curso natural de los ríos.
- Aprovechar residuos orgánicos y vegetales como biomasa.

Evitar consumos innecesarios

- Viajar en transporte público.
- Comprar en comercios cercanos a casa.
- Consumir productos obtenidos en la propia comarca.
- Comprar solo lo que se necesite.
- Agotar los productos comprados o darles un segundo uso.

ACTIVIDADES

25 Repasa las acciones de ahorro energético citadas en la página y completa una tabla en tu cuaderno que refleje:

a) Cuáles puedes realizar individualmente.

b) Cuáles dependen de las decisiones de las autoridades: ayuntamientos, Gobierno, etc.

6.3. Producción y consumo de energía en Andalucía

En Andalucía, al igual que en el resto de España, los recursos propios para abastecerse de energía no son suficientes. Más del 70% de la energía que utilizamos se obtiene a partir del petróleo y del gas natural, recursos que no se encuentran en nuestra región y que hay que importar del exterior.

El siguiente gráfico muestra el consumo de energía final en Andalucía, que para el año 2019 fue de 13,1 MTEP en total.

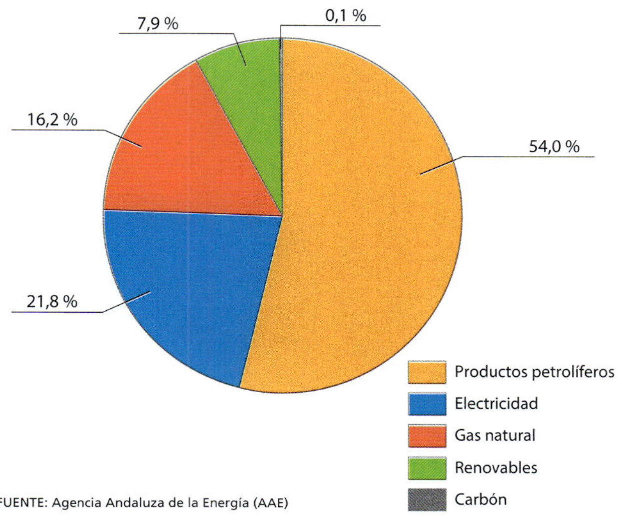

FUENTE: Agencia Andaluza de la Energía (AAE)

El consumo de energía eléctrica en Andalucía

En el año 2019 el sector del transporte presentó el consumo más elevado (39,2%); le siguió la industria, con un 31,3%; el sector residencial con un 13,4%; los servicios con un 9,2%; y el sector primario con un 6,8%.

Sin embargo, Andalucía cuenta con abundantes recursos renovables: sol, viento y agua, en forma de ríos pero también de mares, al contar con un extenso litoral. Esto ha permitido aumentar la generación de electricidad a partir de estas fuentes. Desde el año 2000 se ha multiplicado por ocho la generación de energía eléctrica a partir de fuentes renovables. Y hoy día, más del 43 % de la potencia eléctrica instalada en Andalucía corresponde a estas fuentes.

Evolución del parque generador eléctrico renovable (MW)

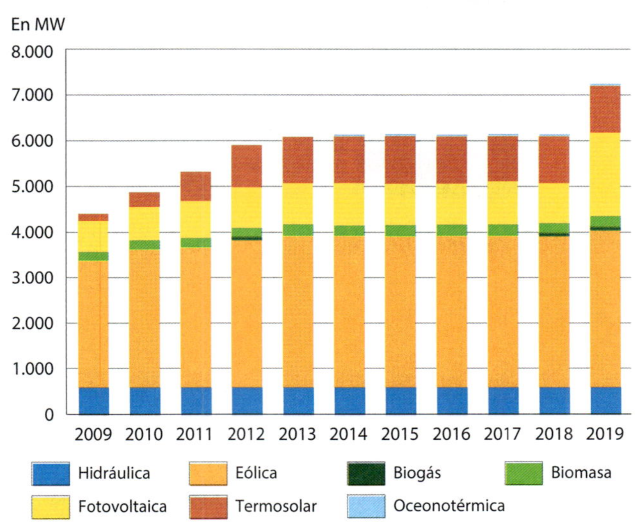

FUENTE: Agencia Andaluza de la Energía (AAE)

La producción de energía eléctrica en Andalucía

Desde el año 2010, las fuentes renovables de energía han tenido un papel cada vez más importante en el mix eléctrico andaluz. En el año 2019, casi el 40% de la electricidad consumida en Andalucía se generó a partir de estas fuentes. Gracias a ello, las emisiones de CO_2 derivadas de la producción de electricidad se han reducido un 32% respecto al año 2007.

SABER MÁS

Las energías renovables en Andalucía

Andalucía ha sido pionera en el uso de la energía termosolar y eólica.

La Plataforma Solúcar situada en Sanlúcar la Mayor, provincia de Sevilla, es un centro tecnológico de referencia en la producción de energía eléctrica a partir de fuentes renovables.

Esta instalación alberga la primera central térmica comercial de torre solar central instalada en el mundo, formada por un campo de 624 helióstatos, junto con otra gemela construida más tarde. Y además, tres centrales de tecnología cilindro parabólica. En total genera 185 MW, equivalente a la demanda de 94 000 hogares, evitando con ello la emisión de más de 114 000 toneladas anuales de CO_2.

Central termosolar de torre central. Los helióstatos (espejos parabólicos móviles) concentran la energía del sol en la torre central. Allí se calienta un fluido a altas temperaturas para generar vapor de agua y producir energía eléctrica.

Central termosolar cilindro parabólica. Los helióstatos concentran la radiación solar sobre un tubo situado en el centro de cada hilera de espejos. Al calentarse el fluido que circula por su interior se genera vapor y, mediante un turbogenerador, energía eléctrica.

En nuestra Comunidad se ha aprovechado desde hace largo tiempo la energía eólica. En el año 2020 en nuestra región había 154 parques eólicos, con un total de 3472 MW instalados, que funcionando a pleno rendimiento generaban durante un año la electricidad equivalente al consumo de 1750 000 viviendas. Cabe destacar la provincia de Cádiz, con más del 40 % de potencia eólica instalada.

ACTIVIDADES

26 Observa el gráfico de barras de la página anterior sobre la evolución de la producción de energía eléctrica en Andalucía. ¿Qué fuentes de energía renovable son las que más han crecido en la generación de energía eléctrica en los últimos años? ¿Cuáles menos? ¿Por qué crees que es así?

REPASA LO ESENCIAL

27 Ordena los fragmentos para construir una definición de energía y escríbela en tu cuaderno:

«La energía | mide la capacidad | para producir cambios en | es una magnitud física que | de un cuerpo | él mismo | o en otros».

28 Asocia en tu cuaderno el tipo de energía con la imagen apropiada:

- Eléctrica.
- Potencial gravitatoria.
- Radiante.
- Nuclear.
- Química.
- Cinética.
- Potencial elástica.
- Térmica.

a) 

e) 

b) 

f) 

c) 

g) 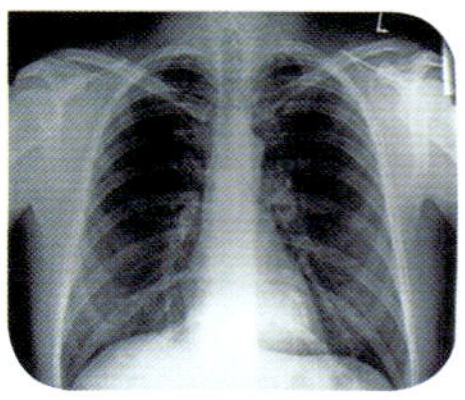

d) 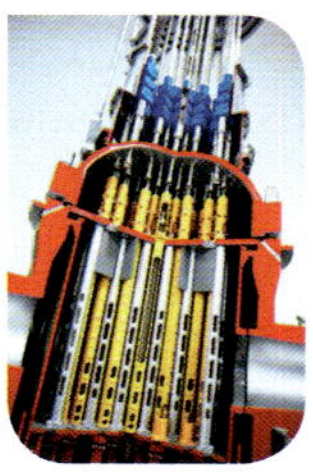

h) 

29 Completa cada definición en tu cuaderno.

a) Una fuente de __________ es cualquier __________ o __________ natural que se puede utilizar para __________ energía.

b) Fuentes __________ de energía son aquellas que están en la naturaleza en cantidad __________.
No es posible __________ los recursos __________, por lo que acabarán __________.

c) Fuentes __________ de __________ son aquellas que nunca se agotan.

30 Coloca cada fuente de energía en la columna que le corresponde. Completa la tabla en tu cuaderno.

- Sol
- Viento
- Uranio
- Biomasa
- Petróleo
- Gas natural
- Tierra
- Biocombustible
- Agua
- Carbón

Renovable	No renovable

31 Relaciona en tu cuaderno el nombre de la energía con el recurso energético que la produce.

a) Térmica.
b) Fotovoltaica.
c) Hidráulica.
d) Geotérmica.
e) Eólica.
f) Nuclear.
g) Solar.
h) Mareomotriz.

- ☐ Sol
- ☐ Viento
- ☐ Gas natural
- ☐ Agua
- ☐ Tierra
- ☐ Uranio

32 Cada una de las frases siguientes contiene un error. Descúbrelo y corrígelo en tu cuaderno.

a) Las energías renovables no producen ningún tipo de contaminación.

b) La biomasa se utiliza como combustible. Su uso provoca un incremento del efecto invernadero.

c) La energía hidráulica provoca lluvia ácida.

d) La energía eólica siempre provoca contaminación del aire.

e) La energía química puede liberar radiactividad al ambiente.

f) En España, la mayor parte de la energía consumida tiene su origen en fuentes renovables.

33 Explica la frase.

«Para lograr un desarrollo sostenible, necesitamos optimizar el uso de la energía, tanto en el ámbito doméstico como en el industrial y en el comunitario».

ACTIVIDADES FINALES

PRACTICA

Distintas formas de presentarse la energía

34 Relaciona en tu cuaderno el nombre de cada forma de energía con sus características.

- ☐ Eléctrica
- ☐ Química
- ☐ Potencial gravitatoria
- ☐ Cinética
- ☐ Térmica
- ☐ Radiante
- ☐ Potencial elástica
- ☐ Nuclear
- ☐ Mecánica

a) Se intercambia entre dos cuerpos que están a distinta temperatura.

b) Se extrae de los núcleos de los átomos.

c) La transportan las ondas electromagnéticas.

d) La tienen las cargas eléctricas en movimiento.

e) La tiene un cuerpo comprimido o estirado.

f) Es la suma de la cinética y la potencial.

g) La tiene un cuerpo cuando está en movimiento.

h) Se pone de manifiesto en las reacciones químicas.

i) La tiene un cuerpo que está a cierta altura.

Características de la energía

35 Identifica las transformaciones de energía que se muestran en estas imágenes:

a)

b)

36 Explica qué tipo de energía se almacena en:

a) Un muelle comprimido.

b) Una bombona de butano.

c) Una pila.

d) El uranio.

Fuentes de energía

37 Copia el esquema en tu cuaderno y pon en cada recuadro el nombre de la fuente de energía primaria que le corresponde: viento, agua, sol, gas natural, petróleo, carbón, uranio.

38 En este gráfico se muestra la evolución del consumo mundial de energía procedente de distintas fuentes y cómo se prevé que va a seguir. Obsérvalo y responde.

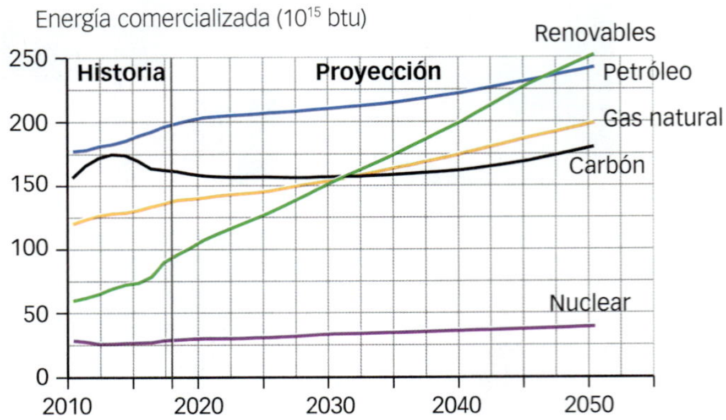

1 btu (british thermal unit) = 1055 J. Fuente: Energy Information Administration (EE. UU.). International Energy Outlook, 2020.

a) ¿Qué diferencia hay entre los datos presentados hasta 2018 y los siguientes?

b) ¿Cuál es la fuente de energía que más se utiliza actualmente? ¿Ha sido así en el pasado? ¿Seguirá siéndolo en el futuro?

c) ¿Cuál es la fuente que más ha aumentado su consumo a lo largo de las últimas décadas? ¿Se prevé que será la que más aumente en el futuro?

d) ¿Crees que las energías renovables llegarán a ser las que más se utilicen antes de 2035?

Impacto ambiental de la energía

39 En ocasiones se refieren a las energías renovables como «energías limpias». ¿Qué crees que significa?

40 Uno de los problemas medioambientales más importantes es la emisión de dióxido de carbono a la atmósfera. El gráfico muestra cómo ha evolucionado esta emisión en diferentes regiones.

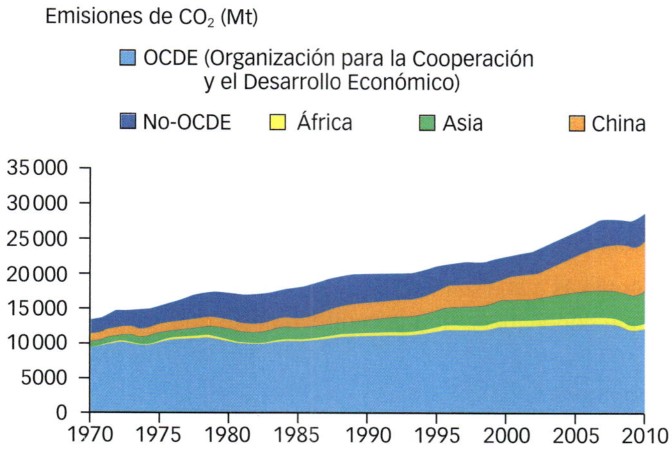

a) ¿Qué región ha incrementado más sus emisiones?

b) ¿Se puede establecer una relación entre la emisión de CO_2 y el desarrollo tecnológico de un país?

La energía que utilizamos

2. EJEMPLO RESUELTO

El gráfico siguiente muestra cómo se ha distribuido el consumo mundial de energía (13 864,9 MTEP) en 2018. Calcula cuántas MTEP se han consumido de cada una.

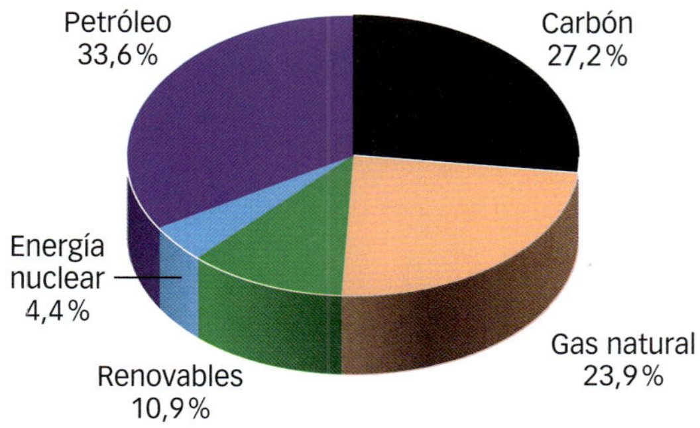

Utiliza el porcentaje como factor de conversión:

- Petróleo: $13864{,}9 \cdot \frac{33{,}6}{100} =$ **4662 MTEP**
- Carbón: $13864{,}9 \cdot \frac{27{,}2}{100} =$ **3772 MTEP**
- Gas natural: $13864{,}9 \cdot \frac{23{,}9}{100} =$ **3309 MTEP**
- Renovables: $13864{,}9 \cdot \frac{10{,}9}{100} =$ **1510 MTEP**
- Nuclear: $13864{,}9 \cdot \frac{4{,}4}{100} =$ **611 MTEP**

41 Para medir la eficiencia energética se utilizan letras que van desde A (consumo inferior al 55 % de la media) a G (consumo superior al 125 % de la media). Una nevera normal de tipo D (consumo medio, 100 %) gasta 600 kWh al año.

a) ¿Cuánto gastaría si fuese de tipo A?

b) ¿Y de tipo G?

AMPLÍA

3. EJEMPLO RESUELTO

La tabla muestra la potencia eléctrica instalada a partir de distintas fuentes renovables de energía. La potencia está relacionada con la energía que se puede obtener en España y en el mundo. Calcula el porcentaje de cada una de ellas:

	Hidráulica	Eólica	Biomasa	Solar
España (MW)	18 622	20 024	684	4338
Mundo (GW)	970	238	72	72

MW: Megavatio; GW: Gigavatio.

Calcula el total de potencia en España:

Total España: 18 622 MW + 20 024 MW + 684 MW + + 4338 MW = 43 668 MW

Calcula el porcentaje de cada fuente de energía respecto al total. Ejemplo:

$$\% \text{ hidráulica} = \frac{\text{hidráulica}}{\text{total}} \cdot 100$$

$$\% \text{ hidráulica} = \frac{18\,622 \text{ MW}}{43\,668 \text{ MW}} \cdot 100 = \mathbf{42{,}6\ \%}$$

Repite el cálculo para cada tipo de energía en España.

Calcula el total y cada porcentaje en el mundo.

	Hidráulica	Eólica	Biomasa	Solar
España (43 668 MW)	**42,6 %**	**45,9 %**	**1,6 %**	**9,9 %**
Mundo (1352 GW)	**71,7 %**	**17,6 %**	**5,3 %**	**5,3 %**

42 A partir del ejemplo anterior, representa en un diagrama de barras el porcentaje de energía renovable que se podía obtener en España y en el mundo. ¿Puedes relacionar la diferencia entre ambos gráficos con las características geográficas de España?

UN CASO PRÁCTICO. **Analizar las transformaciones de energía en una central eléctrica**

A nuestro alrededor se producen continuamente transformaciones de energía. Nuestro cuerpo, por ejemplo, transforma la energía química almacenada en los alimentos en calor: por eso nuestra temperatura corporal se mantiene cercana a los 37 °C, incluso aunque haga mucho frío. O en energía cinética: nuestros músculos se mueven.

Y en los electrodomésticos se aprovecha continuamente la energía eléctrica y se transforma en luz, movimiento, calor, sonido…

La energía eléctrica es la más versátil, pues puede transformarse fácilmente en otras formas de energía. Por ello es imprescindible disponer de instalaciones donde generar esta energía eléctrica: las centrales eléctricas.

En una **central térmica solar**, por ejemplo, se utiliza la energía radiante procedente del Sol para generar esta energía eléctrica.

Aquí vas a analizar las transformaciones energéticas que tienen lugar en una central de este tipo.

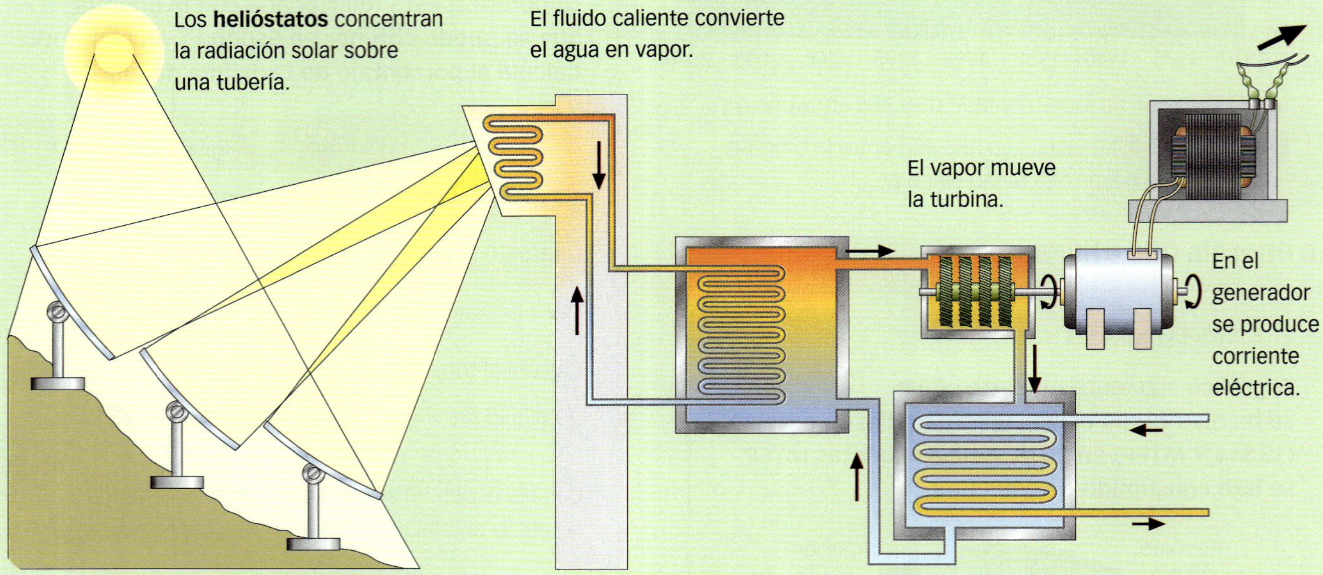

43 Observa la ilustración y contesta.

a) ¿Qué tipo de energía es la que abastece a una central solar térmica? ¿Y a una central solar fotovoltaica?

b) ¿En qué tipo de energía se transforma esta energía tras llegar a los espejos?

c) ¿Qué transformación de energía se produce a continuación?

d) ¿Qué transformación de energía tiene lugar en el generador?

44 ¿En qué se diferencia una central térmica solar de una central térmica de combustibles fósiles? Revisa los contenidos de la unidad e intenta relacionar tu respuesta con:

a) Los elementos que forman parte de la central.

b) La fuente de energía empleada.

c) Las transformaciones energéticas que tienen lugar en la central.

d) El agotamiento de los recursos empleados.

e) Los residuos producidos durante el proceso de generación de energía.

f) El impacto ambiental de la instalación.

45 Las centrales eléctricas no son eficientes al 100 %.

a) Explica qué quiere decir esto. ¿Es que no se conserva la energía?

b) ¿Qué tipo de energía se genera en una central y no se aprovecha de una manera útil?

46 USA LAS TIC. Elige un tipo de central eléctrica, busca información y elabora una presentación multimedia con imágenes y esquemas que muestren qué transformaciones de energía tienen lugar en ella.

FORMAS DE PENSAR. Análisis ético. **¿Energía limpia y más barata?**

«Nos decidimos a poner placas solares en plena pandemia»

En plena crisis sanitaria, Ángel Abraham, informático de 47 años, y su hermano pusieron placas fotovoltaicas en sus chalets, para producir su propia electricidad y reducir su factura eléctrica. Su caso cada vez es más habitual: en 2020 se instalaron casi 600 megawatios (MW) de potencia fotovoltaica para autoconsumo en España, un incremento del 30 % con respecto al año anterior. Aunque las instalaciones industriales y comerciales siguen siendo mayoritarias, el autoconsumo doméstico ha doblado su importancia en un año difícil. El sector habla de *boom*, pero pide más facilidades para los particulares.

De hecho, la inversión tiene un retorno económico inmediato. «Yo pagaba más de 100 euros al mes y ahora he pasado a pagar menos de 40», ejemplifica Ángel Abraham, que invirtió unos 4000 euros en sus placas –su hermano invirtió 6000 porque su casa es más grande–. «Recuperaremos la inversión entre cinco y siete años, y las placas pueden durar hasta treinta años».

Sin embargo, no todo son buenas noticias. «No hemos avanzado lo suficiente para que esta sea una práctica normalizada», se queja Fernando Ferrando, presidente de la Fundación Renovables, que impulsa estas energías. De hecho, mientras en Alemania y Bélgica es muy común ver placas en las viviendas, en España todavía es la excepción. «Seguimos teniendo dificultades en cuanto a la autorización de instalaciones: hay ayuntamientos que tienen muchas exigencias. Hemos pedido que en instalaciones de menos de 4 kilowatios (kW) sea igual que comprarse un electrodoméstico», prosigue.

José Donoso, director de la Unión Española Fotovoltaica (Unef), pone otra pega: «Tan solo ocho comunidades autónomas –Andalucía, Baleares, Castilla y León, Cataluña, Comunidad Valenciana, Extremadura, Galicia y Canarias– eximen a los proyectos de autoconsumo de solicitar licencia de obra. Eso es algo que no se pide en ningún país del entorno».

Otra de las quejas del sector se refiere a las instalaciones colectivas, es decir, en edificios con varios vecinos, que no terminan de despegar. «Hemos pedido coeficientes dinámicos, es decir, que la energía producida se pueda intercambiar entre domicilios», dice el representante de la Fundación Renovables. Además, en una instalación individual es automático que se venda el excedente de energía producida a la compañía eléctrica –previo acuerdo–, lo que reduce la factura; en cambio, en las instalaciones colectivas ese proceso administrativo es más complejo.

Miguel Ángel Medina, elpais.es,
11 de febrero de 2021 (Adaptación)

47 COMPRENSIÓN LECTORA. Resume brevemente la idea principal del texto.

48 COMPRENSIÓN LECTORA. ¿Qué ventajas aporta la instalación de placas fotovoltaicas y el uso de energía renovable en una residencia particular?

49 COMPRENSIÓN LECTORA. Explica esta frase.

– La inversión tiene un retorno económico inmediato.

50 COMPRENSIÓN LECTORA. ¿Qué problemática presenta la instalación de placas fotovoltaicas en edificios de varios vecinos?

51 Visita la web de Red Eléctrica Española (https://demanda.ree.es/visiona/peninsula/demanda/total) para ver en tiempo real la demanda de energía eléctrica de España.

a) Navega por la web y valora qué importancia tienen las energías renovables en la generación de energía eléctrica en España en la actualidad.

b) ¿Cuáles crees que son las ventajas a largo plazo de las fuentes de energía renovables?

52 TOMA LA INICIATIVA. Escribe un argumentario con el que concienciar a otras personas de las ventajas de utilizar energías renovables.

TRANSFORMACIONES Y TRANSFERENCIAS DE ENERGÍA

A. PROPIEDADES DE LA ENERGÍA

¿Qué necesitas?

- Soporte con barra.
- Bola de péndulo.
- Cuerda.
- Soportes con nuez.
- Guías metálicas.

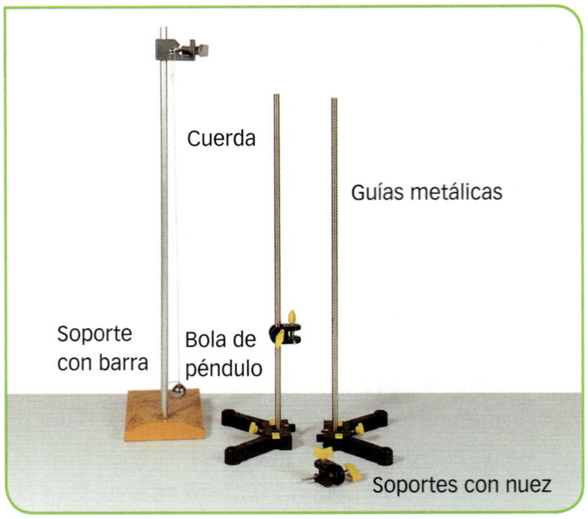

¿Cómo se hace?

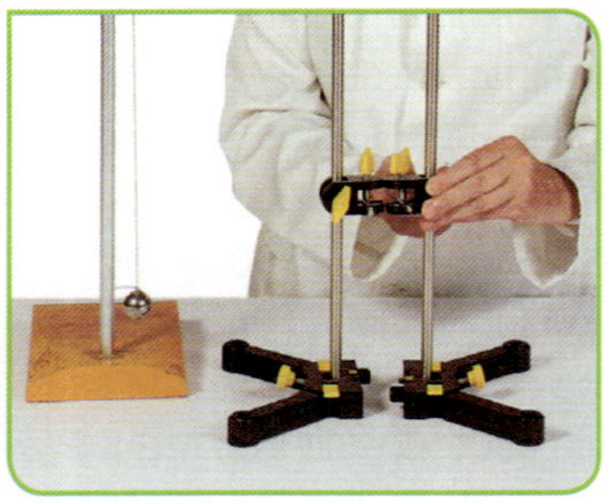

1. Haz un péndulo. Coloca guías metálicas en la nuez de cada uno de los dos soportes de forma que estén a la misma altura.

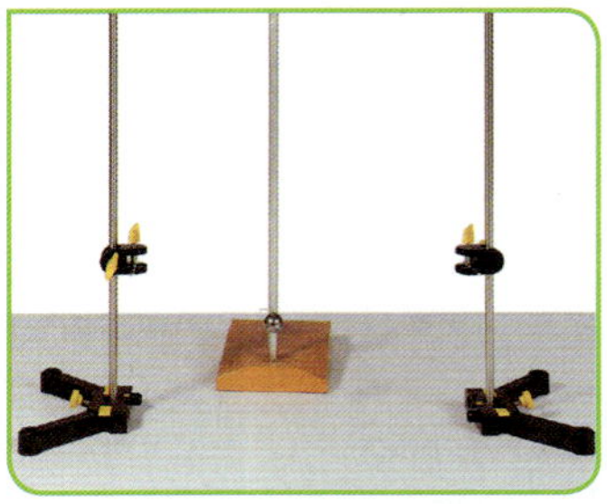

2. Coloca el péndulo entre las dos guías de forma que estén equidistantes y en el mismo plano vertical que el péndulo.

3. Asegúrate de que las distancias son las adecuadas llevando la bola del péndulo a una guía y a la otra.

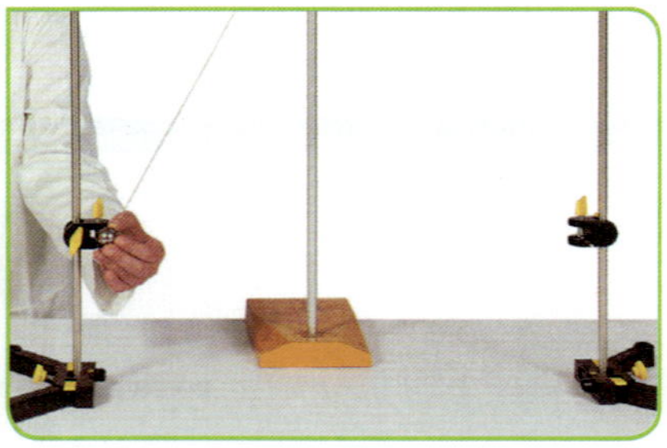

4. Cuando todo esté en su sitio, lleva el péndulo hasta una guía y suéltalo.

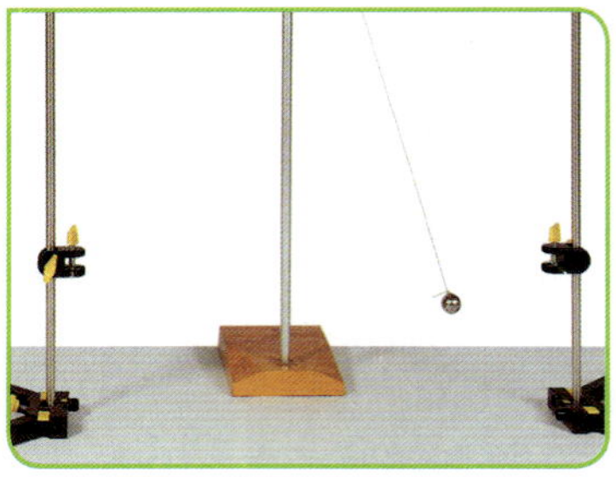

5. Observa el movimiento de la bola en las sucesivas oscilaciones.

6. Observa las oscilaciones del péndulo hasta que se para.

ACTIVIDADES

53 Dibuja el movimiento del péndulo desde que sale de la primera guía hasta que se acerca a la segunda. Explica las transformaciones de energía que se producen.

54 El péndulo que sueltas cerca de la primera guía, ¿llega a alcanzar la altura de la segunda guía?

55 ¿Por qué se acaba parando el péndulo? ¿Qué ha pasado con su energía?

B. LA ENERGÍA SE TRANSFIERE

¿Qué necesitas?

- Soporte con barra.
- Péndulo.
- Raíl con plano inclinado.
- Bolas de tamaño o masa diferente.
- Soportes con nuez.
- Guías metálicas.

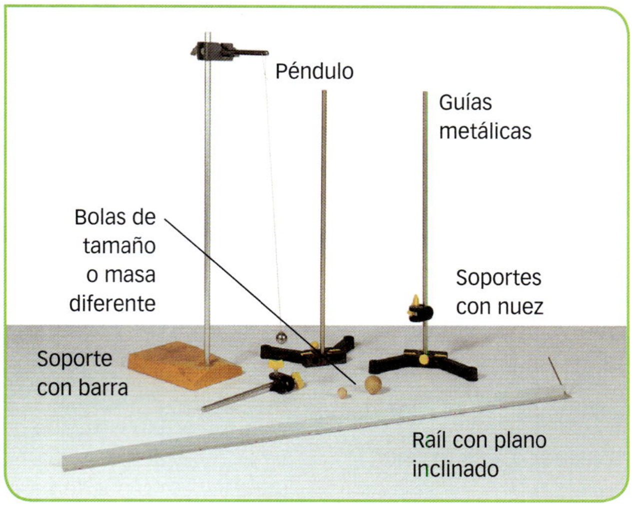

¿Cómo se hace?

1. Coloca el raíl casi horizontal. Y pon la bola de madera parada cerca de uno de sus extremos.

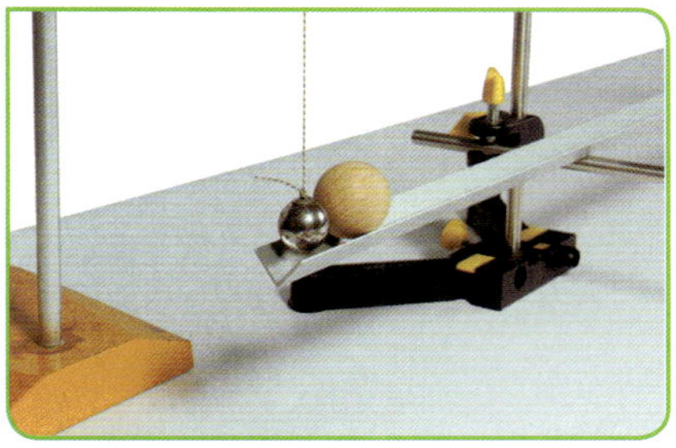

2. Coloca el péndulo de forma que su bola esté cerca, pero sin tocar la bola ni el raíl.

3. Separa algo la bola de péndulo y deja que golpee la bola de madera. Observa hasta dónde llega.

4. Lleva la bola del péndulo hasta una posición más alta y suéltala. Observa dónde llega la bola de madera tras ser golpeada.

5. Haz ensayos similares a los que se describen en los pasos 3 y 4, utilizando una bola más pequeña.

6. Separa la bola metálica y repite el procedimiento anterior.

ACTIVIDADES

56 ¿Qué energía tiene la bola de madera cuando se mueve?

57 ¿De dónde procede la energía que hace que se mueva la bola de madera?

58 Describe el proceso de transferencia de energía que se muestra en esta experiencia.

59 Si soltamos el péndulo desde la misma altura, ¿qué bola realiza mayor recorrido en el raíl, la grande o la pequeña? ¿Por qué?

8 Temperatura y calor

SABER

- ¿Qué es la temperatura?
- ¿Qué es el calor?
- El calor y la dilatación.
- El termómetro.
- El calor y los cambios de temperatura.
- El calor y los cambios de estado.
- Cómo se propaga el calor.

SABER HACER

- Utilizar un termómetro.
- Realizar experiencias con transmisión de calor.

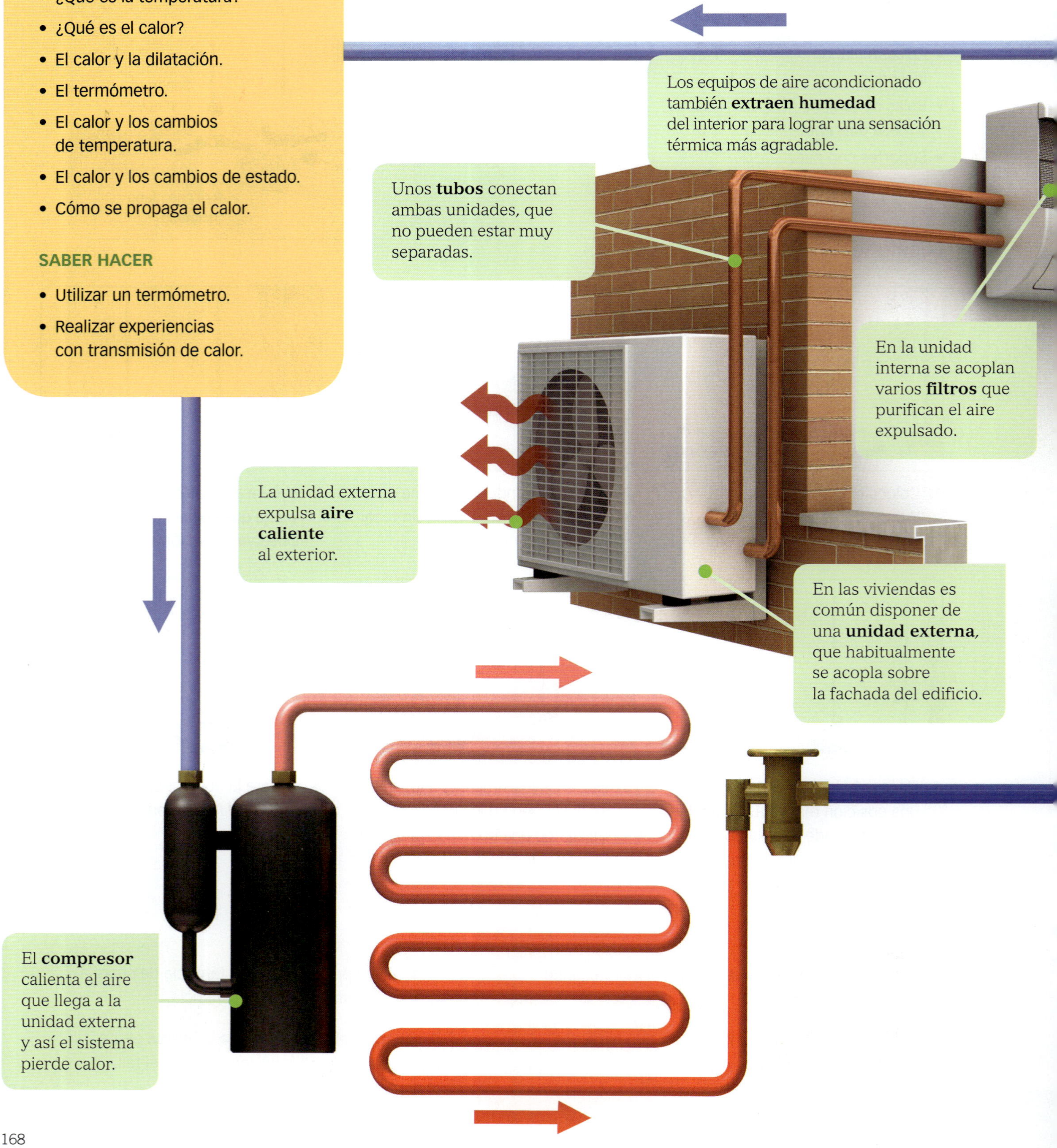

NOS HACEMOS PREGUNTAS. ¿Cómo enfrían los aparatos de aire acondicionado?

En algunos países, entre ellos España, la presencia de aire acondicionado en oficinas, viviendas, comercios o medios de transporte marca la diferencia entre unas condiciones de trabajo agradables o casi insoportables en determinados días del año.

El principio de los aparatos de aire acondicionado es simple: su misión consiste en **extraer aire caliente de una estancia e introducir en ella aire frío**.

13 ACCIÓN POR EL CLIMA

Modificar nuestros hábitos de consumo, desarrollar máquinas eficientes en la industria o idear alternativas menos contaminantes para el transporte.

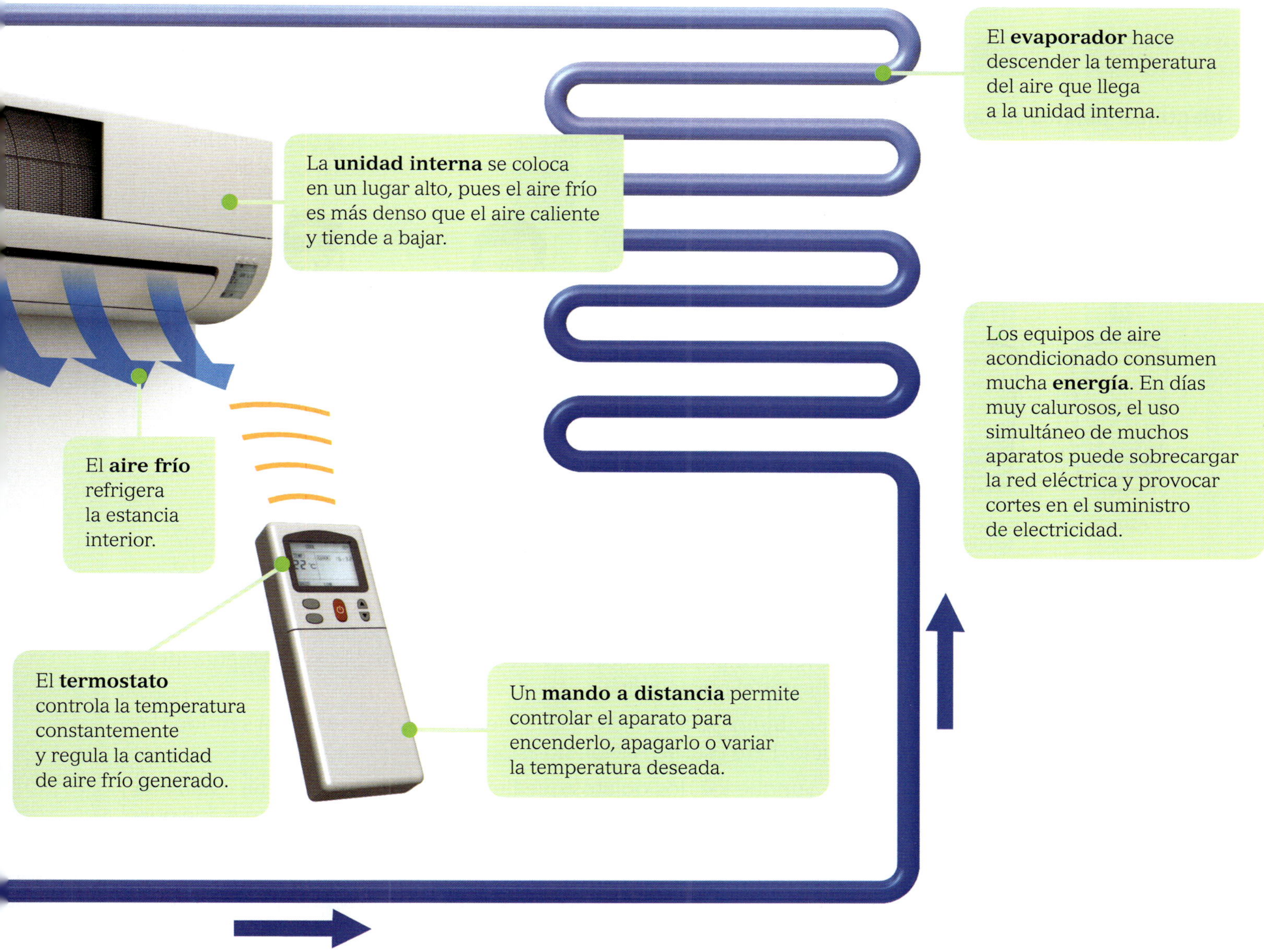

? INTERPRETA LA IMAGEN

- Elabora un esquema que muestre el camino que sigue el aire frío y el aire caliente en un sistema de aire acondicionado con una unidad externa y una unidad interna.
- ¿Por qué es importante aislar bien las estancias cuando está funcionando el aire acondicionado?

CLAVES PARA EMPEZAR

- ¿Cómo podemos transmitir el calor desde un cuerpo a otro?
- ¿Qué otros aparatos disponen de un termostato u otro sensor de la temperatura?

1 ¿Qué es la temperatura?

1.1. ¿Frío o caliente?

Los días cálidos de verano decimos «tengo calor», y los días de crudo invierno, «tengo frío». Pero ¿todas las personas que están en el mismo lugar tienen el mismo calor o frío? Es posible, incluso, que unas personas sientan calor en la misma situación en que otras sienten frío.

SABER HACER

Identificar objetos «calientes» y «fríos»

1. Prepara tres vasos de agua de este modo:
   - **A:** Agua fresca procedente de la nevera.
   - **B:** Agua del grifo.
   - **C:** Agua caliente (como para una ducha).

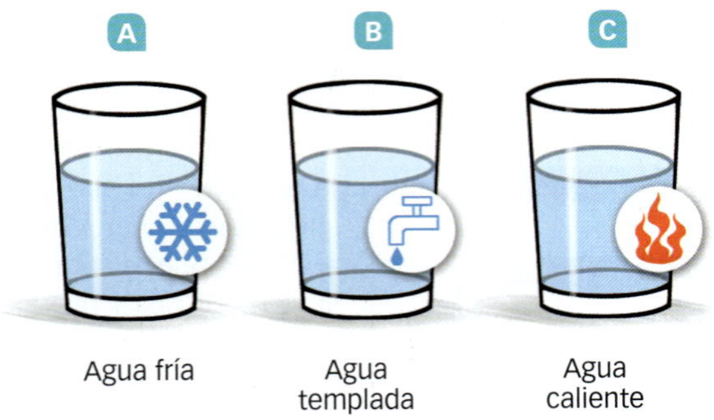

2. Tapa los ojos a una persona que no haya visto los vasos y, sin que su mano cambie de posición, haz que sucesivamente meta un dedo en los vasos A → B → C → B.

3. Pregúntale: ¿cuántos vasos con agua a distinta temperatura hay en la mesa?
   Lo más probable es que diga: «Hay cuatro vasos con agua a distinta temperatura».

Coge ahora dos objetos, uno de metal y otro de plástico o madera que lleven tiempo en la cocina. ¿Cuál está más frío? Probablemente identificarás el objeto metálico como el más frío.

Percibimos si un objeto está caliente o frío a través del sentido del tacto. Pero esta sensación no es objetiva.

Y, aunque los dos objetos que llevan tiempo en la cocina están a la misma temperatura, percibimos el objeto metálico como más frío porque conduce mejor el calor de nuestro cuerpo que el objeto de plástico o madera.

En la experiencia anterior de Saber hacer, el dedo indica que hay cuatro vasos con agua a distinta temperatura cuando realmente solo hay tres. La temperatura que percibimos en el vaso que contiene agua del grifo es mayor si antes hemos tocado agua fría que si hemos tocado agua caliente.

La sensación de calor o frío que percibimos depende de:
- La temperatura del cuerpo que tocamos y del que hemos tocado anteriormente.
- Lo rápido que pasa el calor de nuestro cuerpo al objeto que tocamos.

ACTIVIDADES

1 Supón que colocas sobre la mesa los siguientes objetos que llevan tiempo en la cocina y que los tocas con la mejilla. Haz una lista con los que percibes como fríos y otra con los que percibes como calientes.

a) Un tenedor de metal.

b) Un vaso de cristal.

c) Un vaso de plástico.

d) Una cuchara de madera.

e) Un cazo con mango.

f) Un paño de cocina.

1.2. La magnitud temperatura

Para decir con exactitud cuál de los vasos de agua está más caliente o más frío, no basta con la sensación que percibimos; debemos medir su temperatura:

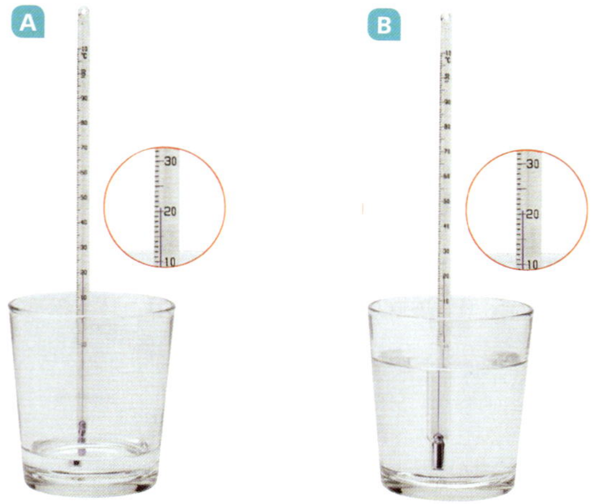

En otra unidad vimos que las partículas de la materia tienen un movimiento que es más rápido cuanto mayor es su temperatura.

La **temperatura** de un cuerpo es una propiedad que depende del movimiento de sus partículas.

Una partícula en movimiento tiene una energía que se llama **energía cinética**. Cuanto mayor es la velocidad a la que se mueve la partícula, mayor es su energía cinética.

Pero no todas las partículas de un cuerpo se mueven exactamente a la misma velocidad. Por eso, cuando hablamos de la energía cinética de las partículas de un cuerpo nos referimos a la energía cinética media.

? INTERPRETA LA IMAGEN

¿Depende la temperatura de la cantidad de agua?

La **temperatura** (T) de un cuerpo es una medida de la energía cinética media de las partículas que lo forman.

1.3. La energía interna

Los cuerpos están formados por partículas en movimiento. Cada partícula tiene una energía cinética cuyo valor depende de la rapidez con que se mueve.

Se llama **energía interna** de un cuerpo a la energía de todas las partículas que lo forman. En muchos casos podemos decir que es la suma de la energía cinética de cada una de sus partículas.

La energía interna de un cuerpo depende:

- Del número de partículas (de su masa).
- Del tipo de sustancia (de las fuerzas entre las partículas).
- De la temperatura (de su rapidez de movimiento).

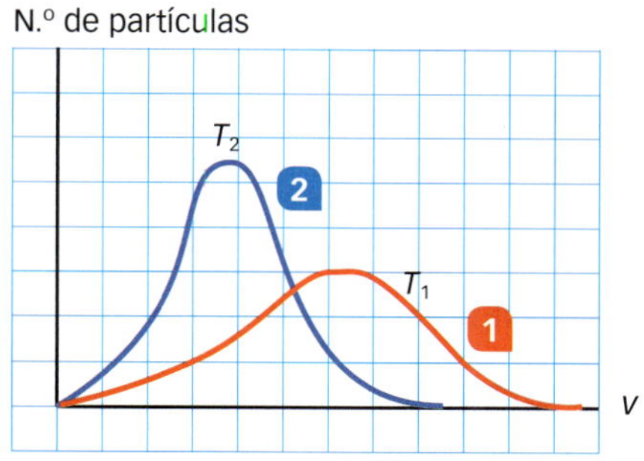

En promedio, la velocidad de las partículas en 1 es mayor que en 2. Por eso T_1 es mayor que T_2.

ACTIVIDADES

2 Observa las imágenes y razona en tu cuaderno si cada una de las frases de la derecha son ciertas o falsas.

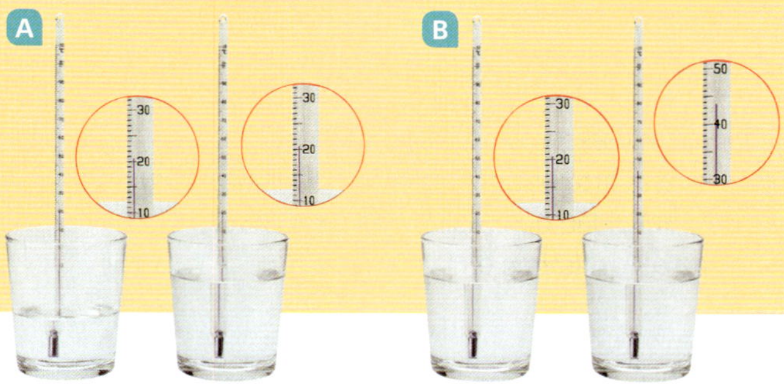

a) Los dos vasos de A tienen la misma energía interna.

b) Los dos vasos de B tienen la misma energía interna.

c) Las partículas de los dos vasos en A tienen la misma energía cinética media.

d) Las partículas de los dos vasos en B tienen la misma energía cinética media.

e) En A el vaso de la derecha tiene más energía interna.

f) En B el vaso de la derecha tiene más energía interna.

2 ¿Qué es el calor?

SABER HACER

Experimentar con el calor

1

Si tocas el tazón, lo notarás frío. ¿Cómo estará el agua del cazo?

2

Toca ahora el tazón. ¿Está igual de frío? ¿Qué le habrá pasado al agua del tazón al cabo de cierto tiempo?

Muchos alimentos indican la energía que aportan medida en kJ y/o en kcal.

1. EJEMPLO RESUELTO

Expresa 850 J en cal.

Para hacer el cambio de unidades escribe el factor de conversión:

$$850\ \cancel{J} \cdot \frac{1\ \text{cal}}{4{,}18\ \cancel{J}} = \mathbf{203\ cal}$$

- El tazón se ha calentado porque ha recibido calor del agua.
- El agua del tazón se va enfriando porque cede calor al tazón.

El **calor** es la energía que se intercambia cuando se ponen en contacto dos cuerpos que están a distinta temperatura.

El calor es la energía térmica que pasa de un cuerpo a otro. Un cuerpo no tiene calor, solo pierde o gana calor.

2.1. ¿Cómo se mide el calor?

El calor es una forma de energía. En el Sistema Internacional se mide en **julios (J)**, que es la unidad de la energía. También se usa la **caloría (cal)**.

Una **caloría** es la cantidad de calor que hay que comunicar a 1 g de agua para que su temperatura aumente 1 °C.

$$1\ \text{cal} = 4{,}18\ \text{J}$$

La energía que aportan los alimentos se mide tradicionalmente en **Calorías** (con C mayúscula). 1 Caloría = 1000 calorías = 1 kcal.

ACTIVIDADES

3 Pon unos cubos de hielo en un vaso y déjalos sobre la mesa de la cocina. Al cabo de un tiempo podrás comprobar que el hielo se ha fundido y se ha convertido en agua. Responde.

a) ¿Para fundirse, el hielo ha debido ganar o perder calor?

b) ¿De dónde procede el calor responsable de la fusión del hielo?

4 Una tableta de chocolate indica que una barrita de 25 g aporta 573 kJ. Expresa esta cantidad en kcal (o Calorías).

5 Un adolescente debe tener una dieta que aporte entre 2500 y 3500 Calorías, según la actividad que realice. Expresa el valor de estos límites en kilojulios (kJ).

2.2. Equilibrio térmico

1

Agua: 85 °C.
Tazón: 20 °C.

El agua y el tazón están a distintas temperaturas.

2

Agua: 60 °C. Cedió calor.
Tazón: 60 °C. Absorbió calor.

El agua y el tazón están en equilibrio térmico.

Cuando se ponen en contacto dos cuerpos que se encuentran a distinta temperatura, el que está a mayor temperatura cede calor al que tiene menor temperatura, hasta que los dos están a la misma temperatura. Entonces los dos cuerpos están en **equilibrio térmico**.

SABER HACER

Mezclar agua a diferente temperatura y comprobar cuál es la temperatura de equilibrio

Mezcla agua como se indica a continuación.

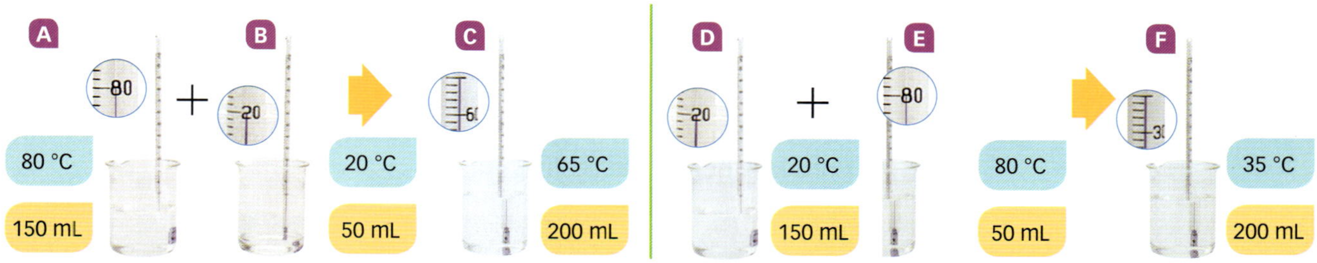

Si se ponen en contacto dos cuerpos a diferente temperatura, intercambian calor. La cantidad de calor que se intercambia depende de la energía interna del cuerpo, es decir, de su masa y de su temperatura.

La temperatura de equilibrio térmico alcanzada es un valor intermedio entre los dos, pero no tiene por qué coincidir con la media aritmética. Si se mezclan dos cuerpos de la misma materia en el mismo estado físico, la temperatura estará más próxima a la del cuerpo de más masa.

? INTERPRETA LA IMAGEN

La temperatura de la mezcla C, ¿coincide con la media aritmética de la temperatura del agua de los vasos A y B? ¿Por qué? ¿Y para la mezcla F?

ACTIVIDADES

6 El termómetro de tu cocina indica 22 °C. Pon hielo en un vaso vacío y déjalo sobre la mesa de la cocina durante mucho tiempo. ¿Cuál es la máxima temperatura que alcanzará el agua del vaso?

7 ¿Por qué podemos asegurar que todos los objetos que llevan mucho tiempo en la cocina están a la misma temperatura?

8 En un vaso hay dos cubitos de hielo, de 10 g cada uno, a 0 °C. Justo cuando acaban de fundir echamos 100 g de agua a 20 °C. Escribe en tu cuaderno la respuesta correcta. Al alcanzar el equilibrio térmico:

a) La temperatura de la mezcla es 20 °C.

b) La temperatura de la mezcla está entre 10 y 20 °C.

c) La temperatura de la mezcla está entre 0 y 10 °C.

3 El calor y la dilatación

En otra unidad vimos que cuando se calienta un cuerpo, aumenta la vibración de sus partículas y se separan más. El resultado es que aumenta su tamaño y decimos que el cuerpo se dilata.

Cuando se enfría un cuerpo sucede lo contrario: disminuye la vibración de sus partículas y se aproximan. El cuerpo disminuye de tamaño: se contrae.

En general, cuando un cuerpo recibe calor, aumenta de tamaño y se dilata; cuando pierde calor, disminuye de tamaño y se contrae.

El aumento o la disminución de tamaño se produce en todas las dimensiones, pero si el cuerpo es plano o lineal, decimos que se dilata en la superficie o en su longitud. Estos cambios de tamaño que experimenta un cuerpo al variar la temperatura pueden ser importantes para la función que realizan.

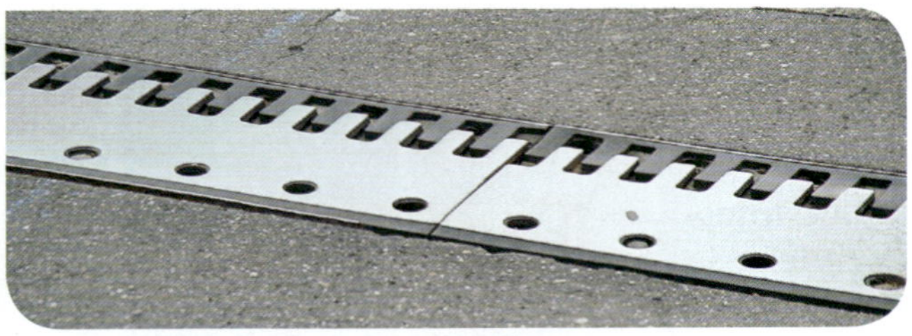

Los puentes se construyen con grandes placas de hormigón. Entre ellas se deja una separación (junta de dilatación) que permita el aumento de tamaño de las placas en días calurosos.

Los raíles de las vías del tren son barras metálicas muy largas. Cada cierta longitud se deja una separación (junta de dilatación) que permita el aumento de tamaño en días cálidos.

ACTIVIDADES

9 Los antiguos carros romanos tenían ruedas de madera en cuyo borde se colocaba un aro de hierro. Para colocar el aro este se calentaba, se ajustaba sobre el borde de la madera y se dejaba enfriar. Explica por qué se hacía así.

10 Muchos puentes tienen cables de acero para ayudar a soportar la estructura. Imagina que los cables de un puente que se construye en nuestra ciudad se terminan de colocar en el mes de julio. ¿Sería adecuado ajustar el cable para que quedase perfectamente tirante entre sus extremos? ¿Por qué?

3.1. Dilatación y densidad. El extraño caso del agua

La variación que experimenta el volumen de un cuerpo cuando cambia su temperatura o su estado físico tiene consecuencias en su densidad.

- ¿Qué le ocurre a la densidad de un sólido cuando se calienta? ¿Y cuando se enfría?
- ¿Qué le ocurre a la densidad de un cuerpo cuando funde (pasa de sólido a líquido)? ¿Y cuando solidifica?
- ¿Qué le ocurre a la densidad de un líquido cuando se calienta? ¿Y cuando se enfría?

El agua es la sustancia líquida más abundante en la Tierra. Se mantiene en ese estado entre los 0 °C y los 100 °C, lo cual permite que se desarrolle la vida tal y como la conocemos. El primer indicio de vida en un lugar es la existencia de agua. En parte, esta importancia del agua se debe a que tiene un comportamiento anómalo con respecto a la mayoría de las sustancias.

? INTERPRETA LA IMAGEN

Completa las frases en tu cuaderno eligiendo la palabra adecuada:

- Entre los 90 °C y los 4 °C, la densidad del agua *aumenta/disminuye* al descender la temperatura.
- La densidad del agua a 4 °C es *mayor/menor* que la densidad del hielo.

SABER HACER

Estudiar la densidad del agua

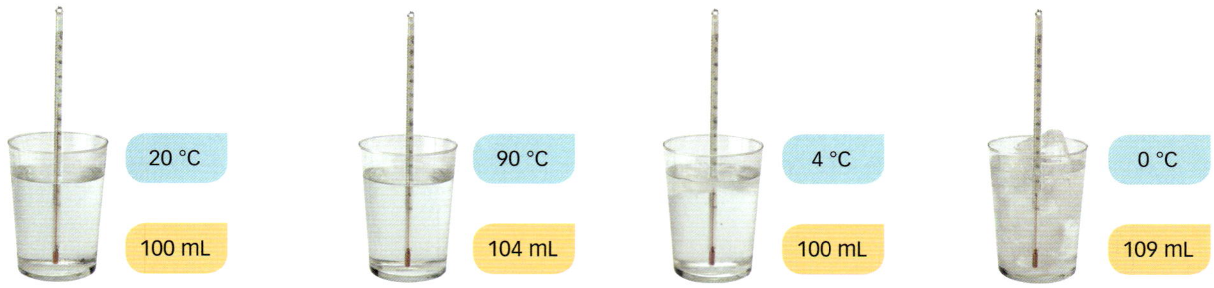

1. Pon en un vaso 100 mL de agua.
2. Caliéntalo hasta 90 °C.
3. Enfríalo hasta 4 °C.
4. Enfríalo hasta que se convierta en hielo a 0 °C.

Consecuencias de la dilatación anómala del agua

Los icebergs flotan en el mar. Solo sobresale la octava parte del volumen del iceberg.

Cuando baja mucho la temperatura, se congela el agua superficial de mares, ríos o lagos. El hielo impide que se congele el agua que está debajo, donde siguen viviendo peces y plantas.

El hielo puede romper algunas rocas. Entra agua en las grietas y, cuando se congela, el hielo, que ocupa mayor volumen, crea tensiones que rompen la roca.

ACTIVIDADES

11 ¿Por qué flotan los cubos de hielo en un vaso con agua o refresco?

12 ¿Por qué no se debe meter una botella llena de agua en el congelador? Explica lo que sucedería.

Durante muchos años se usaron termómetros de mercurio, sobre todo para medir la temperatura corporal.

Este material es muy tóxico para las personas y el medioambiente; por eso la Unión Europea recomendó que se prohibiese su uso.

En España están prohibidas su fabricación y su venta.

4 El termómetro

El **termómetro** es el aparato que se utiliza para medir la temperatura.

Se construye utilizando un material que tenga una propiedad cuyo valor depende de la temperatura. Existen termómetros de resistencia eléctrica, termómetros digitales y termómetros de dilatación.

Termómetro digital. En este termómetro clínico hay un circuito electrónico que convierte las variaciones de temperatura en señales en forma de número.

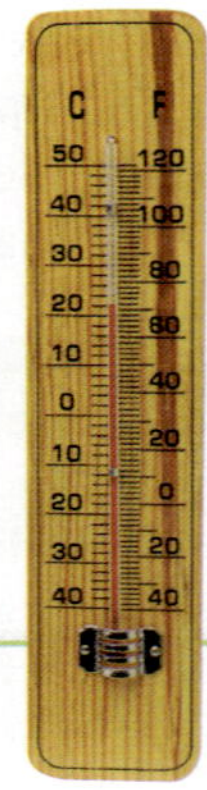

Termómetro de dilatación. En la parte inferior hay un depósito con alcohol teñido y de él sale un tubo capilar. El alcohol se dilata más o menos según la temperatura.

SABER HACER

Construir un termómetro de dilatación

Se necesita un líquido que se dilate con facilidad. Se suele elegir alcohol que, además, se puede teñir con un colorante.

Se eligen dos temperaturas que se puedan reproducir con facilidad. Serán los puntos fijos del termómetro.

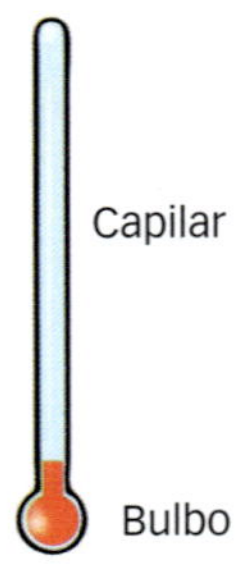

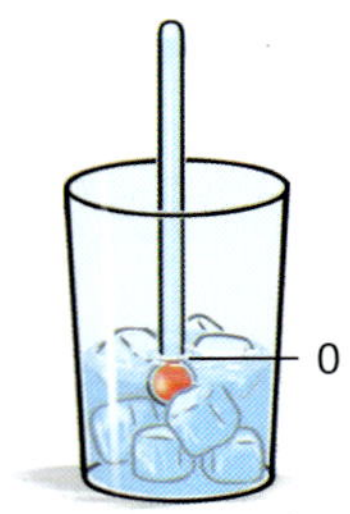

Agua + hielo en el vaso

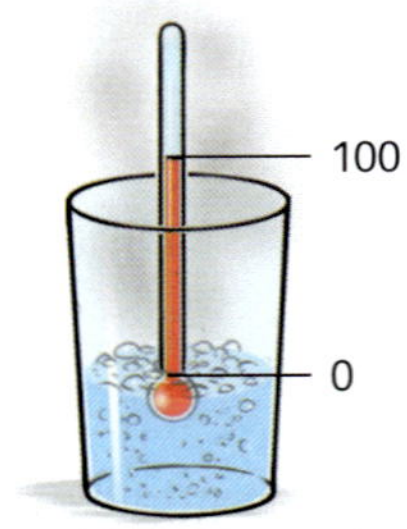

Agua hirviendo en el vaso

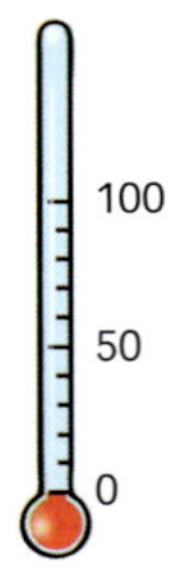

1. Utiliza un tubo de vidrio muy fino (capilar) con un engrosamiento en la parte inferior (bulbo). En el bulbo estará el líquido que se va a dilatar.
2. A la presión de 1 atmósfera, mete el bulbo en una mezcla de agua y hielo. Marca el nivel del líquido. Será el valor 0.
3. A la presión de 1 atmósfera, introduce el bulbo en agua hirviendo. Marca el nivel del líquido. Será el valor 100.
4. Divide la distancia entre el 0 y el 100 del tubo en 100 partes iguales. Cada división será 1 grado.

ACTIVIDADES

13 Razona qué ventajas e inconvenientes tendría elegir como punto fijo para calibrar un termómetro la temperatura ambiente.

14 Imagina las modificaciones que habría que hacer al termómetro que calibramos en esta página para medir temperaturas entre −15 °C y 120 °C.

15 Para medir la fiebre utilizamos termómetros que aprecian décimas de grado. Un termómetro de dilatación que aprecie décimas de grado, ¿tendrá el capilar más fino o más grueso que otro que aprecie grados? Justifica tu respuesta.

4.1. Las escalas termométricas

Los termómetros se pueden graduar de distintas maneras, dando lugar a diferentes escalas termométricas. Las más habituales son la escala Celsius, la escala Fahrenheit y la escala absoluta o Kelvin:

Escala absoluta o Kelvin (K)	Escala Celsius (°C)	Escala Fahrenheit (°F)
Escala científica.	Escala más usada.	Escala anglosajona.
Kelvin 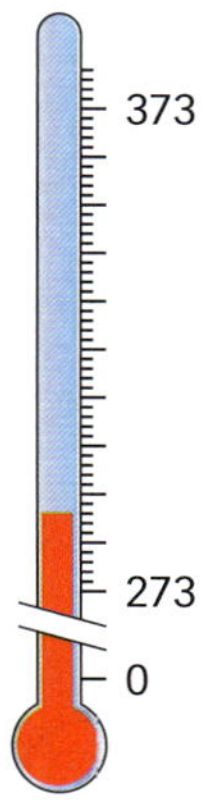 Mide la temperatura en **kelvin, K.** El kelvin (K) es la unidad de temperatura en el Sistema Internacional. Comienza en la temperatura más baja posible teóricamente, que coincide con −273 °C. El punto de fusión del agua es 273 K. El punto de ebullición es 373 K.	Celsius 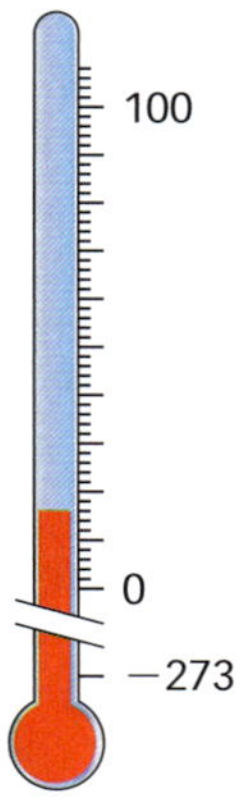 Mide la temperatura en **grados Celsius o centígrados (°C).** Utiliza como puntos fijos las temperaturas de fusión (valor 0 °C) y de ebullición del agua (valor 100 °C), a la presión de 1 atmósfera.	Fahrenheit 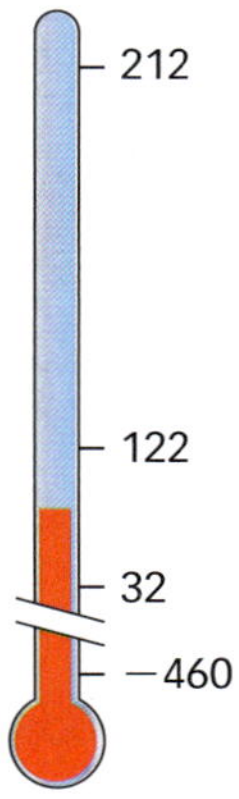 Mide la temperatura en **grados Fahrenheit (°F).** Utiliza como puntos fijos la temperatura más baja que Fahrenheit fue capaz de obtener en su laboratorio (valor 0 °F) y la temperatura del cuerpo humano (100 °F).
Es una escala centígrada: entre la temperatura de fusión del agua y la de ebullición hay una escala de 100 partes; cada parte es 1 K.	El intervalo entre las dos temperaturas se divide en 100 partes, y cada parte corresponde a 1 °C. Por eso es una escala centígrada.	El punto de fusión del agua tiene el valor 32 °F, y el de ebullición, 212 °F. El intervalo entre los puntos fijos se divide en 180 partes.
La escala Kelvin no tiene valores negativos, todos son positivos.	Las temperaturas inferiores a 0 °C se expresan con números negativos.	Las temperaturas inferiores a 0 °F se expresan con números negativos.

4.2. Cambio de escala termométrica

Observa la imagen. Los tres termómetros son idénticos, pero cada uno se ha calibrado en una escala diferente. Todos leen la temperatura del mismo cuerpo; por tanto, podremos expresar la equivalencia entre los tres valores.

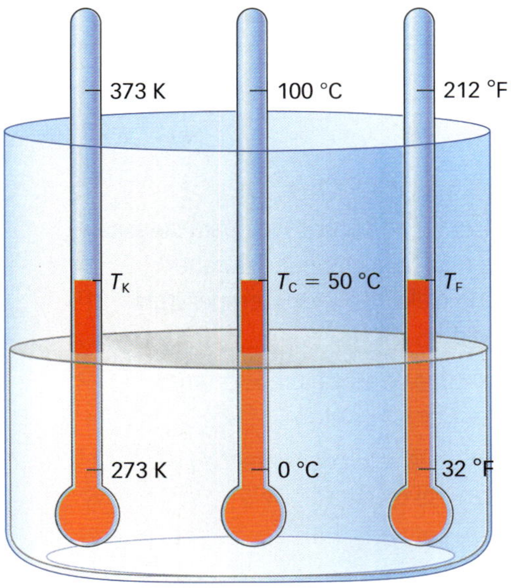

? INTERPRETA LA IMAGEN

El agua está a 50 °C, ¿cuál es la temperatura del agua en las otras dos escalas?

ACTIVIDADES

16 Razona qué ventajas e inconvenientes tienen los puntos fijos de la escala Celsius en comparación con los de la escala Fahrenheit.

17 Razona qué incremento de temperatura es mayor: 1 K, 1 °C o 1 °F.

18 Contesta las preguntas sobre la escala Fahrenheit.

a) ¿Es una escala centígrada?

b) ¿Por qué?

4.3. Equivalencia entre las escalas

Aunque estamos habituados a expresar la temperatura usando la escala Celsius en °C, en muchos trabajos científicos es necesario emplear la escala absoluta y expresar la temperatura en kelvin.

La tabla muestra las equivalencias entre diferentes escalas.

Relación entre temperatura Kelvin y Celsius	Relación entre temperatura Celsius y Fahrenheit
• $T(\text{K}) = T(°\text{C}) + 273$ • $T(°\text{C}) = T(\text{K}) - 273$	• $\frac{T(°\text{C})}{100} = \frac{T(°\text{F}) - 32}{212 - 32} = \frac{T(°\text{F}) - 32}{180}$

PRESTA ATENCIÓN

Regla de escritura

La unidad de temperatura kelvin se escribe K, y no °K, como en las otras escalas. Observa estos ejemplos:

K	°C	°F
250 K	−15 °C	75 °F

2. EJEMPLO RESUELTO

En un día de verano, la temperatura es 42 °C. Calcula su valor en K y en °F.

Expresa la equivalencia entre ambas escalas (Kelvin y Celsius):

$$T(\text{K}) = T(°\text{C}) + 273$$

Sustituye:

$$T(\text{K}) = 42\ °\text{C} + 237 = \mathbf{315\ K}$$

Ahora opera para expresar la temperatura en °F.

$$\frac{T(°\text{C})}{100} = \frac{T(°\text{F}) - 32}{180} \rightarrow \frac{42}{100} = \frac{T(°\text{F}) - 32}{180}$$

Suprime el denominador en el miembro de la derecha:

$$\frac{180 \cdot 42}{100} = T(°\text{F}) - 32$$

Despeja la incógnita:

$$\frac{180 \cdot 42}{100} + 32 = T(°\text{F})$$

Haz el cálculo:

$$75{,}6 + 32 = T(°\text{F}) \rightarrow T(°\text{F}) = \mathbf{107{,}6\ °F}$$

ACTIVIDADES

19 Completa la tabla en tu cuaderno expresando cada temperatura en las tres escalas.

K	°C	°F
250		
	−15	
		−40

20 Fahrenheit utilizó como puntos fijos para su escala la temperatura más baja que pudo obtener en su laboratorio (valor 0 °F) y su temperatura corporal (100 °F).

a) Calcula los valores de estas temperaturas en las escalas Celsius y Kelvin.

b) ¿Qué le ocurría a la salud de Fahrenheit el día que hizo esa medida?

5 El calor y los cambios de temperatura

En la mayoría de las ocasiones:

- Cuando un cuerpo recibe calor, su temperatura aumenta.
- Cuando un cuerpo pierde calor, su temperatura disminuye.

SABER HACER

Comprobar cómo aumenta la temperatura de un cuerpo

Enciende tres hornillos a la vez: A. 100 g de agua, B. 200 g de agua y C. 200 g de aceite.

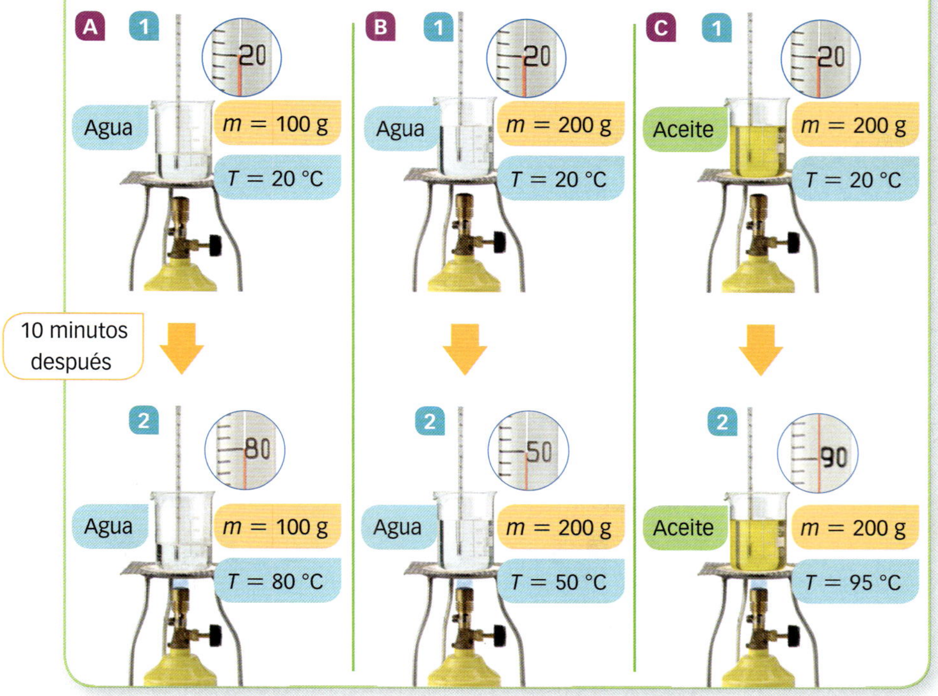

La variación de temperatura que experimenta un cuerpo depende de:

- La **masa**. Cuanto mayor sea su masa, menos varía la temperatura.
- El **tipo de materia** que forma el cuerpo. Para una misma masa, la temperatura del aceite aumenta más que la del agua, cuando se le suministra la misma cantidad de calor.

El **calor específico** es la cantidad de calor que hay que comunicar a 1 kg de una sustancia para que su temperatura aumente 1 K. El calor específico es una propiedad característica de las sustancias.

? INTERPRETA LA IMAGEN

- ¿Cuánto aumentó la temperatura de cada vaso?
- Un vaso de agua tiene doble de masa que el otro. ¿Qué relación hay entre el aumento de la temperatura en ambos?
- El vaso de aceite tiene la misma masa que el vaso de agua. ¿Experimentan el mismo aumento de temperatura?

Sustancia	Calor específico $\left(\frac{J}{kg \cdot K}\right)$
Agua	4180
Vapor de agua	1920
Hielo	2090
Aire	1000
Alcohol etílico	2400
Aceite	1670
Aluminio	878
Vidrio	812
Arena	800
Hierro	460
Cobre	375
Mercurio	140
Plomo	125

Calor específico de distintas sustancias. Cuanto menor es el calor específico, mayor es el aumento de temperatura que experimenta un cuerpo que recibe calor.

ACTIVIDADES

21 Calentamos con hornillo un recipiente con 100 g de alcohol a 20 °C. Después de 5 minutos su temperatura es 65 °C. ¿Cuál sería su temperatura si tuviese 300 g de alcohol y lo hubiésemos calentado del mismo modo?

22 En una cocina tenemos utensilios de vidrio, aluminio o cobre. ¿Cuál elegirías para calentar el agua de una infusión en el menor tiempo posible? Usa los datos que aparecen en esta página.

6 El calor y los cambios de estado

En otra unidad vimos que se puede calentar hielo que está a 0 °C, y convertirlo en agua a 0 °C, y calentar agua que está a 100 °C y obtener vapor a 100 °C. De forma similar, se puede enfriar vapor de agua que está a 100 °C y obtener agua a 100 °C y enfriar agua que está a 0 °C y obtener hielo a 0 °C.

Es decir, el calor también puede cambiar el estado físico de un cuerpo.

En estos casos, el calor solo cambia el estado físico del agua. Si la cantidad de calor fuese mayor, se podría, además, variar su temperatura.

El calor que se da o se retira de un cuerpo que cambia de estado se utiliza para cambiar las fuerzas entre sus partículas. Por eso **mientras se produce el cambio de estado no varía la temperatura del cuerpo**.

? INTERPRETA LA IMAGEN

- ¿Cuánto tiempo tardará en desaparecer el agua del recipiente?
- ¿Cuánto tiempo tardará en desaparecer el alcohol del recipiente?
- Las fuerzas entre las partículas de alcohol, ¿son mayores o menores que entre las partículas de agua?

SABER HACER

Observar cambios de estado

A: agua

Agua hirviendo

$m = 150$ g

$T = 100$ °C

5 minutos después

Agua hirviendo

$m = 100$ g

$T = 100$ °C

B: alcohol

Alcohol etílico hirviendo

$m = 150$ g

$T = 78$ °C

5 minutos después

Alcohol etílico hirviendo

$m = 20$ g

$T = 78$ °C

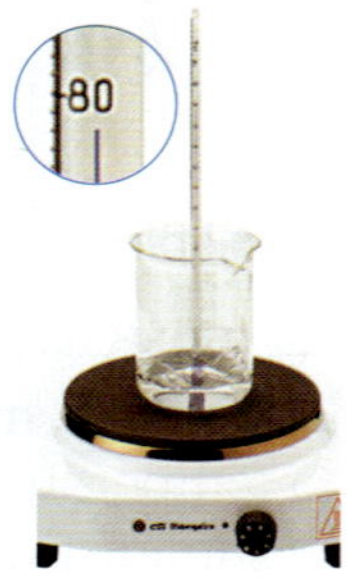

- La cantidad de materia que cambia de estado es mayor cuanto mayor es el calor que se le comunica.
- Para una misma cantidad de calor, la masa que cambia de estado depende del tipo de sustancia.

Se llama **calor latente de un cambio de estado** a la cantidad de calor que hay que comunicar a 1 kg de sustancia para que cambie de estado, a la temperatura de ese cambio de estado. El calor latente es una propiedad característica de las sustancias.

ACTIVIDADES

Completa estas actividades en tu cuaderno.

23 El calor latente de vaporización del agua es 2 250 000 J/kg. Esto significa que para que _____ kg de vapor de agua a la temperatura de ________ se convierta en ________ a la temperatura de ________, tiene que perder ________ J de calor.

24 El calor latente de vaporización del alcohol etílico es 870 000 J/kg. Para hacer que hiervan 100 g de alcohol a la temperatura de ________ hace falta *más/menos* energía que para hacer que hiervan 100 g de agua a la temperatura de ________.

3. EJEMPLO RESUELTO

Sobre dos hornillos iguales colocamos dos recipientes idénticos. Uno contiene 200 g de agua y el otro, 200 g de aceite, ambos a 20 °C. Los calentamos del mismo modo y vamos midiendo la temperatura a medida que pasa el tiempo. Observa la gráfica que representa el calentamiento de cada uno y responde.

a) Identifica en la gráfica la curva de calentamiento del aceite y la del agua.

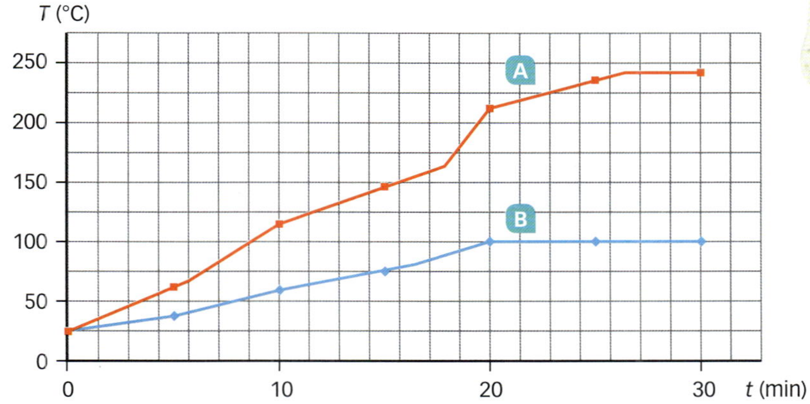

b) El punto de ebullición del agua es ________, y el del aceite es ________.

c) El agua y el aceite, ¿son sustancias puras?

d) ¿Cuál de las dos sustancias se calienta más rápido? ¿Cuál se enfría más rápido?

e) Razona cuál de las dos sustancias tiene mayor calor específico.

f) Explica por qué se utiliza (*aceite/agua*) para cocer y (*aceite/agua*) para freír. ¿Con qué procedimiento (*cocer o freír*) se consigue que los alimentos formen una costra más dura?

a) La curva de calentamiento del **aceite** es la de color **rojo**, ya que el agua cambia de estado a 100 °C.

b) El punto de ebullición del agua es **100 °C**, y el del aceite, **alrededor de 240 °C**.

c) El **agua** es una sustancia **pura**, porque mientras se produce el cambio de estado, la temperatura permanece constante.

El **aceite** es una **mezcla** de sustancias, pues el cambio de estado no se produce a una temperatura constante.

d) Se calienta y se enfría más rápidamente el **aceite**. Para un mismo intervalo de tiempo (por ejemplo, 5 minutos) la temperatura del aceite varía más que la del agua.

e) El **agua** tiene mayor calor específico, porque se calienta y se enfría más lentamente.

f) El aceite se utiliza para freír **porque se mantiene líquido hasta una temperatura más alta**. Los alimentos forman costra cuando se fríen porque alcanzan una temperatura más alta.

? INTERPRETA LA IMAGEN

- ¿Por qué crees que los huevos fritos tienen un aspecto tan distinto de los huevos cocidos?

ACTIVIDADES

25 Supón que tienes dos recipientes idénticos, uno con 100 g de aceite y otro con 100 g de agua, ambos a 50 °C. Colocas en ambos recipientes un termómetro que registra la temperatura cada 5 minutos y los introduces en un congelador que enfría hasta −5 °C. Dibuja la gráfica del enfriamiento de ambas sustancias sabiendo que el aceite funde a −5 °C.

7 ¿Cómo se propaga el calor?

PRESTA ATENCIÓN

Muchas veces, el calor se propaga de un cuerpo a otro mediante varios modos a la vez.

El calor puede pasar de un cuerpo a otro, o puede transmitirse a través de un cuerpo de tres formas distintas: por **conducción**, por **convección** y por **radiación**.

7.1. Conducción

La **conducción** es el modo en que se propaga el calor en los sólidos.

1. Pon al fuego un extremo de una barra metálica.
   Al cabo de un tiempo, podrás comprobar que el otro extremo también estará caliente.

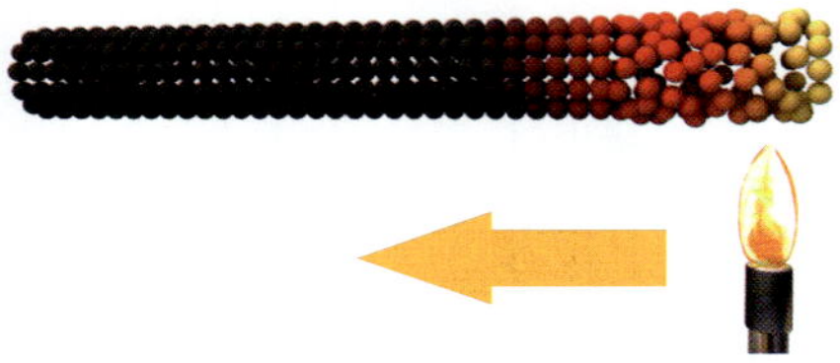

2. Las partículas del sólido en contacto con el fuego reciben energía, lo que aumenta su vibración.
   Cuando una partícula choca con las vecinas, le transmite la vibración.

3. Poco a poco, la vibración se transmite entre partículas contiguas y llega al otro extremo de la barra, calentándose así toda la barra.

Dependiendo de cómo son sus partículas, los cuerpos pueden ser:

- **Buenos conductores del calor**, como los metales.
- **Malos conductores del calor**, como la madera o el plástico. Los malos conductores se utilizan como aislantes.

Los **radiadores** se fabrican de metal porque son buenos conductores del calor.

Para aislar las casas del frío se construyen **ventanas con dos láminas de cristal** separadas por aire. El aire es un buen aislante térmico.

Los **plumíferos** están rellenos de un material que mantiene una capa de aire (aislante) entre el interior y el exterior.

ACTIVIDADES

26 Completa la frase y el esquema en tu cuaderno.

En los utensilios de cocina, la parte que se coloca sobre el hornillo es ________ y el mango es ________ . Identifica qué material es aislante y cuál es conductor.

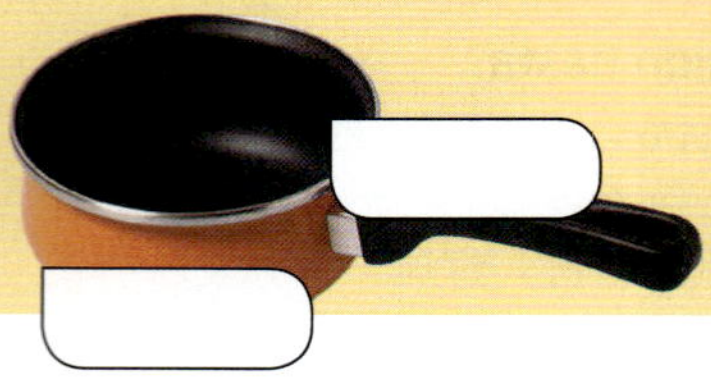

27 Los esquimales viven en iglús, protegidos del frío exterior. Razona si el hielo es buen conductor o buen aislante térmico. Para comprender su eficacia, busca información sobre la temperatura que hay dentro y fuera del iglú.

7.2. Convección

La **convección** es el modo en que se propaga el calor en los líquidos y en los gases.

En los fluidos (líquidos y gases), las partículas se mueven más que en los sólidos. Cuando se calienta el fluido que está abajo, sus partículas se mueven hacia arriba. El hueco que dejan será ocupado por las partículas más frías que, al entrar en contacto con el foco de calor, se calientan y vuelven a subir.

Como resultado se produce una corriente de convección que hace circular el calor por el fluido.

Observa la imagen de la derecha.

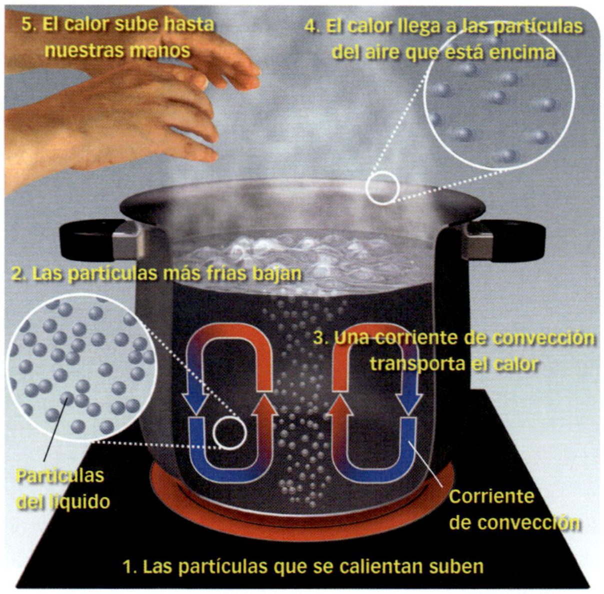

La brisa marina, causante del buen clima de las ciudades costeras, es consecuencia de las corrientes de convección que se establecen entre la costa y el mar. En la costa, la temperatura es alta durante el día y baja por la noche, mientras que en el agua, la temperatura permanece casi igual de día que de noche.

? INTERPRETA LA IMAGEN

- ¿En qué sentido circula la brisa durante el día?
- ¿Y por la noche?
- ¿Por qué cambia poco la temperatura del día a la noche en las ciudades costeras?

ACTIVIDADES

28 Asocia en tu cuaderno los rótulos con la letra apropiada. Luego pon los rótulos en el orden adecuado para explicar las corrientes de convección que produce el radiador.

1. El aire frío baja.
2. El aire caliente sube.
3. El aire más frío está cerca del suelo.
4. El aire se va enfriando a medida que llega al techo.
5. El radiador calienta el aire que está en contacto con él.

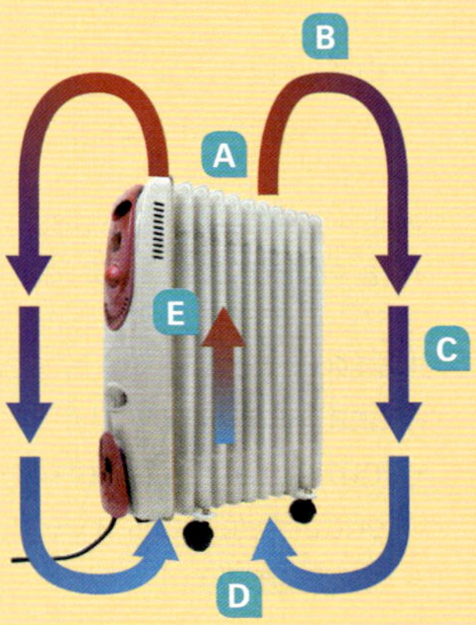

29 Explica por qué dos mecanismos conduce el calor el radiador de la actividad anterior.

30 Observa las corrientes de convección creadas sobre el radiador y explica por qué es frecuente colocar los radiadores debajo de las ventanas.

31 En ocasiones los decoradores colocan cubrerradiadores. Explica cómo se deben poner para que el radiador sea más eficiente.

32 Explica por qué notas más calor si colocas las manos sobre el cazo con agua hirviendo que si las acercas lateralmente.

7.3. Radiación

La **radiación** es el modo en que se propaga el calor sin que intervenga ningún medio material.

El Sol da luz y calor a la Tierra. Entre el Sol y la Tierra está el espacio exterior en el que hay vacío; es decir, no existe materia.

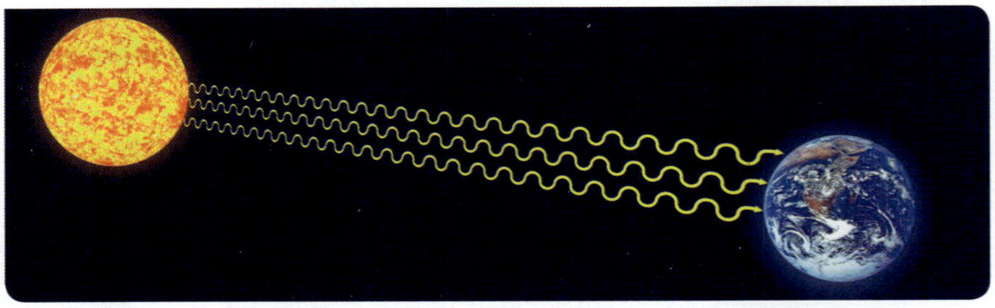

La radiación solar llega a la Tierra a través del vacío. Esta radiación calienta la Tierra.

Todos los cuerpos emiten y absorben calor en forma de radiación. En general, cuanto mayor es la temperatura del cuerpo, más energía tiene la radiación que emite. Una barra de hierro caliente al rojo vivo emite más energía por radiación que esa misma barra cuando está fría.

Solo una parte de la radiación que procede del Sol o de otros cuerpos es visible. Si hacemos pasar la radiación solar a través de un prisma de cristal, se descompondrá en los colores del arco iris. Cada color es una radiación simple. Al superponerse todas las radiaciones del arco iris se obtiene la luz blanca.

La energía de una radiación depende de su color. La luz violeta tiene más energía que la luz roja. Las radiaciones con más energía que las violeta (radiación ultravioleta) y las de menos energía que la luz roja (radiación infrarroja) no son visibles, pero se pueden detectar mediante aparatos especiales.

El color de los cuerpos depende de las radiaciones que absorbe y de las que emite. Un cuerpo que absorbe todas las radiaciones de la luz solar se ve negro, mientras que un cuerpo que refleja o emite todas las radiaciones de la luz solar se ve blanco.

La luz violeta es la que más **energía** transporta dentro del rango visible.

ACTIVIDADES

33 En muchas situaciones reales el calor se propaga por más de un mecanismo. Copia el esquema en tu cuaderno y pon el nombre del mecanismo mediante el que se está propagando el calor en cada uno de los recuadros.

34 Imagina que en la imagen anterior no hay agua dentro del cazo ni aire en la cocina. ¿Por qué mecanismos se propagaría el calor?

35 Explica por qué solemos utilizar ropa clara en verano y más oscura en invierno.

36 Cuando se enciende la bombilla de una lámpara de lava (derecha), se forman vistosas burbujas ascendentes. Explica de qué formas se propaga el calor en esta lámpara.

REPASA LO ESENCIAL

37 Razona en tu cuaderno cuál o cuáles de las siguientes afirmaciones sobre la temperatura son ciertas:

a) La temperatura de un cuerpo es mayor cuanto mayor sea la masa del cuerpo.

b) La temperatura de un cuerpo está relacionada con la energía cinética media de las partículas del cuerpo (debida al movimiento de cada partícula).

c) La temperatura de un cuerpo mide la energía interna del cuerpo.

38 Razona en tu cuaderno cuál o cuáles de las siguientes afirmaciones referidas al calor son ciertas:

a) El calor es la energía que tienen los cuerpos que están a una temperatura elevada.

b) Siempre que un cuerpo pierde calor, hay otro que absorbe calor.

c) Cuando están en contacto dos cuerpos que tienen la misma temperatura, no intercambian calor.

d) El calor es una energía, y se puede medir en julios (J) o calorías (cal).

39 Completa la frase en tu cuaderno poniendo en los huecos las palabras que faltan:

«Cuando se ponen en contacto dos cuerpos que están a ________ temperatura, el cuerpo que está a mayor ________ cede ________ al cuerpo que está a ________ temperatura hasta que sus ________ se igualan.

Se dice entonces que los dos cuerpos están en ________ térmico».

40 Señala en tu cuaderno cuáles de los siguientes son efectos físicos del calor:

a) Cuando un cuerpo recibe calor, se dilata.

b) Cuando un cuerpo pierde calor, su temperatura puede disminuir.

c) Cuando un cuerpo recibe calor, se agrieta.

d) Cuando un cuerpo pierde calor, cambia de color.

e) Cuando un cuerpo pierde calor, puede pasar del estado líquido al estado gas.

f) Cuando un cuerpo pierde calor, se contrae.

41 Ordena las siguientes palabras en tu cuaderno para construir una frase. Utilízala para explicar la dilatación anómala del agua:

El | denso | es | hielo | que | el | menos | agua

42 En la lista siguiente se muestran características de distintas escalas termométricas. Observa que no se ha escrito la unidad de los valores de temperatura. Haz una tabla en tu cuaderno y coloca en cada columna las características apropiadas a cada escala. Alguna característica se puede aplicar a más de una escala.

a) El agua hierve a 100.

b) El agua congela a 32.

c) Tiene temperaturas negativas.

d) No tiene temperaturas negativas.

e) El grado en esta escala es menor que en las otras.

f) Es la escala científica.

Escala Kelvin	Escala Celsius	Escala Fahrenheit

43 Ponemos 100 g de agua en un cazo y lo calentamos suavemente, siempre al mismo ritmo. Un termómetro en su interior indica la temperatura. Inicialmente es 20 °C, y tres minutos después es 40 °C. Razona en tu cuaderno cuál de los siguientes hechos es falso:

a) A los seis minutos, la temperatura del agua es 80 °C.

b) Si hubiésemos puesto 200 g de agua, a los tres minutos la temperatura sería de 30 °C.

c) Si hubiésemos puesto 50 g de agua, a los tres minutos la temperatura sería de 60 °C.

44 Ponemos 100 g de hielo en un cazo y lo calentamos suavemente, siempre al mismo ritmo. Un termómetro en su interior indica su temperatura, que inicialmente es 0 °C. Razona cuál de estos hechos puede ser cierto:

a) A los tres minutos, la temperatura es 0 °C.

b) Si a los dos minutos ha fundido la mitad del hielo, a los cinco minutos, ya no habrá hielo.

45 En el gráfico siguiente se muestran los tres modos en que se propaga el calor. Cópialo en tu cuaderno y pon el nombre adecuado en cada recuadro.

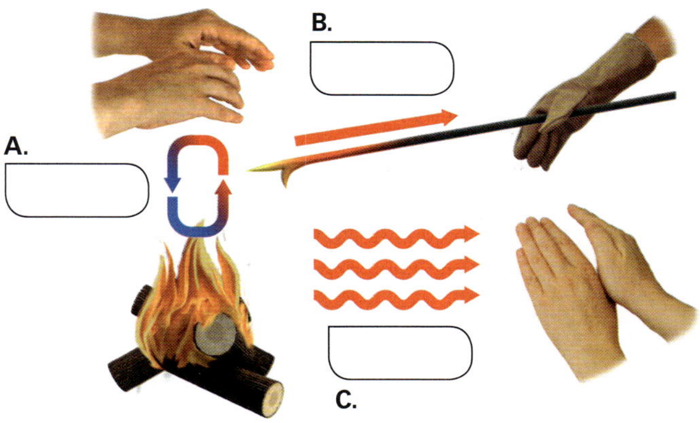

ACTIVIDADES FINALES

PRACTICA

La temperatura y el calor

46 Si te bañas en el mar o en una piscina en el exterior, es frecuente que notes que el agua está más fría en los días cálidos del verano que en los días más frescos. ¿Es esto cierto? Explica a qué se debe esta sensación.

47 Indica en tu cuaderno cuáles de las siguientes afirmaciones se refieren al calor y cuáles a la temperatura:

a) No depende del tamaño del cuerpo.
b) Es una energía.
c) Es una magnitud.
d) Se puede medir en °C.
e) Solo aparece cuando se ponen en contacto cuerpos que no están en equilibrio térmico.
f) Siempre se puede medir su valor en un cuerpo.

☐ Temperatura

☐ Calor

4. EJEMPLO RESUELTO

En un recipiente con 200 g de agua a 30 °C echamos 100 g de agua a 70 °C. Como resultado tendremos:

a) 300 g de agua a 100 °C.

b) 300 g de agua a 50 °C.

c) 300 g de agua a una $T < 50$ °C.

d) 300 g de agua a una $T > 50$ °C.

Cuando se mezclan dos líquidos con distinta temperatura, intercambian calor hasta que ambos alcanzan la misma temperatura: estado de equilibrio térmico. Si los dos líquidos son de la misma materia, la temperatura final será más próxima a la del líquido más abundante.

a) Falso, pues al mezclar dos cuerpos no se suman las temperaturas.

b) Falso. Para que la temperatura fuese justo la media aritmética de las dos temperaturas, tendrían que mezclarse cantidades iguales de agua a 30 y a 70 °C.

c) **Verdadera.** La cantidad de agua a baja temperatura (30 °C) es mayor (200 g) que la cantidad de agua a alta temperatura (100 g a 70 °C). Cuando la mezcla alcance el equilibrio, su temperatura estará por debajo de la media.

d) Falso.

48 Contesta en tu cuaderno. Decimos que dos cuerpos que están en contacto están en equilibrio térmico cuando:

a) Están a la misma temperatura.
b) Tienen el mismo calor.
c) No intercambian temperatura.
d) No intercambian calor.

49 En un recipiente tenemos 300 g de agua a 20 °C. ¿Qué cantidad de agua a 60 °C tendremos que añadir para que la temperatura final sea de 40 °C? Razona la respuesta.

El calor y la dilatación

50 Después de freír, echamos el aceite sobrante, aún caliente, en un recipiente como el de la figura. Razona en tu cuaderno si, al cabo de cuatro horas, el nivel de aceite:

a) Es inferior a 125 mL.
b) Es superior a 125 mL.
c) No ha variado.

El termómetro

51 Para medir la temperatura ambiente se usan termómetros de dilatación que emplean alcohol teñido como líquido termométrico (el alcohol se solidifica a −114 °C). Razona si sería adecuado fabricar termómetros similares utilizando agua como líquido termométrico.

52 En un día de octubre el termómetro registró las siguientes temperaturas máximas.

Londres	Brasilia	Moscú
62 °F	32 °C	283 K

a) ¿En qué ciudad hizo más calor?
b) ¿En cuál hizo más frío?

53 Un termómetro de la calle indica que la temperatura es 35° y, a su lado, otro termómetro indica que la temperatura es 95°. Solo una de las siguientes posibilidades es cierta. Razona en tu cuaderno de cuál se trata:

a) El segundo termómetro está estropeado; en la calle no hay temperaturas tan altas.
b) Los termómetros están en una ciudad del desierto y el primer termómetro está estropeado.
c) Los dos termómetros miden la misma temperatura.

Calor, temperatura y cambios de estado

54 Ponemos 100 g de aceite en una sartén. Introducimos un termómetro que nos permita conocer su temperatura y lo calentamos suavemente sobre un hornillo. Completa las frases en tu cuaderno:

a) Si la temperatura inicial era 20 °C y 3 minutos después era 40 °C, pasados otros 3 minutos la temperatura será de ________.

b) Si en lugar de 100 g de aceite hubiésemos puesto 50 g, su temperatura inicial sería ________.

c) Imagina que hemos puesto 50 g de aceite y los calentamos sobre el mismo hornillo que en el apartado a. Pasados 3 minutos, su temperatura es de ________, y pasados otros 3 minutos, su temperatura es de ________.

55 Colocamos en dos recipientes idénticos masas iguales de alcohol y de agua y los calentamos en hornillos iguales. Observa la gráfica con la curva de calentamiento y responde en tu cuaderno.

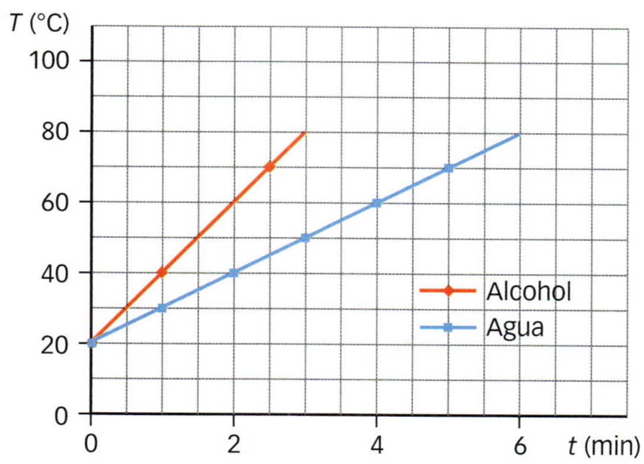

a) La sustancia que se calienta más rápidamente es ________.

b) La sustancia que tiene mayor calor específico es ________.

c) Si introducimos un objeto en cada recipiente, alcanzará una temperatura más alta en el de ________.

56 Colocas unos cubos de hielo en un vaso y lo dejas sobre la mesa de la cocina. Al cabo de un tiempo, todo el hielo se ha derretido:

a) ¿De dónde procede el calor que ha fundido el hielo?

b) ¿Ese calor puede hacer que el agua del vaso alcance los 50 °C?

¿Cómo se propaga el calor?

57 Clasifica estos materiales como conductores o aislantes:

a) Madera. c) Cobre. e) Lana. g) Aire.
b) Acero. d) Aluminio. f) Porexpán. h) Plástico.

58 Necesitas cocinar rápidamente un filete que sacas del congelador. Razona en tu cuaderno cuál de las siguientes acciones te permitirá tener el filete descongelado en el menor tiempo y con cuál tardará más.

a) Ponerlo sobre una bandeja de metal.

b) Ponerlo sobre una bandeja de metal envuelto en papel de aluminio.

c) Ponerlo sobre una tabla de madera.

d) Ponerlo sobre una tabla de madera envuelto en film de plástico.

59 En más de una ocasión habrás oído: «Cierra la puerta de la nevera que sale frío». Explica cómo se propaga el calor entre la nevera y el resto de la cocina.

60 Las antiguas estufas de resistencia eléctrica propagaban el calor por dos métodos. Señálalos y explica cada uno de ellos.

AMPLÍA

61 Aunque parezca un contrasentido, las dos frases siguientes son ciertas. Explícalas:

a) Siempre que cambia la temperatura de un cuerpo, absorbe o desprende calor.

b) Un cuerpo puede absorber o perder calor sin que cambie su temperatura.

5. EJEMPLO RESUELTO

El calor específico del aluminio es 878 J/(kg · K) y el del cobre es 375 J/(kg · K). Imagina que tenemos dos cazos iguales de aluminio y de cobre, con 200 g de agua y los calentamos con hornillos iguales. ¿En cuál hervirá antes el agua?

El calor específico indica que para que 1 kg de aluminio aumente su temperatura 1 K, hacen falta 878 J, mientras que si fuese cobre, bastarían 375 J.

Así, la misma cantidad de calor hace que aumente más la temperatura en el cazo de cobre que en el de aluminio. El agua hervirá antes **en el cazo de cobre**.

62 En dos vasos exactamente iguales hemos puesto cantidades iguales de alcohol y agua a 60 °C. Los metemos en la nevera para que se enfríen hasta 5 °C. ¿Cuál de los dos se enfriará antes? Datos: calor específico del agua = 4180 J/(kg · K); calor específico del alcohol = 2400 J/(kg · K).

UN CASO PRÁCTICO. **Aprender a ahorrar energía en calefacción**

Durante el invierno, el consumo de energía de una vivienda se destina fundamentalmente a la calefacción, sea del tipo que sea.

Ten en cuenta que la temperatura exterior en muchas zonas de España está bastante por debajo de los 20-23 °C que marcan la zona de confort térmico. Esto quiere decir que se produce de manera continua un flujo de calor desde nuestra vivienda, que se enfría, hasta el aire de la calle, que se calienta.

Observa las medidas de ahorro en el cuadro de la derecha. Para reducir el consumo debido a la calefacción es aconsejable no apagar totalmente la caldera de manera intermitente, sino reducir unos grados la temperatura en el termostato para regular así la temperatura en la vivienda.

1. 
Aislar la vivienda para evitar pérdidas de calor.

2. 

Reducir la temperatura seleccionada en el termostato.

3. 

Instalar contraventanas o cristales dobles con capa aislante.

4. 

Reducir la temperatura al ausentarse periodos de varias horas.

5. 

Apagar la calefacción por la noche o reducir varios grados la temperatura del termostato.

6. 

Ventilar la vivienda únicamente 10 minutos.

7. 
No cubrir radiadores.

8. 

Apagar los radiadores de las estancias que no se utilizan.

9. 
Subir las persianas cuando luce el sol. Bajarlas a última hora de la tarde.

10. 
Revisar periódicamente la instalación para mantenerla en buen estado.

63 Contesta.

a) ¿Qué tipo de calefacción empleáis en casa?

b) ¿Qué fuente de energía utiliza?

c) ¿Dispones de algún termómetro de temperatura ambiente en casa?

d) ¿A qué temperatura se mantiene habitualmente tu habitación en invierno?

e) ¿Y en tu centro de estudios?

f) ¿Cómo puedes aplicar algunos de estos consejos en tu centro de enseñanza?

64 USA LAS TIC. Elabora una presentación multimedia mostrando con claridad cada uno de los consejos que aparecen en esta página para ahorrar energía. Añade alguna medida de tu propia cosecha.

65 Explica el siguiente esquema que presenta por dónde se pierde energía en una casa.

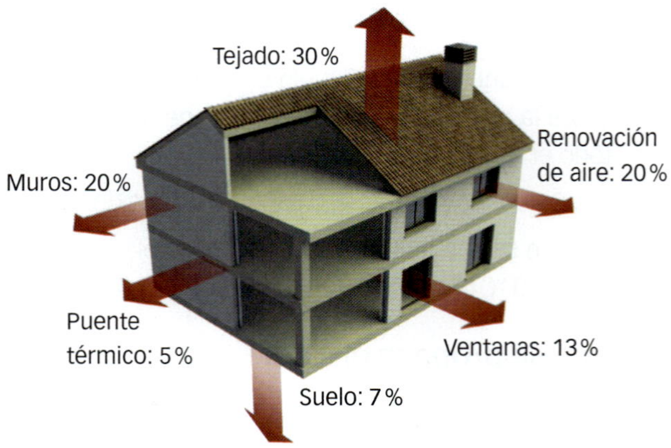

- ¿Qué medidas se pueden adoptar para reducir estas pérdidas energéticas en viviendas ya construidas?

FORMAS DE PENSAR. Análisis ético. **¿Cómo regular el aire acondicionado?**

Ante el aumento de las temperaturas, la Dirección General de Consumo de la Consejería de Salud y Familias recuerda a la ciudadanía que, al adquirir aparatos de refrigeración o aire acondicionado, es recomendable optar por productos con clasificación energética A, ya que se trata de aparatos más eficientes, que permitirán reducir el consumo de energía y ahorrar en la factura eléctrica. Asimismo, es importante adquirir aparatos adecuados a las necesidades de cada hogar.

Por otra parte, es conveniente utilizar un termostato para regular la temperatura, teniendo en cuenta que durante el verano la temperatura adecuada para el confort es de 26 grados. Cada grado de menos implica que el aparato tenga que incrementar su consumo para alcanzar el nivel seleccionado, lo que puede suponer un aumento considerable en la factura eléctrica.

Por la misma razón, se deben ubicar los aparatos de refrigeración, tanto aires acondicionados como ventiladores, alejados de la luz directa del sol o de fuentes de calor como pueden ser hornos o vitrocerámicas que puedan afectar al aparato. También es importante realizar un correcto mantenimiento de los aparatos, con revisiones periódicas y una limpieza regular para evitar un incremento en el consumo energético.

Cuando estos aparatos estén en funcionamiento, se deben cerrar las puertas y ventanas para evitar derrochar energía. Además, se deben apagar cuando no estén en uso, siendo recomendable desconectarlos antes de abandonar la estancia.

En todo caso, para utilizar lo menos posible los aparatos de climatización en la temporada de verano se pueden adoptar medidas sencillas, como la instalación de toldos, ventilar la vivienda en los momentos más frescos del día o cerrar las ventanas y persianas en las horas más calurosas.

Ante cualquier duda o consulta en materia de consumo, la ciudadanía puede contactar con Consumo Responde, un servicio gratuito multicanal al que se puede acceder a través de la página web www.consumoresponde.es, del correo electrónico consumoresponde@juntadeandalucia.es y de los perfiles en las redes sociales Twitter y Facebook.

FUENTE: *El Correo de Andalucía*, 12 de julio de 2020 (Adaptación)

66 COMPRENSIÓN LECTORA. Explica el significado de estas frases:

a) Es importante adquirir aparatos adecuados a las necesidades de cada hogar.

b) Es conveniente utilizar un termostato para regular la temperatura.

¿Qué se consigue aplicando las medidas anteriores?

67 COMPRENSIÓN LECTORA. ¿Qué significa que un aparato tiene una «clasificación energética A»? ¿Qué relación tiene esa clasificación con el medioambiente?

68 ¿Cuál es la temperatura adecuada para el confort en verano? ¿Qué consecuencias tiene regular el termostato del aire acondicionado algunos grados por debajo de esa temperatura? ¿Y si lo ajustamos varios grados por encima? ¿Crees que en invierno se debería mantener esa misma temperatura? ¿Por qué?

69 Escribe en tu cuaderno dos listas:

a) Medidas que se deben observar al utilizar aparatos de aire acondicionado.

a) Medidas que podemos adoptar para no tener que utilizar aparatos de aire acondicionado.

¿Cuál de estas dos opciones te parece que contribuye mejor al cuidado del medioambiente? Explica.

70 Visita la web de Consumo Responsable. ¿En qué sección buscarías información sobre cómo utilizar adecuadamente los aparatos de aire acondicionado?

71 TOMA LA INICIATIVA. Piensa en otros aparatos eléctricos que haya en tu casa y propón medidas que contribuyan al ahorro de energía.

PROPAGACIÓN DEL CALOR

A. LA CONDUCCIÓN DEL CALOR EN LOS METALES

¿Qué necesitas?

- Nuez.
- Soporte.
- Vástago con varillas metálicas (cobre, latón, hierro y aluminio).
- Vela.
- Plastilina de colores.

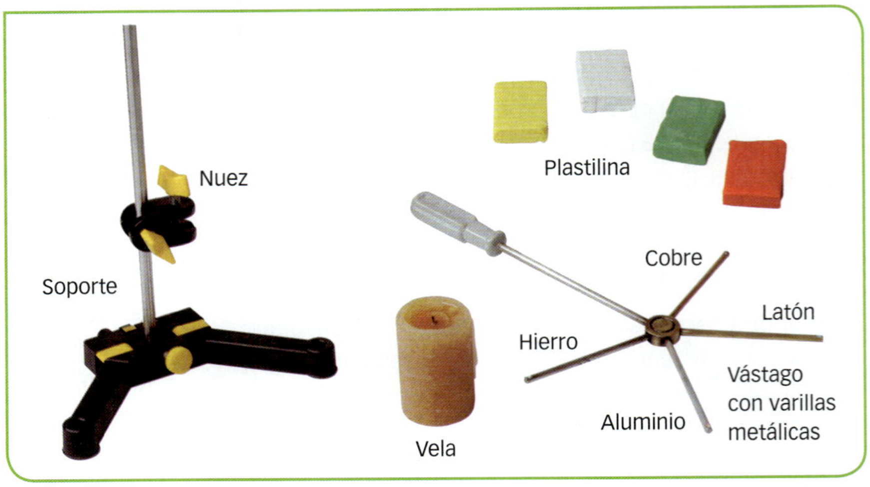

Realiza la experiencia

1. Coloca el vástago en la nuez del soporte.
2. Haz dos bolitas de plastilina de cada color. Coloca una en el extremo de cada varilla y otra al comienzo.

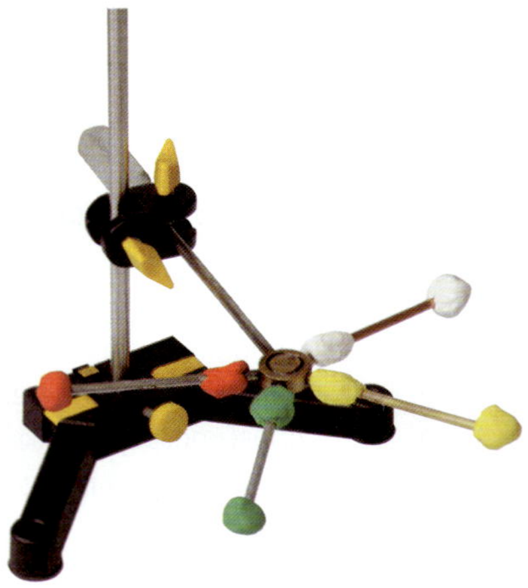

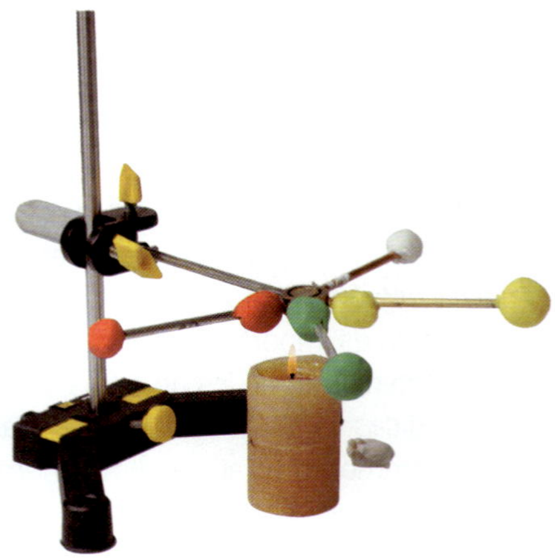

3. Enciende la vela y colócala debajo del disco central.

Observa el resultado

Observa el orden en que se van cayendo las bolas.

- La primera bola que se cae en cada barra es la que está más cerca del disco central.
- El orden en que se caen las bolas que están en el extremo de las barras es:

1. Cobre. 2. Aluminio. 3. Latón. 4. Hierro.

ACTIVIDADES

72 ¿Por qué la primera bola que se cae en cada barra es la que está más cerca del disco central?

73 ¿Cuál es el metal que mejor conduce el calor de estos cuatro? ¿Y el que lo conduce peor?

B. LA CONVECCIÓN DEL CALOR EN EL AGUA

¿Qué necesitas?

- Vaso con agua.
- Virutas de aluminio.
- Espátula.
- Placa calefactora.

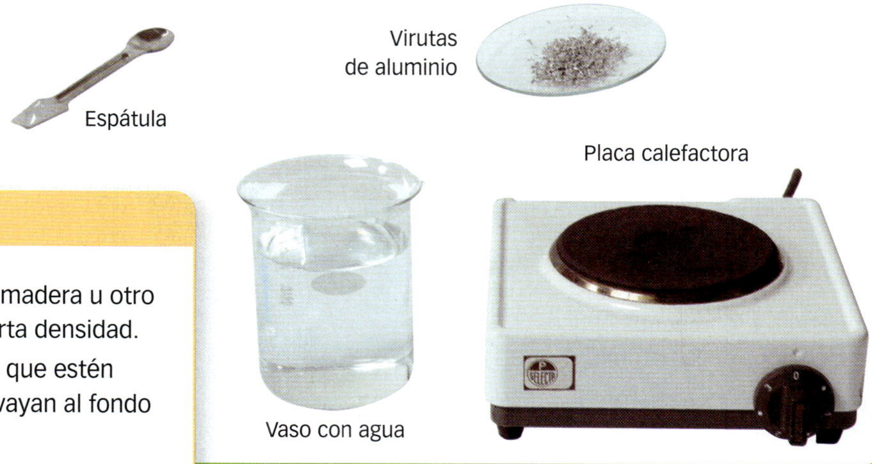

PRESTA ATENCIÓN

Puedes utilizar también virutas de madera u otro tipo de partículas pequeñas de cierta densidad. Si usas virutas de madera, procura que estén húmedas, para que al echarlas se vayan al fondo del vaso.

Realiza la experiencia

1. Echa las virutas de aluminio en el vaso con agua y colócalo sobre la placa calefactora.

2. Enciende la placa calefactora y observa el movimiento de las virutas dentro del vaso.

ACTIVIDADES

74 ¿Dónde están las virutas de aluminio cuando las echas en el agua fría?

75 ¿Cómo se mueven las virutas de aluminio a medida que se calienta el agua? ¿Puedes dibujar el camino que siguen?

C. LA CONVECCIÓN DEL CALOR EN EL AIRE

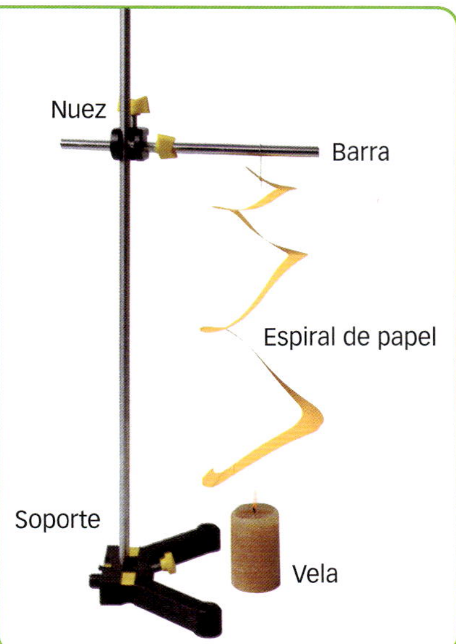

¿Qué necesitas?

- Nuez.
- Soporte.
- Vela.
- Espiral de papel.

Al encender la vela, la espiral de papel gira.

ACTIVIDADES

76 ¿Qué es lo que hace girar la espiral de papel?

77 ¿Podríamos colocar una bombilla en lugar de la vela? ¿Podría ser cualquier tipo de bombilla?

9 Luz y sonido

SABER

- ¿Qué es una onda?
- Las ondas sonoras.
- Las ondas de luz.
- Propiedades de las ondas.
- Aplicaciones de la luz y del sonido.

SABER HACER

- Interpretar fenómenos ópticos observados en la naturaleza.
- Identificar las cualidades que diferencian un sonido de otro.

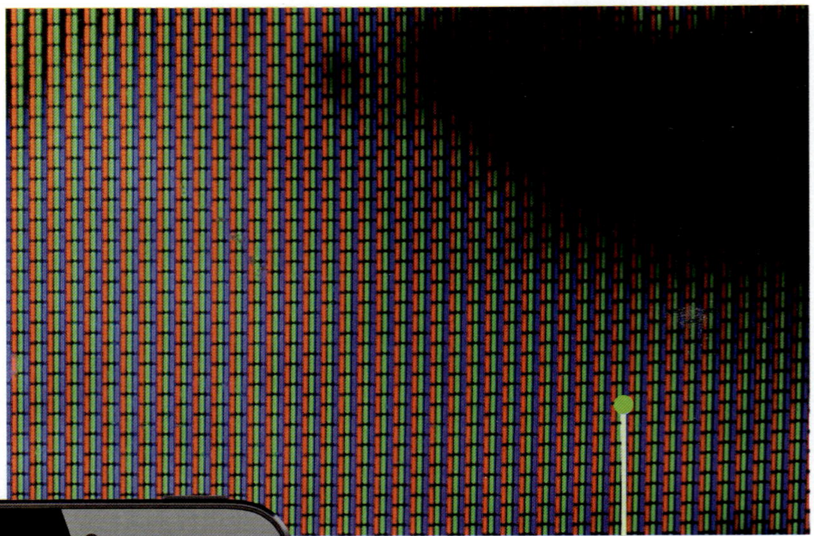

Los **colores** se logran combinando el rojo, el verde y el azul de los píxeles que forman la pantalla.

Un pequeño **altavoz** incrustado en el teléfono emite el sonido. Aunque para lograr una calidad aceptable es aconsejable usar un altavoz externo o auriculares.

La pantalla del reproductor está formada por **varias capas** muy finas.

La **pantalla antirreflectante** refleja poco la luz para facilitar la visión.

En teléfonos y algunos reproductores, un pequeño **micrófono** capta el sonido de nuestra voz y lo transforma en una señal eléctrica.

NOS HACEMOS PREGUNTAS. **¿Cómo emiten luz y sonido los teléfonos móviles?**

El mundo del ocio portátil ha dado un cambio radical en la última década. Los **teléfonos móviles** disponen de una pantalla de gran calidad y ofrecen, además, una gran versatilidad a la hora de escuchar sonido, ya sea voz (emisiones de radio, *podcast*) o música de diferentes estilos.

3 SALUD Y BIENESTAR

Conocer las propiedades del sonido y de la luz nos permitirá proteger mejor nuestros órganos de los sentidos, evitando, por ejemplo, la contaminación acústica.

EL ECUALIZADOR Y LOS ESTILOS MUSICALES

Un reproductor multimedia puede reforzar los sonidos más agudos o los más graves.

De esta manera se consigue potenciar las cualidades de diferentes estilos musicales.

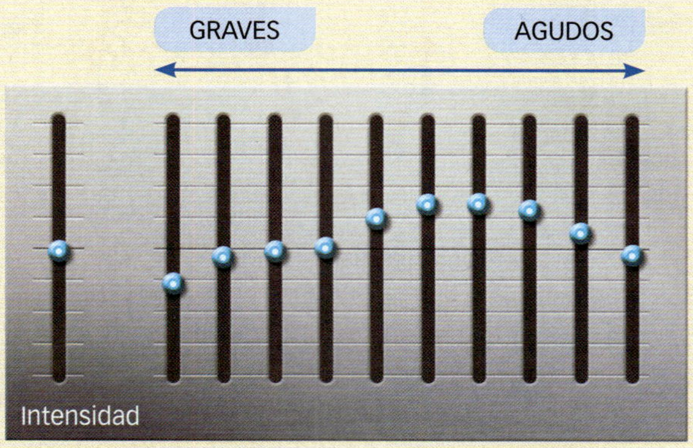

Voz

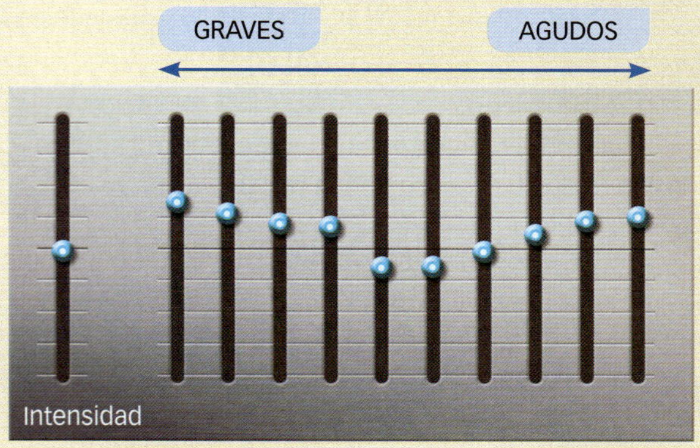

Música clásica

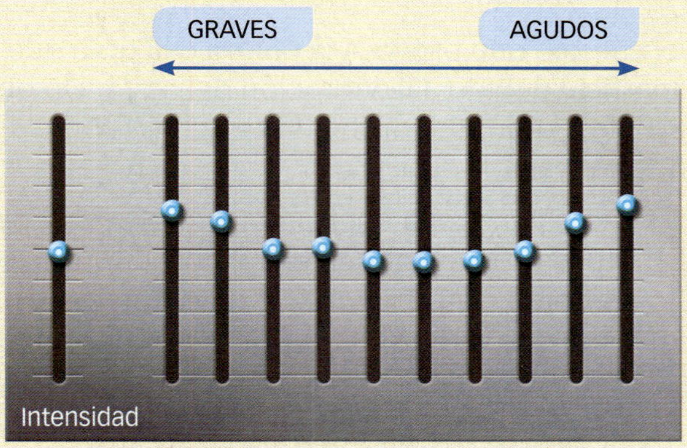

Música latina

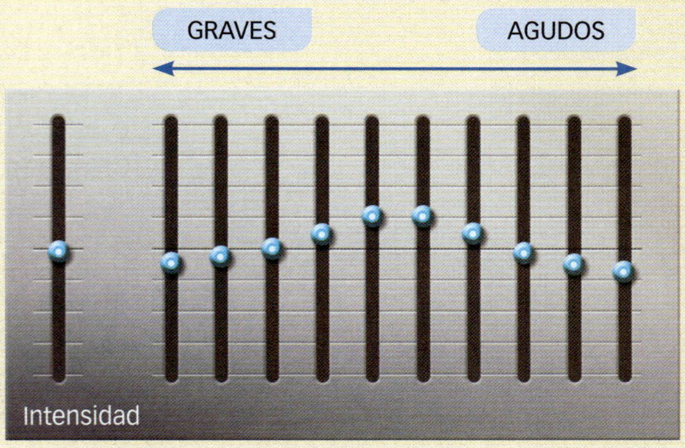

Música pop

? INTERPRETA LA IMAGEN

- ¿Qué características debe tener el material con el que se elabora la pantalla de un teléfono móvil?
- ¿En qué estilo se potencian más los sonidos graves? ¿En cuál se potencian más los sonidos agudos?
- Las personas de más edad no pueden escuchar sonidos agudos de poca intensidad. ¿Cómo modificarías el ecualizador para facilitar la audición de música pop?

CLAVES PARA EMPEZAR

- ¿Todos los objetos emiten luz?
- Cuando vemos un objeto, ¿de dónde procede realmente la luz que recibimos?
- ¿Cuáles son las magnitudes que diferencian unos sonidos de otros?

1 ¿Qué es una onda?

Cuando tiramos una piedra, o cae una gota, sobre una superficie de agua en calma, se produce una onda.

Lo que vemos

Al caer una piedra o una gota en el agua se forman ondas que se extienden hacia afuera desde el punto de la caída.

Un corcho u otro objeto que esté sobre la superficie se moverá hacia arriba y hacia abajo con las ondas, pero sin alejarse de su posición.

Por qué sucede

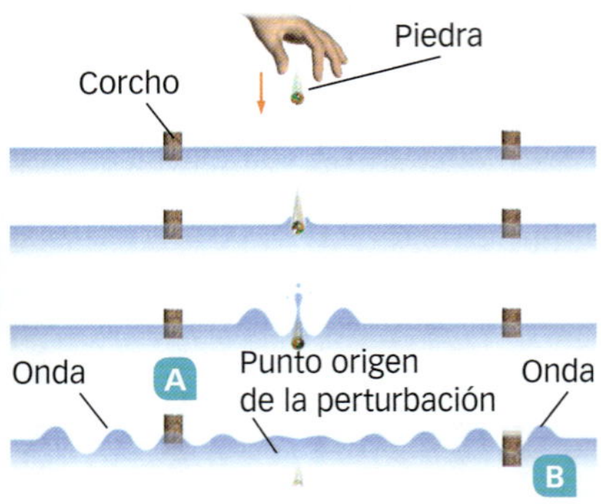

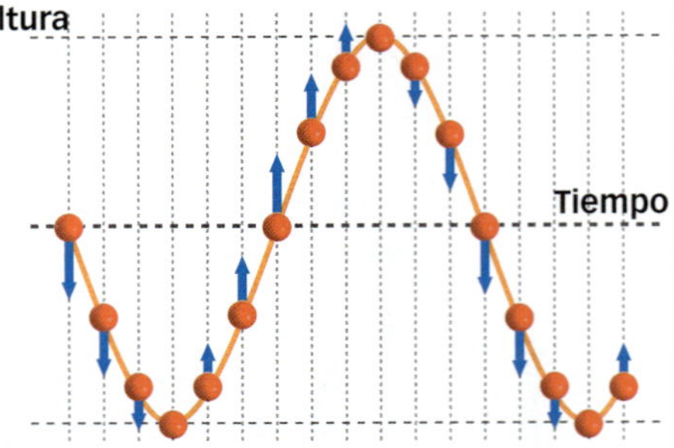

La piedra o la gota empuja hacia abajo el agua que toca. El agua arrastra a las moléculas vecinas que se desplazan hacia abajo hasta un punto. Luego empiezan a moverse hacia arriba, y suben y bajan con un movimiento de vibración.

El corcho sube (A) y baja (B) con la onda.

Aparece una **onda** cuando se produce una perturbación que se propaga mediante un movimiento vibratorio.

La perturbación es el cambio que provoca la piedra o la gota que cae. Se propaga en la superficie debido a la vibración del agua. Un objeto que esté en la superficie, como un corcho, sube y baja con el agua (vibra), pero no se desplaza por la superficie.

El movimiento vibratorio hace que la energía originada en el punto donde se produjo la perturbación avance en el medio, aunque las partículas del medio no cambien de posición. Se dice que **las ondas transportan energía sin que exista transporte de materia**.

La luz y el sonido son ondas. Se originan por una perturbación, como encender una linterna o hacer sonar un timbre.

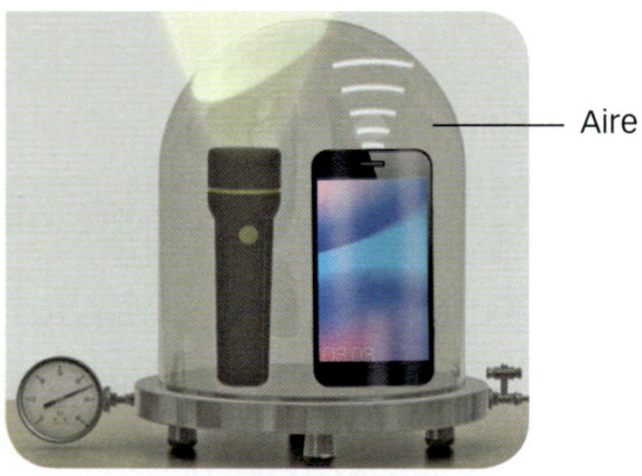

El **sonido** se transmite por la vibración de las partículas del medio. No se propaga en el vacío.
En el aire se propaga a 340 m/s. En un medio más denso (agua o madera) se propaga a mayor velocidad.

La **luz** no necesita un medio material. En el vacío se propaga a mayor velocidad que en cualquier otro medio.
En el vacío o en el aire se propaga a 300 000 km/s.

1.1. Características de una onda

Las ondas presentan las siguientes características:

- **Amplitud (*A*).** Es el valor máximo que se desplaza un punto de la línea de equilibrio cuando lo alcanza la perturbación. Es la distancia entre la línea de equilibrio y una cresta o un valle.
- **Longitud de onda (λ).** Es la distancia que separa dos puntos del medio que están en el mismo estado de vibración. Entre ellos hay una onda completa.
- **Frecuencia (*f*).** Es el número de vibraciones que se producen en un segundo. Se mide en hercios (Hz) o ciclos por segundo. Cuanto mayor sea la longitud de onda, menor será la frecuencia.

Los aparatos de radio tienen un conector para seleccionar la emisora y otro para el volumen. Cada emisora emite con una **frecuencia** determinada. Elegida la emisora, podemos oírla a un **volumen** alto o bajo.

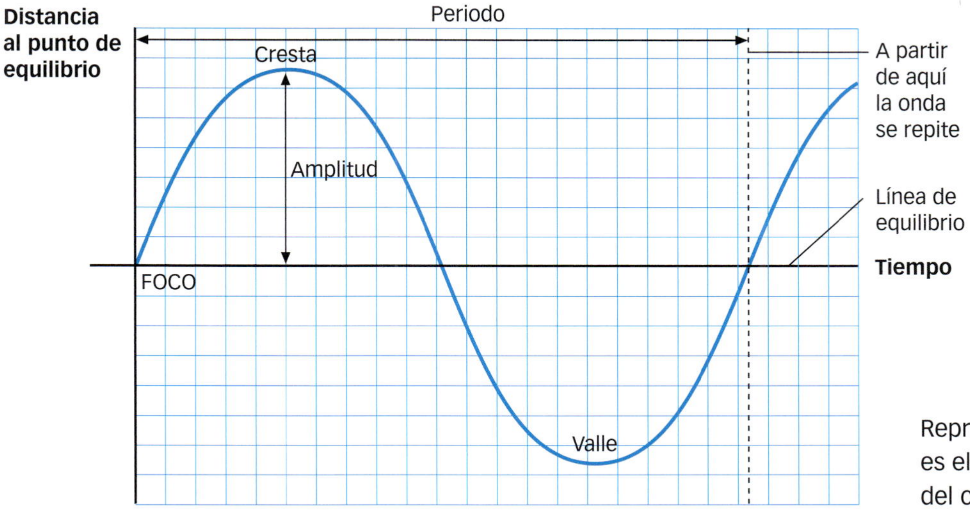

Representación de una **onda**. El periodo es el intervalo de tiempo al cabo del cual se repite la onda.

El efecto de una onda depende de su **intensidad** y de su **energía**.

La intensidad depende de la amplitud y la energía de la frecuencia.

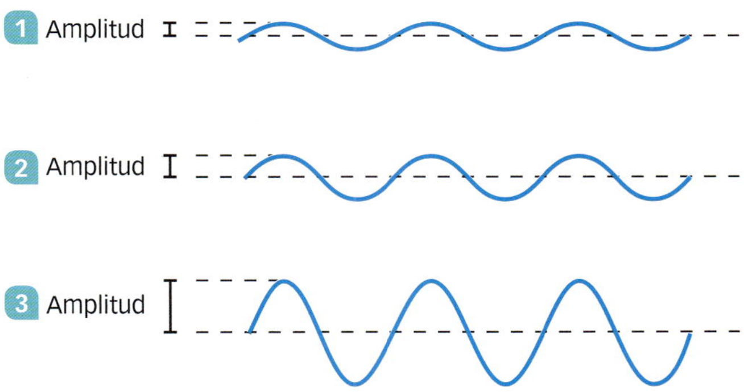

Las tres ondas tienen la **misma energía** (frecuencia), pero la onda 3 es más intensa (más amplitud).

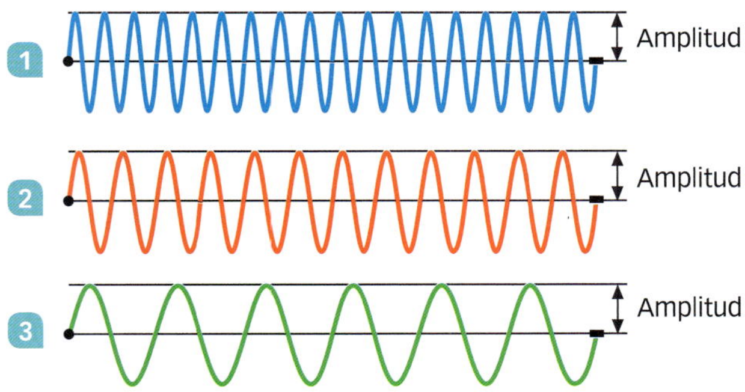

Las tres ondas tienen la **misma intensidad** (amplitud), pero la onda 1 tiene más energía (frecuencia mayor).

ACTIVIDADES

1. Una manera de celebrar jugadas en un estadio es haciendo «la ola». Explica la ola como una onda.
   a) ¿Cuáles son las «partículas» que vibran?
   b) ¿Cómo se propaga la onda?

2. En algunas películas de ciencia ficción podemos ver luchas entre naves en el espacio con un gran estruendo, lo cual es un error científico. ¿Por qué?

2 Las ondas sonoras

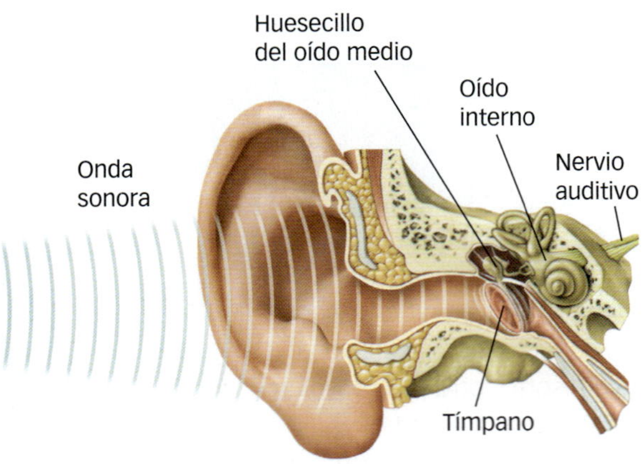

La onda sonora entra en la oreja y hace vibrar el **tímpano**, una membrana muy fina. La vibración se transmite a través de la **cadena de huesecillos**, y de ahí al **oído interno**, donde pasa al **nervio auditivo**, que lleva la información al **cerebro**.

Cuando hablamos o tocamos un instrumento, producimos un sonido. Al emitir palabras (A), pulsar una cuerda (B) o golpear un tambor (C), se emite una energía que hace vibrar las partículas del aire. La vibración se propaga como una onda en todas direcciones.

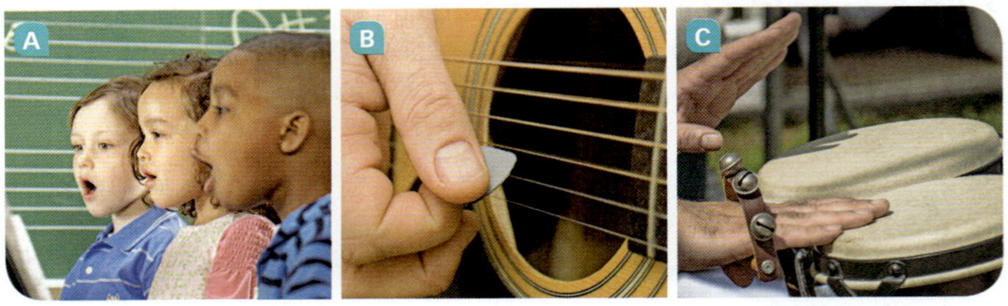

El sonido necesita un medio material para propagarse; a diferencia de la luz, el sonido no se propaga en el vacío. El sonido se propaga en el aire a 340 m/s, pero en otras sustancias se propaga a mayor velocidad. En el agua su velocidad es 1500 m/s; y en las rocas, 5500 m/s.

Para captar el sonido hace falta un receptor capaz de reconocer e interpretar la vibración. El receptor natural del sonido es el **oído**, pero también hay receptores electrónicos.

2.1. Características del sonido

Las ondas sonoras se caracterizan por su frecuencia e intensidad. Pero en la percepción de un sonido influyen, además, otras circunstancias. Por ello, para describir un sonido usamos el tono, la intensidad y el timbre.

Tono

El **tono** es la característica que permite distinguir los sonidos agudos de los graves.

Está relacionado con la frecuencia de la onda sonora: los agudos corresponden a las frecuencias altas, y los graves, a las más bajas.

El oído humano solo es capaz de percibir sonidos cuya frecuencia esté entre los 20 Hz y los 20 000 Hz.

- Los de frecuencia inferior a 20 Hz se llaman **infrasonidos** y los perciben animales como los elefantes y las ballenas.
- Los de frecuencia superior a 20 000 Hz se llaman **ultrasonidos**, y los perciben animales como los delfines, los murciélagos o los perros.

Las sopranos son las cantantes con voz más aguda. Su onda sonora puede transportar gran energía y lograr que se rompa una copa de cristal.

Intensidad

La **intensidad** es la característica del sonido que permite identificarlo como fuerte o débil. Es la característica que se regula con el control de volumen de los aparatos de audio.

Está relacionada con la amplitud de la onda sonora. Los sonidos fuertes corresponden a las amplitudes altas, y los débiles, a las bajas.

- **Umbral de audición.** Es la intensidad mínima de sonido que podemos percibir.
- **Umbral de dolor.** Es la intensidad máxima que podemos oír. Por encima de él tendremos una sensación dolorosa.

Para medir el nivel de intensidad sonora se utiliza una escala expresada en una unidad llamada **decibelio (dB)**.

Timbre

El **timbre** es la característica que permite distinguir sonidos del mismo tono e intensidad producidos por distintos instrumentos. También permite distinguir las voces de personas diferentes.

El timbre del sonido está determinado por la forma de su onda sonora. Observa la onda de un clarinete y una trompeta dando la misma nota.

A

Clarinete

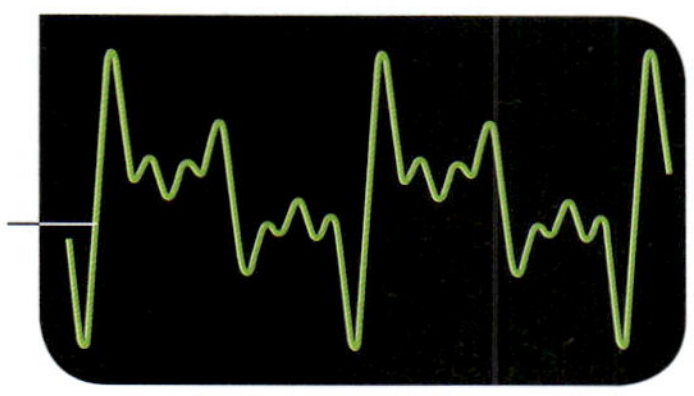

B

Trompeta

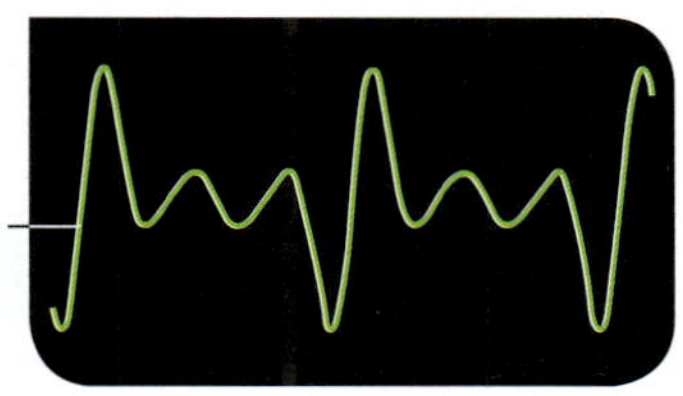

2.2. Contaminación sonora

Se llama así al conjunto de sonidos no deseados, o ruido, cuya intensidad y frecuencia originan molestias, e incluso llegan a provocar daños físicos y psíquicos. Las fuentes de ruido pueden ser fábricas, obras de construcción, tráfico rodado, aviones, discotecas, etc.

Hay dos tipos de medidas para luchar contra esta contaminación:

- **Activas.** Actúan contra los emisores de ruido. Ejemplo: silenciadores de coches, prohibición de tráfico aéreo o rodado en ciertas zonas, etc.
- **Pasivas.** Amortiguan la propagación del sonido y su impacto. Ejemplo: insonorización de discotecas y viviendas, auriculares antirruido, etc.

Frente	Nivel de intensidad (dB)
Umbral de sensación sonora	0
Murmullo de las hojas de un árbol	10
Conversación en voz baja	20
Casa tranquila	30
Radio a volumen normal	40
Automóvil en marcha	50
Conversación normal	60
Aspiradora a 3 m	70
Tráfico denso	80
Camión	90
Perforadora a 3 m	100*
Trueno	110
Altavoz de discoteca	120
Despegue de un avión reactor	150
Coche de Fórmula 1	180

Tabla de niveles de sonido. Ten en cuenta que el nivel de intensidad sonora disminuye a medida que nos alejamos del foco emisor del sonido.

* Umbral de sensación de dolor.

ACTIVIDADES

3 Compara la voz de un niño con la de un adulto.

a) ¿Es más aguda o más grave?

b) ¿Es más fuerte o más débil?

c) ¿Tiene más o menos energía?

d) ¿Tiene más o menos intensidad?

4 Teniendo en cuenta cómo se produce, cómo se propaga y cómo se recibe el sonido, diseña un método que te permita escuchar música en tu habitación sin molestar a otras personas de la vivienda.

PRESTA ATENCIÓN

El **espectro electromagnético** está formado por la luz y el resto de ondas electromagnéticas como las ondas de radio, las microondas, los rayos X...

3 Las ondas de luz

Llamamos **luz blanca** a la que procede del sol. Sin embargo, cuando esta luz atraviesa gotas de agua (arco iris), una canica o un prisma de cristal, la vemos descompuesta en colores.

Del Sol nos llega un conjunto de radiaciones electromagnéticas. Algunas de ellas son visibles y otras no. La descomposición de la luz en las radiaciones que la forman se denomina **espectro solar**.

Se llama **espectro electromagnético** al conjunto de todas las radiaciones electromagnéticas que existen. El espectro solar es una parte del espectro electromagnético.

El efecto de una radiación depende de su energía (frecuencia). Más frecuencia implica más energía transportada por la onda.

En el siguiente esquema se muestran los valores de longitud de onda y frecuencia de diferentes ondas electromagnéticas, así como algunos objetos de tamaño comparable a las longitudes de onda y también fuentes de algunas ondas.

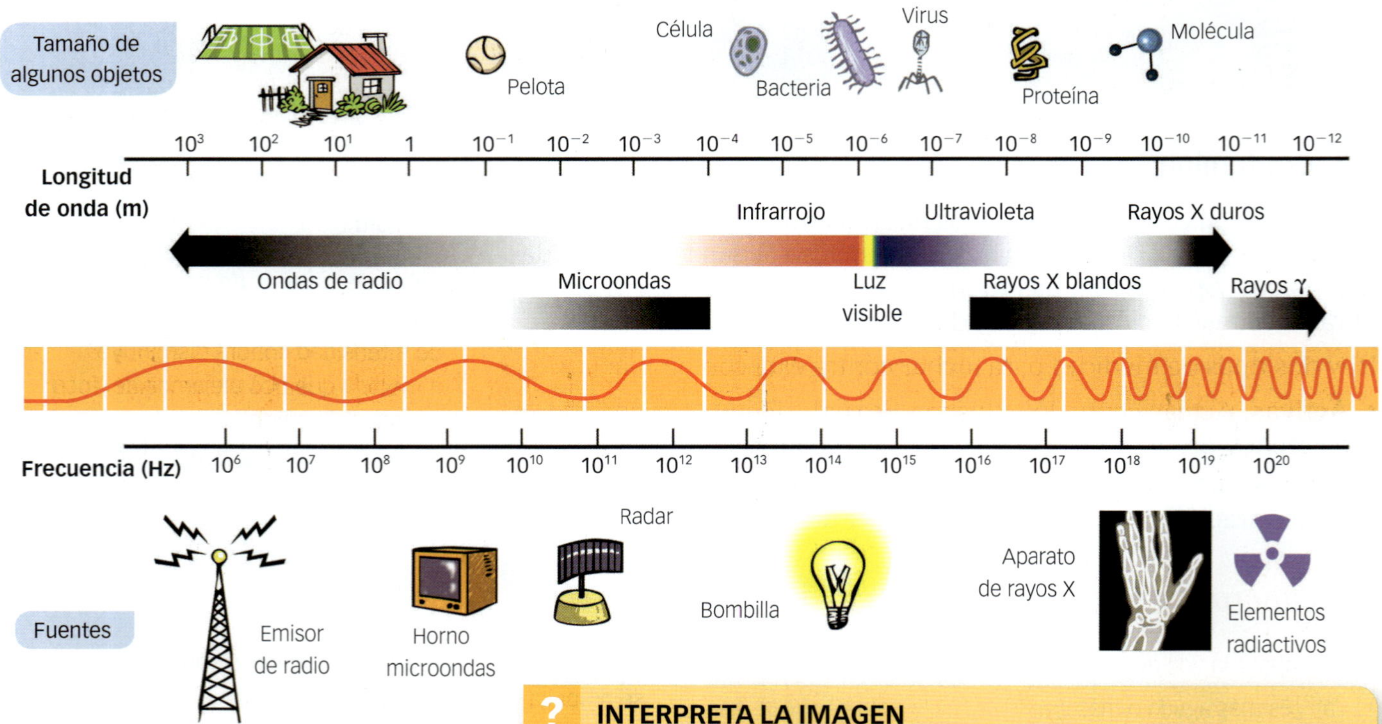

? INTERPRETA LA IMAGEN

El valor de 10^{-3} m de longitud de onda y el valor 10^{11} Hz de frecuencia corresponde a las microondas. Indica un valor de longitud de onda y otro de frecuencia de los rayos X blandos.

3.1. Los cuerpos y la luz

Algunos cuerpos emiten luz y son visibles siempre. Se les llama **fuentes luminosas** o **emisores primarios**. Pueden ser:

- **Naturales**, como el sol, otras estrellas o las luciérnagas.
- **Artificiales**, como las linternas o las lámparas.

Otros cuerpos solo son visibles cuando se les ilumina. Se les llama **emisores secundarios**.

El sol, la lámpara o las luciérnagas son algunos ejemplos de fuentes de luz o **emisores primarios**.

Los objetos se ven cuando se iluminan. Son **emisores secundarios**.

Los cuerpos absorben o emiten toda o parte de la luz que reciben, gracias a lo cual podemos ver su forma y color.

Según su capacidad de absorción de la luz, los cuerpos pueden ser:

Transparentes	Translúcidos	Opacos

Son cuerpos que dejan pasar toda la luz que les llega. A través de ellos se ven los objetos con nitidez. Ejemplos: el aire, la ventana, el vidrio o el agua.	Solo dejan pasar una parte de la luz que reciben; el resto la dispersan. A través de ellos no se ven los objetos con claridad. Ejemplos: vidrio esmerilado o papel vegetal.	No dejan pasar la luz. Absorben toda la que reciben. A través de ellos no se pueden ver los objetos. Ejemplos: madera, metal, cerámica o cartón.

ACTIVIDADES

5 Observa el espectro electromagnético y razona si tiene más o menos energía la radiación que emite un horno microondas o la que emite una emisora de radio.

6 Razona si son más peligrosas las radiaciones de mayor o las de menor longitud de onda.

7 Busca tres ejemplos de emisores de luz primarios y tres ejemplos de emisores secundarios, distintos de los que aparecen en esta página.

8 Busca tres ejemplos de cuerpos o sistemas materiales transparentes, translúcidos y opacos, distintos de los que aparecen en esta página.

3.2. El color de la luz y los cuerpos

Al hablar de color nos podemos referir al color de la luz o al que muestran los objetos (pigmento). En ambos casos hay tres colores primarios, y por combinación de ellos se obtienen todos los demás.

Colores luz		Colores pigmento	
Primarios	Secundarios	Primarios	Secundarios
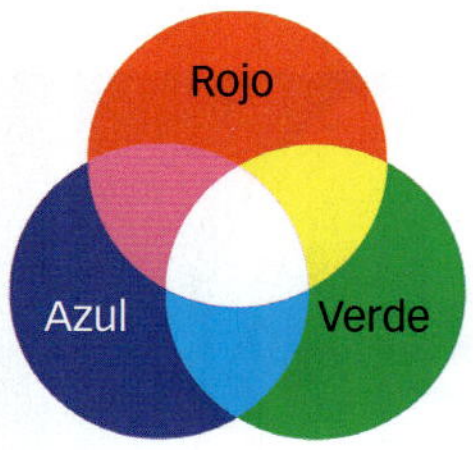	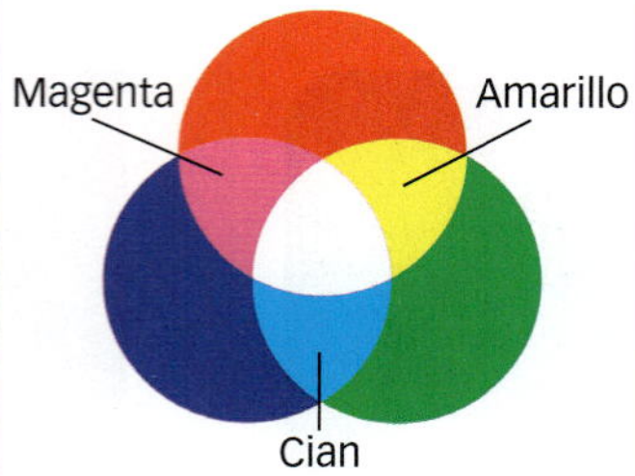	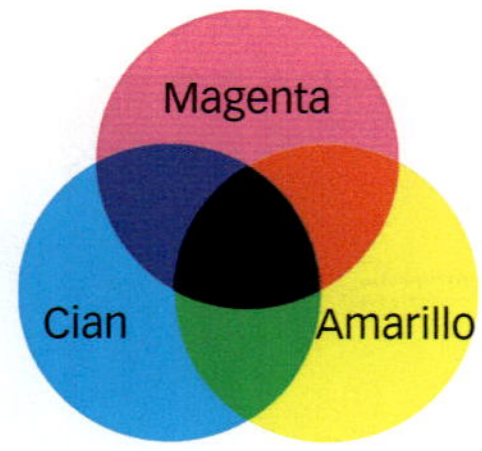	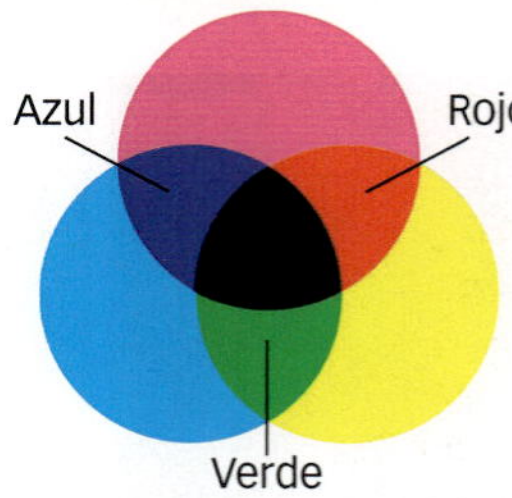
Blanco: suma de los tres colores primarios luz. Combinando los colores primarios luz en distintas proporciones podemos obtener cualquier color excepto el negro.		**Negro:** suma de los tres colores primarios pigmento. Combinando los colores primarios pigmento en distintas proporciones obtenemos cualquier color excepto el blanco.	

Los **colores complementarios** son aquellos que sumados dan blanco o negro. Se obtienen sumando un color primario y uno secundario. Por ejemplo, magenta y verde forman negro, en el caso de los colores pigmento y verde y magenta forman blanco en los colores luz.

La mayor parte de los cuerpos solo son visibles cuando se iluminan. Su color depende de la luz que reciben y la que reflejan.

Es **blanco** si refleja todos los colores.

Es **negro** si absorbe todos los colores.

Es **gris** si refleja todos los colores con menos intensidad.

Es **rojo** si absorbe todos los colores y refleja el rojo.

Es **amarillo** si absorbe el azul y refleja el rojo y el verde.

Es **azul cian** si absorbe el rojo y refleja el verde y el azul.

El color que muestra un objeto depende también de la luz con que se ilumina. Observa los mismos objetos iluminados con luces diferentes.

Color natural. Iluminado con luz blanca.

Iluminado con luz blanca y filtro rojo.

Iluminado con luz blanca y filtro azul.

ACTIVIDADES

9 ¿De qué color será la luz que resulta de iluminar con un foco verde y con un foco magenta?

10 ¿Qué color obtendrás si mezclas pintura verde y pintura magenta?

4 Propiedades de las ondas

Aunque la luz y el sonido son dos fenómenos muy diferentes, tienen algunas características comunes debido a que ambos son ondas. Tanto la luz como el sonido se reflejan y se refractan.

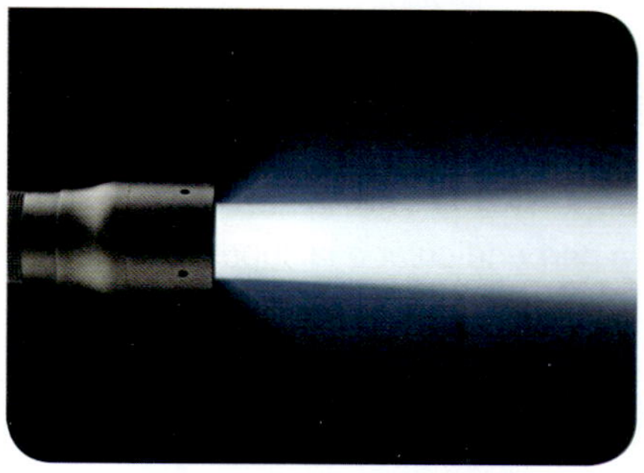

La luz se propaga en **línea recta**.

4.1. Propagación en línea recta

La luz y el sonido son ondas tridimensionales. Podríamos dibujar las ondas que nacen del foco (donde se produce la luz o el sonido) y se propagan en el espacio.

Si encerramos el foco en una caja y hacemos pequeños orificios, lo que vemos es un rayo que avanza en línea recta.

Sombras y penumbras

Las sombras y las penumbras aparecen cuando la luz que procede de un foco se encuentra en el camino con un objeto opaco. Observa los siguientes esquemas:

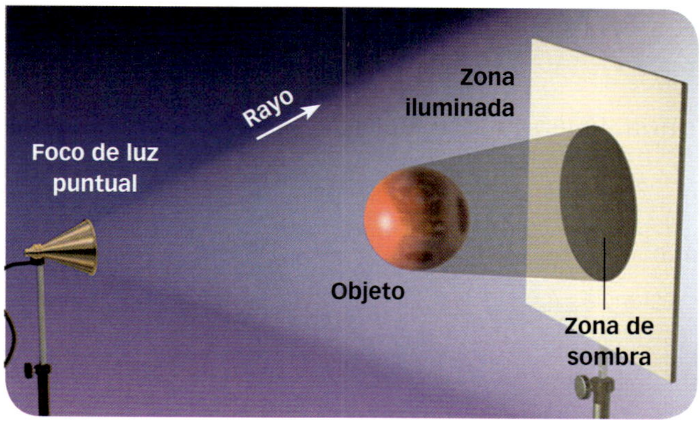

Si la luz procede de un foco puntual o muy alejado del objeto, en la pantalla aparece una **zona de sombra** pero no aparece una zona de penumbra.

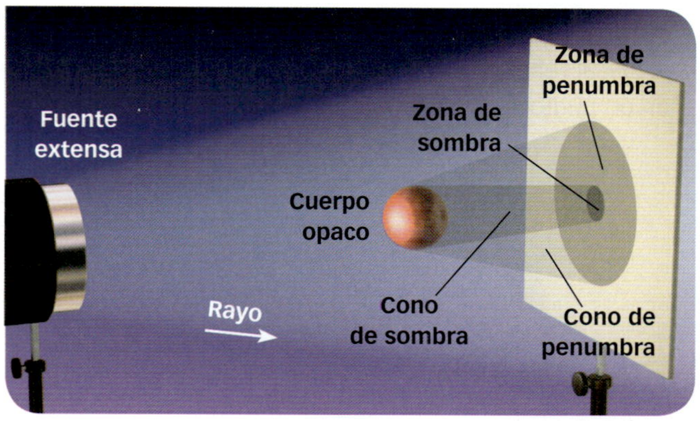

Si la luz procede de un foco grande o cercano al objeto, en la pantalla aparece una zona de **sombra** (no llega ningún rayo) y otra de **penumbra** (solo parte de los rayos).

Eclipses

Los eclipses son consecuencia de la propagación rectilínea de la luz. Observa cómo se forman los eclipses de Sol y de Luna.

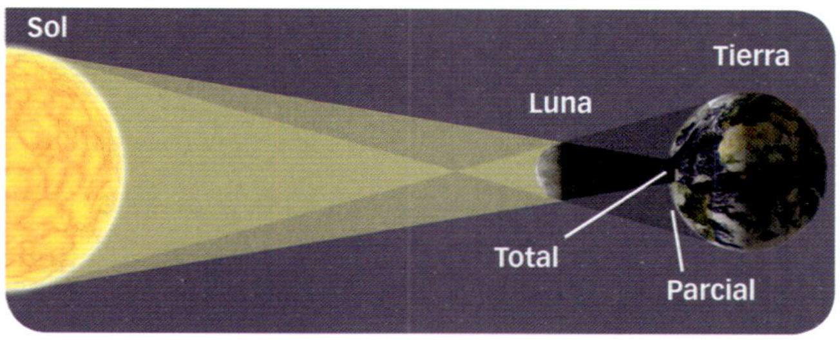

Eclipse de Sol. Se produce cuando la Luna se coloca entre el Sol y la Tierra. En un momento en que sería de día, el Sol queda totalmente tapado (eclipse total) o se queda parcialmente oculto (eclipse parcial).

Eclipse de Luna. Se produce cuando la Tierra se coloca entre el Sol y la Luna. Esta puede quedar en la zona de sombra (totalmente eclipsada) o en la zona de penumbra, y entonces se verá oscurecida.

4.2. Reflexión

Una onda **se refleja** cuando llega a la superficie de separación entre dos medios, choca contra ella y retrocede.

La superficie puede ser plana o cóncava. Si es plana la normal es perpendicular a la superficie y si es cóncava la normal tiene la dirección del radio.

La superficie de separación puede ser una pared o el límite entre el aire y el agua. La onda se puede propagar por el segundo medio o no. En ocasiones, puede ocurrir que la superficie absorba la onda y no haya reflexión.

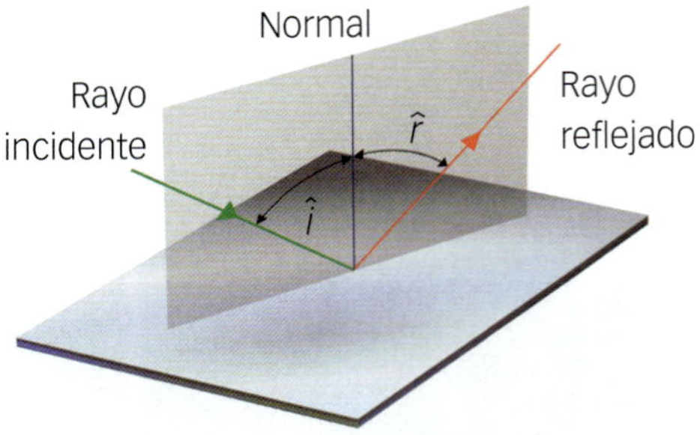

Superficie plana: la normal es la perpendicular a la superficie en el punto donde incide el rayo.

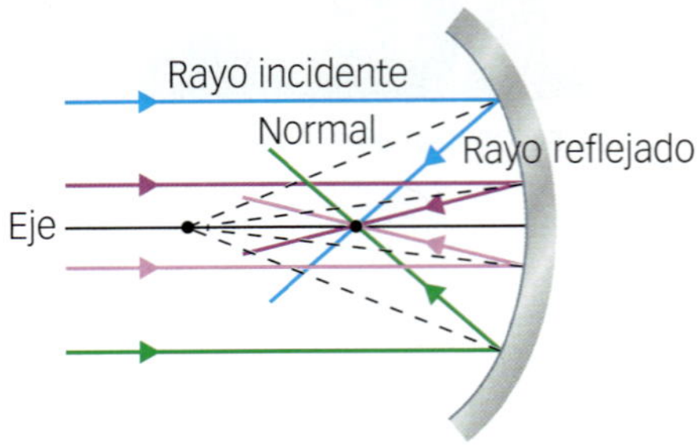

Superficie cóncava: la normal tiene la dirección del radio. Todos los rayos que llegan a la superficie paralelos al eje, al reflejarse, coinciden en un punto: el foco.

Leyes de la reflexión

En el caso de que un rayo luminoso choque contra una superficie y cambie de dirección, las leyes de reflexión son las siguientes:

- El rayo incidente, la normal y el rayo reflejado están en el mismo plano.
- El ángulo de incidencia $(\hat{i})$ es igual al ángulo de reflexión $(\hat{r})$.

Reflexión del sonido

El sonido es una onda. Cuando se refleja cumple las leyes citadas arriba.

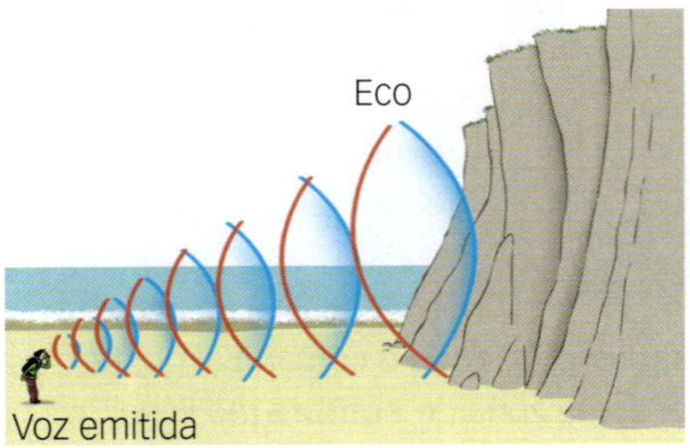

$$v_{\text{sonido}} = 340\ \text{m/s}$$

$$340\ \frac{\text{m}}{\text{s}} = \frac{\text{distancia}_{\text{ida}} + \text{distancia}_{\text{vuelta}}}{0{,}1\ \text{s}}$$

$$d_{\text{ida}} + d_{\text{vuelta}} = 340 \cdot 0{,}1 = 34\ \text{m}$$

$$\text{distancia}_{\text{pared}} = \frac{34}{2} = 17\ \text{m}$$

Los oídos distinguen sonidos que le llegan con una separación mayor de **0,1 s**.

Para apreciar el **eco** de la voz que lanzamos contra una pared debemos estar a más de 17 m de ella. A distancias menores el sonido que emitimos se superpone con el reflejado y se produce **reverberación**.

Hablar a través de un cono hace que la parte de la onda que llegue a la pared se refleje en ella y salga por el hueco. El sonido que se oye enfrente **se amplifica**.

ACTIVIDADES

11 En una excursión a un lugar montañoso lanzamos un grito y 1 segundo después escuchamos el eco. ¿A qué distancia se encuentran las montañas?

12 ¿Siempre que vamos al campo y lanzamos un grito se oye eco? Explica cuándo se produce y cuándo no.

13 Cuando hablamos en una habitación vacía, nuestra voz suena de forma distinta: como si los sonidos fuesen más largos. Esto no sucede cuando la habitación tiene muebles, cortinas o alfombras.

a) ¿Cómo se llama este fenómeno? Explícalo.

b) ¿Por qué desaparece si hay objetos en la habitación?

Reflexión de la luz

La luz se refleja cuando llega a la superficie que separa dos medios y retrocede. Si la superficie es lisa, la reflexión es especular y se puede obtener una imagen del objeto del que procede la luz.

Los espejos convencionales son cuerpos opacos muy pulimentados. Pueden ser de vidrio, con un material reflectante en la parte posterior, o de metal pulimentado. Una superficie de agua en calma o un cristal también pueden reflejar la luz.

La mayor parte de los espejos son planos, pero también pueden ser cóncavos o convexos. Una cuchara pulimentada es un espejo cóncavo por su parte interior y convexo por la posterior.

Espejo plano	Espejo cóncavo	Espejo convexo
	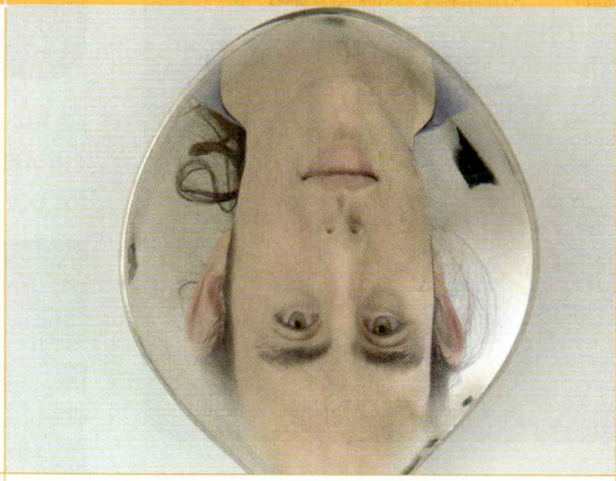	
Imagen derecha, del mismo tamaño y simétrica. Al mover la mano derecha, en la imagen se mueve la mano izquierda.	Superficie especular: interior de un casquete esférico. • Lejos del espejo: imagen invertida y menor. • Cerca del espejo: imagen derecha y mayor.	Superficie especular: exterior de un casquete esférico. Imagen siempre derecha y menor. Más pequeña cuanto más lejos del espejo.

1. EJEMPLO RESUELTO

En los submarinos se utiliza un periscopio para ver qué sucede en la superficie cuando están sumergidos. Indica cómo se puede hacer esto reflejando la luz en dos espejos.

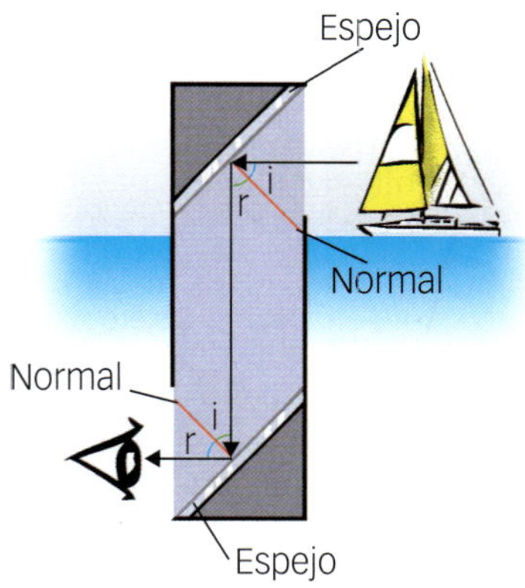

Para que la luz que refleja el barco llegue al ojo, debe seguir el camino marcado por las flechas.

Los espejos deben tener una inclinación de 45°. Así, el rayo incidente (i) y el rayo reflejado (r) en cada uno forman un ángulo de 90°.

Un espejo orienta su superficie reflectante al barco, y el otro, al ojo.

ACTIVIDADES

14 Razona cómo deberían estar colocados los espejos de un periscopio que nos permita ver lo que sucede a nuestra espalda.

15 ¿Por qué en los supermercados o en los cruces de mala visibilidad se colocan espejos convexos? ¿Qué ocurriría si fuesen cóncavos?

4.3. Refracción

El rayo de luz que procede del pez **se refracta** al pasar del agua al aire. Quien observa ve la imagen del pez en la prolongación del rayo que le llega y le parece que el pez está más arriba.

Cuando una onda pasa de un medio a otro en el que se desplaza a distinta velocidad, **se refracta**. Como consecuencia de la diferente velocidad, en general cambia la dirección del rayo.

La luz se refracta cuando pasa del aire al agua o al vidrio. El rayo que procede de un objeto cambia de dirección y altera la forma que vemos.

La luz que atraviesa el bloque de vidrio **se refracta** al entrar y al salir. El rayo inicial y el final son paralelos.

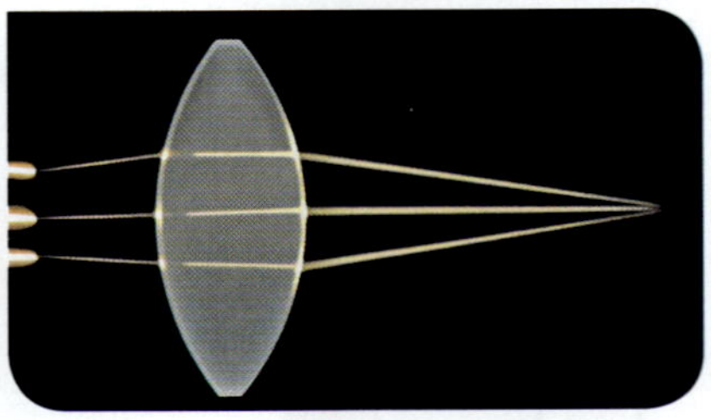

La luz que atraviesa superficies curvas biconvexas converge en un punto. Es una **lente convergente**.

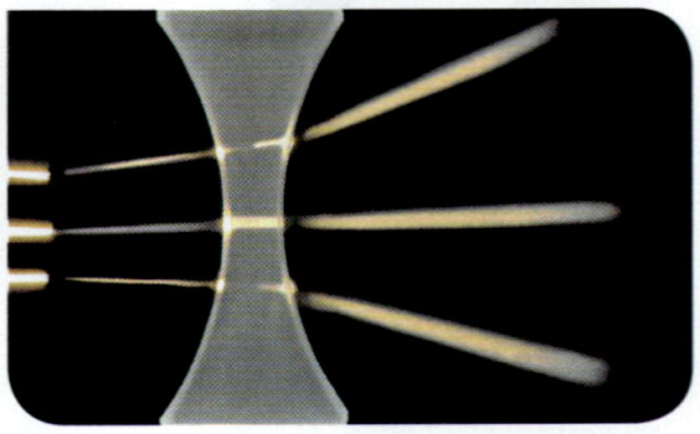

La luz que atraviesa superficies bicóncavas diverge. Es una lente **divergente**.

Las lentes

Muchos instrumentos ópticos utilizan lentes convergentes o divergentes para obtener una imagen de un objeto que puede ser mayor o menor que el original.

Lente divergente

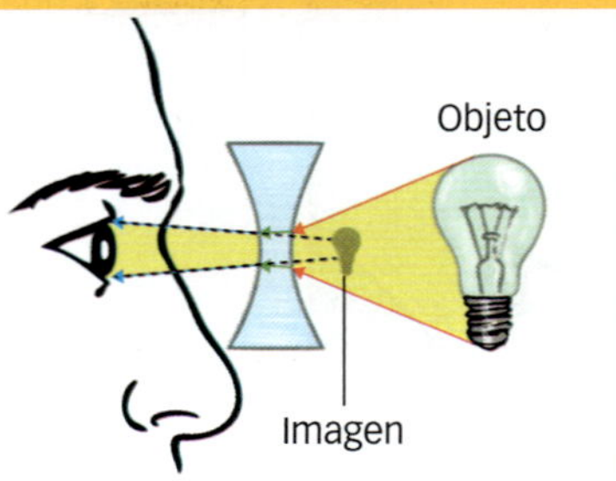

- Objeto **a cualquier distancia**.
  Imagen derecha, de menor tamaño y situada más cerca.
  La imagen está del mismo lado de la lente que el objeto. Ejemplo: gafas para corregir la miopía.

Lente convergente

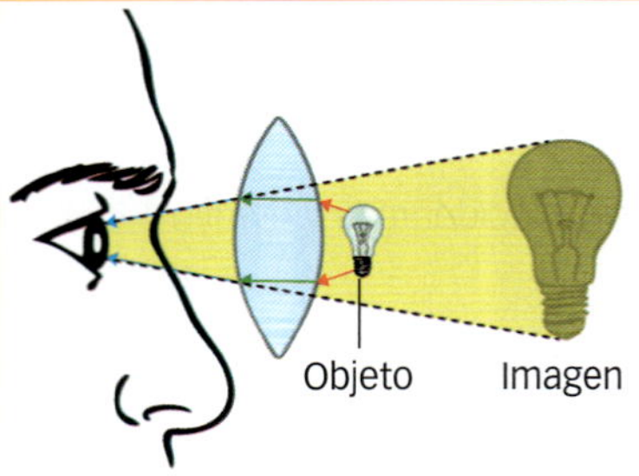

- Objeto **muy cerca**.
  Imagen derecha, de mayor tamaño y situada más lejos de la lente que el objeto.
  La imagen está del mismo lado de la lente que el objeto. Ejemplo: lupa.

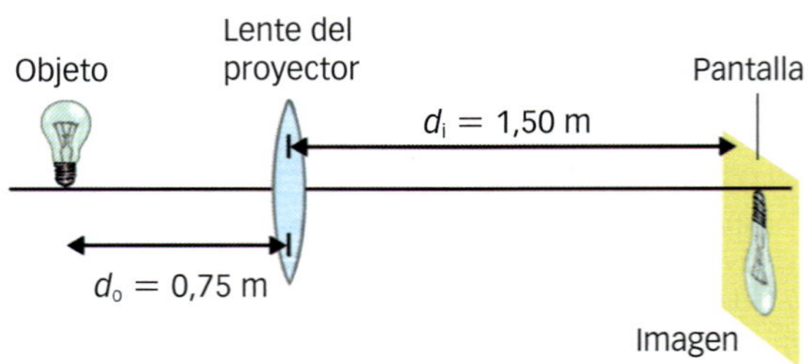

- Objeto **a media distancia**.
  La imagen se recoge en una pantalla y es invertida, de mayor tamaño y situada más lejos de la lente que el objeto. Ejemplo: proyector (cañón).
- Objeto **muy alejado**.
  La imagen se recoge en una pantalla y es invertida, de menor tamaño y situada más cerca. Ejemplo: ojo.

El ojo y la visión

El ojo es el órgano donde reside el sentido de la vista. Capta la luz que emiten los objetos y la transforma en señales que llegan al cerebro, donde se interpretan.

La luz entra en el ojo por la **pupila**, un orificio del **iris** que está más o menos abierto según la cantidad de luz que llega. Luego atraviesa el **cristalino**, una lente convergente, y forma la imagen del objeto en la **retina**, que actúa de pantalla. La retina tiene células fotosensibles, los **conos** y **bastones**, que transforman la luz en impulsos nerviosos que llegan al cerebro por el **nervio óptico**.

Algunos problemas de visión se deben a defectos en la forma del ojo y en el cristalino. Se corrigen colocando una lente delante del ojo (gafas).

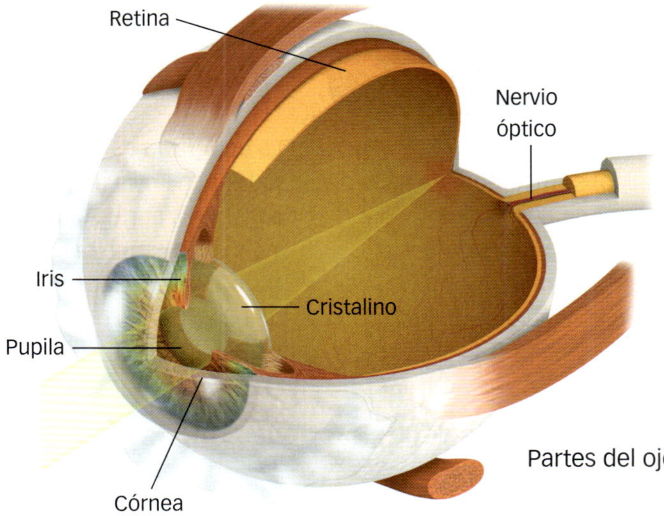

Partes del ojo.

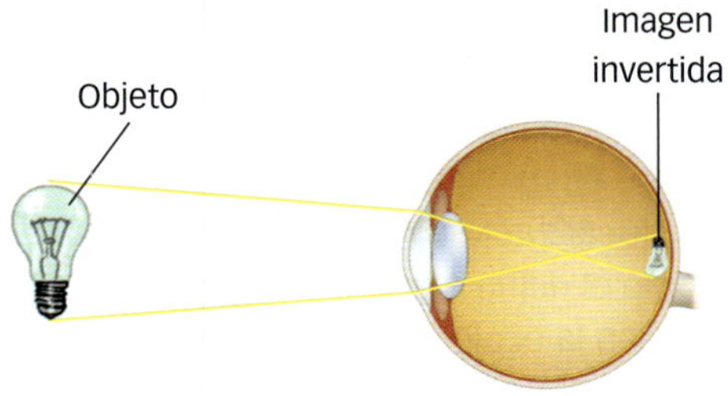

En el ojo normal, los rayos que atraviesan la lente (cristalino) coinciden y forman la imagen en la retina. Es una imagen invertida.

Ojo miope

Se produce porque el ojo es demasiado alargado o porque hay exceso de curvatura en el cristalino. Los rayos que atraviesan la lente coinciden y forman la imagen antes de la retina. Las células de la retina recogen una imagen borrosa del objeto.

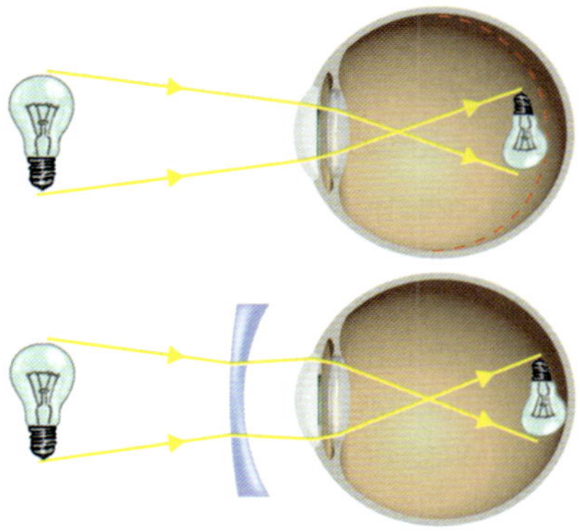

Se corrigen con una **lente divergente**.

Ojo hipermétrope

Se produce porque el ojo es más corto de lo normal o porque hay poca curvatura en el cristalino. Los rayos que atraviesan la lente coinciden y forman la imagen más allá de la retina. Las células de la retina recogen una imagen borrosa del objeto.

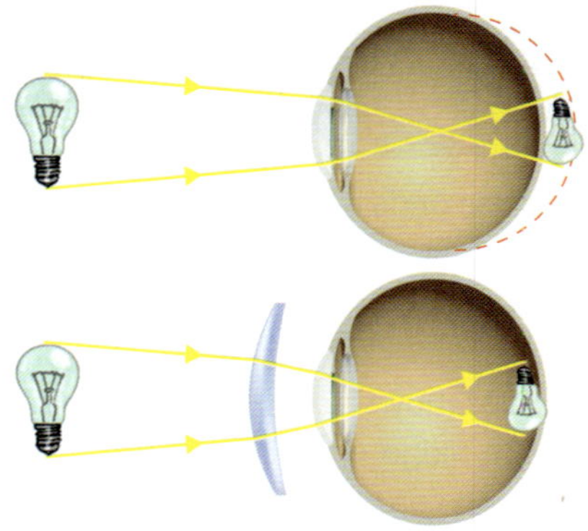

Se corrigen con una **lente convergente**.

ACTIVIDADES

16 Teniendo en cuenta el tipo de lente que se utiliza en las lupas, explica cómo podrías usar una lupa para proyectar la imagen de un objeto en una pantalla. ¿Cómo sería la imagen con relación a un objeto?

17 ¿Se podría utilizar una lente divergente para proyectar la imagen de un objeto sobre una pantalla? Razónalo.

5 Aplicaciones de la luz y del sonido

5.1. Aplicaciones de la reflexión del sonido

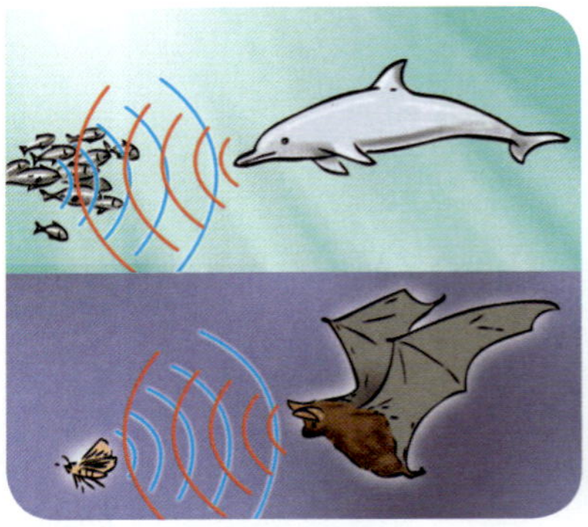

Se puede utilizar la reflexión del sonido para localizar objetos fijos o en movimiento: **ecolocalización**. Algunos animales, como el delfín o el murciélago, utilizan la ecolocalización para desplazarse y capturar sus presas.

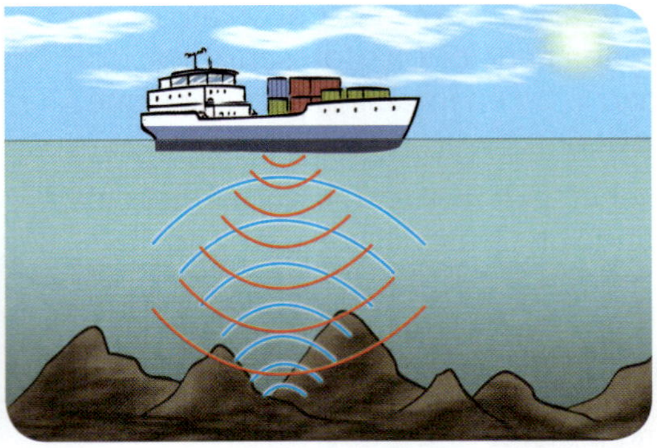

El **sonar** (*Sound Navigation And Ranging*, navegación por sonido) se inventó para facilitar la navegación, localizando obstáculos no visibles como icebergs o rocas del fondo. Hoy se emplea para cartografiar el fondo marino, localizar barcos hundidos o bancos de peces.

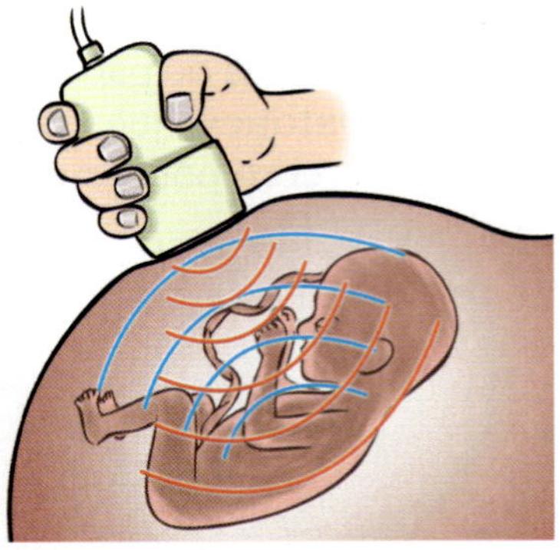

La **ecografía** es una evolución del sonar. Envía ultrasonidos a distintas partes del cuerpo y construye una imagen a partir del eco que producen. Son ondas de baja energía que no dañan a los seres vivos.

5.2. Aplicaciones de la reflexión de las ondas electromagnéticas

Se puede utilizar la reflexión de ondas electromagnéticas para transmitir señales de telecomunicación (textos, fotografías, sonidos y vídeos) en las **fibras ópticas**. Son hilos muy finos de material transparente, vidrio o materiales plásticos, por donde pasa la luz que lleva los datos a transmitir.

El **radar** (*Radio Detection and Ranging*, detección y medición de distancias por radio) se desarrolló durante la Segunda Guerra Mundial. Aunque se utilizó inicialmente con fines bélicos, hoy en día tiene otras aplicaciones: controlar el tráfico aéreo, de barcos y automóviles.

Los **radares meteorológicos** predicen las lluvias midiendo la distancia a la que se encuentran las nubes y la velocidad a la que se mueven. Existen muchos tipos de radares dependiendo de la frecuencia de la radiación que utilizan. Las señales se emiten y reciben mediante antenas.

ACTIVIDADES

18 Explica cómo puede emplearse un sonar para cartografiar el fondo marino. ¿Qué propiedad de las ondas sonoras se utiliza?

19 Explica de qué manera un radar detecta la posición de un objeto. ¿Qué propiedad debe cumplir un objeto para ser detectado por un radar?

ACTIVIDADES FINALES

REPASA LO ESENCIAL

20 Copia en tu cuaderno e indica en cuáles de estos medios se puede propagar el sonido y en cuáles la luz. Ten en cuenta que en algunos medios se pueden propagar ambos.

a) Aire.

b) Agua.

c) Cristal.

d) Espacio exterior.

e) Metal.

f) Porexpán.

☐ Luz

☐ Sonido

21 Contesta.

a) El sonido, ¿se mueve a mayor velocidad en el aire o en el cristal? Razónalo.

b) La luz, ¿se mueve a mayor velocidad en el aire o en el cristal? Razónalo.

22 Indica en tu cuaderno cuál de estas series representa adecuadamente el proceso de audición o de visión.

a) Transmisión → Emisor → Receptor

b) Receptor → Emisor → Transmisión

c) Emisor → Transmisión → Receptor

23 Las frases siguientes contienen un error. Detéctalo y corrígelo en tu cuaderno.

a) El tono de un sonido puede ser fuerte o débil.

b) La intensidad de una melodía interpretada por una trompeta es distinta de la intensidad de la misma melodía interpretada por un violín.

c) El timbre de la voz de un niño es agudo, mientras que el de un adulto es grave.

24 ¿Qué frase es correcta? ¿Cuál es errónea? ¿Por qué?

a) El espectro solar es una parte del espectro electromagnético.

b) El espectro electromagnético es una parte del espectro solar.

25 Identifica en tu cuaderno los cuerpos siguientes como transparentes, translúcidos u opacos.

26 Escribe en tu cuaderno el nombre de cada uno de los colores que se muestran. Suponiendo que todos son colores primarios, señala cuáles son colores luz y cuáles son colores pigmento.

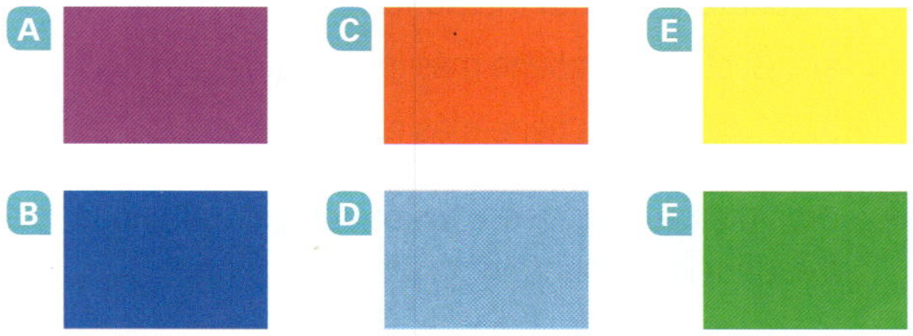

27 Un rayo de luz que llega a la superficie de un estanque de agua puede reflejarse y refractarse. El esquema siguiente muestra la marcha de los rayos. Cópialo en tu cuaderno y pon en cada recuadro el rótulo adecuado.

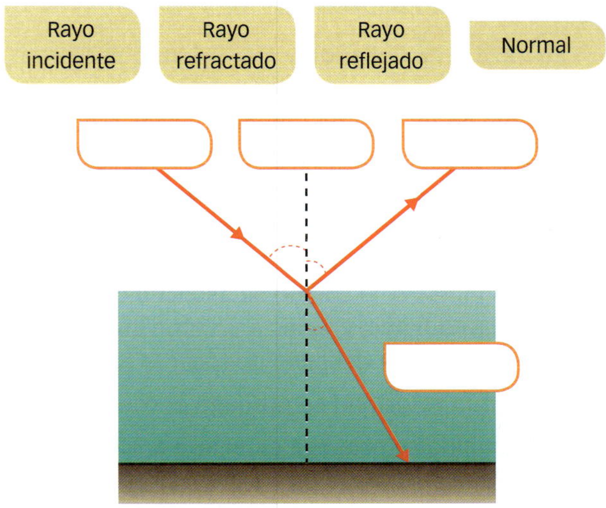

28 Relaciona en tu cuaderno cada objeto con las características (una o más) de la imagen que produce.

a) Produce una imagen por reflexión.

b) Produce una imagen por refracción.

c) La imagen es del tamaño del objeto.

d) Cuando el objeto está muy cerca, la imagen es mayor que el objeto y derecha.

e) Siempre da una imagen del objeto menor y derecha.

f) Cuando el objeto está a cierta distancia, se obtiene una imagen invertida.

☐ Espejo plano

☐ Lente divergente

☐ Espejo cóncavo

☐ Lente convergente

☐ Espejo convexo

PRACTICA

¿Qué es una onda?

29 Dibuja en tu cuaderno dos ondas que tengan la misma amplitud y distinta frecuencia.

a) ¿Cuál de ellas tiene más intensidad?

b) ¿Cuál de ellas tiene más energía?

30 Dibuja en tu cuaderno dos ondas que tengan la misma frecuencia y distinta amplitud.

a) ¿Cuál de ellas tiene más intensidad?

b) ¿Cuál de ellas tiene más energía?

Las ondas sonoras

2. EJEMPLO RESUELTO

En 1826, J. D. Colladon y J. C. F. Sturm midieron por primera vez la velocidad del sonido en el agua en un lago de Ginebra (Suiza), a bordo de dos barcos separados 13 478 m. Cuando sonaba una campana sumergida en el primer barco se encendía una luz que, al ser vista desde el segundo barco, ponía en marcha un cronómetro. El sonido se escuchó en el segundo barco, gracias a un tubo sumergido en el agua, 9,4 s después de tocar la campana.

a) ¿A qué velocidad se propagó el sonido?

b) El sonido se propaga en el aire a 340 m/s. ¿A qué se debe la diferencia?

a) $$v_{\text{sonido agua}} = \frac{\text{distancia recorrida}}{\text{tiempo empleado}} = \frac{13\,478 \text{ m}}{9{,}4 \text{ s}} = \mathbf{1434 \text{ m/s}}$$

b) El sonido se propaga por la vibración de las partículas del medio. El agua es un medio más denso que el aire, y sus partículas transmiten la vibración con mayor rapidez.

31 Podemos saber a qué distancia está una tormenta midiendo el tiempo que transcurre desde que vemos el relámpago hasta que oímos el trueno. En una ocasión, pasaron 8 segundos entre uno y otro.

Dato: velocidad del sonido en el aire, 340 m/s.

a) ¿Qué se produjo primero, el relámpago o el trueno?

b) ¿A qué distancia estaba la tormenta?

32 Los indios americanos colocaban la oreja sobre el suelo para escuchar las manadas de bisontes y saber a qué distancia se encontraban. ¿En qué se basaba su método?

Las ondas de luz

33 Razona si es posible que:

a) Una radiación de microondas tenga más energía que una radiación de ultravioleta.

b) Una radiación de microondas tenga más intensidad que una radiación de ultravioleta.

34 Clasifica los cuerpos siguientes en fuentes de luz primarias o secundarias.

a) El Sol.

b) La Luna.

c) Una estrella.

d) El fuego.

e) Un espejo.

f) Un semáforo.

Propiedades de las ondas

35 Una lámpara emite rayos de luz en todas direcciones. Si colocamos un cuerpo opaco en su camino, se produce una zona de sombra y otra de penumbra. Copia el esquema en tu cuaderno y dibuja los rayos que salen de la lámpara que te permiten explicar las dos zonas. ¿Cómo tendría que ser la lámpara para que solo hubiese sombra?

36 Las salas de conciertos suelen tener paneles reflectantes en el techo y cortinas alrededor del escenario. Utiliza el esquema para explicar cómo mejora la audición con estos elementos.

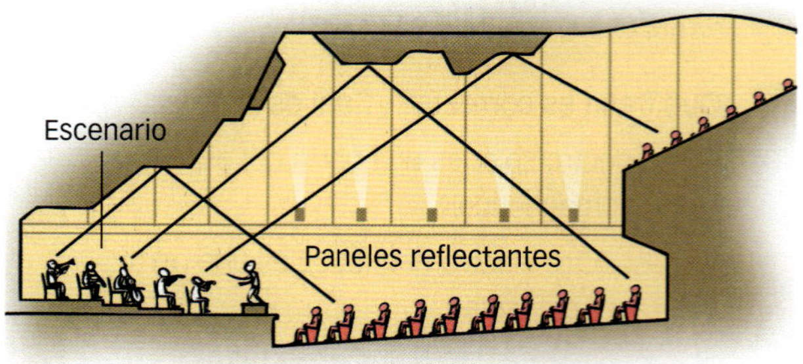

37 Una cuchara puede funcionar como un espejo. Observa las siguientes imágenes y explica qué tipo de espejo hay por cada lado de la cuchara. Razona, en cada caso, cómo sería la imagen si te acercas a la cuchara.

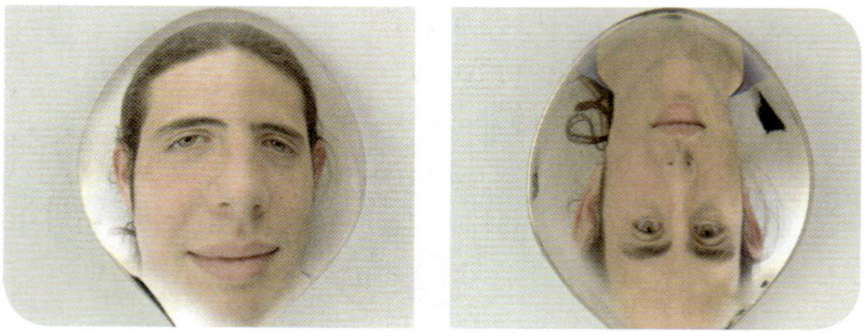

38 Se pueden utilizar espejos curvos para modificar el campo de visión y obtener imágenes de distinto tamaño. Contesta explicando tus respuestas.

a) ¿Qué tipo de espejo es el más adecuado para los retrovisores de los coches?

b) ¿Cuál es mejor para maquillarse con detalle?

39 La mayor parte de las lámparas de estudio o los focos de fotografía están rodeados de una pantalla reflectante en forma de campana.

a) Observa la imagen y explica por qué.

b) ¿Qué ocurriría si la pantalla fuese negra?

3. EJEMPLO RESUELTO

Las antenas parabólicas se utilizan para recibir las señales de telecomunicación. Enfrente de la parábola, y a cierta distancia, tienen un amplificador de señal. Explica por qué tienen esa forma y en qué punto debe estar el amplificador.

Las ondas que llegan a la antena se reflejan en su superficie reflectante. Como es una parábola, los rayos reflejados coinciden en un punto, el foco. El amplificador de la antena debe colocarse en el foco.

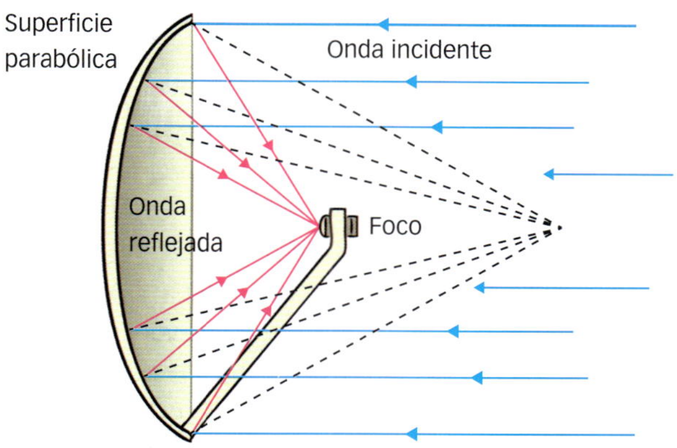

40 Cuando hay riesgo de incendio nos avisan de que no dejemos botellas abandonadas en el campo, pues podrían iniciar el fuego. Observa la imagen y explica cómo lo hacen.

Aplicaciones de la luz y del sonido

41 Tratando de localizar bancos de peces para pescar, un sonar emite una señal y capta el eco dos segundos después. ¿A qué distancia se encuentran los peces?

Dato: velocidad del sonido en el agua, 1450 m/s.

42 Cuando pisaron la Luna por primera vez, los astronautas Buzz Aldrin y Neil Armstrong dejaron un sistema de espejos que permite medir con exactitud la distancia entre la Tierra y la Luna. Cada día, desde un observatorio de Texas (EE. UU.), se envía un rayo láser que se refleja en los espejos de la Luna y vuelve hacia la Tierra. Se ha detectado que, cuando la Luna está más cerca de la Tierra, se encuentra a 356 334 km. Cuando está más lejos, se encuentra a 406 610 km. Calcula cuánto tiempo tarda el rayo láser en volver al punto de partida en cada caso.

Dato: velocidad de la luz en el vacío, 300 000 km/s.

43 ¿Se podría utilizar un sonar para medir la distancia entre la Tierra y la Luna? Explica los motivos.

AMPLÍA

44 Un diapasón produce sonidos cuando se golpea una de sus barras con el martillo de goma y deja de producirlo si sujetamos una de sus barras con los dedos. ¿A qué se debe?

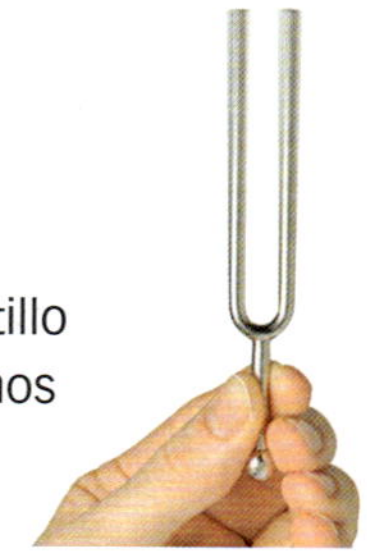

45 Teniendo en cuenta el significado de las palabras *brillante* y *transparente*, y usando ejemplos, razona si:

a) Todo cuerpo brillante es transparente.

b) Todo cuerpo transparente es brillante.

c) Algún cuerpo brillante es transparente.

46 La persona que está en la barca ve el pez más arriba de lo que realmente está. ¿Dónde verá el pez a la persona de la barca? Haz un esquema con los rayos y la prolongación de ambos.

47 Repasa el ejemplo resuelto 2, donde se describe un experimento para medir la velocidad del sonido.

a) ¿Se podría utilizar uno similar para medir la velocidad de la luz? ¿Por qué?

b) Diseña un experimento que permita medir la velocidad de la luz. Utiliza como pista la información de la actividad 42.

APLICA UNA TÉCNICA. Analizar la periodicidad de los eclipses

La Luna completa una vuelta alrededor de la Tierra cada 28 días aproximadamente atraída por nuestro planeta. En ese periodo de tiempo vemos que pasa por sus diferentes fases: luna nueva, cuarto creciente, luna llena y cuarto menguante.

Entonces, ¿por qué no hay un eclipse de Luna o de Sol cada 14 días, más o menos? En realidad, cuando hay luna llena o luna nueva se produce una alineación del Sol, la Tierra y la Luna más o menos en la misma línea. Sí, más o menos en la misma línea, pero no exactamente. ¿Por qué?

La causa es que el plano en el que la Luna orbita alrededor de la Tierra (de color naranja y verde en la ilustración) está inclinado con respecto al plano de la eclíptica, es decir, el plano en que se encuentra la órbita de la Tierra alrededor del Sol (de color azul en la ilustración). Esta inclinación es de un poco más de 5°, pero es suficiente para que no se produzcan un mayor número de eclipses.

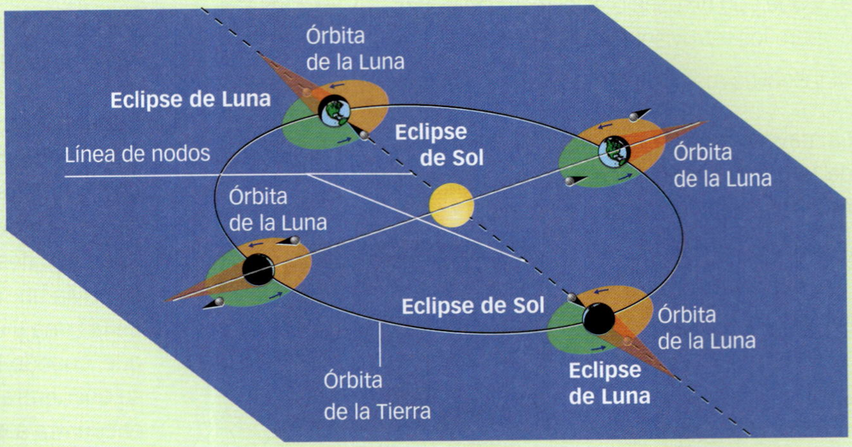

Como muestra la ilustración, la alineación Sol-Tierra-Luna solo es perfecta en dos momentos del año: cuando la Luna pasa por la fase de luna nueva o luna llena mientras está en la **línea de nodos**, es decir, en la línea imaginaria formada por la intersección del plano de la órbita lunar y el de la órbita terrestre alrededor del Sol. En los demás momentos del año la alineación no es perfecta y, por tanto, no se producen eclipses.

48 Contesta.

a) ¿Cuántos eclipses de Luna habría cada año si el plano orbital de la Luna coincidiera con el plano de la eclíptica?

b) ¿Y cuántos eclipses de Sol?

49 ¿Cuánto tiempo, como mínimo, transcurre entre dos eclipses consecutivos vistos desde un punto y otro de la Tierra?

50 Un eclipse anular de Sol se produce cuando la Luna no llega a tapar por completo el disco solar. Teniendo en cuenta que la órbita de la Tierra alrededor del Sol es ligeramente elíptica, explica por qué algunos eclipses de Sol son totales y otros son anulares.

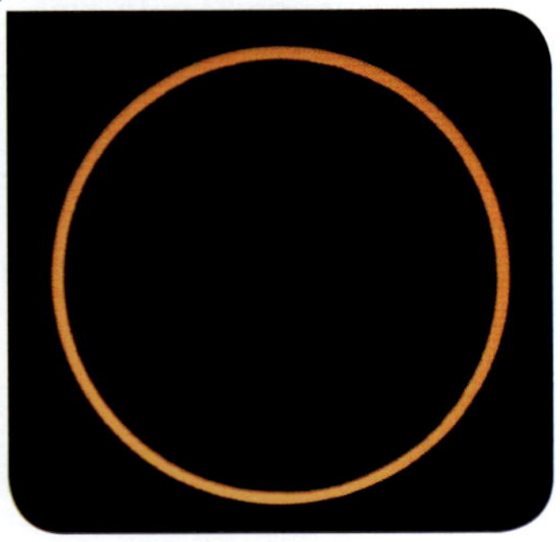

51 Vistos desde la Tierra, el Sol y la Luna muestran aproximadamente el mismo tamaño sobre el cielo.

a) ¿Qué relación tiene este hecho con la producción de eclipses?

b) En el pasado, la Luna estuvo más cerca de la Tierra de lo que se encuentra en la actualidad. Así, el disco solar era de mayor tamaño y, por tanto, la zona de penumbra también era mayor. Explica cómo afectaba este hecho a la existencia y tipo de eclipses de Sol y de Luna.

52 La velocidad orbital de la Tierra alrededor del Sol no es constante. Es más elevada en el perihelio (punto de la órbita más cercano al Sol) y más reducida en el afelio (punto de la órbita más alejado del Sol). Teniendo esto en cuenta explica por qué unos eclipses de Sol duran más que otros.

FORMAS DE PENSAR. Análisis científico. **¿Cómo luchar contra la contaminación acústica?**

El ruido es uno de los problemas ambientales más relevantes. Su amplio alcance social se debe a que su origen radica en actividades y hábitos que forman parte de la vida cotidiana de las personas. De hecho, entre las principales fuentes generadoras de ruido se encuentran el tráfico, los establecimientos de ocio y servicios, y la industria. Según datos de la Organización Mundial de la Salud (OMS), el ruido es la segunda causa ambiental de problemas de salud, detrás de la contaminación atmosférica. Su exposición prolongada puede afectar de distintas formas, produciendo molestias, trastornos del sueño, efectos perjudiciales en los sistemas cardiovascular y metabólico y deficiencias cognitivas en menores.

La Consejería de Agricultura, Ganadería, Pesca y Desarrollo Sostenible ha presentado el proyecto de decreto por el que se aprueba el reglamento para la preservación de la calidad acústica en Andalucía. El nuevo decreto permitirá compatibilizar la regulación de la contaminación acústica con la normativa que afecta a los espectáculos, actividades recreativas y establecimientos públicos de Andalucía. Se trata de facilitar el desarrollo de este tipo de actividades sin menoscabo del derecho al descanso de la ciudadanía.

Al nuevo reglamento se incorporará la metodología de evaluación previa al inicio de la actividad sobre cumplimiento de los niveles de calidad acústica permitidos en el interior de las edificaciones próximas a establecimientos de hostelería, ocio y esparcimiento provistos de terrazas y veladores.

Adicionalmente, el futuro reglamento introducirá mejoras en la regulación de los equipos limitadores de sonido, dispositivos que permiten controlar el nivel de ruido generado por equipos de música o actuaciones en directo, con el fin de no sobrepasar los niveles máximos permitidos.

Otra de las novedades del proyecto de decreto consiste en optimizar los procedimientos de medición del ruido, evitando la arbitrariedad de la norma actual.

FUENTE: Junta de Andalucía, 9 de febrero de 2021 (Adaptación)

53 COMPRENSIÓN LECTORA. Elabora un resumen del texto.

54 Propón un título para el texto e idea un eslogan para luchar contra la contaminación acústica.

55 Señala medidas que pueden adoptarse para mitigar las molestias por el ruido:

a) En relación con el agente emisor del ruido.
b) En relación con el medio por el que se transmite el sonido.
c) En relación con las personas que soportan el ruido.

56 ¿Cómo reducirías tú el ruido?

a) En bares y locales de ocio.
b) En lugares de trabajo.
c) En las viviendas.
d) En carreteras.
e) Cerca de aeropuertos o vías de tren.
f) En escuelas de música y danza.

57 Para protegerse del ruido en lugares de trabajo muchas personas recurren a auriculares. ¿Te parece que esta es la solución más adecuada? ¿Por qué?

58 Elabora una lista con los ruidos que consideras más molestos y que escuchas:

a) En la calle. b) En el instituto. c) En tu edificio.

59 Ahora recapacita sobre tu comportamiento y elabora una lista con los ruidos que hacéis tú y tus amigos y que consideres que pueden molestar más a otras personas:

a) En la calle. b) En el instituto. c) En tu edificio.

60 TOMA LA INICIATIVA. Elabora una presentación multimedia en la que incluyas tanto ruidos agradables como ruidos molestos. El objetivo es presentar en ella medidas para luchar contra la contaminación acústica.

PROPAGACIÓN DE LA LUZ

A. LA LUZ SE PROPAGA EN LÍNEA RECTA

¿Qué necesitas?

- Banco óptico.
- Foco de luz.
- Diafragma con ventana.
- Pantalla opaca.
- Soporte para diafragma.
- Objeto opaco (pinza).

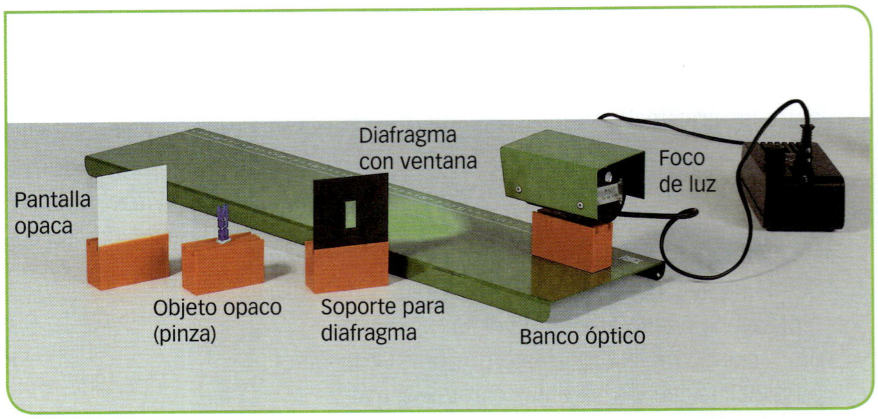

¿Cómo se hace?

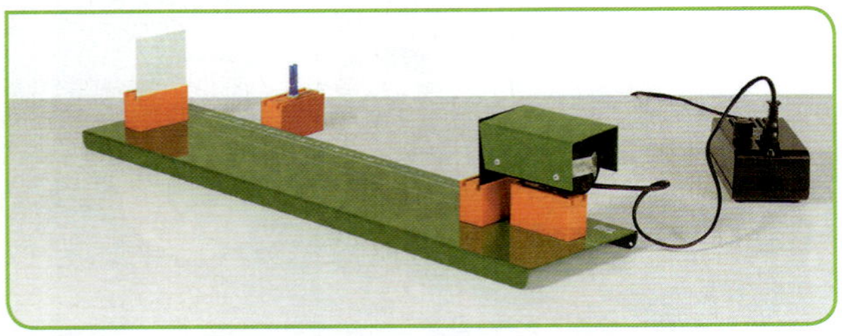

1. Sobre el banco óptico coloca el foco, el diafragma con ventana y la pantalla. Enciende el foco y comprueba que se ilumina la pantalla.

2. Pon el cuerpo opaco en el camino de los rayos.

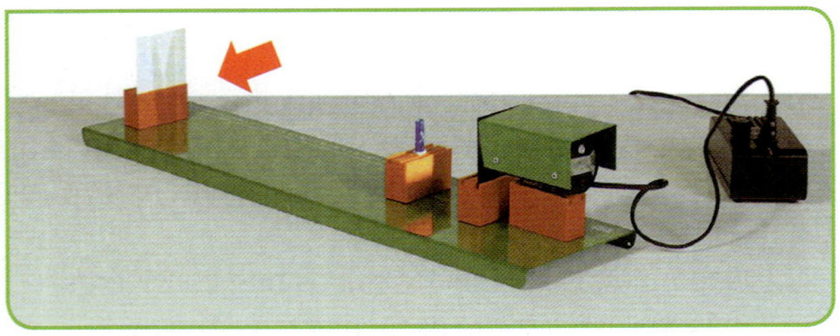

3. Enciende la luz del foco y observa la sombra en la pantalla.

4. Coloca el cuerpo opaco cerca de la pantalla y lejos del foco de luz. Observa su sombra en la pantalla.

ACTIVIDADES

61 Dibuja la marcha de los rayos que salen del foco y llegan a la pantalla:

a) Cuando el objeto está cerca del foco y lejos de la pantalla.

b) Cuando el objeto está cerca de la pantalla y lejos del foco.

62 Explica la formación de sombra y penumbra.

B. REFLEXIÓN Y REFRACCIÓN DE LA LUZ

¿Qué necesitas?

- Banco óptico.
- Foco de luz.
- Diafragma con tres ranuras.
- Disco de Hartl.
- Espejo plano y espejo curvo.
- Lente convergente, lente biconvexa y lente bicóncava.
- Soportes para diafragma.

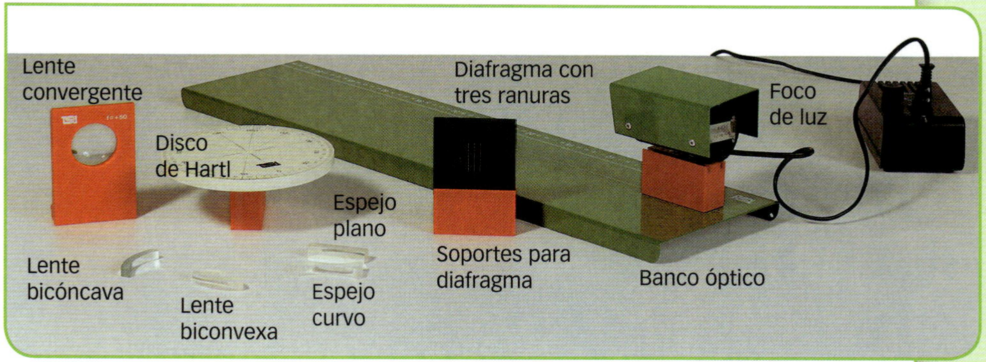

¿Cómo se hace?

1. Sobre el banco óptico coloca el foco, la lente convergente, el diafragma de tres ranuras y el disco de Hartl. Acerca o aleja la lente del foco hasta que consigas tres rayos paralelos sobre el disco.

2. Coloca el espejo plano formando un cierto ángulo con los rayos y observa el rayo reflejado. Experimenta con otras orientaciones del espejo.

3. En el lugar del espejo plano coloca el espejo curvo enfocando su cara cóncava hacia los rayos. Observa los rayos reflejados.

4. Coloca el espejo curvo enfocando su cara convexa hacia los rayos. Observa los rayos reflejados.

5. Coloca la lente biconvexa perpendicular a los rayos paralelos. Observa los rayos que salen de la lente.

6. Coloca la lente bicóncava perpendicular a los rayos. Observa los rayos refractados.

ACTIVIDADES

63 En la reflexión en un espejo plano, ¿es mayor el ángulo de incidencia o el de reflexión?

64 ¿Cómo son los rayos reflejados por un espejo curvo cóncavo? ¿Y por un espejo convexo?

65 ¿Qué le ocurre a los rayos después de atravesar una lente biconvexa? ¿Y una lente bicóncava? ¿A cuál de estas lentes se llamará convergente? ¿Cómo se llamará la otra?

ANEXO

ANEXO: Problemas resueltos

LA MATERIA Y LA MEDIDA

PROBLEMA RESUELTO 1

Expresa las medidas en las unidades que se señalan a continuación:

a) 3 g en dag

b) 45 cm en km

c) 8 L en cL

d) 45 min en h

Planteamiento y resolución

Estos ejercicios requieren realizar cambio de unidades. El procedimiento a seguir, en estos casos, es:

1. Anotar bien en qué unidad o múltiplos o submúltiplos está expresada la medida, y en cuál hay que expresarla.
2. Buscar el factor de conversión que habrá que utilizar para poder realizar el cambio de unidades.
3. Multiplicar la unidad original por el factor de conversión para obtener la unidad buscada.
4. Un factor de conversión es una fracción que expresa una relación de equivalencia entre dos unidades de una misma magnitud.

a) Buscamos la equivalencia entre gramos y decagramos para construir el factor de conversión.

$10\ \text{g} = 1\ \text{dag}$

$\text{Factor de conversión} = \dfrac{1\ \text{dag}}{10\ \text{g}}$

$3\ \cancel{\text{g}} \cdot \dfrac{1\ \text{dag}}{10\ \cancel{\text{g}}} = \mathbf{0{,}3\,dag}$

b) Buscamos la equivalencia entre centímetros y kilómetros para construir el factor de conversión.

$100\,000\ \text{cm} = 1\ \text{km}$

$\text{Factor de conversión} = \dfrac{1\ \text{km}}{100\,000\ \text{cm}}$

$45\ \cancel{\text{cm}} \cdot \dfrac{1\ \text{km}}{100\,000\ \cancel{\text{cm}}} = \mathbf{0{,}00045\,km}$

c) Buscamos la equivalencia entre litros y centilitros para construir el factor de conversión.

$100\ \text{cL} = 1\ \text{L}$

$\text{Factor de conversión} = \dfrac{100\ \text{cL}}{1\ \text{L}}$

$8\ \cancel{\text{L}} \cdot \dfrac{100\ \text{cL}}{1\ \cancel{\text{L}}} = \mathbf{800\,cL}$

d) Buscamos la equivalencia entre minutos y horas para construir el factor de conversión.

$1\ \text{h} = 60\ \text{min}$

$\text{Factor de conversión} = \dfrac{1\ \text{h}}{60\ \text{min}}$

$45\ \cancel{\text{min}} \cdot \dfrac{1\ \text{h}}{60\ \cancel{\text{min}}} = \mathbf{0{,}75\,h}$

ACTIVIDADES

1 Expresa en litros las siguientes unidades:

a) 56 hL **b)** 1078 cL **c)** 2,78 kL

2 Expresa en las unidades del SI las siguientes unidades:

a) 24 cm **b)** 876 dL **c)** 231 dag

3 Realiza las siguientes operaciones, de forma que el resultado se exprese en unidades del SI:

a) 340 dL − 20 cL =

b) 450 hm + 3 km =

c) 20 hL + 8 L =

d) 23 mg + 2 cg + 200 dg =

e) 347 cm − 10 dm =

f) 105 mg + 24 dag − 56 cg =

4 Expresa en las unidades del SI las siguientes medidas:

a) 35 mm **b)** 250 hg **c)** 23,56 cm^2

5 Expresa las siguientes unidades del SI en las unidades señaladas en cada caso:

a) 59 m en km

b) 71 m en cm

c) 26 kg en mg

d) 13,76 kg en mg

e) 185 m^3 en daL

f) 90,1 m^3 en cm^3

PROBLEMA RESUELTO 2

Se representan los gráficos de calentamiento de tres sustancias distintas. Sabiendo que el calentamiento es constante e igual para las tres sustancias, indica si son sustancias puras, y el punto de fusión y el punto de ebullición de cada una. ¿Cuál es el estado de cada sustancia a 80 °C sabiendo que la primera sustancia es sólida a 50 °C?

Planteamiento y resolución

Las sustancias puras presentan una temperatura de fusión y una temperatura de ebullición determinadas por unas condiciones externas; mientras cambia de estado, la temperatura no aumenta.

En cambio, las sustancias que no son puras no presentan temperatura de cambio de estado determinada.

El cambio de estado se produce en un rango de temperaturas, y entonces no se observa que la temperatura se mantenga constante durante un tiempo, sino que en un rango de tiempo varía de modo distinto.

En este caso, tenemos:

Sustancia	Fusión (°C)	Ebullición (°C)	¿Sustancia pura?
1	100	?	Sí
2	80	248	Sí
3	Alrededor de 30 °C	Alrededor de 100 °C	No

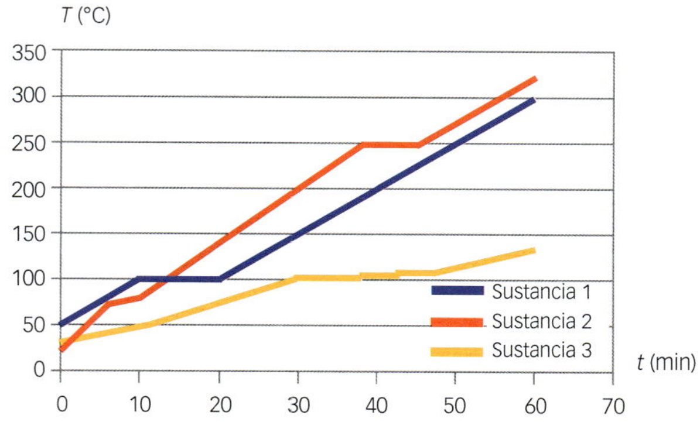

Las temperaturas de cambio de estado se determinan observando el valor constante con el tiempo en la gráfica. Para saber el estado a una temperatura determinada hay que observar entre qué cambios de estado se encuentra.

- En este caso, a 80 °C la sustancia 1 es sólida, no hay cambio de estado entre 50 y 80 °C, y a 50 °C es sólida.
- La sustancia 2 está cambiando de estado, por lo que coexisten el estado sólido y el líquido a 80 °C.
- La sustancia 3 es líquida porque está entre dos cambios de estado.

ACTIVIDADES

1 Determina el estado físico que presenta cada una de las tres sustancias del ejercicio anterior a las temperaturas siguientes:

- 0 °C
- 300 K
- 100 °C
- 300 °C
- 900 K
- 200 K

2 Propón un procedimiento experimental para demostrar si un líquido es sustancia pura.

3 Dibuja una gráfica de enfriamiento del agua pura líquida ($T_f = 0$ °C) desde 70 °C hasta −10 °C. Dibuja sobre ella la que resultaría si se tratara de agua con sal. ¿Cuál será, ahora, la T_f? Y eso, ¿qué utilidad puede tener?

4 Observa la tabla de las temperaturas de fusión y ebullición de las siguientes sustancias y responde:

Sustancia	Temperatura de fusión (°C)	Temperatura de ebullición (°C)
Alcohol	−117	78
Plomo	328	1750
Mercurio	−39	357
Agua	0	100

a) ¿Cuáles serán sólidas a 100 °C?

b) ¿Cuál será gas a una temperatura menor?

c) ¿Cuál se derrite a menor temperatura? ¿Y a mayor temperatura?

PROBLEMA RESUELTO 3

Tenemos tres sustancias puras distintas, de las que solo conocemos su curva de enfriamiento (representada en la gráfica siguiente) y sabemos que a 100 °C las tres son sólidas. Vamos a utilizar dichas sustancias para fabricar piezas con moldes, usando una como molde y otra como material para realizar las piezas.

¿Qué sustancia usarías para hacer el molde y cuál para fabricar las piezas?

Dibuja un esquema de la estructura interna de la sustancia que forma las piezas antes de fundirse, cuando está fundida y cuando se solidifica de nuevo.

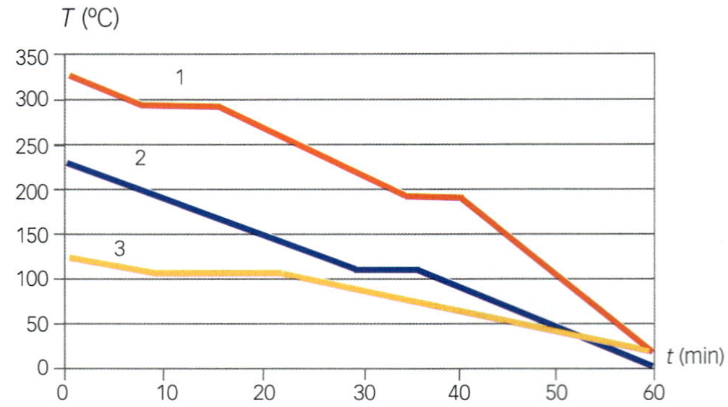

Planteamiento y resolución

La sustancia que sirva para el molde debe tener el punto de fusión más alto que la sustancia de las piezas, para que las piezas puedan ser líquidas y adoptar la forma del molde, que tiene que ser sólido.

En este caso, la sustancia 1 tiene el punto de fusión más alto, alrededor de los 220 °C, por lo que la mejor opción es tomarla como molde. Las sustancias 2 y 3 tienen el punto de fusión muy próximo entre sí, a unos 120 °C, por lo que ninguna de las dos sirve como molde de la otra. Dado que la 2 se enfría más rápidamente y requiere menos energía para fundirse, según la información disponible, elegiríamos la sustancia 2 como material para fabricar las piezas.

En cuanto a la estructura interna, de acuerdo con la teoría cinética:

1. Colocar la sustancia que formará la pieza (2) en estado sólido en el molde (1).

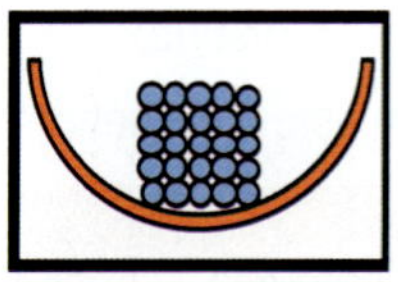

2. Calentar el sistema por encima de los 120 °C y la sustancia 2 se funde, adoptando la forma del molde sólido.

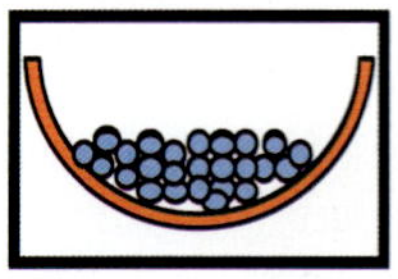

3. Dejar enfriar el sistema hasta que la sustancia 2 vuelva a solidificar, fijándose la nueva forma al convertirse en sólido.

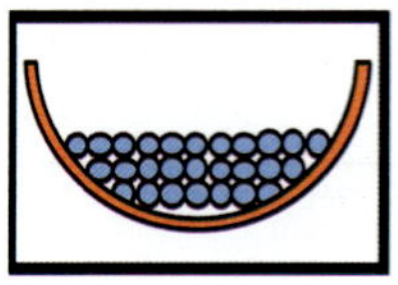

ACTIVIDADES

1 Siguiendo el caso expuesto en el ejemplo de arriba, dibuja la gráfica temperatura-tiempo para la sustancia 2 para el proceso de realización de las piezas.

2 ¿Qué ocurrirá si seguimos calentando el sistema anterior hasta 260 °C? ¿Y si lo calentamos hasta los 350 °C?

3 Dibuja la estructura interna del molde del caso anterior a 200 °C, 300 °C y 400 °C.

4 Observa las temperaturas de fusión de los metales de la tabla.

Sustancia	Temperatura fusión (°C)
Hierro	1539
Cobre	1083
Aluminio	660
Plomo	328
Mercurio	−39

a) ¿Qué metal funde antes?

b) Dada una aleación (mezcla de metales) formada por hierro y aluminio, ¿hasta qué temperatura habrá que calentarla para poder fundir solo una de las sustancias?

PROBLEMA RESUELTO 4

Clasifica las sustancias siguientes en sustancias puras o mezclas. En el caso de las sustancias puras, señala si se trata de sustancias simples o de compuestos.

- Grafito
- Colesterol
- Agua mineral
- Leche con azúcar
- Vapor de agua
- Agua de mar
- Mahonesa
- Azufre
- Lejía
- Granito
- Cobre
- Aire
- Zumo de naranja
- PVC
- Refresco de cola
- Oxígeno
- Dióxido de carbono
- Bronce
- Suero fisiológico

Planteamiento y resolución

La resolución de este tipo de problemas depende siempre de poder seleccionar acertadamente en cuál de los apartados que se nos plantean hay que clasificar la sustancia.

Para ello es importante tener muy claros los criterios de selección. Dichos criterios se definen partiendo del concepto de cada una de las categorías en las que pueden clasificarse las sustancias.

a) Criterio para las mezclas: puede descomponerse en otras sustancias, que serán los componentes de la mezcla. Estos componentes deben poder variar su proporción dentro de la mezcla.

b) Criterio para las sustancias simples: deben tener átomos de un único elemento químico.

c) Criterio para los compuestos químicos: se pueden expresar como una combinación de dos o más elementos químicos, cuya proporción no variará nunca.

Una vez definido cada criterio, comenzamos la clasificación.

- Grafito: es un mineral formado únicamente por carbono. Es una sustancia pura y, en su interior solo hay átomos de un elemento.
- Colesterol: es un lípido con una fórmula química concreta formada por diferentes elementos. Es una sustancia pura. Se trata de un compuesto químico.
- Agua mineral: es una mezcla de agua y sales minerales. Se trata de una mezcla porque la cantidad de sales se puede incrementar o disminuir.

Procedemos de esta forma hasta clasificar todas las sustancias.

Mezcla		Agua mineral, leche con azúcar, agua de mar, mahonesa, lejía, granito, aire, zumo de naranja, refresco de cola, bronce, suero fisiológico.
Sustancia pura	Simple	Grafito, azufre, cobre, oxígeno.
	Compuesto	Colesterol, vapor de agua, PVC, dióxido de carbono.

ACTIVIDADES

1 Selecciona, de entre las sustancias presentadas, las que son mezclas homogéneas.

Agua mineral, leche con azúcar, agua de mar, mahonesa, lejía, granito, aire, zumo de naranja, refresco de cola, bronce, suero fisiológico.

2 Clasifica las siguientes sustancias según sean sustancias puras o mezclas; y entre las mezclas según sean homogéneas y heterogéneas.

Agua mineral, leche con azúcar, agua de mar, mahonesa, lejía, granito, aire, zumo de naranja, refresco de cola, bronce, suero fisiológico.

3 Clasifica los siguientes elementos según sean mezclas homogéneas o sustancias puras.

PVC, diamante, colesterol, azufre, cobre, dióxido de carbono, oxígeno, vapor de agua.

4 Clasifica las siguientes sustancias según sean sustancias simples o compuestos.

Grafito, vapor de agua, nitrato de plata, azufre, dióxido de carbono, plata, hidrógeno, agua destilada, nitrógeno.

5 Clasifica las sustancias siguientes en sustancias puras o mezclas. En el caso de las sustancias puras, señala si son sustancias simples o compuestos.

Grafito, etanol, agua mineral, leche con chocolate, agua destilada, champú, plata, lejía, granito, oro, aire, zumo de naranja, dióxido de carbono.

PROBLEMA RESUELTO 5

¿Qué técnica utilizarías para separar una mezcla de virutas de hierro, arena y sal? Pista: piensa en las propiedades de estas sustancias.

Planteamiento y resolución

La resolución de este tipo de problemas exige siempre un buen dominio de las propiedades que poseen las sustancias que queremos separar.

Para ello, lo primero que hay que recordar es la relación que existe entre cada técnica y las propiedades relacionadas.

Técnica de separación	Propiedades que se aprovechan
Tamizado	Componentes de la mezcla de tamaños muy distintos entre sí.
Separación magnética	Componentes magnéticos de la mezcla.
Filtración	Componente sólido no disuelto en un líquido, con partículas mucho mayores que las del líquido.
Decantación	Componentes líquidos inmiscibles o líquidos y sólidos separados con distinta densidad o líquidos.
Evaporación / Cristalización	Componentes sólidos disueltos en líquidos.
Destilación	Componentes líquidos miscibles con temperaturas de ebullición diferentes.
Extracción con disolventes	Componentes de los que solo uno es soluble en un disolvente concreto.
Cromatografía	Componentes con distintas afinidades o apetencias por un soporte o disolvente.

Una vez que tengamos claros cuáles son las propiedades que nos permiten diferenciar claramente unas sustancias de otras, decidiremos cuál es la técnica más adecuada para este caso concreto.

Mezcla: virutas de hierro, arena y sal.

Propiedades:

- Virutas de hierro: propiedades magnéticas.
- Arena: insoluble en agua.
- Sal: soluble en agua.
- Los tres tienen un tamaño similar.

Técnicas:

- Virutas de hierro: separación magnética.
- Extracción con disolvente: mezcla de arena y disolución de agua y sal.
- Filtración: separación de la arena de la disolución de agua y sal.
- Evaporación: separación del agua y la sal.

1. Para separar la mezcla, primero utilizaremos la separación magnética para aislar el hierro del resto de la mezcla.
2. A continuación, mezclaremos la arena y la sal con agua, de forma que la sal pueda disolverse. En este momento, filtramos la mezcla para obtener la arena.
3. Ahora ya solo quedará evaporar el agua para poder obtener la sal separada.

ACTIVIDADES

1. Para separar una mezcla de virutas de hierro, arena y azúcar, ¿podrías utilizar el mismo procedimiento que en el problema resuelto anterior? ¿Por qué?

2. ¿Qué técnica utilizarías para separar una mezcla de arena y azúcar? Enumera las propiedades en las que te basarías y los distintos instrumentos de laboratorio que necesitarías.

3. ¿Qué técnica se utiliza para obtener la sal?

4. ¿Qué técnicas utilizarías para separar una mezcla de arena, leche y azúcar? ¿En qué propiedades te has basado para seleccionar las técnicas?

5. ¿Qué técnica utilizarías para separar una mezcla de azúcar, alcohol y agua? ¿En qué propiedades te has basado para seleccionar las técnicas?

6. ¿Cómo separarías una mezcla de arena, agua y aceite? ¿En qué propiedades te has basado para seleccionar las técnicas?

PROBLEMA RESUELTO 6

El gas $C\ell_2$ reacciona con el gas O_2 para dar $OC\ell_2$, un gas que se utiliza como explosivo.
Observa el código de representación de los átomos. $C\ell$: ; O: .

a) Construye la representación de las moléculas de las tres sustancias que se indican usando el código de colores.

b) Indica cuáles son los reactivos y cuáles son los productos de la reacción.

c) Haz un esquema de la reacción en la que participan las moléculas representadas en el apartado a).

Planteamiento y resolución

a) Representación de las fórmulas:

O_2	$C\ell_2$	$OC\ell_2$
		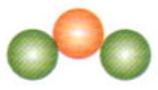

c) 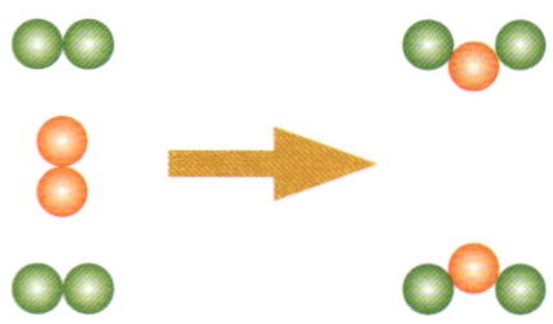

b) Reactivos

- Reactivos: O_2 y $C\ell_2$.
- Producto: $OC\ell_2$.

ACTIVIDADES

1 Asocia cada representación con su fórmula. Emplea para ello el siguiente código:

H: O: C: N:

$C\ell$: Br: P: S:

a) 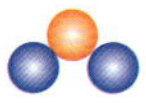

b) 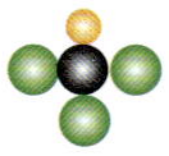

c) 

d) 

e) 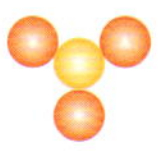

1. $PC\ell_5$
2. SO_3
3. $CHC\ell_3$
4. OBr_2
5. NH_3

2 En una reacción de combustión, el nitrógeno se combina con el oxígeno formando dióxido de nitrógeno.
Teniendo en cuenta la representación de cada sustancia, razona si las siguientes frases son verdaderas o falsas:

O_2:  N_2:  NO_2: 

a) El reactivo es el O_2, y el producto, el NO_2

b) El reactivo es el N_2, y el producto, el N_2O.

c) Cuando reaccionan una molécula de O_2 con otra molécula de N_2, se forman dos moléculas de NO_2.

d) El producto de la reacción es el NO_2.

3 Haz un esquema de la reacción en la que participan las moléculas representadas en la actividad anterior.

4 Observa el esquema de la siguiente reacción y razona si las siguientes frases son verdaderas o falsas:

O: C:

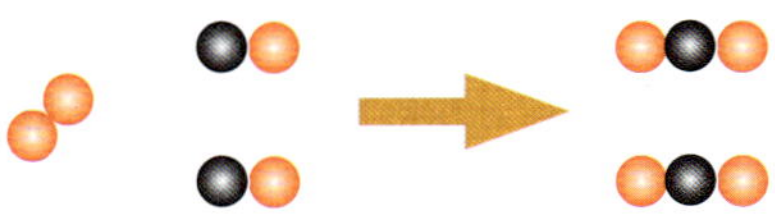

a) Hay tantas moléculas en los reactivos como en los productos.

b) Hay tantos átomos de C en los reactivos como en los productos.

c) Hay tantos átomos de O en los reactivos como en los productos.

PROBLEMA RESUELTO 7

Alba tiene que hacer unos recados durante la mañana: sale de su casa a 2 m/s hasta la tienda de retales, donde llega 3 min después para comprar unas telas. Cuando lleva 1 min en la tienda, recibe una llamada de su padre diciéndole que vuelva a casa enseguida. Como tiene prisa, va más rápido y recorre el mismo tramo en 1,5 min.

a) ¿Qué velocidad lleva Alba a la vuelta?

b) Realiza la gráfica de espacio recorrido-tiempo y velocidad-tiempo del trayecto completo de Alba.

Planteamiento y resolución

En todos los problemas de movimiento en los que se requiere la realización de gráficas y el cálculo de velocidades, tiempos o posiciones, es conveniente ordenar todos los datos que se facilitan en el enunciado en una tabla y, a partir de ahí, resolver calculando aquello que se nos pide.

Es aconsejable que cada fila de la tabla corresponda a un tramo de movimiento. Es importante prestar atención a las unidades del enunciado, pues es posible que sea necesario un cambio de unidades.

En este caso concreto, la tabla que incluye los datos del enunciado quedaría como sigue:

Tramo	Velocidad	Tiempo	Espacio recorrido
A: Casa - Tienda	2 m/s	3 min = 180 s	
B: Tienda	0 m/s	1 min = 60 s	0 m
C: Tienda - Casa		1,5 min = 90 s	

Calculamos los datos que nos faltan para completar la tabla:

Espacio A:

$$v_A = \frac{x_A}{t_A} \Rightarrow x_A = v_A \cdot t_A = 2\ \text{m/s} \cdot 180\ \text{s} = 360\ \text{m}$$

Distancia C: $x_A = x_C$

Velocidad C: $v_c = \dfrac{x_c}{t_c} = \dfrac{360\ \text{m}}{90\ \text{s}} = 4\ \text{m/s}$

La velocidad va en sentido contrario; por tanto, se tiene que indicar en sentido negativo.

a) La velocidad de Alba a la vuelta es de **−4 m/s**.

Con estos datos ya podemos realizar las dos representaciones que se nos piden, basadas en los tramos que hemos marcado.

b)

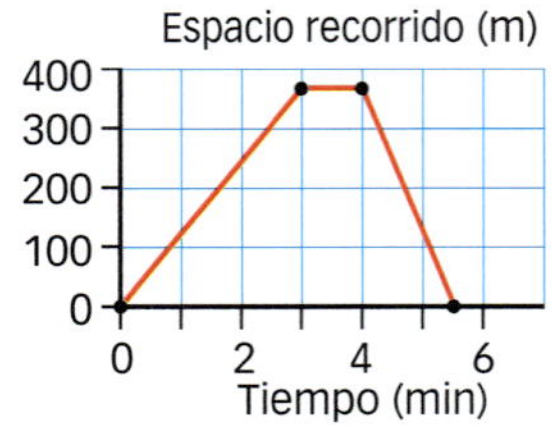

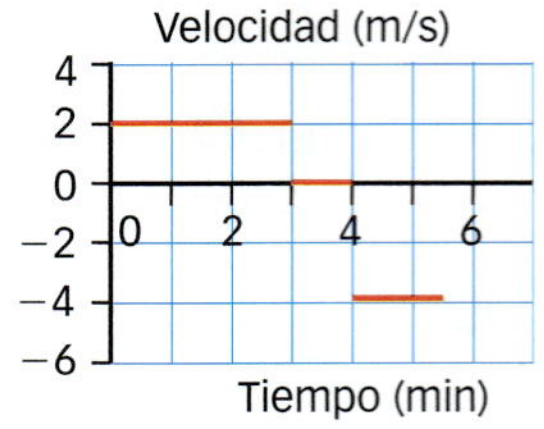

ACTIVIDADES

1 Un coche circula a una velocidad de 30 m/s durante 5 min; después frena y va a 20 m/s durante 1 min, y seguidamente vuelve a subir la velocidad a 36 m/s durante 6 min.
Completa la tabla de espacio recorrido-tiempo y elabora la gráfica correspondiente.

2 Un coche ha realizado un recorrido de Madrid a Ávila en una hora y 19 minutos, pero en el regreso ha tardado una hora y tres cuartos.
Si el espacio recorrido entre las dos localidades es de 114 km, ¿cuáles han sido las velocidades medias de la ida y de la vuelta?

3 Sabiendo que el radio de la Tierra es de 6371 km y que la luz viaja en el vacío a una velocidad de 300 000 km/s, ¿cuánto tiempo tardaría un rayo de luz en rodearla?

4 Asistes a un concierto y te encuentras a 560 m del escenario. Sabiendo que el sonido viaja a 340 m/s, di si oirás la música en el mismo momento en que está sonando o algo más tarde. Justifica tu respuesta.

5 Realiza la gráfica de espacio recorrido-tiempo de un sonido que viaja durante 6 s. La velocidad del sonido en el aire es de 340 m/s.

PROBLEMA RESUELTO 8

La distancia al Sol del planeta más lejano del sistema solar, Neptuno, es de $4500 \cdot 10^6$ km. ¿Cuál es el valor de esta distancia expresado en unidades astronómicas (ua) y en años luz?

Planteamiento y resolución

La resolución de este tipo de problemas se basa en el uso de los factores de conversión entre las distintas distancias con el fin de hallar las equivalencias requeridas. Así, con el uso correcto de los factores y siguiendo estos pasos, la resolución de problemas resultará sencilla.

Las equivalencias que pueden servirnos para construir los factores de conversión son los siguientes:

$$1 \text{ año luz} = 9{,}5 \cdot 10^{12} \text{ km}$$

$$1 \text{ unidad astronómica (ua)} = 1{,}5 \cdot 10^{8} \text{ km}$$

1. Anotamos las unidades de las que partimos y las que queremos obtener. Esto nos servirá para hallar el factor de conversión a utilizar en cada caso.

Equivalencia	Factor de conversión
De km a ua	$\dfrac{1 \text{ ua}}{1{,}5 \cdot 10^{8} \text{ km}}$
De km a años luz	$\dfrac{1 \text{ año luz}}{9{,}5 \cdot 10^{12} \text{ km}}$

2. Usamos los distintos factores de conversión para cada una de las unidades solicitadas.

Para la unidad astronómica, ua:

$$4{,}5 \cdot 10^9 \cancel{\text{km}} \cdot \frac{1 \text{ ua}}{1{,}5 \cdot 10^8 \cancel{\text{km}}} = \mathbf{30 \text{ ua}}$$

Para el año luz:

$$4{,}5 \cdot 10^9 \cancel{\text{km}} \cdot \frac{1 \text{ año luz}}{9{,}5 \cdot 10^{12} \cancel{\text{km}}} = \mathbf{0{,}0005 \text{ años luz}}$$

ACTIVIDADES

1 Ordena las siguientes distancias de mayor a menor.

a) 2 años luz
b) 35 ua
c) $1{,}5 \cdot 10^{13}$ km
d) 0,9 años luz
e) 100 ua
f) 200 km

2 Ordena las siguientes distancias de menor a mayor.

a) 200 ua
b) 0,25 años luz
c) $3{,}5 \cdot 10^{23}$ km
d) $4{,}9 \cdot 10^{3}$ km
e) 1023 km
f) 550 ua
g) 205 ua

3 Expresa en km y ua las siguientes distancias.

a) Sol-Tierra.
b) Sol-Marte.
c) Tierra-Marte.
d) Sol-Urano.
e) Urano-Neptuno.

4 Demuestra que un año luz tiene $9{,}5 \cdot 10^{12}$ km partiendo de su definición y considerando que la luz se propaga a 300 000 km/s.

5 Calcula los km a los que equivalen las siguientes distancias:

a) 4,8 años luz
b) 10 ua
c) 15 ua
d) 2,7 años luz
e) 5,3 ua
f) 7,8 ua

6 Calcula los años luz a los que equivalen las siguientes distancias:

a) $7{,}25 \cdot 10^{4}$ km
b) $8{,}25 \cdot 10^{10}$ km
c) $8 \cdot 10^{7}$ km
d) 125 ua
e) 2 ua
f) 4,5 ua

LA ENERGÍA

PROBLEMA RESUELTO 9

Un coche recorre una carretera a 95 km/h. La energía la proporcionan un motor de combustible y una batería de plomo y ácido. Explica qué transformaciones de energía tienen lugar. ¿Qué quiere decir que el rendimiento del motor es del 40 %? ¿Cuánta energía aprovecha en un trayecto en el que consume 100 000 kJ?

Planteamiento y resolución

Vamos a analizar primero cuáles son las transformaciones que tienen lugar a medida que el coche se mueve.

1. En primer lugar, pensamos en el origen de la energía que emplea el motor. En este caso nos dicen que utiliza un combustible. Por tanto, el coche aprovecha la **energía química** del combustible.

   En el motor se produce la reacción química que convierte esta energía química en **energía térmica**, por un lado, y en **energía cinética**, por otro. En efecto, los gases producidos en la reacción química empujan los cilindros del motor, y de este modo la energía se transforma en energía cinética.

   Después, esta energía cinética se transmite mediante complejos engranajes a las ruedas del vehículo.

   Si el coche sube una cuesta, además, una parte de la energía que se genera en el motor se transforma en **energía potencial**.

   Por otra parte, los vehículos disponen de una batería eléctrica para arrancar y para satisfacer la demanda eléctrica del vehículo. **En la batería la energía química se transforma en energía eléctrica.**

   Luego, esta energía eléctrica se transforma en **energía radiante** en los faros o en **energía mecánica (sonora)** en los altavoces, por ejemplo. Cuando el coche circula, la batería se recarga, pues se produce una reacción química inversa a la que tiene lugar cuando la batería proporciona energía al coche.

2. Ahora vamos a analizar el dato que ofrece el enunciado sobre el rendimiento del motor y a calcular la energía que se aprovecha.

$$\text{rendimiento} = \frac{E_{\text{aprovechada}}}{E_{\text{proporcionada}}} \cdot 100 \rightarrow$$

$$\rightarrow E_{\text{aprovechada}} = \frac{E_{\text{proporcionada}} \cdot \text{rendimiento}}{100} =$$

$$= \frac{100\,000\ \text{kJ} \cdot 40}{100} = \mathbf{40\,000\ kJ}$$

   Cuando usamos un combustible en un vehículo, interesa aprovechar, lógicamente, la mayor parte de la energía química que almacena el combustible.

   Sin embargo, las máquinas no transforman el 100 % de la energía usada. Una parte se pierde. En este caso, una parte del calor generado durante la reacción química del combustible se transforma en calor que no se aprovecha de manera útil. Se calientan las piezas de motor o el aire que lo rodea.

   Además, el rozamiento del vehículo con el aire o de las ruedas con el suelo también disipan calor.

ACTIVIDADES

1. Un coche de 1800 kg circula por una carretera a 120 km/h. La energía que le proporciona su motor es de 2 000 000 J. Si la energía cinética del coche es 720 000 kJ, ¿cuál es su rendimiento, aproximadamente?

2. Un avión vuela cargado con una masa de 397 000 kg y a una velocidad de 650 km/h. ¿Qué tipos de energía lleva? ¿Cómo se transforma la energía que proporciona el motor si su rendimiento es del 50 %?

3. ¿Qué significa que una central eléctrica de combustible tiene un rendimiento del 30 %?

4. Si un aparato tiene un rendimiento del 55 % y consume 2500 J, ¿qué energía resultante obtendremos?

5. ¿Qué aparato será más eficiente: uno que tenga un rendimiento del 75 % o uno que tenga un rendimiento del 25 %? Si los dos tienen una energía resultante de 1500 J, ¿cuánta energía consume cada uno?

6. Un avión con una masa de 390 000 kg vuela a una altitud de 5000 m y a una velocidad de 650 km/h. Señala las transformaciones de energía que tienen lugar durante el aterrizaje.

PROBLEMA RESUELTO 10

Estás consultando una página web de previsión meteorológica estadounidense y lees que la temperatura prevista para mañana es de 77 °F.

¿Cuál será la temperatura esperada en °C? ¿Y en K?

Planteamiento y resolución

La resolución de este tipo de problemas se afrontará siempre de forma similar: con las fórmulas de cambio de unidad basadas en las distintas relaciones entre las escalas. Los pasos a seguir para resolverlo son los siguientes:

1. Seleccionamos los datos proporcionados por el problema (77 °F) y los que se piden (T en °C y K). Luego buscamos las equivalencias entre escalas para hallar la forma de pasar de una a otra.

$$T(\text{K}) = T(°\text{C}) + 273$$

$$\frac{T(°\text{C})}{100} = \frac{T(°\text{F}) - 32}{180}$$

2. Sustituimos los datos de los que disponemos en las fórmulas de las equivalencias.

Escala Celsius:

$$\frac{T(°\text{C})}{100} = \frac{77 - 32}{180}$$

$$T(°\text{C}) = 100 \cdot \frac{45}{180} = 25\ °\text{C}$$

Escala Kelvin:

$$T\ (\text{K}) = T\ (°\text{C}) + 273 = 25 + 273 = 298\ \text{K}$$

Así, las equivalencias de las temperaturas serán las siguientes:

77 °F = 25 °C = 298 K

ACTIVIDADES

1 Dados distintos recipientes de agua que está a las siguientes temperaturas:

a) −4 °C
b) 260 K
c) 300 K
d) 35 °F
e) 71 °F

¿En cuáles de los recipientes el agua estará congelada?

2 Transforma a K y °F las siguientes temperaturas:

a) 21 °C
b) 35 °C
c) −6 °C
d) −20 °C
e) 15 °C
f) −54 °C

3 Transforma a °C y °F las siguientes temperaturas:

a) 200 K
b) 215 K
c) 313 K
d) 345 K
e) 150 K
f) 233 K

4 Transforma a °C y K las siguientes temperaturas:

a) 80 °F
b) 91 °F
c) 45 °F
d) 64 °F
e) 78 °F
f) −99 °F

5 Completa la tabla con las siguientes equivalencias:

Kelvin (K)	Celsius (°C)	Fahrenheit (°F)
300		
	100	
		87
	40	

6 Algunos países utilizan la escala Fahrenheit para medir la temperatura. La previsión meteorológica de una cadena de televisión de Estados Unidos pronostica las siguientes temperaturas para varias ciudades:

a) 57 °F (Londres).
b) 54 °F (París).
c) 67 °F (Nueva York).
d) 61 °F (Barcelona).
e) 77 °F (Rabat).
f) 88 °F (Dakar).

¿Cuál es la previsión para cada una de las ciudades en la escala Celsius?

7 Escribe en °C, K y °F las temperaturas del punto de fusión y de ebullición del agua.

PROBLEMA RESUELTO 11

Ponemos a calentar un recipiente con 200 g de agua que está a 23 °C y al cabo de 8 minutos su temperatura llega a 83 °C.

a) ¿Cuánto tiempo tardarán los dos recipientes de 100 g y 600 g en llegar a la misma temperatura si la temperatura inicial de ambos es de 23 °C?

b) Si añadimos 200 g de alcohol que está a 23 °C, ¿tardaría más o menos tiempo en alcanzar los 83 °C?

Planteamiento y resolución

Para resolver estos problemas es necesario tener siempre presentes algunos conceptos relacionados con el calor específico y los cambios de temperatura. No habrá que seguir siempre los mismos pasos, pero es básico tener presentes estos conceptos para poder responder correctamente.

En un primer momento, será importante siempre recordar lo siguiente:

1. La variación de temperatura que experimenta una sustancia con el paso del tiempo es inversamente proporcional a su masa. Por ejemplo: si en 100 g de una sustancia aumenta 10 °C en 5 min, en el mismo tiempo, en 200 g la temperatura aumentará 5 °C.
2. El tiempo que se tarda en obtener la misma diferencia de temperatura es directamente proporcional a la cantidad de materia que se quiere calentar o enfriar. Por ejemplo: si la temperatura aumenta 10 °C en 5 min para 100 g de una sustancia, 200 g de la misma sustancia tardarán 10 min en alcanzar el mismo cambio de temperatura.
3. La variación de temperatura que se alcanza en una sustancia con el paso del tiempo es inversamente proporcional a su calor específico.

   Por ejemplo: si la temperatura aumenta 10 °C para 100 g de una sustancia en 5 min, en el mismo tiempo, para 100 g de una sustancia cuyo valor específico sea el doble, la temperatura aumentará 5 °C.

Teniendo esto en cuenta:

a) Son recipientes con la misma materia y su temperatura aumentará durante el mismo tiempo.

- 100 g es la mitad de masa. Por tanto, **tardará la mitad de tiempo** en alcanzar la misma temperatura.
- 600 g es el triple de materia. Por tanto, tardará **el triple de tiempo** en alcanzar la misma temperatura.

b) El calor específico del alcohol es de 2400 $\frac{J}{kg \cdot K}$ y el del agua, de 4180 $\frac{J}{kg \cdot K}$. Dado que el alcohol tiene un calor específico más bajo, alcanzará mayor temperatura en el mismo tiempo. Por tanto, **tardará menos** que el agua en llegar a los 83 °C.

ACTIVIDADES

1 Ponemos a calentar un recipiente con 200 g de agua a 5 °C y al cabo de 16 min empieza a evaporarse. ¿Cuánto tiempo tardará en evaporarse el agua de los siguientes recipientes?

a) 100 g **b)** 400 g **c)** 50 g **d)** 300 g

2 Analizando los siguientes calores específicos, ordena las sustancias que te presentamos según alcancen antes o después la temperatura de 70 °C si las comenzamos a calentar. Dispondremos de la misma cantidad de masa a la misma temperatura y les aportaremos la misma cantidad de calor.

a) Arena: 800 $\frac{J}{kg \cdot K}$ **b)** Plomo: 125 $\frac{J}{kg \cdot K}$ **c)** Hielo: 2090 $\frac{J}{kg \cdot K}$ **d)** Aluminio: 878 $\frac{J}{kg \cdot K}$

3 Si un vaso con 200 g de aceite tarda 5 min en pasar de 25 °C a 65 °C, ¿qué temperatura alcanzarán distintos vasos con aceite si los calentamos durante el mismo tiempo?

a) 100 g **b)** 400 g **c)** 50 g **d)** 600 g

4 Si un vaso con 200 g de arena tarda 10 min en pasar de 20 °C a 70 °C, ¿qué temperatura alcanzarán distintos vasos con arena si los calentamos el mismo tiempo?

a) 100 g **b)** 50 g **c)** 20 g **d)** 400 g

5 Ponemos a calentar un recipiente con 150 g de hielo que está a −5 °C y a los 15 minutos empieza a fundirse. ¿Cuánto tardará en fundir el hielo de estos recipientes?

a) 75 g **b)** 600 g **c)** 50 g **d)** 300 g

PROBLEMA RESUELTO 12

Durante una tormenta, estamos en casa y vamos contando los segundos que pasan desde que vemos un rayo y oímos el trueno. Hemos observado estos tres tiempos: 7 s, 5 s, 2 s.

a) ¿A qué distancia ha caído cada rayo?

b) ¿La tormenta se acerca o se aleja?

Planteamiento y resolución

Las ondas, tanto sonoras como de luz, viajan en el espacio a distintas velocidades. Los problemas que nos pidan las distancias o tiempos que tardan en recorrer un espacio habrá que resolverlos de la misma forma en que resolvemos problemas de movimiento rectilíneo uniforme. La única dificultad añadida en este caso es el tener presente la velocidad a la que viaja cada una de las ondas, ya que, al tener valores definidos, puede que no nos los faciliten.

Así, los pasos para la resolución serán:

1. Asignar valores de velocidad a cada una de las ondas con las que trabajaremos. Para ello, podemos tener presente la siguiente tabla:

Onda	Velocidad
Luz en el vacío	300 000 km/s
Sonido en el aire	343 m/s
Sonido en el agua	1493 m/s
Sonido en la madera	3900 m/s

En este caso, necesitamos conocer la velocidad de la luz y la del sonido en el aire, que será el medio a través del cual viaja el trueno.

2. Anotamos los datos que tenemos y que nos permitirán resolver la pregunta.

$v_{so} = 343$ m/s

$t_1 = 7$ s $\qquad t_2 = 5$ s $\qquad t_3 = 2$ s

3. Calculamos las distancias desde las que se ha emitido cada trueno. Este será el punto donde ha incidido el rayo, ya que el trueno es una consecuencia del rayo y se producen a la vez.

Podemos calcular que vemos la luz en el momento exacto en el que se ha producido el rayo, ya que la luz tarda un segundo en recorrer 300 000 km. Esta distancia es mucho mayor de la que nos encontramos respecto de la tormenta, por tanto, nos llegará en mucho menos de un segundo.

$v = d/t$

$d = v \cdot t$

a) Las distancias donde ha incidido cada rayo son:

- $d_1 = v \cdot t_1 = 343$ m/s $\cdot$ 7 s $=$ **2401 m**
- $d_2 = v \cdot t_2 = 343$ m/s $\cdot$ 5 s $=$ **1715 m**
- $d_3 = v \cdot t_3 = 343$ m/s $\cdot$ 2 s $=$ **686 m**

b) Como podemos comprobar, la tormenta ha ido **acercándose**.

ACTIVIDADES

1 Calcula el tiempo que tardará en llegar un grito a través del aire, del agua y de la madera a una distancia de 50 m. ¿Cuál de los tres medios es entonces mejor conductor?

2 Un sonar emite una señal hacia el fondo marino y tarda 1,2 s en volver. ¿A qué distancia se halla del suelo?

3 La velocidad del sonido en el acero es de 5100 m/s. Si las vías de un ferrocarril son de acero, ¿por dónde se oirá antes la llegada del tren: por el acero o por el aire?

4 Si un rayo de luz pudiera viajar siguiendo la superficie terrestre, ¿cuántas vueltas daría al ecuador en 3 s? El ecuador tiene una longitud de circunferencia de 40 075 km.

5 Un año luz es la distancia que recorre la luz en un año. Si la luz del Sol tarda 8,31 minutos en llegar a la Tierra, ¿a qué distancia está el Sol?

6 Un rayo ha caído a 2 km de distancia de tu casa. ¿Cuánto tiempo tardará en llegar el sonido del trueno desde el instante en el que has visto la luz del rayo?

ANEXO

ANEXO: Glosario

Aceleración. Cambio de velocidad en un tiempo determinado.

Adherencia. Capacidad de un material para pegarse a otro. Aplicado a los líquidos, se refiere a su capacidad para humedecer el recipiente que los contiene o los objetos sumergidos en él.

Aislante térmico. Material que no conduce bien el calor, como la madera o el porexpán.

Aleación metálica. Mezcla homogénea de metales.

Amplitud. Valor máximo de la distancia entre la línea de equilibrio y una cresta o un valle de una onda.

Año luz. Distancia que recorre la luz en un año. Equivale a unos 9,5 billones de kilómetros.

Asteroide. Astro rocoso que gira alrededor de una estrella.

Átomo. Partícula minúscula que forma la materia. En el centro del átomo hay protones (con carga positiva) y neutrones (sin carga eléctrica) y alrededor giran los electrones (con carga negativa).

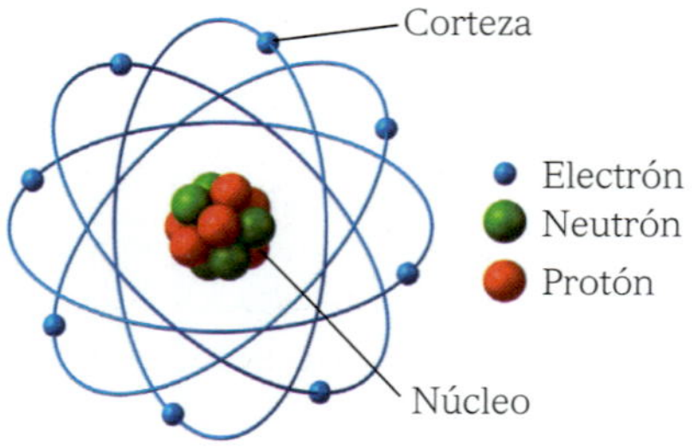

Biocombustible. Fuente de energía renovable que se obtiene de plantas cultivadas.

Biomasa. Fuente renovable de energía que se obtiene de las hojas, ramas y otros restos vegetales.

Brújula. Aguja imantada que sirve para localizar los puntos cardinales porque se orienta en dirección norte-sur.

Calor. Energía que se transfiere de un cuerpo a otro cuando se encuentran a diferente temperatura o cuando se produce un cambio de estado. El calor pasa del cuerpo de más temperatura al de menos.

Calor específico. Cantidad de calor que se necesita suministrar a 1 kg de una sustancia para que su temperatura aumente 1 K.

Caloría. Cantidad de calor que hay que suministrar a un 1 g de agua para que su temperatura aumente 1 ºC.

Cambio físico. Transformación en la que no cambia la naturaleza de las sustancias.

Cambio químico. Transformación o reacción química en la que cambia la naturaleza de las sustancias.

Coloide. Mezcla heterogénea de aspecto homogéneo. Por ejemplo, la gelatina.

Combustible. Sustancia que desprende calor al quemarse.

Combustión. Reacción química entre el oxígeno y un material combustible en la que se produce incandescencia o llama.

Cometa. Astro rocoso que gira alrededor de una estrella y que muestra una cola al acercarse a ella.

Compuesto. Materia formada por más de un tipo de átomos combinados.

Condensación (o **licuación**). Paso del estado gaseoso al líquido.

Conducción. Modo en que se propaga el calor en los sólidos. Si ponemos al fuego una barra metálica, al cabo del tiempo el otro extremo también estará caliente.

Conductor térmico. Material que conduce bien el calor. Por ejemplo, la mayoría de los metales.

Constelación. Agrupación de estrellas en el cielo.

Contracción. Disminución de tamaño que experimenta un cuerpo por un descenso de temperatura.

Convección. Modo en que se propaga el calor en los líquidos y en los gases.

Cristal. Sustancia sólida, mineral u orgánica cuyos componentes están dispuestos ordenadamente. Puede mostrar o no un aspecto externo con caras planas.

Decantación. Método de separación de mezclas basado en la densidad.

Densidad. Magnitud que expresa la relación entre la masa de un cuerpo y su volumen.

Destilación. Método de separación de mezclas formadas por dos líquidos con diferente temperatura de ebullición.

Dilatación. Aumento de volumen que experimenta una sustancia al elevar su temperatura.

Disolución. Mezcla homogénea formada por uno o más solutos y un disolvente.

Disolvente. Sustancia más abundante en una disolución.

Dureza. Propiedad de la materia que mide su resistencia a ser rayada.

Ebullición. Paso del estado líquido al gaseoso cuando se produce en toda la masa del líquido y solo a una temperatura determinada.

Eclipse. Fenómeno que tiene lugar cuando un cuerpo queda oculto total o parcialmente por otro.

Eco. Repetición de un sonido reflejado por un obstáculo.

Electrolisis. Descomposición de una sustancia en disolución al aplicar una corriente eléctrica. En la electrolisis se descompone el agua por acción de la corriente eléctrica. Se obtiene el doble de gas hidrógeno que de gas oxígeno.

SABER HACER contigo

Física y Química

Grandes personalidades de la ciencia

ESO 2

Grandes personalidades de la ciencia, para 2.º curso de ESO, es una obra colectiva concebida, diseñada y creada en el Departamento de Ediciones Educativas de Santillana Educación, S. L., dirigido por **Teresa Grence Ruiz**.

En su elaboración ha participado el siguiente equipo:

TEXTO
Raquel de Andrés González
Bárbara Braña Borja
Raúl Carreras Soriano
David Sánchez Gómez

EDICIÓN
Bárbara Braña Borja

EDICIÓN EJECUTIVA
David Sánchez Gómez

DIRECCIÓN DEL PROYECTO
Antonio Brandi Fernández

SANTILLANA

Índice

1 Alice Ball

Reseña biográfica

Alice Augusta Ball nació el 24 de julio de 1892 en Seattle (Washington, EE. UU.) en una familia de clase media. Su madre, Laura Louise, era fotógrafa, y su padre, James Presley, era abogado. Su abuelo materno fue un famoso abolicionista y fotógrafo, cuya obra estuvo centrada en retratar a los grandes líderes negros de su época. Era una época dura para las mujeres y más en concreto para las afroamericanas, pero Alice venía de una familia de luchadores, por lo que en 1910 entró en la Universidad de Washington, donde se graduó en Química Farmacéutica.

Fue la primera mujer y la primera afroamericana de Estados Unidos en obtener en 1915 un título de máster de la Universidad de Hawái, donde desarrolló un tratamiento para la lepra que se convirtió en el más utilizado y efectivo hasta la aparición de los antibióticos en 1940.

Desafortunadamente, Alice Ball vivió una vida breve: cuando falleció el 31 de diciembre de 1916, por causas aún desconocidas, tenía solo 24 años.

«Tras una considerable cantidad de trabajo experimental, fue la señorita Ball la que logró resolver el problema». Así comenzaba el artículo de Hollman.

Gracias a esta científica

A principios del siglo XX, la lepra se propagaba sin freno y los leprosos eran considerados gente sucia; les sacaban de sus casas y les encerraban en colonias de leprosos. En la medicina tradicional china e india se había estado aplicando durante siglos aceite de chaulmoogra, una especie de árbol que crece en Asia (en la imagen). Era un tratamiento con un éxito moderadamente efectivo: al no ser soluble en agua, cuando se inyectaba causaba un importante sufrimiento a los pacientes, por lo que la mayoría terminaba por abandonar este tratamiento.

Con 23 años, Ball, horrorizada por ese panorama, logró extraer los principios activos del aceite de chaulmoogra y con ellos creó el primer remedio soluble en agua, y por tanto, fácilmente inyectable, con el que aliviar y tratar a los pacientes de lepra.

Por desgracia, Ball nunca llegaría a ver la aplicación de su método. Incluso estuvo cerca de sufrir la total usurpación de su trabajo: a causa de su muerte súbita y prematura, otro científico, Arthur Dean, continuó con sus investigaciones, publicó los resultados y trató de bautizar el descubrimiento como el método Dean. Fue su anterior jefe, el doctor Harry Hollman, el que se encargó de que el reconocimiento fuese a quien se lo merecía y el método es hoy conocido como el método Ball.

Anecdotario

Aunque su método no era una cura, sí fue un gran alivio para las personas enfermas de lepra. A pesar de ello, el nombre de Alice Ball pasó inadvertido durante décadas hasta que en los años 2000 la Universidad de Hawái lo rescató y le realizó el homenaje que merecía: colocó una placa en su honor junto al único árbol de chaulmoogra que existe en el campus, le otorgó la Medalla de la Distinción de la institución y declaró el 29 de febrero como «el día de Alice Ball», que se celebra en Hawái cada cuatro años.

2 Robert Hooke

Reseña biográfica

Nació en 1635 en la isla de Wight, situada frente a la costa meridional de Inglaterra. Su padre, un humilde cura rural, sin dinero para mandarle a la escuela, le enseñó a leer y a escribir, además de la aritmética y los clásicos. Tras la muerte de su padre, fue acogido por la Iglesia, y se trasladó a Oxford para cantar con el coro. Allí dejaría el camino eclesiástico para hacerse científico.

En 1660 se trasladó a Londres y dos años más tarde fundó la Royal Society. Murió en Londres en 1703.

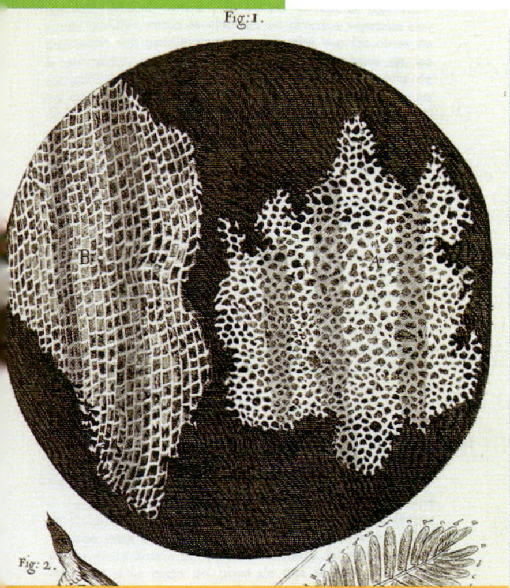

Vista al microscopio del corcho en una ilustración de la obra *Micrographia* de Hooke.

Gracias a este científico

Dentro de la sociedad, Hooke era conocido por ser un hombre prolífico en descubrimientos e inventos. Además, se vio envuelto en numerosas disputas, en especial con Newton, sobre cuestiones acerca de la paternidad de algunos descubrimientos relacionados con la óptica y con la gravedad.

Hooke inventó el microscopio compuesto. En sus observaciones en corchos apreció unos espacios poliédricos, a los que llamó «células». Muchos de sus descubrimientos aparecen en su libro *Micrographia*. En este describió su teoría de la combustión. Se dice que, si hubiese continuado con sus análisis químicos, habría descubierto el oxígeno.

Su contribución a la ciencia es indiscutible. Ofreció muchas ideas de gran interés que otras personas desarrollaron y perfeccionaron. Como constructor de instrumentos y dispositivos no tuvo rival. Además del mencionado microscopio, perfeccionó el telescopio y el barómetro.

También inventó un tambor giratorio para registrar la presión y la temperatura. Se le conoce como el fundador de la meteorología científica, pues fue el precursor de los instrumentos usados para registrar los cambios de las condiciones del tiempo.

Es muy conocida la ley de la elasticidad o **ley de Hooke** que enunció él mismo, cuya ecuación se utiliza aún en nuestros días para calcular la elasticidad de los muelles. Esta ley establece que el alargamiento que experimenta un cuerpo elástico es directamente proporcional a la fuerza aplicada sobre el mismo.

Anecdotario

Gran parte de su vida la dedicó a su otra pasión: la arquitectura. Ayudó en la reconstrucción de Londres, tras el gran incendio que casi destruyó la ciudad en 1666.

Además, fue el diseñador del Observatorio de Greenwich (en la imagen), del edificio del Real Colegio de Médicos y del Hospital Real de Bethlem.

No existen retratos autenticados de Robert Hooke, probablemente debido a su confrontación con Newton. Actualmente, la artista especializada en historia Rita Greer, que inició en 2003 el «proyecto Robert Hooke», se ha basado en descripciones contemporáneas a Hooke para componer retratos creíbles de él.

3 Isaac Newton

Reseña biográfica

«Platón es mi amigo, Aristóteles es mi amigo, pero mi mejor amiga es la verdad».

Nació el 4 de enero de 1643. Como su padre murió de forma prematura, Newton fue educado por su abuela en Woolsthorpe, Inglaterra, su ciudad natal.

Gracias a su tío William Ayscough pudo ir a estudiar a Cambridge, dejando así la granja de su familia. Con 18 años era alumno del Trinity Collage, donde recibió una verdadera formación científica. Al principio centró sus estudios en la química, después en las matemáticas, la geometría, la óptica, la aritmética...

Los últimos treinta años de su vida dejó de lado sus investigaciones para dedicarse a los estudios religiosos. Tras una larga enfermedad, Newton murió el 20 de marzo de 1727 y fue enterrado en la abadía de Westminster (Londres) junto a los grandes hombres de Inglaterra.

Gracias a este científico

Una epidemia de peste bubónica le hizo regresar a la granja familiar e interrumpir su formación durante dos años. Pero, con 22 años, él mismo ya estaba convencido de su capacidad para desarrollar las matemáticas. Y este periodo, que podría haber sido estéril, se convirtió en una etapa de silencioso esplendor científico en la que formuló la ley de la gravitación universal, desarrolló su método de las fluxiones y series infinitas, generalizó el teorema del binomio y puso de manifiesto la naturaleza física de los colores.

En 1667 reanudó los estudios en Cambridge, donde centró sus investigaciones. Al quedar vacante la cátedra lucasiana de matemáticas, Newton la ocupó hasta 1696. Autor del *Analysis per aequationes numero terminorum infinitos*, Newton se convertirá en el padre del cálculo diferencial e integral.

En 1672 publicó una obra sobre la luz, *Óptica*, que fue severamente criticada por la mayor parte de sus contemporáneos, entre los que se encontraba Robert Hooke.

Pero algunos colegas, como Barrow y Edmond Halley, sí reconocían sus méritos y le animaban a seguir sus trabajos. Gracias a ellos, en 1679 consiguió verificar la ley de la gravitación universal, estableciendo la compatibilidad entre esta y las tres leyes de Kepler que describían los movimientos planetarios.

En 1687 publicó su obra cumbre: *Principios matemáticos de filosofía natural*. En ella se recogen sus principales descubrimientos sobre el movimiento de los cuerpos, la gravedad y otras fuerzas.

Anecdotario

En su lápida se escribió: «No sé cómo puedo ser visto por el mundo pero, en mi opinión, me he comportado como un niño que juega al borde del mar, y que se divierte buscando de vez en cuando una piedra más pulida y una concha más bonita de lo normal, mientras que el gran océano de la verdad se exponía ante mí completamente desconocido».

4 Maria Mitchell

Reseña biográfica

Tercera de los hijos de una familia cuáquera (comunidad religiosa de origen cristiano), nació en 1818 en la isla de Nantucket (Massachusetts, EE. UU.). Sus padres motivaron la educación de sus diez hijos, en contra de la costumbre social de aquella época. Su padre, William, la inició en la astronomía y la navegación celeste. Su madre le enseñó a ser independiente gracias a su propio trabajo.

Murió el 28 de junio de 1889 y dejó como herencia política el derecho de las mujeres a la educación, y como herencia científica, el acceso de la mujer a la ciencia.

«Necesitamos especialmente la imaginación en la ciencia. No es todo matemática ni todo lógica, hay un poco de belleza y poesía».

Gracias a esta científica

En la adolescencia, su afición por los astros le permitió mantener contacto con astrónomos profesionales, y a los 13 años predijo por primera vez un eclipse de Luna. Concluyó la educación obligatoria con 16 años, pero continuó estudiando con persistencia. Cuando cumplió 18, demostró suficiente capacidad e interés, y se convirtió en la primera mujer bibliotecaria.

A los 29 años fue la primera mujer que descubrió un cometa con un telescopio. Actualmente, este cometa se llama Mitchell 1847 VI. Este descubrimiento la hizo acreedora de la Medalla al Mérito, que le fue concedida por el rey Federico VII de Dinamarca.

Fue la primera profesora de Astronomía en Estados Unidos cuando ya tenía 47 años, en la Universidad de Vassar (Nueva York), donde consiguió que el Departamento de Astronomía se equiparara con los de las universidades de Yale y Harvard. La única diferencia es que Vassar era una universidad solo para mujeres.

En 1848 se convirtió en la primera mujer aceptada por la Academia de Artes y Ciencias. En 1853, Mitchell tuvo el honor de recibir el primer título avanzado otorgado por la Universidad de Indiana Hanover.

También se implicó en la vida política y social de su país. En 1875 fue elegida presidenta de la Asociación Americana para la Mejora de las Mujeres, y centró la lucha en la reforma del sistema educativo en favor de las mujeres.

Entre sus aportaciones científicas destacan las observaciones de los cambios en las manchas solares, las conclusiones sobre la naturaleza de Júpiter y las diferencias entre las lunas de este planeta. Por todas las investigaciones y la labor que llevó a cabo recibió tres grados honoríficos de doctorado.

Anecdotario

En 1865 fue contratada como profesora para dar clase en el Vassar College, una escuela para mujeres recién inaugurada. Mitchell llevaba a sus alumnas a excursiones para observar eclipses y las mantenía despiertas mucho más allá de la hora fijada para estudiar con ellas el cielo y sus componentes. Era muy exigente, pero también una de las profesoras preferidas por sus estudiantes, a quienes trataba como iguales: «Somos mujeres estudiando juntas».

5 Cecilia Payne-Gaposchkin

«Tuve la culpa de no haber insistido en lo que creía. Me rendí cuando pensaba que tenía razón y ese es otro ejemplo de cómo no investigar. Un consejo para los jóvenes: si estás seguro, defiende tu postura».

Reseña biográfica

Cecilia Payne nació en Inglaterra en 1900. Desde muy pronto se interesó por los estudios de ciencias. Fue una de las primeras mujeres en ingresar en la Universidad de Cambridge. Su intención fue dedicarse a la física, pero se encontró con el obstáculo de los responsables de la universidad, todos varones. Por ello, a los 22 años decidió marcharse a Estados Unidos para conseguir un título universitario oficial. A los 25 consiguió el título de doctora en Astronomía en el Radcliffe College, actualmente perteneciente a Harvard. Se dedicó a la actividad científica y académica en Harvard, pero hasta los 56 años no consiguió un puesto oficial de profesora.

Falleció en 1979. En el catálogo astronómico hay un asteroide descubierto en 1974 desde el telescopio de Harvard llamado en su honor Payne-Gaposchkin, apellido que añadió de su marido el astrofísico ruso Sergei Gaposchkin.

Gracias a esta científica

Antes del siglo XX, el único medio para identificar qué átomos componen un determinado material era trabajar directamente con el mismo material para analizarlo químicamente. Ante la pregunta ¿de qué está formado el universo?, nos encontramos con el obstáculo de la distancia para poder alcanzar los materiales que lo componen y así analizarlos. Es posible estudiar las rocas de la superficie de nuestro planeta, la lava que emanan los volcanes y los meteoritos caídos desde el cielo. En contacto con estos materiales, que están a nuestro alcance, se podía suponer de qué están hechos otros planetas, incluso las estrellas.

A finales del siglo XIX y principios del XX, trabajando sobre los espectros, se descubrió que cada átomo emite o absorbe determinadas longitudes de onda. Payne dirigió su espectroscopio hacia el cielo y recogió los espectros procedentes de las estrellas. Así encontró cuáles son los elementos químicos en las estrellas. Antes de sus descubrimientos se pensaba que el componente principal de las estrellas era el hierro. Ella demostró, sin embargo, que en las estrellas y en los planetas gigantes hay más átomos de hidrógeno y de helio que de cualquier otro elemento.

Su tesis doctoral recoge estos descubrimientos, que tuvieron un rechazo de la comunidad científica casi inmediato. Años más tarde le dieron la razón. La descripción sobre la composición del universo dada por Payne coloca en el escenario del origen del mismo a los elementos más ligeros, hidrógeno y helio. Payne abrió la ventana de la espectroscopía hacia las estrellas. Así se puede conocer la composición de objetos lejanos con «solo» mirarlos.

Anecdotario

Cecilia Payne fue una pionera en un mundo principalmente masculino y se hizo respetar como un científico más por su trabajo, dentro del mundo de los reconocimientos y méritos. Aunque en la ciencia es imprescindible la cooperación, es importante tener en cuenta que pocos grupos humanos son tan competitivos como los grupos científicos de investigación.

6 Galileo Galilei

Inquisición: «¿Reconoces que la Tierra es el centro del universo?».
Galileo: «Sí». Y añadió susurrando: «Y, sin embargo, se mueve».

Reseña biográfica

Nació en Pisa (Italia) el 15 de febrero de 1564 y realizó sus estudios en la universidad de su ciudad natal. Después se trasladó a la Universidad de Padua, donde permaneció durante veinte años trabajando como profesor. En este periodo realizó la mayoría de sus descubrimientos científicos.

En 1610 se trasladó a Florencia, lugar en el que falleció el 8 de enero de 1642.

Gracias a este científico

Galileo trajo grandes avances en física; creó el concepto de la aceleración y de la inercia con respecto a los objetos en movimiento. Descubrió que cualquiera que fuese la magnitud de la oscilación o el peso de un plomo colgante, este necesitaba el mismo tiempo para completar un viaje de ida y vuelta, observación que lo condujo a la invención del péndulo.

Pero realmente, su mayor interés fue la astronomía, disciplina donde abrió nuevos campos de conocimiento. Con la ayuda del telescopio, que él usó por primera vez para observar el cielo, descubrió los cuatro grandes satélites de Júpiter (llamados hoy satélites galileanos), observó que la Vía Láctea consistía en una miríada de estrellas y que el universo no era fijo ni inmutable.

Galileo es conocido por la controversia que suscitó al apoyar las afirmaciones de Nicolás Copérnico de que la Tierra, Venus y Mercurio se movían alrededor del Sol y que el Sol mismo giraba sobre su eje, en un tiempo en el que se creía que todos los astros giraban en torno a la Tierra.

Galileo construyó el primer termómetro de la historia, y otro de sus inventos, el péndulo, se utiliza desde entonces para fabricar relojes y otros instrumentos. Basándose en un invento de su época, el anteojo, construyó un telescopio que le serviría en sus observaciones astronómicas (en la imagen). Es a Galileo a quien debemos muchos de los avances en astronomía, desde una explicación más correcta del sistema heliocéntrico copernicano hasta el descubrimiento de montañas en la Luna, nuevas estrellas, manchas solares, las fases de Venus…

En el ámbito de la física, Galileo estableció los fundamentos de la mecánica, lo que contribuyó más adelante a la formulación de las leyes del movimiento de Newton.

Anecdotario

Los descubrimientos de Galileo acerca de que la Tierra no era el centro del universo tuvieron consecuencias conflictivas con la autoridad eclesiástica, pues entraban en contradicción con las enseñanzas bíblicas. Para evitar mayores problemas con la Inquisición, Galileo admitió que no podía existir contradicción ninguna entre las Sagradas Escrituras y la ciencia, siendo preciso establecer la absoluta independencia entre ambas.

El Santo Oficio condenó el sistema heliocéntrico, considerándolo «falso y opuesto a las Sagradas Escrituras», y Galileo recibió la prohibición de enseñar públicamente las teorías de Copérnico.

7 Henrietta Leavitt

En 1908, Henrietta Leavitt publicaba un artículo titulado «1777 variables de las Nubes de Magallanes»; y, de este total, dedicaba un apartado especial a dieciséis de ellas, estrellas variables que modificaban su brillo según un periodo de pulsación que Leavitt, excediéndose en su labor de mera calculadora, había establecido con precisión.

Reseña biográfica

Henrietta Swan Leavitt nació en Lancaster (EE. UU.) en 1868. Se graduó en Física a los 24 años en el Instituto Radcliffe, una universidad para mujeres que estaba adscrita a la Universidad de Harvard. Allí conoció a Charles Pickering, uno de los científicos más importantes de la época y director en esos años del Observatorio Astronómico de Harvard. En esa época sufrió una terrible enfermedad, la cual le provocó una sordera profunda que le duró toda la vida. Cuando se recuperó, comenzó a trabajar como voluntaria en el Observatorio de Harvard. Allí, un grupo de mujeres, llamadas «computadoras de Harvard», realizaban tareas relativamente mecánicas, como examinar placas fotográficas o hacer tediosos cálculos.

Leavitt murió de cáncer en 1921 con 53 años. Continuó su investigación hasta poco antes de su muerte, siempre pensando en sí misma como astrónoma, a pesar de su inicio como una «computadora» sin nombre en el departamento de Pickering.

Gracias a esta científica

Durante años, Leavitt fue llenando cientos y cientos de cuadernos con anotaciones de lo que observaba en las miles de placas cristalográficas que estudiaba. Un día, en 1904, cuando estaba catalogando una placa de la Pequeña Nube de Magallanes, observó cierto patrón en el comportamiento de las estrellas variables que se hallaban en la constelación de Cefeo, las Cefeidas. Se llama estrellas variables a aquellas que varían su luminosidad en un periodo de tiempo concreto.

Entusiasmado por el descubrimiento, Pickering encargó más placas, y durante cuatro años Henrietta Leavitt estuvo pendiente de las características de estas estrellas. Catalogó cuidadosamente sus luminosidades y el periodo de tiempo entre sus brillos mínimos y máximos. En 1912, Leavitt publicó un trabajo en el que exponía que, según sus datos, esas estrellas palpitaban de forma regular y que, cuanto más largo era su periodo, mayor era su luminosidad intrínseca. Leavitt había descubierto un método para calcular las distancias a las estrellas midiendo sus brillos cambiantes, y se pudo así empezar a medir el tamaño del universo por primera vez.

Hoy en día se siguen usando esos patrones relativos a las estrellas variables para estudiar las distancias relativas entre las estrellas y otros objetos estelares. Datos tan relevantes como el tamaño de nuestra galaxia, la distancia a estrellas lejanas o el tamaño del universo están basados en los trabajos y descubrimientos de Leavitt.

Anecdotario

Henrietta Leavitt no pudo leer la carta que cuatro años después de su muerte, sin saber que había muerto, le envió el matemático sueco Gösta Mittag-Leffler para nominarla a los premios Nobel por sus trabajos sobre las estrellas variables y los cálculos de las distancias estelares. Sin embargo, puesto que los premios Nobel no pueden ser entregados a título póstumo, nunca llegó a ser nominada.

El cráter lunar Leavitt y el asteroide (5383) Leavitt (de 7 km de diámetro) fueron así llamados en su memoria.

8 Stephanie Kwolek

«Para inventar recurrí a mi conocimiento, intuición, creatividad, experiencia, sentido común, perseverancia, flexibilidad y al trabajo duro».

Reseña biográfica

Stephanie Kwolek nació en New Kensington (Pensilvania, EE. UU.) el 31 de julio de 1923 y murió el 18 de junio de 2014 en Wilmington (EE. UU.). Desde muy joven tuvo una gran diversidad de intereses: las matemáticas, las ciencias... Pero también la moda, las fibras y el diseño. Su sueño era ser médico y salvar vidas, pero para poder costearse la Facultad de Medicina primero tenía que trabajar. Con ese propósito obtuvo el Grado en Química en 1946. La idea era trabajar como química de forma temporal hasta tener el dinero suficiente para cumplir su sueño. Así, aquel mismo año entró a trabajar en la empresa que cambiaría su vida, DuPont. Le gustó tanto su trabajo como química que dejó de pensar en la medicina y se centró en su nueva pasión.

Permaneció soltera toda su vida porque, como ella misma decía, si quieres investigar algo con toda tu fuerza no tienes tiempo para el resto de aspectos de tu vida. Al final de su vida abandonó las investigaciones y se dedicó a disfrutar de la jardinería y la costura.

Gracias a esta científica

Kwolek era una mujer muy creativa y una pionera que abrió el camino a las mujeres investigadoras. Empezar a trabajar en la empresa DuPont fue casi una casualidad; en aquella época la mayoría de los científicos de la empresa estaban participando en la Segunda Guerra Mundial, por lo que la empresa tenía muchas vacantes y pocos investigadores, así que empezaron a contratar mujeres.

Los primeros trabajos de Kwolek fueron con polímeros de baja temperatura, que tenían la posibilidad de disolverse y convertirse en fibras muy delgadas. Algunos de estos elementos eran capaces además de crear unas fibras muy resistentes.

En 1965 hizo su gran descubrimiento: un polímero líquido que después llamaría kevlar y que supuso un cambio radical en su vida. El descubrimiento no fue una casualidad, sino el resultado de muchos experimentos, y en ese afán científico que tenía de confirmar todos los datos, hizo innumerables pruebas antes de presentar el producto.

Aparte de la patente del kevlar, tuvo una carrera distinguida, lo que la llevó a conseguir numerosos premios. También se dedicó a diseñar y escribir experimentos educativos. El experimento más conocido es el que escribió junto con Paul Morgan y que se presentó en el *Journal of Chemical Education* en 1959: el Nylon Rope Thick.

Anecdotario

El kevlar es una fibra con un rendimiento muy especial, puesto que puede ser mucho más resistente que el acero. Primeramente el kevlar se utilizó en neumáticos, pero posteriormente se utilizó para poder salvar vidas, ya que se dedicó a fabricar chalecos antibalas. Se calcula que ha salvado miles de vidas.

Se utiliza, además de en los chalecos antibalas, en cascos, escudos, guantes de cocina, botas, cables, estructuras de vehículos, frenos de coches, componentes para aviones, veleros, equipos de bomberos y otras prendas de protección y defensa personal y en la construcción.

9 James Lovelock

«Para cultivar comida ya usamos más superficie terrestre de la que sería recomendable, pero necesitaríamos la superficie de varios planetas como la Tierra solo para cultivar biocombustibles. Puede que en un momento dado seamos lo bastante idiotas como para prescindir de la comida con tal de poder ir en coche a donde queramos, pero Gaia no es tan tolerante como nosotros».

Reseña biográfica

James Ephraim Lovelock nació el 26 de julio de 1919, en Letchworth Garden (Inglaterra). Estudió química en la Universidad de Manchester y trabajó en el Consejo de investigación médica perteneciente al Instituto para Investigación Médica en Londres. En 1948 recibió el título de doctor en Medicina. Se trasladó a Estados Unidos, donde pudo desarrollar sus investigaciones en los mejores centros, como la Universidad de Yale, la Universidad de Baylor y la Universidad de Harvard.

En la actualidad vive en el campo en una pequeña granja rodeada por 14 hectáreas de terreno al suroeste de Inglaterra. En su residencia campestre vive jornadas de intenso trabajo entre dos cuartos repletos de ordenadores, papeles, libros y múltiples aparatos.

Gracias a este científico

Lovelock está considerado como un científico independiente. Su gran capacidad de trabajo le ha permitido escribir, inventar aparatos y participar en la concienciación sobre el medioambiente en la sociedad. En la actualidad es famoso por la hipótesis Gaia, en la que, junto a la microbióloga Lynn Margulis, explica el funcionamiento de la Tierra como un sistema autorregulado.

Cuando expuso por primera vez sus ideas, resultaron muy polémicas, siendo casi perseguido intelectualmente y ridiculizado por el resto de la comunidad científica. Pero, poco a poco, la opinión general fue cambiando y, en la década de 1990, su teoría tenía menos detractores.

Hoy día, su teoría de un planeta que se autorregula es aceptada por casi todo el mundo. En su autobiografía cita una frase del psicólogo William James, que comenta el lento proceso de aceptación de una idea nueva: «Primero la gente dice: "Es algo absurdo". Luego dicen: "A lo mejor tiene razón". Y, por último, dicen: "Eso ya lo sabíamos todos desde hace mucho tiempo"».

También es uno de los defensores en el uso de energía nuclear, ya que la considera como el único recurso a nuestro alcance que puede disminuir el abuso de los combustibles fósiles, y una solución para evitar que el sistema atmosférico llegue a un punto sin retorno que lo desestabilice.

Anecdotario

Lovelock fue el inventor de muchos aparatos con fines y funciones diversas. Podemos encontrar muchos de ellos en la exposición del Museo de Ciencia de Londres titulada *Unlocking Lovelock: Scientist, Inventor, Maverick*, que podría traducirse como «Desbloqueando a Lovelock», aprovechando el juego de palabras con su apellido.

Destaca el detector de captura de electrones (en la imagen), gracias al cual se pudieron detectar componentes tóxicos en regiones tan lejanas e inhóspitas como la Antártida y descubrir el papel de los clorofluorocarburos en la destrucción de la capa de ozono.

10 Anders Celsius

Celsius fue el primero en proponer que el fenómeno de las auroras era de origen magnético, al encontrar que desviaciones de agujas magnéticas se correlacionaban con los picos de las auroras.

Reseña biográfica

Anders Celsius nació en Uppsala (Suecia) en 1701 en una familia de científicos famosos: su padre y abuelos eran matemáticos.

En 1730 se hizo cargo de la cátedra de Astronomía en la Universidad de Uppsala. Colaboró en observaciones astronómicas en Bolonia y en Roma entre 1733 y 1734.

Además, participó en la expedición para medir la curvatura del globo terrestre en las regiones polares entre 1736 y 1737.

Murió en Uppsala en 1744. Desde 1948 se recuerda su nombre al indicar la temperatura en la escala Celsius, una escala centígrada.

Gracias a este científico

A pesar de ser astrónomo, su principal aportación tiene que ver con la medida de la temperatura. Los termómetros del siglo XVII no eran muy precisos. Se usaban termómetros líquidos, mezclas de agua y alcohol que no se dilataban de un modo uniforme. Otro científico, Gabriel Fahrenheit, sustituyó el líquido en el interior del termómetro por mercurio. La dilatación del mercurio es más uniforme en los diferentes rangos de temperatura, lo cual facilitaba el establecimiento de una escala con divisiones iguales. Fahrenheit asignó el valor de 0 grados al punto de congelación del agua saturada con cloruro de amonio. Después, fijó otro punto con la temperatura de su propio cuerpo, 96 °F, dividió la escala en doce secciones y cada una de esas secciones en ocho subdivisiones iguales, lo que produjo una escala de 96 grados.

Celsius fue el primero en referenciar la escala de temperatura al punto de ebullición y de congelación del agua pura. Por primera vez, en 1742 se dividió en cien partes iguales el intervalo entre estas dos temperaturas. Gracias a ello comenzaron las medidas de temperatura usando el sistema centesimal.

Curiosamente, el inicio de la escala, el valor 0, lo asignó al principio al punto de ebullición, y el final de la escala, el valor 100, lo asignó al punto de congelación. Es decir, definida al contrario a como se usa hoy en día. Tras su muerte, sus compañeros de Uppsala invirtieron el orden en 1747, y así quedó hasta la fecha.

La implantación del sistema centesimal se inició en el siglo XVII sustituyendo a los diferentes sistemas tradicionales basados en divisiones en doceavos o en octavos.

La ventaja del sistema centesimal está en que es más fácil hacer operaciones con los números menores que la unidad al estar dividida cada porción en diez fragmentos iguales en lugar de en doce u ocho.

Anecdotario

Los diferentes valores de las escalas de temperatura nos dan referencias que pueden llevarnos a equívocos. La escala Fahrenheit aún es de uso común en Reino Unido, Estados Unidos, Canadá…, mientras que la escala Celsius se utiliza en los países del continente europeo. Ocurre que usamos lenguajes diferentes para tratar los mismos fenómenos.

11 William Thomson (Lord Kelvin)

Reseña biográfica

«Me temo que no estoy en la corriente de la "navegación aérea". Estuve muy interesado en su trabajo con cometas, pero no tengo la menor molécula de fe en la navegación aérea más allá de los globos aerostáticos o esperar buenos resultados de alguno de los experimentos de los que escuchamos. Así que comprenderá que no tenga interés en ser miembro de la Sociedad Aeronáutica».

Nació en Belfast (Ulster, Reino Unido) en 1824. Estudió en Glasgow, donde se había trasladado su familia. Muy pronto mostró su talento publicando dos artículos, a la temprana edad de 15 y 16 años, sobre la teoría del calor. Se licenció en Cambridge en 1845. Su padre le apoyó para conseguir con 22 años una cátedra vacante, de Filosofía Natural, en la Universidad de Glasgow. Este puesto lo ocupó durante 53 años.

Durante su vida fue un hombre versado en diferentes ramas de las ciencias físicas. Desde el electromagnetismo y su aplicación a las telecomunicaciones hasta la geología en cuestiones sobre la edad del Sol y la Tierra.

El título de Lord Kelvin of Largs le fue concedido en 1892 por sus aportaciones tecnológicas que condujeron a tender un cable submarino de telecomunicaciones entre Estados Unidos e Inglaterra. Falleció en Largs (Escocia, Reino Unido) en 1907.

Gracias a este científico

Thomson impulsó la instalación de un cable transatlántico. Estudió cómo las ondas electromagnéticas se comportaban en el interior del cable. Propuso mejoras en su construcción sin las cuales hubiera sido inútil tender el cable bajo el océano.

También introdujo el teléfono en Gran Bretaña, así como mejoras en las brújulas y sistemas para medir sonidos.

Estudiando con detenimiento la ley de Charles sobre la relación de volumen y temperatura de los gases, en 1848 propuso que no era el volumen del gas, sino la energía cinética de las moléculas del gas la que se iba haciendo cada vez menor con la temperatura. Esta energía se anulaba completamente a los −273 °C. Como se pudo comprobar que todos los cuerpos tendían a perder su energía a tan baja temperatura, se fijó este valor como el cero absoluto de las temperaturas (hoy en día este valor se establece en −273,15 °C). Esta idea se adoptó muy rápidamente, pues es muy conveniente en los estudios de termodinámica.

Anecdotario

Thomson pasó de ser innovador en la ciencia a ser conservador. A partir de 1880 se planteó el retiro afirmando que ya estaba todo descubierto en las ciencias físicas, solo quedaba mejorar la medida de las últimas cifras decimales en algunas magnitudes. Pero se equivocó.

Vivió lo bastante como para ver el principio de la revolución que se avecinaba. Se negó a admitir que los átomos radiactivos se desintegraban en otros átomos y que la energía desprendida procede del interior del mismo átomo.

En 1900 pronunció una conferencia en la que planteaba la duda sobre cómo pueden moverse los cuerpos celestes sin rozar con el éter, el cual tiene elasticidad transversal como los sólidos. En el siglo que se iniciaba, la teoría especial de la relatividad solucionaría esta sombra, al igual que hizo la teoría cuántica con otras cuestiones.

12 Zhenyi Wang

Ilustración que refleja la vida cotidiana de las mujeres durante la dinastía Qing. Wang formuló frases como «Cuando se habla sobre el aprendizaje y las ciencias, la gente no piensa en las mujeres» o «Las mujeres no solo deberían cocinar y coser, y no se las debería molestar por escribir artículos para publicarlos, estudiar historia, componer poemas o hacer caligrafía».

Reseña biográfica

Zhenyi Wang (1768-1797) vivió durante la dinastía Qing, la última dinastía imperial China. Su abuelo le enseñó astronomía; su padre, medicina, geografía y matemáticas; y su abuela, poesía. Aunque nació en una mala época para una mujer que amaba aprender, dedicó toda su vida al estudio y la investigación.

A los 18 años se hizo amiga de otras estudiantes gracias a la poesía y empezó a tomarse muy en serio sus estudios de astronomía y matemáticas. Sin embargo, casi siempre lo hacía por su cuenta, lo cual tiene mucho mérito.

Antes de morir, con apenas 29 años, le dejó a su mejor amiga, Madam Kuai, todos sus trabajos y manuscritos. Kuai, comprendiendo la importancia de esos trabajos, se los donó a un famoso erudito de aquella época llamado Qian Yiji, quien recopiló el trabajo de Wang en un libro llamado *Simples principios del cálculo*.

Gracias a esta científica

Wang había adquirido todos sus conocimientos por su cuenta, con la ayuda de los libros y de algunos miembros de la familia; por eso, se percató de que a determinadas materias se les podía añadir ciertos aspectos nuevos y fue así como empezó a aportar avances a la ciencia. Realizó distintas investigaciones: estudios sobre el número de estrellas y sobre la dirección rotacional del Sol; investigaciones sobre la Luna y los planetas Venus, Júpiter, Marte, Mercurio y Saturno. Fue capaz de explicar cómo se producían los equinoccios y describió la relación entre los eclipses lunares y solares.

Los eclipses llevan captando la atención de la gente desde tiempos remotos. Al principio causaban cierto pánico entre la población porque se creía que eran signo del enojo de los dioses, pero con el paso de los años el miedo dejó lugar a la expectación y la gente empezó a mirar al cielo asombrada cuando se producían. Zhenyi tenía sus propias teorías sobre el funcionamiento de los eclipses, estudió el sistema del calendario chino y utilizó su telescopio para medir las estrellas y explicar la rotación del sistema solar. Para llevar a cabo sus investigaciones utilizaba herramientas muy básicas, como una mesa redonda para representar la Tierra, una lámpara que simulaba al Sol y un espejo que representaba la Luna. Con estos tres elementos llevó a cabo pruebas en el jardín de su casa para ver cómo se proyectaba la luz de uno y otro sobre la Tierra y así poder esclarecer cómo se producían los eclipses.

Anecdotario

Wang también le dedicó tiempo a facilitar el estudio a las siguientes generaciones. Consciente de que era una mujer privilegiada, pensaba que el conocimiento debía alcanzar a hombres y mujeres por igual. Escribió en uno de sus poemas:

Está hecho para creer
que las Mujeres son igual que los Hombres.
¿No estás convencido
de que las hijas también pueden ser heroínas?

Dirección de arte: **José Crespo González**

Proyecto gráfico: **Estudio Pep Carrió**

Jefa de proyecto: **Rosa Marín González**
Jefe de desarrollo de proyecto: **Javier Tejeda de la Calle**

Dirección técnica: **Jorge Mira Fernández**
Coordinación técnica: **Francisco Moral Mínguez**
Confección y montaje: **Bárbara Braña Borja**
Corrección: **Ángeles San Román Puente**

Documentación y selección fotográfica: **Nieves Marinas Mateos**

Fotografía: 123RF/Chan Richie; A. G. E. FOTOSTOCK/HAGLEY ARCHIVE/Science Photo Library; EFE/SIPA-PRESS/Kamenko Pajic; GARCÍA-PELAYO/Juancho; GETTY IMAGES SALES SPAIN/Mondadori Portfolio, Sepia Times, Leemage/UIG, Colin McPherson, Bettmann, Interim Archives, Martin Child, Science and Society Picture Library, Boston Globe; HIGHRES PRESS STOCK/ AbleStock.com; NASA/ESA, P. Oesch (University of Geneva), and M. Montes (University of New South Wales); University of Hawaii Foundation; HEMEROTECA MUNICIPAL, MADRID; ARCHIVO SANTILLANA

Avenida de los Artesanos, 6
28760 Tres Cantos, Madrid
Printed in Spain

CP: 134240

Elemento. Tipo de materia formada por átomos del mismo tipo y que forma sustancias simples o compuestas.

Emulsión. Tipo de coloide en el que las dos sustancias que lo forman son inmiscibles, por eso necesitan de una tercera sustancia, el emulsionante, para que la mezcla se mantenga estable. Por ejemplo, la mahonesa; en este caso el emulsionante es la lecitina, sustancia presente en la yema de huevo.

Energía. Magnitud física que mide la capacidad de un cuerpo para producir cambios.

Energía cinética. Energía de un cuerpo cuando está en movimiento.

Energía eléctrica. Energía que tienen las cargas eléctricas en movimiento.

Energía nuclear. Energía que se desprende en los procesos de fisión o fusión nuclear.

Energía potencial. Energía que tiene un cuerpo en una determinada posición.

Energía química. Energía de las sustancias que se pone de manifiesto cuando intervienen en las reacciones químicas.

Energía radiante. Energía que transportan las ondas magnéticas.

Energía térmica. Energía que se intercambia entre los cuerpos que están a distinta temperatura.

Engranaje. Conjunto de ruedas dentadas de las máquinas que transforman los movimientos.

Espectro solar. Descomposición de la luz en las radiaciones que la forman.

Espejo. Superficie opaca y bien pulida que refleja la luz.

Estrella. Astro que emite gran cantidad de luz y de calor.

Evaporación. Paso del estado líquido al gaseoso que tiene lugar solo en la superficie del líquido y se produce a cualquier temperatura.

Fisión nuclear. Reacción en la que un núcleo pesado (uranio, plutonio…) se rompe para dar lugar a dos núcleos más ligeros liberando gran cantidad de energía. Esta energía se utiliza en las centrales nucleares para producir energía eléctrica.

Fluido. Sustancia que puede fluir, es decir, pasar progresivamente de una parte a otra. Son fluidos los líquidos y los gases.

Frecuencia. En una onda, número de vibraciones que se producen en un segundo.

Fuerza. Acción que al aplicarla sobre un cuerpo cambia su forma o su estado de movimiento.

Fusión. Paso del estado sólido al líquido.

Fusión nuclear. Reacción en la que se unen dos núcleos ligeros para dar lugar a uno más pesado, liberándose partículas y energía.

Galaxia. Agrupación gigantesca de estrellas y gases.

Hidrógeno. Elemento químico gaseoso, no metálico, incoloro y más ligero que el aire. Combinado con el oxígeno, forma el agua.

Imiscible. Sustancia que no se puede mezclar con otra. Ejemplo: el agua y el aceite son inmiscibles.

Intensidad. Característica del sonido relacionada con la amplitud de la onda. Los sonidos fuertes corresponden a amplitudes altas y los sonidos débiles a las bajas.

Lente. Cuerpo transparente limitado por dos superficies, donde por lo menos una es curva. Las lentes pueden ser convergentes o divergentes.

Longitud de onda. Distancia que separa dos puntos de una onda que tengan la misma perturbación.

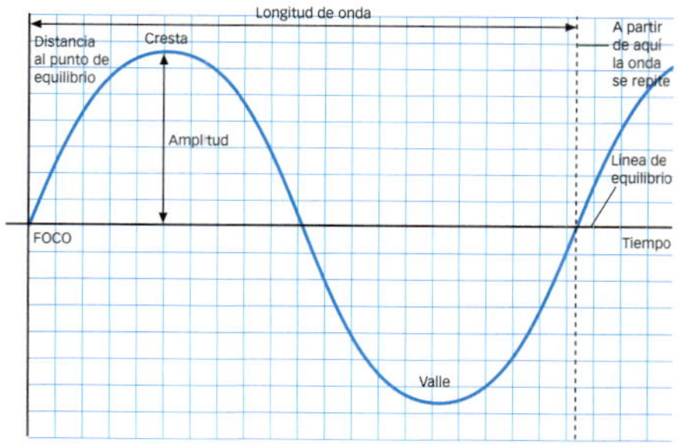

Luz. Tipo de energía que nos permite ver los objetos.

Magnitud física. Cualquier propiedad de los cuerpos que podamos medir. Por ejemplo, la masa, la longitud o la temperatura.

Masa. Es la cantidad de materia de un cuerpo.

Materia. Es todo lo que ocupa un lugar en el espacio y tiene masa.

Mezcla. Es un sistema material formado por más de una sustancia.

Mezcla heterogénea. Mezcla cuyos componentes se distinguen a simple vista.

Mezcla homogénea. Mezcla cuyos componentes no se distinguen a simple vista.

Molécula. Partícula formada por la unión de dos o más átomos, que pueden ser iguales o diferentes. La molécula es la parte más pequeña de una sustancia que conserva sus propiedades.

2 moléculas de agua

Nebulosa. Nube de polvo y gas en el espacio.

Onda. Perturbación que se propaga mediante un movimiento vibratorio. Las características que definen las ondas son: la amplitud, la longitud de onda y la frecuencia.

Oxidación. Reacción química de un elemento con el oxígeno, formando un óxido.

Oxígeno. Elemento químico, gaseoso e incoloro que forma parte del aire y que es esencial para la respiración y la combustión.

Ozono. Variedad del gas oxígeno. Especialmente abundante en la parte alta de la estratosfera donde forma la ozonosfera, que absorbe la radiación ultravioleta.

Palanca. Máquina que transforma una fuerza en otra de distinto valor.

Peso. Fuerza de atracción gravitatoria con la que un cuerpo es atraído por la Tierra.

Planeta. Astro de forma más o menos esférica que gira alrededor de una estrella.

Planeta enano. Astro que gira alrededor de una estrella y que presenta en su órbita restos de otros astros.

Plasma. Estado de la materia similar al gas, pero las partículas que la forman tienen carga eléctrica.

Radiación. Modo en que se propaga el calor sin que intervenga ningún medio material.

Reciclaje. Proceso por el cual los residuos se hacen nuevamente utilizables.

Reflexión. Cambio de dirección de propagación de una onda cuando choca con un obstáculo.

Refracción. Cambio de dirección que experimenta una onda, como la luz, al cambiar de medio por el que se propaga.

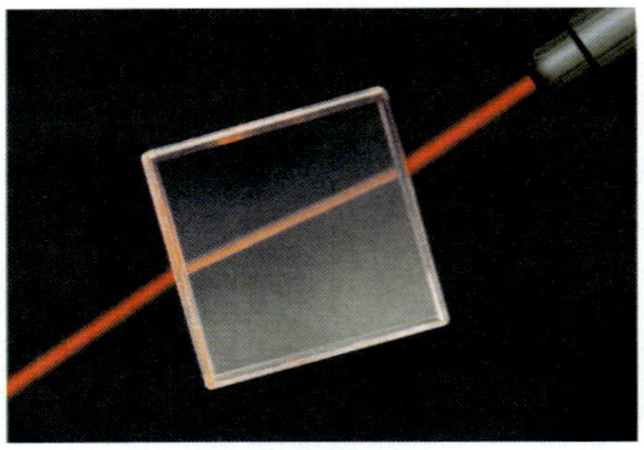

Rotación. Movimiento de un astro alrededor de sí mismo.

Satélite. Astro que gira alrededor de un planeta.

Solidificación. Paso del estado líquido al sólido.

Solubilidad. Propiedad de una sustancia que mide la capacidad de disolverse en el disolvente.

Soluto. Componente que se encuentra en menor proporción en una disolución.

Sonido. Vibración transmitida por las partículas del aire o de otro medio que llega hasta nuestros oídos.

Sublimación. Paso del estado sólido al gaseoso.

Sublimación regresiva. Paso del estado gaseoso al sólido.

Sustancia. Cada una de las distintas clases de materia con propiedades fijas e invariables unas de otras.

Sustancia simple. Materia formada por un solo tipo de átomos.

Temperatura. Medida de la energía cinética media de las partículas de un cuerpo.

Timbre. Característica del sonido relacionada con la forma de su onda. Permite distinguir las voces de personas diferentes y también de distintos instrumentos.

Tono. Característica del sonido relacionada con la frecuencia de la onda sonora. Los tonos agudos corresponden a las frecuencias altas y los tonos graves a las frecuencias más bajas.

Traslación. Movimiento alrededor de otro astro.

Trayectoria. Conjunto de puntos por los que pasa un cuerpo al desplazarse.

Ultrasonido. Sonido con frecuencia mayor de 20 000 Hz, que no es detectado por el oído humano pero sí por el de algunos animales, como delfines o perros. Se utilizan en diversas aplicaciones, como la ecografía y el sonar.

Unidad astronómica. Distancia entre el Sol y la Tierra, aproximadamente 150 millones de kilómetros.

Vaporización. Paso del estado líquido al gaseoso. Puede ocurrir de dos formas: evaporación y ebullición.

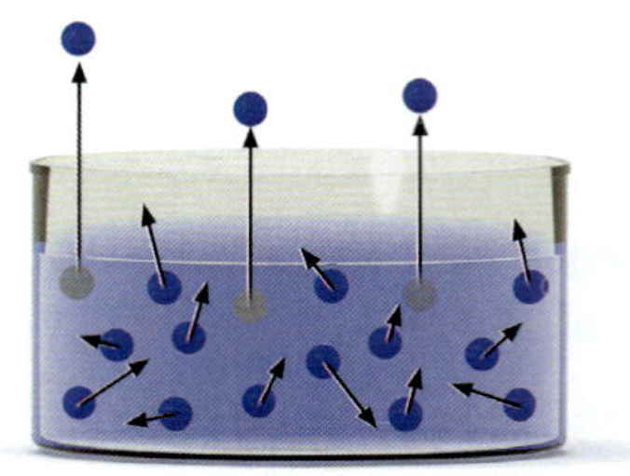

Evaporación

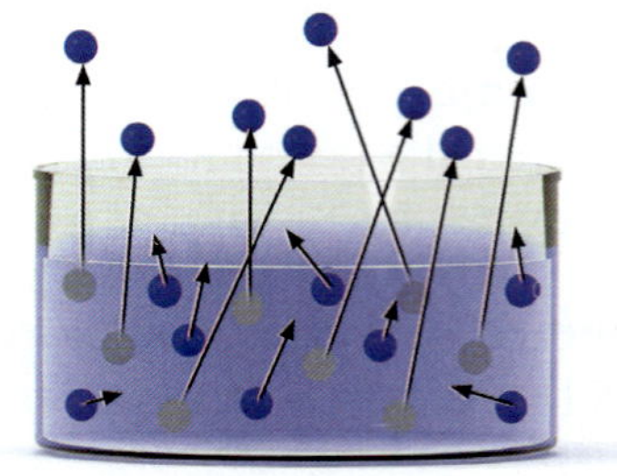

Ebullición

Velocidad. Magnitud que mide la rapidez de un movimiento.